BIBLIOTHÈQUE GIDIENNE
sous la direction de Peter Schnyder
11

Correspondance
(1920-1950)

Ouvrage publié avec le soutien de l'Association des amis d'André Gide
et de la Fondation Catherine Gide

André Gide
et Ernst Robert Curtius

Correspondance (1920-1950)

Édition critique par Peter Schnyder et Juliette Solvès

PARIS
CLASSIQUES GARNIER
2019

Peter Schnyder est professeur émérite de l'université de Haute-Alsace et membre de l'Institut de recherche en langues et littératures européennes. Auteur de divers travaux sur la poésie française et francophone, ainsi que sur André Gide, il a édité, avec Robert Kopp, *Gide, Copeau, Schlumberger. L'art de la mise en scène* et, avec Frédérique Toudoire-Surlapierre, *Vertiges de la vitesse*.

Juliette Solvès est éditrice, plasticienne et coresponsable de l'édition du *Catalogue raisonné des peintures de Maurice Denis*. En collaboration avec Peter Schnyder, elle a publié la *Correspondance* entre André Gide et Maria Van Rysselberghe ainsi qu'une anthologie du *Journal* d'André Gide.

© 2019. Classiques Garnier, Paris.
Reproduction et traduction, même partielles, interdites.
Tous droits réservés pour tous les pays.

ISBN 978-2-406-09317-6 (livre broché)
ISBN 978-2-406-09318-3 (livre relié)
ISSN 2492-9697

ABRÉVIATIONS

J, I-II   André Gide, *Journal* : t. I : *1887-1925*, éd. Éric Marty, Paris, Gallimard, « Bibliothèque de la Pléiade », 1996 ; t. II : *1926-1950*, éd. Martine Sagaert, Paris, Gallimard, « Bibliothèque de la Pléiade », 1997.

RR, I-II   André Gide, *Romans et récits, œuvres lyriques et dramatiques* : t. I, éd. Pierre Masson, avec la collaboration de Jean Claude, Alain Goulet, David Walker et Jean-Michel Wittmann, Paris, Gallimard, « Bibliothèque de la Pléiade », 2009 ; t. II, éd. Pierre Masson, avec la collaboration de Jean Claude, Céline Dhérin, Alain Goulet et David Walker, Paris, Gallimard, « Bibliothèque de la Pléiade », 2009.

EC   André Gide, *Essais critiques*, éd. Pierre Masson, Paris, Gallimard, « Bibliothèque de la Pléiade », 1999.

SV   André Gide, *Souvenirs et voyages*, éd. Pierre Masson, avec la collaboration de Daniel Durosay et Martine Sagaert, Paris, Gallimard, « Bibliothèque de la Pléiade », 2001.

CPD, I-IV   Maria Van Rysselberghe, *Les Cahiers de la Petite Dame. Notes pour l'histoire authentique d'André Gide, 1918-1951*, Paris, Gallimard, « Les Cahiers de la NRF », 1973-1977.

BAAG   *Bulletin des amis d'André Gide. Revue semestrielle.* Directeur : Pierre Masson.

DFG   *Deutsch-französische Gespräche, 1920-1950. La Correspondance d'Ernst Robert Curtius avec André Gide, Charles Du Bos et Valery Larbaud*, éd. Herbert et Jane M. Dieckmann, Francfort-sur-le-Main, Vittorio Klostermann, 1980.

Briefe   Ernst Robert Curtius, *Briefe aus einem halben Jahrhundert. Eine Auswahl*, éd. Frank-Rutger Hausmann, Baden-Baden, Verlag Valentin Koerner, « Saecula Spiritalia », 2015.

INTRODUCTION

Chistoph Dröge, in memoriam.

De ce côté-ci de la frontière, le romaniste allemand Ernst Robert Curtius (1886-1956), auteur d'une étude fondamentale sur les lieux communs (ou *topoi*) dans la littérature européenne et le Moyen Âge latin, est un homme moins illustre que l'écrivain nobélisé André Gide (1869-1951). Pourtant, son œuvre de critique littéraire, tout comme son érudition, sa passion pour la littérature européenne et sa complexité psychologique en font une personnalité d'un intérêt aussi grand que l'écrivain français[1]. Au chapitre des titres honorifiques, Gide, dont l'activité ne se limita jamais à celle de romancier, fut docteur *honoris causa* d'Oxford et Prix Nobel de littérature en 1947 ; Curtius, professeur des universités de Marburg, Heidelberg et Bonn, romaniste, philologue, historien de la littérature, essayiste et traducteur, un moment nobélisable en littérature, fut lui aussi docteur *honoris causa* de la Sorbonne et de l'université de Glasgow. Titulaire de l'ordre du Mérite, il faisait partie de plusieurs Académies. Comme le rappelle Frank-Rutger Hausmann, il continue d'être présent grâce au « prix Ernst Robert Curtius pour l'essai » (créé en 1984[2]). Il permit à ses compatriotes de découvrir bon nombre d'auteurs alors largement inconnus en Allemagne, à commencer par certains auteurs français. Comme Gide, il s'intéressa beaucoup à la

---

1   Pour plus de détail, nous renvoyons à la chronologie et à la bibliographie, qui, comme cette introduction, privilégient Curtius, Gide étant bien référencé dans les éditions de la Pléiade ainsi que sur Internet et sur lequel les études sont légion, alors que celles sur son ami allemand restent le plus souvent confinées aux études romanes.

2   Ernst Robert Curtius, *Briefe aus einem halben Jahrhundert. Eine Auswahl*, éd. Frank-Rutger Hausmann, Baden-Baden, Verlag Valentin Koerner, 2015, p. 10. Nous abrégeons cet ouvrage comme suit : « *Briefe* ».

littérature anglophone – il écrivit sur James Joyce, Stephen Spender, Arnold Toynbee, T. S. Eliot –, mais aussi espagnole, avec José Ortega y Gasset. Ce dernier fut en quelque sorte son modèle, puisque Curtius, malgré sa renommée de professeur, se considérait écrivain. Au grand dam de ses pairs qui le jalousaient ou ne le comprenaient pas, sa production alterna toujours entre ouvrages d'érudition et essais littéraires.

Tout comme Gide, Curtius fut un épistolier de premier ordre, et leurs correspondances enrichissent considérablement leurs œuvres respectives. Leur teneur amicale, leur humanité, leur densité réflexive permettent d'entrer dans l'intimité de deux éminents hommes de Lettres de la première moitié du XXᵉ siècle. Avec le recul, la tentation est grande de considérer celles-ci comme des œuvres à part, ayant leur valeur intrinsèque[3]. Gide a jugé opportun de publier bien des lettres isolées de son vivant. Il a accepté que ses *Correspondances* avec Francis Jammes ou Paul Claudel voient le jour avant sa mort[4]. Curtius souhaitait également le faire : « Je voudrais, avant de mourir, écrit-il, publier à tirage restreint un choix de lettres de mes amis. Ce sera ma plus belle œuvre. Je n'y aurai collaboré que par mon existence. "Les plus belles pages de ERC[5]." » Gide a écrit près de vingt mille lettres – activité qui dépasse celle de Voltaire lui-même. De Curtius, on a pu dire qu'il avait été un épistolier « frénétique[6] », auteur pour sa part de quinze mille missives. De son propre aveu, il devait régulièrement se faire violence pour arrêter sa plume ! Dans sa jeunesse, il consacrait des soirées entières à son courrier : « Le jour, je travaille et le soir, j'écris des lettres[7]. » Les destinataires de

---

3 Voir Wolf-Dieter Lange, « L'héritage épistolaire d'Ernst Robert Curtius », *Littérature*, nº 81, 1991, p. 104-110 (trad. Anik Morandini).

4 Pour la liste de ses correspondances publiées, voir par exemple André Gide, *Romans et récits. Œuvres lyriques et dramatiques*, éd. Pierre Masson, Paris, Gallimard, « Bibliothèque de la Pléiade », 2009, t. I, p. LIX-LXI.

5 Lettre de Curtius à Catherine Pozzi, 13 août 1929, reproduite dans Jeanne Bem et André Guyaux (éds), *Ernst Robert Curtius et l'idée d'Europe*, Paris, Champion, 1995, p. 348.

6 Horst Schmidt, « Ein manischer Verfasser von Briefen », cité par Christine de Gemeaux, « Compte rendu des nouvelles éditions des lettres d'Ernst Robert Curtius par Frank-Rutger Hausmann », *Romanische Studien*, 7 (2017). (Ce texte est en ligne : blog.romanischestudien. de ; consulté le 25 septembre 2018.)

7 *Briefe*, p. 9. – Ernst Robert Curtius, Max Rychner, *Freundesbriefe 1922-1955*, en collaboration avec Claudia Mertz-Rychner, éd. Frank-Rutger Hausmann, Francfort-sur-le-Main, Vittorio Klostermann, 2015. – E. R. Curtius, « Lettres à Catherine Pozzi (1928-1934) », dans *Ernst Robert Curtius et l'idée d'Europe, op. cit.* – Des extraits importants des lettres à Jean de Menasce ont été publiés par Wolf-Dieter Lange dans l'ouvrage qu'il a édité : *In*

l'un et de l'autre habitent souvent hors des frontières de leurs pays, ce qui souligne l'horizon européen des deux amis. De son côté, Curtius a correspondu avec plusieurs personnalités françaises : Charles Du Bos, Valery Larbaud, Paul Valéry, Romain Rolland, Catherine Pozzi, Marcel Proust, Jean de Menasce, René Lalou, Anne et Jacques Heurgon. Exercice délicat que de résumer une *Correspondance*, son esprit, son atmosphère, les résonances dans lesquelles elle se situe. Celle entre Gide et Curtius débute en 1920, avec l'envoi d'un exemplaire de *La Symphonie pastorale*. Envoi ciblé, puisque Curtius avait fait paraître l'année précédente un ouvrage au succès inattendu, *Die literarischen Wegbereiter des neuen Frankreich* [*Les Pionniers littéraires de la France nouvelle*], écrit avant-guerre et dont le premier chapitre est consacré à Gide. Les lettres qu'ils s'échangent démontrent chez l'un et l'autre une activité débordante tant dans leur travail littéraire et philologique que dans les démarches de politique culturelle qu'ils prennent très au sérieux après la Première Guerre mondiale ; on y perçoit clairement la grande estime intellectuelle qu'ils s'inspiraient mutuellement. Elles ont des chances de retenir durablement l'attention du public. Et en dehors du message littéraire, culturel et historique, ce qui retiendra également l'attention, c'est, de la part des deux hommes, un maniement très sûr de la langue, une originalité constante de la pensée ainsi qu'une ouverture d'esprit qui détonne et surprend à une époque où l'opinion se radicalise de plus en plus.

Inaugurée en 1920, on l'a dit, cette *Correspondance*, qui reprend et complète celle publiée en 1980 par Herbert et Jane M. Dieckmann[8], prend fin à l'automne 1950, peu de temps avant la mort de Gide, survenue le 19 février 1951 à Paris. Curtius ne survivra que cinq ans à son aîné et s'éteindra le 19 avril 1956, à Rome – « *la* ville de mon âme[9] » –, cinq jours après son 70e anniversaire. Leurs échanges épistolaires offrent un grand nombre d'informations sur les « œuvres et les jours » des deux

---

Ihnen begegnet sich das Abendland. Bonner Vorträge zur Erinnerung an Ernst Robert Curtius, Bonn, Bouvier, 1990 : « "Permets-moi de recourir une fois de plus à ta science". Ernst Robert Curtius und Jean de Menasce », p. 199-216.

8   *Deutsch-französische Gespräche 1920-1950 : la Correspondance de Ernst Robert Curtius avec André Gide, Charles Du Bos, Valery Larbaud*, éd. Herbert et Jane M. Dieckmann, Francfort-sur-Main, Vittorio Klostermann, 1980, p. 283. Nous abrégeons cet ouvrage comme suit : « *DFG* ».

9   Lettre de Curtius à Jean de Menasce, 22 décembre 1945, reproduit dans Lange, *op. cit.*, p. 211. – Cette lettre est capitale pour comprendre le tournant « médiéval » de Curtius qui trouve ses racines dans les visites de la Ville éternelle des années 1910.

hommes : lectures, jugements, projets littéraires, mais aussi travaux en cours, déplacements, état de santé. Mais rien, ou si peu, sur les affaires familiales, excepté le mariage de Curtius avec Ilse Gsottschneider en 1930. Tout se rapporte au débat politico-culturel et à la littérature ou à l'écriture. Au début des années 1920, comme bien d'autres intellectuels de cette époque, ils sont animés par le problème épineux des relations franco-allemandes. Dans les années 1930, Curtius réalise plusieurs traductions de textes de Gide (recueil d'essais *Europäische Betrachtungen* et *Œdipe*) et devient de fait un agent intermédiaire et un négociateur en matière d'édition pour l'écrivain français. La fin des années 1930 est bien évidemment marquée par la situation politique de l'Allemagne : Curtius en souffre beaucoup, son état physique et moral subissant en outre les assauts répétés de la neurasthénie. Les lettres se font plus rares, et cesseront pendant la guerre, à cause de la censure. Au fil des années, l'un et l'autre analysent toujours avec pénétration les ouvrages qu'ils publient. On signalera la lettre, datée du 16 octobre 1945, que Curtius envoie à Gide et dans laquelle il critique très précisément les *Interviews imaginaires*, alors que les deux hommes ne se sont pas écrit depuis sept ans ! La fin des années 1940 offre un ensemble de lettres dans lesquelles ils se confirment mutuellement leur amitié, où transparaît le temps de la vieillesse, mais aussi l'éloignement définitif des choses temporelles pour Curtius, qui vient de passer dix ans à travailler sans relâche sur le Moyen Âge (« Plus on avance en âge, plus on se détache du présent, fût-il existentiel ou autre chose[10] », écrit-il à son ami).

La critique littéraire, de leurs propres livres et de ceux des autres, accompagne de très nombreux courriers. Ainsi entre-t-on dans les raisonnements de ces grands esprits et assiste-t-on à la formation de certains de leurs jugements. Lecteur particulièrement attentif et redoutable critique, Gide est très conscient de ce que l'écriture peut – et ne peut pas. Curtius, lui, brille par un esprit de synthèse dont la vision reste toujours européenne et qui, malgré sa rigueur philologique, se laisse guider par l'intuition. Sa conception de la critique n'est certes pas orthodoxe, qui exige l'empathie et l'imprégnation : « Je voudrais pousser la sympathie compréhensive jusqu'à épouser la pensée complète et la sensibilité complète de l'auteur[11]. » Ses activités de traducteur pour Gide vont dans

---

10   Lettre de Curtius à Gide, 6 février 1947, voir lettre 149. Ce retrait du monde ne date pas
      de la guerre, nous l'évoquons plus loin.
11   Curtius à Valery Larbaud, 22 décembre 1932, *DFG*, p. 363.

le même sens : « Je suis en pleine traduction et m'assouplis progressivement. Je jouis de cet exercice ; et de l'occasion qui m'est offerte de vous
mieux connaître. Il n'y a rien de pareil pour entrer dans la pensée d'un
auteur, car on est forcé de considérer ses tours de phrases, donc son tour
d'esprit. Je me "soumets à votre influence" et y trouve grand profit[12]. »
Ses jugements procèdent souvent d'un enthousiasme ou d'une antipathie
affirmés. Encore étudiant, il témoignait déjà d'une approche cosmopolite
de la littérature. Ayant découvert Walt Whitman en 1910, il écrit à son
ami Friedrich Gundolf : « J'ai trouvé un livre profondément excitant,
Leaves of Grass de Whitman. C'est ce que l'Amérique a produit de plus
fort, et de totalement autochtone. Il se situe au-delà de notre culture, de
notre art, de notre tradition. Nous devons en parler[13]. »

Rédigée avant la Première Guerre mondiale, l'étude de Curtius sur
Gide, qui figure dans les *Wegbereiter*, est un témoignage précieux sur
l'œuvre de jeunesse de celui-ci ; on sent à chaque page que celui-ci est
guidé par un amour véritable de la chose littéraire. Vu d'aujourd'hui,
pourtant, l'intellectuel allemand cherche à entraîner, à convaincre plutôt
qu'à argumenter. Peut-être aussi veut-il séduire. Mais son projet l'emporte
par sa noblesse : « Si j'écris sur la littérature française, c'est en partie pour
détruire le préjugé qu'en France tout le monde ressemble à Voltaire ou à
V. Hugo[14]... » Ou un peu plus tôt : « Mes livres doivent être en quelque
sorte des *rapports* sur la littérature française. [...] C'est une ambition bien
modeste, mais qui n'est peut-être pourtant pas inutile vu l'ignorance
mutuelle épaisse dans laquelle vivent nos pays (je parle de la moyenne du
public cultivé, bien entendu[15]). » Tout en étant spécialiste des littératures
romanes médiévales, Curtius publia, malgré la désapprobation de ses
pairs, des essais sur des auteurs français contemporains – en particulier
sur Gide, Romain Rolland, Paul Claudel, André Suarès et Charles
Péguy, plus tard sur Paul Valéry et Marcel Proust –, puisqu'il jugeait
nécessaire de permettre aux lecteurs allemands de faire connaissance avec
eux. Alors que ses lettres gardent une fraîcheur indéniable, certains de
ses essais reflètent un côté didactique. À cela s'ajoute parfois un style
riche en images et surchargé qui lui confère une note apodictique. Si

12 Lettre de Curtius à Gide, 14 juillet [*1930*], voir lettre 100.
13 Lettre de Curtius à Friedrich Gundolf, 14 août 1910, *DFG*, p. 346 (en note).
14 Lettre de Curtius à Larbaud, 29 décembre 1923, *DFG*, p. 346.
15 Lettre de Curtius à Charles Du Bos, 5 janvier 1923, *DFG*, p. 189.

ses écrits tardifs, notamment les *Essais critiques de littérature européenne*,
se référant à Eliot et à Toynbee, baignent littéralement dans la tradition
occidentale et chrétienne, les *Wegbereiter* se réclament eux aussi de la
foi – ce qui est plutôt curieux pour une étude littéraire[16]. Mais Curtius
cultive ses paradoxes et ce sont peut-être eux qui lui ont permis une
telle productivité. Une place à part revient toutefois à son ouvrage sur
Balzac, réédité en 1999, non sans raison[17].

La présente *Correspondance* débute alors que Gide a la cinquantaine,
Curtius quinze ans de moins. Tout deux sont issus de milieux cultivés
et, surtout pour le premier, aisés. Rappelons-le, le père de Gide était
professeur à la faculté de Droit à Paris et sa mère appartenait à la haute
bourgeoisie normande. Le père de Curtius était fonctionnaire d'État et
sa mère descendait d'une grande famille de nobles bernois. Son grand-
père était le célèbre archéologue Ernst Curtius, connu pour ses fouilles
sur l'Olympe. Après des séjours à Paris et à Rome – qui devient sa ville
fétiche –, Curtius fréquente, à Berlin, les salons du couple de peintres
Lepsius, où il fait la connaissance de Charles Du Bos, du philosophe
Georg Simmel et de Stefan George. Mais il choisit Strasbourg et l'Alsace,
région tant aimée, pour faire des études de langues romanes avec Gustav
Gröber, l'un des fondateurs de la discipline. Il y soutient sa thèse pendant
l'été 1910 sur *Le Livre des Rois*[18]. Une fois son service militaire terminé,
en 1910-1911, il s'inscrit en thèse d'habilitation – travaillant cette
fois sur un critique contemporain français, Ferdinand Brunetière[19]. Il

---

16 Dans son chapitre sur Romain Rolland, Curtius regrette de ne pas voir chez Gide
    « l'émotion passionnée du vouloir éthique » et « la force de la foi », car « André Gide a
    toujours été un écrivain pour quelques-uns. Son art est une recherche de choses précieuses.
    Sa sensibilité extrêmement cultivée pour tout ce qui est rare et séducteur ne lui permet
    pas de voir le monde de façon forte et simple, comme le voit la foi » (E. R. Curtius,
    « Romain Rolland », dans *Die literarischen Wegbereiter des neuen Frankreich*, Potsdam,
    Gustav Kiepenheuer Verlag, éd. de 1923, p. 79).
17 *Balzac*, Bonn, Friedrich Cohen, 1923. Réédition dans une nouvelle traduction, avec une
    belle introduction par Michel Beretti (Paris, Éditions des Syrtes, 1999). Voir lettre 41,
    n. 158. Ce livre a été salué par les spécialistes français ; il se fonde entre autres sur une
    observation stylistique minutieuse.
18 *Li quatre livre des reis : die Bücher Samuelis und der Könige in einer französischen Bearbeitung
    des 12. Jahrhunderts : nach der ältesten Handschrift unter Benutzung der neuaufgefundenen
    Handschriften / kritisch* hrsg. von Ernst Robert Curtius, Halle a. S., Niemeyer, « Gesellschaft
    für Romanische Literatur », 26, 1911.
19 Qui aboutira à un ouvrage, *Ferdinand Brunetière. Beitrag zur Geschichte der französischen
    Kritik*, Strasbourg, K. J. Trübner, 1914. – Voir l'article circonspect d'Antoine Compagnon,

entame une carrière de professeur à l'Université, et à partir du 1ᵉʳ avril
1924, sera nommé à Heidelberg après avoir enseigné plusieurs années
à Marburg. Quant à Gide, il ne suit pas une scolarité régulière. Du
fait de la mort de son père en 1880, lorsqu'il avait onze ans, et d'une
santé défaillante, il passe son enfance pour partie à Paris, à la célèbre
École alsacienne, pour partie en Normandie et pour partie à Uzès, où
habitent ses grands-parents paternels. Très tôt, il se destine à l'écriture
– projet que, malgré une résistance initiale, sa mère finit par approuver, une fois son baccalauréat obtenu, en 1889. À peine deux ans plus
tard, il publie son premier livre, *Les Cahiers d'André Walter*. Il collabore
à de nombreuses revues, et les courts textes qu'il fait paraître, comme
Paludes (1895) et *Les Nourritures terrestres* (1897), vont tous renouveler
peu ou prou la littérature française. Traités, pièces de théâtre et récits
le feront connaître du grand public. C'est *La Symphonie pastorale* (1919)
qui établit le lien entre lui et Curtius. Gide est alors un écrivain important en France, mais il n'a pas encore donné l'essentiel de son œuvre,
à commencer par ses *Morceaux choisis* (1921), petit livre très « gidien »
qui suscita l'ire des milieux de droite et notamment d'Henri Massis,
proche du catholicisme réactionnaire, jugeant son auteur « démoniaque ».
Viendront ensuite son « unique » roman, *Les Faux-Monnayeurs* (1925),
ses mémoires, *Si le grain ne meurt* (1926), et le provocant *Corydon* (1924),
un plaidoyer pour l'homosexualité, alors encore largement taboue sinon
criminalisée, auquel il accorda beaucoup d'importance.

Ce sont sûrement les *Wegbereiter*, attaqués par les nationalistes, accusant
son auteur de trahison, d'une « tentative de fayoter avec la nation-nègre[20] »,
qui rendirent Gide attentif à Curtius, sans doute par l'intermédiaire
de son amie Aline Mayrisch, très au fait de la culture allemande, européenne convaincue tout comme son mari l'industriel luxembourgeois
Émile Mayrisch, et qui avait rédigé un important compte rendu du livre
dans *La NRF*[21]. Le premier terrain de discussion entre Gide et Curtius
se rapporte en effet aux relations franco-allemandes, et l'on rejoint ici,

« Curtius et les critiques français : Brunetière, Thibaudet, Du Bos », dans *Ernst Robert
Curtius et l'idée d'Europe, op. cit.*, p. 119-134.
20 « Anbiederung an die Neger-Nation ». Cité par E. J. Richards, dans Walter Berschin
et Arnold Rothe (éds), *Ernst Robert Curtius. Werk, Wirkung, Zukunftsperspektiven zum
hundertsten Geburtstag 1986*, Heidelberg, Carl Winter, 1989, p. 23.
21 « Lettres allemandes : *Les Pionniers littéraires de la France nouvelle*, par Ernst Curtius »,
La NRF, n° 85, 1ᵉʳ octobre 1920, p. 625-635. Cet article, tout de même curieusement

malgré les réticences du premier, le terrain de l'Histoire[22]. Les deux hommes sont persuadés de la nécessité d'une entente entre gens de bonne volonté de France et d'Allemagne. Il s'agit pour eux d'éviter deux pièges : celui des nationalistes, très actifs des deux côtés de la frontière (notamment en Allemagne, humiliée par les conditions du traité de Versailles), et celui des « internationalistes », qui tendent à estomper les particularités nationales au profit d'un idéal flou et insaisissable. Curtius s'exprime ainsi dans sa lettre du 12 juillet 1921 : « Je pense que les meilleurs esprits des deux nations se retrouveront sur la base que vous avez esquissée et que j'ai également en tête [...] : une manière de penser cosmopolite (non pas internationaliste), européenne fondée sur un sentiment national (non pas nationaliste) sans préjugés et non déformé[23]. » Influencé par Stefan George qu'il admire sans entrer dans son cercle très hiérarchisé, Curtius était d'avis qu'il fallait parvenir à créer une structure supranationale capable d'infléchir les mentalités, au-delà de l'entente des élites culturelles des deux pays – la Suisse, unissant avec harmonie et raison ses parties très diverses, constituait pour lui un modèle idéal. À ses yeux, Gide avait suffisamment de poids pour cristalliser le pôle français, lui qui avait confié, en juin 1919, au lendemain de la guerre, ses « Réflexions sur l'Allemagne[24] », afin de contrebalancer l'attitude un temps antigermanique de Jacques Rivière, alors directeur de La NRF. Même s'il adhère à son tour à une approche ethno-psychologique des deux peuples, Gide défend une vision qui admet leur complémentarité et accorde une grande importance à la valorisation de l'altérité culturelle. Il soutient Curtius dans ses convictions – le comte Kessler notait dans son Journal, à la date du 12 janvier 1923 : « L'influence du professeur Curtius en Allemagne [...] a fait grande impression sur [Gide], il a dit à

---

gallo-centrique (voir Hans Hinterhäuser, dans Berschin et Rothe, *op. cit.*, p. 108 et 109), est paru sous le pseudonyme d'Alain Desportes.

22   Voir entre autres, pour Gide, l'étude de Pascal Dethurens, *Écriture et culture. Écrivains et philosophes face à l'Europe (1918-1950)*, Paris, Champion, 1997 ; Claude Foucart, *André Gide et l'Allemagne. À la recherche de la complémentarité (1889-1932)*, Bonn, Romanistischer Verlag, 1997 ; les actes du colloque *André Gide, l'Européen*, sous la direction de Martina Della Casa (Paris, Classiques Garnier, 2019). Pour Curtius : Christine Jacquemard-De Gemeaux, *Ernst Robert Curtius (1866-1956). Origines et cheminements d'un esprit européen*, Berne, Peter Lang, 1998 ; *Ernst Robert Curtius et l'idée d'Europe*, *op. cit.*, et l'autre colloque *Ernst Robert Curtius e l'identità culturale dell'Europa*, Padoue, Esedra, 2011.

23   Lettre de Curtius à Gide, 12 juillet 1921, voir lettre 14.

24   *La NRF*, n° 69, 1er juin 1919, p. 35-46.

je ne sais qui : *"Je veux devenir le Curtius français[25] !".* » Mais, soucieux de garder son indépendance d'esprit, il cherchera à rester en dehors du terrain politique.

Curtius, au contraire, est véritablement engagé dans cette cause : « Ce sont des sujets et des méditations qui ne me quittent pas et qui, vous le comprenez, sont pour moi d'une grande importance, aussi longtemps que je tiens à garder le rôle – assez modeste, je le sais bien – d'intermédiaire intellectuel entre nos deux pays. Rôle qui n'est pas facile – ni matériellement (à cause de l'ignorance forcée où me réduit l'impossibilité de me procurer tous les livres et revues dont j'aurais besoin) ; – ni moralement (à cause des attaques des extrémistes de droite et de gauche, et cela des deux pays[26]). » Familier du château de Colpach, où ont lieu des réunions informelles entre des personnalités de la vie culturelle, économique et politique des deux pays[27], il fait bientôt partie du Comité franco-allemand d'information et de documentation, où il est « censé représenter l'intelligence[28] ». C'est à Colpach que Gide et Curtius se sont rencontrés à l'automne 1921. Après la guerre, le romaniste se souviendra, non sans nostalgie, de ces années : « Colpach était le *fairyland*. C'est là que je vous ai rencontré, c'est de là que j'ai gagné Pontigny[29]. » À Maria Van Rysselberghe, il écrira le 18 décembre 1947 : « Colpach a été un Pontigny plus aristocratique, plus secret[30]. » Les Décades de Pontigny furent, en effet, un autre cadre d'échanges important pour Curtius : échanges autour de la culture et de la littérature d'Europe[31]. Il y participa en 1922, refusa

---

25 Comte Harry Kessler, *Journal. Regards sur l'art et les artistes contemporains, 1889-1937*, trad. Jean Torrent, éd. Ursel Berger, Julia Drost, Alexandre Kostka *et alii*, Paris, Fondation Maison des Sciences de l'homme / Institut national d'histoire de l'art, 2017, p. 254.

26 Lettre de Curtius à Gide, 10 décembre [19]21, voir lettre 26.

27 Déjà dans l'optique d'une médiation entre les deux pays, Gide y avait rencontré Walther Rathenau, en septembre 1920. Voir le dossier « André Gide et Walther Rathenau », *BAAG*, n° 181/182, janvier-avril 2014, p. 41-122.

28 Lettre à Eugénie Sellers Strong, 29 décembre 1930 (*Briefe*, p. 111). Le CFAID, ou « Comité Mayrisch », fut fondé en 1926 entre autres par le couple Mayrisch. À partir du décès accidentel d'Émile Mayrisch en 1928, l'activité de médiation de ce comité fut réduite, même si Pierre Viénot, qui dirigeait le bureau berlinois, se montra très actif. Bon connaisseur de l'Allemagne, on doit à ce dernier un ouvrage important, *Incertitudes allemandes. La crise de la civilisation bourgeoise en Allemagne* (Paris, Librairie Valois, 1931).

29 Lettre de Curtius à Gide, Bonn, 6 février 1947, voir lettre 149.

30 Lettre inédite, fondation Catherine Gide (cote 30-01).

31 Dans la première lettre rédigée par lui après la guerre, il rappelle la situation de 1922 qui résumait bien le conflit existant, à la fois culturel et politique. À Pontigny, la discussion porta, se souvient-il, sur « les stimulateurs de la pensée moderne ». Si les Français étaient

de s'y rendre en 1923 pour protester contre l'occupation de la Ruhr par les troupes françaises et belges, y retourna une deuxième et dernière fois en 1924, car il dut y renoncer l'année suivante pour des raisons de santé. Cette conviction européenne, cet esprit cosmopolite qui étaient les siens sont très perceptibles dans le portrait qu'il dresse de Jacques Rivière en 1924 : « C'est vraiment un homme sympathique, sensible et sincère. Sa limite se trouve pour moi dans le fait qu'il ne sort pas du psychologique et qu'il ne veut pas en sortir. Malgré le modernisme accentué de *La NRF*, il reste un Français dans le fond non européen. Quelqu'un pour qui Goethe, Whitman, Nietzsche (et je crois également Homère et Platon) n'ont jamais été des forces vitales[32]. »

Pour caractériser Curtius, on pourrait en quelque sorte parler d'« européanité », comme on parlerait d'urbanité. C'est en le présentant à l'occasion d'une conférence qu'il fit à la Sorbonne, en décembre 1930, que Jean Schlumberger s'exclame : « C'est un grand point pour l'autorité d'un critique que de posséder une base de triangulation qui est formée par Dante, Shakespeare et Goethe[33] ! » Cette « européanité » ne nie pas la réalité des nations, mais évite de les hiérarchiser – une vision qui recoupe celle de Gide. Curtius est convaincu qu'il faut agir et tenter, comme on l'a vu, de réunir les grands esprits des deux pays. Plus actif que l'écrivain français, il lui propose ainsi de le mettre en rapport avec Thomas Mann, puis de faire partie du comité d'une nouvelle société d'érudits, la *Société Nietzsche*[34]. Or, à chaque fois, Gide formule des réserves. C'est que l'on avance sur un terrain miné. Et si l'amitié est de mise, elle ne va pas sans quelques accrocs : on ne peut manquer de rappeler l'incident survenu entre eux, dû à un article de Pierre Mille, hostile à toute réconciliation

---

d'accord sur Whitman, Nietzsche, Dostoïevski, les Italiens avaient exigé l'intégration de Carducci et de Croce et les Anglais celle de Browning et de Meredith. Gide, lui, aurait dit : « Il me manque dans ce mélange de stimulants intellectuels l'équilibre et l'harmonie. J'ai besoin dans tout cela de Goethe. » (Curtius à Gide, 16 octobre 1945, voir lettre 145).

32 Lettre de Curtius à Rychner, 21 avril 1924, *Briefe*, p. 37.

33 Présentation de Jean Schlumberger, *DFG*, p. 337. La conférence portait sur « Friedrich Schlegel et la France ».

34 Il suffit de parcourir les documents élaborés par Friedrich Würzbach autour de la Nietzsche-Gesellschaft, dissoute en 1934 par le régime nazi, pour se rendre compte qu'il s'agissait d'une société savante plutôt que d'une organisation capable d'une action d'envergure internationale. Gide laissait entendre qu'il était difficile de donner une orientation européenne à une entité qui se réclamait du seul philosophe allemand.

entre les deux pays, paru dans *La Revue de Genève* en septembre 1922[35].
À la demande du directeur de la revue, Curtius y répondit, ulcéré de voir
les accusations absurdes dont les Allemands faisaient l'objet : « Français
et Allemands peuvent-ils se comprendre ? Réponse à Pierre Mille[36] ». Il
y était catégorique sur l'inexistence d'une troisième voie. Gide n'apprécia
pas cette franchise et voulut à son tour publier une lettre ouverte dans la
même revue, mais le malentendu finit par trouver une issue. Curtius, en
bon Allemand, bon Européen et francophile, comprit qu'il ne pourrait
pas exiger des Français de sauter sur leur ombre : ils ne feraient rien qui
aille à l'encontre du traité de Versailles. Selon Claude Foucart, « L'alliance
de Curtius, à la recherche d'un nationalisme français susceptible d'être
européen, c'est-à-dire d'accepter de renoncer à l'affirmation de la seule
culpabilité allemande en 1914, donc d'abandonner un atout politique
dans le combat des réparations, avec des hommes de Lettres comme
Ernst Bertram et Thomas Mann, désirant certes être des Européens,
mais se refusant à ne point mettre en valeur l'agressivité militaire de
la France en 1914, devait se heurter aux réalités[37] ».

Tenace, Curtius va délaisser le débat socio-économique et davantage
miser sur les valeurs intellectuelles, comme le préconisait Gide. Face à
la frilosité de celui qu'il considérait pourtant comme son *alter ego* dans
ce domaine, il finira par se résigner, déçu, et s'occupera de moins en
moins de littérature française contemporaine[38]. Dès mai 1926, il confiait
à Charles Du Bos son « besoin grandissant de solitude, de méditation,

35   Pierre Mille, « La question du Rhin », *La Revue de Genève*, n° 27, sept. 1922. – Voir également
     l'article de Robert de Traz, « Y a-t-il une Europe ? », *La Revue de Genève*, n° 28, octobre
     1922. Sur ce sujet, voir l'article complet de Landry Charrier : « Une amitié à l'épreuve de
     la crise de la Ruhr : Gide, Curtius et *La Revue de Genève* (décembre 1922-janvier 1923) »,
     Chroniques allemandes, vol. 11 (2006-2007), p. 273-291.
36   *La Revue de Genève*, n° 30, décembre 1922.
37   Claude Foucart, « E. R. Curtius et A. Gide. Les débuts d'une amitié (1920-1923) », *Revue
     de littérature comparée*, juillet-septembre 1984, p. 339. – Voir à ce sujet le prolongement
     de cette discussion dans le début de la correspondance de Curtius avec Rychner (Curtius,
     Rychner, *Freundesbriefe, 1922-1955*, *op. cit.*, p. 25ss.) : Curtius y critique l'escamotage
     du politique par Gide et se plaint du fait que la France *oblige* les Allemands à relier la
     question politique avec la spirituelle (*ibid.*, p. 28) – point de vue également défendu par
     Friedrich Würzbach.
38   Cette déception se ressent dans l'article qu'il signe en 1927 pour *Les Nouvelles littéraires,
     artistiques et scientifiques* : « Une opinion allemande sur le rapprochement intellectuel
     franco-allemand » (n° 232, 26 mars 1927, p. 1). Curtius y est à un tournant : il déclare
     que les écrivains ne sont pas des politiques et manifeste un intérêt désormais plus grand
     pour la littérature classique plutôt que contemporaine.

de retraite, de silence[39] », allant même jusqu'à lui avouer : « Je suis hanté par cette idée que le silence vaut mieux que le discours, qu'il conduit plus efficacement aux réalités ultimes que tout "échange de vues[40]".» Il poursuit tout de même sa correspondance avec Gide et ses autres amis, ses travaux divers (par exemple sur James Joyce), ceux sur la culture française (*Die französische Kultur*, 1930), ainsi que sur l'«Abandon de la culture». Cet article constitue un prélude au pamphlet qu'il publie l'année suivante contre le démantèlement de la culture par les nazis, *L'Esprit allemand en danger*[41], à la suite de quoi il s'effondre psychologiquement. « L'existence en Allemagne ressemble à celle dans une cage où des tas de bêtes plus ou moins féroces se disputent le peu de nourriture. Mauvais quart d'heure pour les choses de l'esprit et pour tout ce qui est "gratuit". L'action gratuite présuppose des rentes ou des ressources[42]. » En juin 1936, il tente une sortie de son pays en se portant candidat à l'université de Bâle, en Suisse, mais c'est le francophone Albert Béguin qui l'emporte[43].

Curtius resta en Allemagne, sorte d'«exilé de l'intérieur», alarmé puis médusé par l'évolution politique de son pays, ce dont il fit part à tous ses correspondants, et se retira du monde[44]. Atteint de dépressions nerveuses régulières, qui l'inhibaient et altéraient ses échanges épistolaires,

---

39 Lettre de Curtius à Du Bos, 20 mai 1926, *DFG*, p. 221.

40 *Ibid.*

41 E. R. Curtius, *Deutscher Geist in Gefahr*, Stuttgart-Berlin, DVA, 1932. – E. R. Curtius, « *Abandon de la Culture* », *La NRF*, n° 219, décembre 1931, p. 849-867, trad. par Jacques Decour de l'article « Abbau der Bildung » (*Die Neue Rundschau*, 1931, n° 42, p. 339-353).

42 Lettre de Curtius à Gide, 12 septembre 1931, voir lettre 113.

43 Voir la lettre de Curtius à Andreas Heusler (université de Bâle), 18 juin 1936, reproduite dans *Ernst Robert Curtius et l'idée d'Europe*, *op. cit.*, p. 393-394. Selon Beat Münch, il s'en est fallu de très peu pour que Curtius soit élu. Voir également la contribution de Joseph Jurt dans les *Mélanges pour Frank-Rutger Hausmann : Engagement und Diversität*. Sous la direction de W. Asholt, U. Bähler, *et alii*, Munich, AVM Edition, 2018.

44 En 1934, il écrivait à Jacques Heurgon ces paroles prémonitoires : « Persuadez-vous de ceci, cher Jacques, que de nos jours les intellectuels n'ont plus rien à voir dans les luttes politiques. L'exemple de Hugo, de Lamartine, de Zola, etc., n'est plus de mise. Il s'agit là d'un changement profond survenu dans la société. Ortega a admirablement analysé quelque part cette nécessité de la "retraite des intellectuels". Il en a donné l'exemple, d'ailleurs. La révolution espagnole de 1931 lui a ouvert les yeux là-dessus. Et la révolution hitlérienne souligne ses conclusions. Les mêmes lois se vérifieront en France, où toutefois la France ne réussit pas à retrouver son équilibre. Toutes les "ligues" sont des jeux d'enfants et des bêtises. Ne vous associez à aucune. Ne donnez pas de signatures. Elles vous ennuieraient plus tard. Qu'est-il advenu du "Parti de l'Intelligence", fondé à grand fracas en 1919 ? » (24 août 1934, Mürren, BLJD, Ms 15931).

il trouva de quoi rester sans doute sain d'esprit en se consacrant avec acharnement à ses études sur le Moyen Âge latin – elles donnèrent naissance, en 1948, à son *opus magnum* : *La Littérature européenne et le Moyen Âge latin*[45], ouvrage salué non seulement pour la somme d'érudition qu'il représentait mais encore pour le renouvellement complet de perspective qu'il proposait. Pendant les années sombres, les autorités le jugèrent peu fiable. Les milieux nazis avaient déjà critiqué son idéalisme culturel et son rejet du racisme biologique. En juin 1944, il fut apostrophé comme un « libéraliste pur et dur » qui ne s'engageait pas assez pour défendre la politique gouvernementale[46]. Sa liberté d'esprit et son indépendance intellectuelle ne pouvaient de toute manière pas convenir, lui qui avait écrit : « La plupart des hommes ne se sentent à l'aise que dans des entraves – qu'ils se forgent eux-mêmes au besoin, et qu'ils voudraient imposer aux autres. Combien plus beau un vol libre, illimité[47]. » À partir des années 1970, lors du tournant structuraliste et linguistique des études littéraires, il fut parfois violemment attaqué : sa recherche de la continuité des *topoi*, qu'il avait mise en pratique dans son ouvrage de 1947, n'entrait plus dans les théories de la rupture alors en vogue[48].

---

45 E. R. Curtius, *Europäische Literatur und lateinisches Mittelalter*, Berne et Munich, Francke Verlag. – Trad. fr. de Jean Bréjoux, Paris, PUF, 1956.

46 Voir la lettre du « Reichsminister für Wissenschaft, Erziehung und Volksbildung » au recteur de l'université de Bonn du 16 août 1944. On n'avait pas permis à Curtius de se rendre au Portugal pour y faire des conférences. Voir Heinrich Lausberg, *Ernst Robert Curtius (1886-1956)*, éd. Arnold Arens, Stuttgart, Franz Steiner Verlag, 1993, p. 116.

47 Lettre de Curtius à Gide, 17 septembre [1924], voir lettre 60.

48 Voir Earl Jeffrey Richards, « La conscience européenne chez Curtius et chez ses détracteurs », dans *Ernst Robert Curtius et l'idée d'Europe, op. cit.*, p. 257-286. Les attaques de Michael Nerlich et de quelques autres faisant de Curtius un adepte du national-socialisme d'une part, ou un « érudit des catacombes » de l'autre, sont battues en brèche dans les nombreuses publications qui ont vu le jour lors du centenaire de sa naissance (voir plus bas, « Bibliographie »). – À ces ouvrages, il faut ajouter la publication d'un bon nombre de lettres qui nous permettent de rencontrer un esprit aristocratique et certes conservateur, mais d'une envergure et d'une originalité hors pair. – Un de ses élèves, Walter Boehlich, a fait le point sur ces critiques : « Ein Haus, in dem wir atmen können. Das Neueste zum Dauerstreit um den Romanisten Ernst Robert Curtius » [« Une maison dans laquelle nous pouvons respirer. Les dernières nouvelles sur le conflit durable autour du romaniste Ernst Robert Curtius »], *Die Zeit*, 6 décembre 1996, n° 50 (en ligne : *Zeit Online* ; consulté le 15 février 2018). – Voir également dans la *Frankfurter Allgemeine Zeitung* : Tilman Krause, « Unverstandener E. R. Curtius. *Beamtenblick* » [« E. R. Curtius, l'incompris. Regard de fonctionnaire »] (13 mars 1991, p. 3), et Andreas Naumann, « Curtius'Wunschbild eines neuen Frankreich » [« L'idéal d'une nouvelle France de Curtius »] (5 mai 1998, p. 103).

Mais le moment est venu de laisser le lecteur découvrir à son tour les tenants et aboutissants de ces enjeux cruciaux en un temps où d'autres projets socio-politiques étaient possibles... Avant de donner la parole aux deux épistoliers, ajoutons ce *credo* que Curtius confiait à son ami Max Rychner, en 1925 (et que Gide, qui n'avait que faire de l'Histoire, n'aurait pas désapprouvé, sans pour autant admettre un tel acte de foi), à savoir que selon lui, « le monde n'est pas là pour être compris historiquement, mais pour être saisi dans l'amour[49] ». Il s'inscrit dans sa vision organique du monde, proche de Goethe :

> Le cosmos de l'esprit n'est pas pour moi un musée, mais bien davantage un jardin dans lequel je me promène et cueille des fruits. La science est toujours en suspens, et pour rester fidèle à elle-même, elle doit rester dans ce qui est problématique, en tant qu'état liquide. Je suis un homme radicalement croyant et ne me sens bien que dans les choses définitives. Il me suffit de connaître – de reconnaître – certaines formes primitives spirituelles dont je suis proche par nature – en amour, par amour[50].

Le lecteur nous pardonnera d'avoir, dans cette introduction, fait la part belle à Ernst Robert Curtius, moins connu qu'André Gide. On l'aura compris, sa personnalité était complexe et la rigueur intellectuelle du romaniste est loin d'épuiser son personnage. Le fils de Félix Bertaux le surnommait « le renard du Neckartal[51] » ; il était orgueilleux, fier, et sûr de lui, en apparence du moins. Il impressionna des générations d'étudiants. Dans sa prolifique correspondance, on le découvre bien plus divers, à l'instar de la « multiplicité » dont il caractérisait Gide, mais qu'il aurait pu s'appliquer à lui-même : bienveillant envers Jacques Heurgon, railleur et parfois désespéré lorsqu'il se confie à Max Rychner, badin et charmeur avec Catherine Pozzi. Sa soif de connaître et d'apprendre semble infinie – et il est comparable en cela à Gide, toujours capable de s'étonner et de se cultiver. À tel point que Roger Martin du Gard pouvait écrire ceci : « Que devenez-vous, grand Ami ? Je vous imagine dans un ciel wagnérien, formant avec Valéry et Curtius une de ces constellations qu'un torticolis seul nous permettrait d'apercevoir... et dont les rayons ne nous parviendront que dans

---

49   Lettre de Curtius à Rychner, 11 juin 1925, dans Curtius, Rychner, *Freundesbriefe 1922-1955*, *op. cit.*, p. 59.
50   *Ibid.*, p. 60.
51   Pierre Bertaux, *Un normalien à Berlin. Lettres franco-allemandes 1927-1933*, Asnières, PIA, 2001, p. 139.

un grand nombre d'années-lumière !... Je m'en voudrais d'interrompre ce
concile olympien[52]. » Gide, qui avait accepté les nombreuses contradictions
de Curtius, l'avait compris d'emblée. Leur amitié ne se démentit jamais
et ne souffrit ni des discordances politiques, ni des disparités religieuses.
Curtius, régulièrement, l'exprime en des termes toujours délicats : « Vous
êtes un de ces hommes si rares avec lesquels on n'en a jamais fini. Ni mon
cœur ni mon esprit ne sauraient se contenter du degré d'intelligence qu'ils
ont atteint jusqu'ici à l'endroit de votre œuvre et de votre vie[53]. » Et Gide
de constater dans son avant-dernière lettre : « Ceux avec qui je trouve un
réel plaisir à causer se font de plus en plus rares ; mais vous êtes, ou vous
seriez, de ceux-là – encore que votre érudition me consterne, me prosterne,
me terrifie[54]. » En 1927, après un bref séjour chez les Curtius, l'écrivain
français rendait ainsi compte de cette amitié :

> Conversations « infinies » avec Ernst Robert Curtius. Je me sens souvent plus
> près de lui que peut-être d'aucun autre et non seulement je ne suis pas gêné
> par notre diversité d'origine, mais ma pensée trouve un encouragement dans
> cette diversité même. Elle me semble plus authentique, plus valable, lorsqu'au
> contact de la sienne je me persuade qu'il n'était pas besoin de telle culture
> particulière pour la produire et que, partis tous deux de lieux si différents,
> nous nous retrouvons sur tant de points[55].

Est-il éloge plus éloquent ? plus « européen », en quelque sorte ? Puissent
ces échanges, témoins d'une époque mouvementée, garder la fraîcheur de
l'amitié réciproque. Et au-delà des divergences rappeler l'enrichissement
indéniable que peut offrir la *lettre*, cette forme instable, personnelle, fragile et en même temps solide messagère du temps, des sensations, de la
réflexion, bref d'un vécu qu'elle sauvegarde et transmet si merveilleusement.

Peter SCHNYDER
et Juliette SOLVÈS

---

52 Lettre de Roger Martin du Gard à Gide, 9 août 1932, dans André Gide, Roger Martin
    du Gard, *Correspondance, 1913-1934*, éd. Jean Delay, Paris, Gallimard, 1968, p. 534.
53 Lettre de Curtius à Gide, 22 novembre [1929], voir lettre 90.
54 Lettre de Gide à Curtius, 23 octobre 1950, voir lettre 188.
55 André Gide, *Journal*, t. II : *1926-1950*, éd. Martine Sagaert, Paris, Gallimard, « Bibliothèque
    de la Pléiade », 1997, p. 36 (« Heidelberg, 12 mai 1927 »).

Nous tenons à exprimer toute notre gratitude à M. Walter Gsottschneider, ayant-droit d'Ernst Robert Curtius, et à la fondation Catherine Gide, ayant-droit d'André Gide, ainsi que, pour leur aide, Magali Berberat, Catherine Boudard, Charlotte Butty, Frank-Rutger Hausmann, Édith Heurgon, Joseph Jurt, Wolf-Dieter Lange, Sophie Lesiewicz, Pierre Masson, Beat Münch, Claire Paulhan, Fabrice Picandet, et Colette Puynège-Batard.

CHRONOLOGIE

Note. Nous avons mis l'accent sur Ernst Robert Curtius ; la chronologie relative à la vie d'André Gide peut être consultée dans chacun de ses volumes de la « Bibliothèque de la Pléiade ».

1869   Naissance de Paul Guillaume André Gide, le 21 novembre, à Paris. Fils de Paul Gide, professeur à la faculté de Droit, et de Juliette Rondeaux.

1880   Le père de Gide meurt subitement le 28 octobre. Celui-ci sera désormais élevé par sa mère, avec le soutien de son directeur de conscience, le pasteur Élie Allégret.

1886   Naissance d'Ernst Robert Curtius, le 14 avril, à Thann en Alsace (alors allemande). Fils de Friedrich Curtius, originaire d'Allemagne, et de Louise von Erlenbach-Hindelbank, fille d'un comte bernois et d'une comtesse neuchâteloise.

1891   Parution des *Cahiers d'André Walter* (Paris, Perrin), premier ouvrage de Gide.

1893-1894 Premier voyage de Gide en Afrique du Nord. Première expérience homosexuelle.

1894-1903 Curtius habite en Alsace où son père occupe plusieurs fonctions liées au rattachement de la province à l'Allemagne : il effectue ses études primaires à Thann, puis ses études secondaires à Strasbourg, dans un lycée protestant, où il passe son *Abitur.* Premiers contacts avec la France, sa langue et sa littérature.

1895   Gide publie *Paludes.* Mort de sa mère. Mariage avec sa cousine Madeleine Rondeaux, puis voyage de noces qui dure près de sept mois (France, Suisse, Italie, Tunisie…). Second voyage en Afrique du Nord.

1897   Publication par Gide des *Nourritures terrestres* au Mercure de France.

1899	Publication par Gide du *Prométhée mal enchaîné*.
1902	Publication par Gide de *L'Immoraliste* au Mercure de France. – Séjour du jeune Curtius à Londres.
1904	Curtius s'inscrit à l'université de Berlin pour étudier le sanscrit et la philologie comparative. Il y fréquente, à l'instar de Rainer Maria Rilke, les salons du couple de peintres Sabine et Reinhold Lepsius. Dans ce cercle, il fait la connaissance de Friedrich Gundolf et de Charles Du Bos, avec lesquels il va entretenir des liens amicaux, et rencontre Stefan George. À Berlin, il revoit Albert Schweitzer, lié d'amitié avec ses parents, qui le familiarise avec la littérature française et notamment avec Romain Rolland.
1905	Curtius étudie également à Heidelberg où il suit des cours chez le philosophe Wilhelm Windelband. C'est à cette époque qu'il découvre Virgile, qui sera pour lui un auteur essentiel ; par ailleurs, il déteste *Madame Bovary*.
1906	Le couple Gide s'installe dans la villa Montmorency, à Auteuil, conçue par Louis Bonnier.
1908	En décembre, Curtius réussit un examen agréé par l'État lui permettant d'occuper des postes de professeur d'anglais et de français dans les hautes écoles. – Fondation de *La Nouvelle Revue française*, dont Gide est la figure-clé.
1909	Gide publie *La Porte étroite*. – Curtius effectue un long séjour d'étude à Paris pour sa thèse, qui consiste en l'édition critique du *Livre des Rois* (publié en 1911 sous le titre *Einleitung zu einer neuen Ausgabe der* Quatre Livres des reis). Il assiste aux cours d'Henri Bergson au Collège de France, qui l'impressionnent. Tous les matins, il visite le Louvre.
1910	Première Décade de Pontigny pour Gide. – En mai, Curtius obtient son doctorat en Littérature médiévale sous la direction du romaniste Gustav Gröber, à Strasbourg. Il rencontre le poète alsacien Ernst Stadler, qui lui recommande de lire les auteurs français de *La NRF*, ouverte à l'idée européenne (à l'opposé des académiciens Paul Bourget, Anatole France ou Maurice Barrès). Nouvelles rencontres avec Stefan George à Bingen. Curtius est fasciné autant qu'influencé par le poète allemand, mais il renoncera finalement à faire partie de ses disciples.

1910-1911 Curtius s'engage en tant que volontaire dans l'infanterie du régiment 105 à Strasbourg et y passe un an (à partir du 1ᵉʳ octobre).

1911 Début de la rédaction par Gide des *Caves du Vatican*, qui sera publié en 1914. *La NRF* crée sa propre maison d'édition, avec pour gérant Gaston Gallimard.

1912 De février à avril, Curtius séjourne à Rome, à Sestri Levante et à Florence pour se remettre d'une pneumonie. Rome deviendra sa ville d'élection. En décembre, il débute l'année d'enseignement probatoire.

1913 Le 22 octobre, Curtius défend sa thèse d'habilitation sur Ferdinand Brunetière à Bonn, devant l'élève de Gröber, Heinrich Schneegans. – Ouverture à Paris du théâtre du Vieux-Colombier, dirigé par Jacques Copeau.

1914 Publication par Gide des *Caves du Vatican*. – Publication de la thèse de Curtius : *Ferdinand Brunetière. Beitrag zur Geschichte der französischen Kritik*. C'est un ouvrage contre le critique, jugé trop entier et éloigné de la réalité. Curtius enseigne à l'université de Bonn (littérature française médiévale et littérature contemporaine). Il commence à préparer son ouvrage *Die literarischen Wegbereiter des neuen Frankreich* [*Les Pionniers littéraires de la France nouvelle*] (qui ne sera publié qu'en 1919).

1914-1915 Curtius est envoyé en France et participe en 1915 à la campagne en Pologne. Il est blessé au cou et se voit déclaré inapte au service. Il sera par la suite décoré de la Croix de fer deuxième classe.

1915 Gide s'occupe du Foyer franco-belge, œuvre de bienfaisance pour les réfugiés des territoires envahis, avec Charles Du Bos et Maria Van Rysselberghe.

1916 Libéré de ses obligations militaires en mai, Curtius reprend son activité d'enseignant (*privat-docent*) à Bonn.

1917 Début de la liaison entre Gide et Marc Allégret, fils de son ancien directeur de conscience. Voyage en Suisse avec celui-ci et son frère André.

1918 Gide séjourne en Angleterre avec Marc Allégret. Le 21 novembre, il apprend que Madeleine a détruit toutes les lettres qu'il lui avait adressées depuis trente ans.

1919   Reprise de la parution de *La NRF*, interrompue pendant la guerre. Publication par Gide de *La Symphonie pastorale*. Début de la rédaction des *Faux-Monnayeurs*. – Curtius obtient un poste de professeur extraordinaire à l'université de Bonn. Le décès de sa mère, Louise Curtius, l'affecte profondément. Parution de son livre *Die literarischen Wegbereiter des neuen Frankreich* (Potsdam, Gustav Kiepenheuer), écrit avant-guerre, qui fait la promotion d'une nouvelle pensée française allant à l'encontre des préjugés, avec pour objectif affiché une entente européenne. Le premier chapitre est consacré à Gide. Cet ouvrage crée la polémique à une époque où la France et sa culture sont rejetées par nombre d'Allemands. L'ouvrage n'a jamais été traduit en français.

1920   Gide expédie à Curtius un exemplaire de *La Symphonie pastorale* : début de la correspondance entre les deux hommes. – Le 1ᵉʳ avril, Curtius est nommé professeur de philologie romane à l'université de Marburg, avec entrée en fonction immédiate. Dans le but de provoquer, il publie, dans *La Revue de Genève*, « Les influences asiatiques dans la vie intellectuelle de l'Allemagne aujourd'hui ». – Tirage privé de *Corydon* et de *Si le grain ne meurt* de Gide (Iʳᵉ partie).

1921   Publication confidentielle par Gide de *Si le grain ne meurt* (IIᵉ partie). – En juin, première rencontre entre Curtius et Gide chez les Mayrisch, à Colpach. Gide publie « Les rapports intellectuels entre la France et l'Allemagne » dans *La NRF* ; Curtius publie « Deutsch-französische Kulturprobleme » dans le *Neue Merkur*, et *Der Syndikalismus der Geistesarbeiter in Frankreich* (Bonn, Friedrich Cohen), mais il faut surtout mentionner *Maurice Barrès und die geistigen Grundlagen des französischen Nationalismus* (Bonn, Friedrich Cohen).

1922   Conférences de Gide sur Dostoïevski au Vieux-Colombier. *Saül* est créé par Jacques Copeau au Vieux-Colombier. – Curtius publie dans le *Neue Merkur* l'article « Pontigny » ; mais aussi « Rheinische Schicksalsfragen » dans *Die Tat*. Il participe aux Décades de Pontigny avec une intervention sur Stefan George. Il y fait la rencontre du jeune Jacques Heurgon, avec lequel il se lie d'amitié.

1923   Gide, dont le réél désir d'enfant a petit à petit pris forme, devient père : Catherine Gide naît le 18 avril, à Annecy, mise au monde par Élisabeth Van Rysselberghe, la fille de sa grande amie Maria. Sa marraine est Aline Mayrisch. – Curtius publie *Balzac* (Bonn, Friedrich Cohen), salué par la critique et, contrairement aux essais précédents, par ses collègues. Il refuse de venir aux Décades de Pontigny pour protester contre l'occupation de la Ruhr.

1924   Le 1er avril, Curtius est nommé professeur de philologie romane à l'université de Heidelberg, avec entrée en fonction immédiate. Cette nomination déplaît à certains collègues, qui voyaient en lui un « moderniste » peu compatible avec le sérieux de leur discipline. En août, il se rend pour la deuxième et dernière fois aux Décades de Pontigny. – Édition courante de *Corydon* de Gide à *La NRF*.

1925   Avec Marc Allégret, Gide entreprend un voyage en Afrique noire (Congo et Tchad), qui dure près de onze mois. – Curtius publie *Französischer Geist im neuen Europa* (Stuttgart, DVA), qui complète *Les Pionniers littéraires*.

1926   Pendant son absence de France, Gide fait publier *Les Faux-Monnayeurs*. Parution de *Si le grain ne meurt*. Édition originale du *Journal des Faux-Monnayeurs*. – Curtius publie un compte rendu des *Faux-Monnayeurs* dans *Die Neue Rundschau*.

1927   Publication du journal d'Afrique de Gide sous le titre *Voyage au Congo*. En mai, celui-ci et Curtius se retrouvent à Fribourg puis Heidelberg (« Conversations infinies avec Curtius »). – En juillet-août, voyage de Curtius en France (Ouest, de la Normandie au Périgord, et Centre), avec Aline Mayrisch puis Jean Schlumberger. Il commence à souffrir d'« états pourtant trop réels de fatigue nerveuse ».

1928   Vente de la villa Montmorency et installation de Gide et de Maria Van Rysselberghe en voisins de palier au 1bis, rue Vaneau (Madeleine vit exclusivement dans sa propriété normande de Cuverville). Publication du *Retour du Tchad*. – Curtius participe à un *Hommage à Marcel Proust*.

1928-1929 Séjour de Curtius à Rome entre octobre 1928 et mars 1929. C'est là-bas qu'il apprend sa nomination à l'université de Bonn.

1929   Le 2 janvier, entrée en fonction de Curtius à l'université de
              Bonn, en tant que professeur de philologie romane (et plus
              tard également médiévale). Il publie *James Joyce und sein
              « Ulysses »* (Zurich, Verlag der Neuen Schweizer Rundschau),
              et *L'Idée de civilisation dans la conscience française* (Paris, Dotation
              Carnegie pour la paix internationale). Le 1er novembre, il se
              fiance avec Ilse Gsottschneider, originaire de Mannheim, qui
              était une de ses étudiantes à Heidelberg. – Publication de
              L'École des femmes, dédicacé à Curtius, et de l'*Essai sur Montaigne*
              de Gide chez Schiffrin (« Bibliothèque de la Pléiade »), puis
              de *Robert*, supplément à *L'École des femmes*. Charles Du Bos
              publie son *Dialogue avec André Gide*.
1930   Mariage de Curtius avec Ilse Gsottschneider. Publication de
              Die französische Kultur (Berlin/Stuttgart, DVA), une défense
              significative de la culture française. (*Essai sur la France*, trad.
              par J. Benoist-Méchin, Paris, Grasset, 1932.) – En mai,
              voyageant en Allemagne, Gide vient voir Curtius à Bonn.
1930-1931   Curtius vit une crise existentielle qui le mène à un retour vers
              la tradition. Il écrit à Gide : « Je me trouve à un tournant de
              mon existence » (14 février). Il se détourne petit à petit des
              auteurs français, souvent proches des avant-gardes (Aragon,
              Valéry, Proust…), et s'intéresse à des écrivains plus « traditio-
              nalistes » tels T. S. Eliot, Hugo von Hofmannsthal, Miguel
              de Unamuno, José Ortega y Gasset. Il publie un compte
              rendu sur la pièce *Œdipe* de Gide dans *Die Literarische Welt*.
1931   Publications de *Divers* de Gide (réunissant *Caractères, Un esprit
              non prévenu, Dictées* et *Lettres*). – Curtius traduit la pièce *Œdipe*
              de Gide (Stuttgart, DVA), publiée la même année et mise en
              scène par Georges Pitoëff à Paris. Il publie les réflexions de
              Gide sur l'Europe : *Europäische Betrachtungen. Übertragen von
              Ernst Robert Curtius* (Stuttgart, Berlin, DVA, 1931).
1932   *Œdipe* dans sa version allemande (dont la publication a
              suscité de nombreux articles de presse) est mis en scène par
              l'avant-gardiste Gustav Hartung à Darmstadt. Gide fait
              plusieurs séjours à Berlin et assiste avec Curtius à la dernière
              représentation de sa pièce. Enthousiaste sur l'URSS, Gide
              soutient la politique de Staline. Parution du premier tome

(sur quinze) des *Œuvres complètes* pour le compte des Éditions de la NRF. Début de la série des *Pages de Journal* données par Gide à *La NRF*. – Curtius écrit l'article « Goethe oder der deutsche Klassiker », paru dans *Deutsch-französische Rundschau*, puis en français dans *La NRF*. – Publication par Curtius de *Deutscher Geist in Gefahr* (Stuttgart, DVA) : ce livre combat la haine culturelle et sert à la compréhension de la tradition occidentale. Il y fait le diagnostic d'un déclin de la culture et plaide pour un renouveau par un retour aux valeurs humanistes qui devait passer à ses yeux par un nouveau contact avec le Moyen Âge. Décès de son père. Nouvel épisode de dépression et d'abattement physique et nerveux. Consultations chez C. G. Jung. Curtius se détourne de son époque et s'intéresse de plus en plus exclusivement au Moyen Âge et à sa littérature latine.

1933   Hitler devient chancelier le 30 janvier. Curtius constate la fin de son rêve d'une entente franco-allemande. Il espère que la jeunesse nationaliste, « si tant est qu'elle intègre des objectifs culturels dans son vouloir », se tournera vers l'Italie. La culture italienne lui permettrait de lire Dante puis de découvrir Virgile, pour revenir nécessairement à la culture française. Durant l'été, il écrit à Catherine Pozzi : « Vous ne pouvez pas savoir ce que c'est que de vivre dans l'Allemagne d'aujourd'hui. Le droit, la raison, la culture y sont honnis. La Bête est déchaînée, l'esprit est terrorisé. » Le courrier postal est censuré, il ne peut écrire librement que lors de ses rares déplacements hors du pays (chez les Mayrisch par exemple). Il ne publie plus de livres ni de chroniques ou de traductions. – *L'Humanité* publie *Les Caves du Vatican* de Gide en feuilleton.

1934   Publication par Gide de *Perséphone*. Il participe avec André Malraux et Ilya Ehrenbourg au grand meeting de la salle Wagram. – Curtius prête serment à Hitler, comme le régime l'exigeait de tous les enseignants. Un refus l'aurait envoyé en camp de concentration, car il avait suscité bien des critiques avec son pamphlet de 1932. Cette suspicion l'a empêché de se lier à des groupes de résistants ou de protester contre le sort des Juifs. Au lieu de s'exiler, il a préféré se taire.

1935	Publication des *Nouvelles Nourritures* de Gide. – En juin, Curtius voyage au Portugal et participe aux célébrations en l'honneur de Luis de Camões. Il poursuit son voyage à Paris où il revoit Gide.
1936	Candidature de Curtius à l'université de Bâle (succession de Marcel Raymond). C'est Albert Béguin qui est finalement retenu, malgré les recommandations de la commission. – Invité par les autorités soviétiques, Gide se rend en URSS, en compagnie de Pierre Herbart. Il est rejoint par Louis Guilloux, Jef Last, Jacques Schiffrin et Eugène Dabit, qui y meurt. Très rapidement, il fait paraître *Retour de l'URSS*. – Curtius publie « Calderón und die Malerei » (*Romanische Forschungen*, n° 50, p. 89-136).
1937	Gide rompt avec le communisme avec la publication des *Retouches à mon « Retour de l'URSS »*. La presse communiste réagit violemment.
1938	Le 17 avril, mort de Madeleine Gide à Cuverville. – Curtius prépare sa grande étude sur la littérature européenne et le Moyen Âge latin. Le 16 mai, il écrit à Jacques Heurgon : « Je suis tombé sur une veine presque inexplorée. Je devrais dire une vaste étendue de territoire. Il faut une véritable *hybris* pour s'aventurer à travers cette forêt vierge. » Curtius publie « Zur Literarästhetik des Mittelalters » (*Zeitschrift für romanische Philologie*, n° 58, p. 1-50).
1939	Gide voyage en Égypte et en Grèce. Publication de son *Journal (1889-1939)* dans la « Bibliothèque de la Pléiade ». – Décès de Charles Du Bos. – Curtius passe ses dernières vacances avant le début de la guerre, à Mürren (Oberland bernois). Il retourne en Allemagne le 28 août. En décembre, le commandement militaire local lui demande s'il lui est possible de quitter son poste ; grâce au doyen de la faculté de Bonn, il est libéré du service militaire. Plusieurs attaques issues des milieux universitaires nazis avaient pour but son licenciement. Ces milieux lui reprochaient de ne pas « s'engager » suffisamment. Selon plusieurs témoignages, Curtius a énormément souffert de l'évolution de la situation, à commencer par la catastrophe française de 1940.

1939-1940 Lors du déclenchement des hostilités, Gide se trouve en cure au Mont-Dore. Il rejoint Nice puis Vence, et s'installe à La Messuguière, chez Aline Mayrisch, à Cabris, pendant plus d'un an. Il adopte une position attentiste. Il est ensuite accueilli par les Bussy, à Nice. Parution du dernier tome de ses *Œuvres complètes*.

1941 Gide rompt avec *La NRF*. En octobre, il s'installe à Nice avec Catherine et Maria Van Rysselberghe. Première *Interview imaginaire* dans *Le Figaro*. Certains de ses dix-huit textes seront censurés.

1942 Gide s'exile en Afrique du Nord. Il loge à Sidi Bou Saïd (Tunisie), puis à Tunis. – Dès août, la Rhénanie est le théâtre de bombardements.

1943 Publication en Suisse et aux États-Unis des *Interviews imaginaires* de Gide. Gide, invité par les Heurgon, quitte la Tunisie pour Alger. Il ira également au Maroc. – Curtius traduit *Thésée* de Gide. Il travaille avec acharnement à son *opus magnum* sur la littérature du Moyen Âge.

1944 Curtius est invité à faire des conférences au Portugal, mais le ministère correspondant du Reich n'autorise pas ce voyage du fait que Curtius, « libéraliste pur et dur », était « trop distant à l'égard du national-socialisme ». En mars, l'Institut d'études romanes de Bonn est détruit avec une partie de sa bibliothèque. L'appartement de Curtius devient inhabitable. Entre septembre 1944 et mai 1945, les Curtius séjournent à Mönchshof, près de Niederbreisig (Rhénanie-Palatinat).

1945 Le 6 juin, retour de Gide à Paris. – Curtius reçoit des offres des universités de Hamburg et de Tübingen, mais refuse. À la fin de l'année, il visite Aline Mayrisch à Colpach.

1946 *Thésée* est publié chez Pantheon Books à New York. Gide refuse d'entrer à l'Académie française (malgré le souhait formulé par le général de Gaulle). Il voyage en Égypte et au Liban où il donne des conférences, comme plus tard en Allemagne et en Autriche. Sa traduction de *Hamlet* est mise en scène par Jean-Louis Barrault au théâtre Marigny. – Curtius renoue des liens épistolaires avec ses amis étrangers : Gide, Max Rychner, T. S. Eliot, etc. Il reprend ses cours à Bonn.

Il continue à fasciner par son savoir, son entrain. Mais son élitisme ne plaît pas à tout le monde, tout comme son côté péremptoire. La littérature contemporaine ne l'intéresse plus (en littérature française, il reconnaît ne pas y avoir observé de nouveaux sommets dans les vingt dernières années), puisqu'il dit volontiers que « le moderne se contente de peu ». Elle passe désormais au second plan, son grand travail ayant consisté à montrer la continuité de la littérature européenne entre l'Antiquité et la modernité, en passant par le Moyen Âge latin.

1947   Décès d'Aline Mayrisch. – Publication confidentielle de *Et nunc manet in te* de Gide suivi des passages supprimés du *Journal* ayant trait à Madeleine aux éditions Ides et Calendes (Neuchâtel). Début de la publication du *Théâtre complet* (Neuchâtel, Ides et Calendes, 8 volumes). Gide se voit décerner le titre de docteur *honoris causa* de l'université d'Oxford (où il se rend avec Catherine). Il est lauréat du prix Nobel de littérature le 13 novembre. Jean-Louis Barrault monte l'adaptation du *Procès* de Kafka par Gide au théâtre Marigny. En juin-juillet, Gide passe trois semaines en Allemagne, va à Bonn et revoit Curtius.

1948   L'édition définitive des *Notes sur Chopin* de Gide est publiée aux Éditions de L'Arche. – Curtius publie son *opus magnum*, auquel il aura travaillé dix ans : *Europäische Literatur und lateinisches Mittelalter* (Berne, Francke Verlag). Ce livre souhaite mettre en évidence la continuité de la littérature européenne. En août, voyage à Mürren. Sur le chemin du retour, il rencontre son grand ami Max Rychner à Bâle.

1949   Gide subit une légère attaque cardiaque à Paris. Publication des *Feuillets d'automne* au Mercure de France et de l'*Anthologie de la poésie française* dans la « Bibliothèque de la Pléiade ». Les trente-quatre entretiens radiophoniques de Gide avec Jean Amrouche sont diffusés par l'ORTF. Publication de sa *Correspondance* avec Paul Claudel (par les soins de Robert Mallet). Une exposition est organisée en son honneur par Marie Dormoy à la Bibliothèque littéraire Jacques-Doucet. Sa santé faiblit. – Parution de la traduction de *Thésée* de Gide par Curtius, débutée en 1947 (Stuttgart, DVA ; prépublication dans *Merkur* I, 1947-1948, et II, 1948). De juin à décembre, Curtius passe six mois aux États-Unis, en compagnie d'Albert Schweitzer : d'abord à Aspen, Colorado, pour le *Goethe bicentennial: The Medieval Bases of Western Thought*, puis à l'Institute for Advanced Study à Princeton (New Jersey).

1950 Gide publie son *Journal (1942-1949)* chez Gallimard. *Littérature engagée* paraît par les soins d'Yvonne Davet. Voyage en Sicile avec Pierre Herbart. *Les Caves du Vatican* est monté par Jean Meyer à la Comédie-Française. Lors de la création (13 décembre), le président de la République Vincent Auriol est présent. – Le 21 janvier, Curtius prononce un discours à l'occasion du prix Lessing qu'il se voit attribuer par la ville de Hamburg : « Literarische Kritik in Deutschland ». Il publie *Kritische Essays zur europäischen Literatur* (Berne, Francke Verlag) : ce volume réunit des articles sur Virgile, Goethe, Friedrich Schlegel, Balzac, Emerson, Stefan George, Hofmannsthal, Hesse, Unamuno, Ortega y Gasset, Ramon Pérez de Ayala, Eliot, Toynbee, Cocteau, et finit avec un brillant essai sur les Argonautes. En novembre, il se rend à Paris pour la semaine Balzac et voit Gide une dernière fois.

1951 Gide meurt des suites d'une congestion pulmonaire le 19 février. Ses obsèques se déroulent à Cuverville. Six jours avant de mourir, l'écrivain a mis le point final à *Ainsi soit-il ou Les jeux sont faits*, qui sera publié en 1952. *La NRF* fait paraître en novembre un numéro d'hommage à l'écrivain (Curtius lui consacre un article intitulé « Amitié de Gide »). Curtius écrit à Anne Heurgon : « Il y avait entre Gide et moi une amitié profonde et que je [ne] puis expliquer à personne. Elle différait de ses amitiés françaises. Je m'en rends bien compte en lisant les souvenirs de Mauriac, père et fils, de la *Table Ronde*. Entre Gide et moi la question du catholicisme ne se posait pas, ni la question du communisme, ni la question morale... Ni bien d'autres questions encore. En revanche, nous avions en commun Goethe, Browning, Dante, Virgile. Mais ces noms ne marquent que d'une façon symbolique le pays de notre amitié. Les sympathies ne s'expliquent pas.

C'est le dernier de mes "grands aînés" qui s'en va » (8 avril 1951). – Le 31 mars, Curtius devient professeur émérite et arrête l'enseignement. Son dernier cours est consacré à *Brise marine* de Mallarmé : « La chair est triste, hélas ! et j'ai lu tous les livres. / Fuir ! là-bas fuir ! [...] / Je partirai ! » Il reçoit la plaquette Goethe, distinction importante de la ville de Francfort-sur-le-Main. Le 20 juin, on lui décerne le titre de docteur *honoris causa* de l'université de Glasgow à l'occasion de la célébration des cinq cents ans de l'université.

1952   Curtius republie *Französischer Geist im zwanzigsten Jahrhundert* (Berne, Francke Verlag), qui reprend pour partie *Les Pionniers littéraires*. Il publie également un essai sur Marcel Proust (Berlin/Francfort-sur-le-Main, Suhrkamp Verlag). Le 31 mai, il est décoré de l'ordre national du Mérite. Fin octobre, il connaît des problèmes de santé altérant ses capacités à s'exprimer et à écrire.

1954   En novembre, Curtius est fait docteur *honoris causa* par la Sorbonne. Il est le premier Allemand à recevoir cet honneur après la guerre. Claude David publie la traduction française de *Kritische Essays zur europäischen Literatur* : *Essais sur la littérature européenne* (Grasset). – Publication (posthume) de *Journal 1939-1949. Souvenirs* d'André Gide.

1954-1955 De novembre 1954 à mai 1955, Curtius séjourne à Rome avec sa femme.

1956   Décès à Rome d'Ernst Robert Curtius le 19 avril, cinq jours après son 70ᵉ anniversaire. Son corps est rapatrié à Fribourg-en-Brisgau, où il est enterré dans la tombe familiale des Erlenbach. Selon Jacques Heurgon, « il est beau que Curtius lui-même soit mort à Rome ». Jean Schlumberger note, dans *Le Figaro* du 28 avril : « Avec lui, la littérature française perd le plus compréhensif et en même temps le plus courageux des commentateurs qu'elle ait eu hors de nos frontières. » Max Rychner et Walter Boehlich avaient préparé un volume de mélanges, *Freundesgabe für Ernst Robert Curtius zum 14. April 1956* (Berne, 1956). Publication française de *Europäische Literatur und Lateinisches Mittelalter*, traduit par Jean Bréjoux : *La Littérature européenne et le Moyen Âge latin* (PUF).

1960   Publication des deux ouvrages posthumes de Curtius, *Gesammelte Aufsätze zur romanischen Philologie* (Berne, Francke Verlag), et *Büchertagebuch* (Berne, Francke Verlag, avec une postface de Max Rychner).

1980   Publication par Herbert et Jane M. Dieckmann, de *Deutsch-französische Gespräche 1920-1950. La Correspondance de Ernst Robert Curtius avec André Gide, Charles Du Bos, Valery Larbaud* (Francfort-sur-le-Main, Vittorio Klostermann).

NOTE SUR L'ÉDITION

Tout en se basant sur celle publiée par Herbert et Jane M. Dieckmann en 1980[1], cette nouvelle édition de la *Correspondance* entre Ernst Robert Curtius et André Gide donne en français les lettres écrites en allemand par le premier, elle intègre seize lettres qui n'y figuraient pas, corrige certaines erreurs et offre en annexes bon nombre de documents susceptibles d'éclairer le contexte littéraire et politique[2]. Dans la mesure où ils étaient accessibles, nous avons vérifié toutes les pièces à partir des originaux. Sauf mention contraire, toutes les traductions, notamment de l'allemand (de lettres, d'articles, de documents, de citations dans le corps du texte ou en note, etc.), ont été effectuées par Peter Schnyder. À quelques exceptions près, nous avons pris le parti de corriger les fautes d'orthographe et de grammaire.

La plupart des lettres de Curtius à Gide sont conservées à la Bibliothèque littéraire Jacques-Doucet (cote γ 335) ; celles de Gide à Curtius à la bibliothèque universitaire de Bonn ; à l'exception des lettres suivantes :

- lettres 52, 67, 68, 97, 98, 107, 117, 125, 126, 164, 183, 186 : centre André Gide – Jean Schlumberger (CAGJS), Fondation des Treilles, Tourtour, Var
- lettre 43 : fonds Jean Paulhan, IMEC, abbaye d'Ardenne, Saint-Germain-la-Blanche-Herbe, Calvados
- lettre 64 : Bibliothèque nationale de France, département des Manuscrits, site Richelieu-Louvois, Paris

---

1   *Deutsch-französische Gespräche 1920-1950. La Correspondance d'Ernst Robert Curtius avec André Gide, Charles Du Bos et Valery Larbaud*, éd. Herbert et Jane M. Dieckmann, Francfort-sur-le-Main, Vittorio Klostermann, 1980.
2   Douze lettres et un brouillon, en possession du centre André Gide – Jean Schlumberger de la Fondation des Treilles (CAGJS), ont été publiées par Peter Schnyder, dans Martine Sagaert et Peter Schnyder (dirs), *Actualités d'André Gide* (Paris, Champion, 2012, p. 277-296).

- lettre 87 : localisation inconnue (publication dans les *DFG* mais ne fait pas partie des lettres conservées à Bonn)
- lettre 135 : collection privée
- lettre 141 : Cornell University Library, Ithaca, New York, États-Unis

CORRESPONDANCE (1920-1950)

1. ERNST ROBERT CURTIUS À ANDRÉ GIDE[1]

Marburg[2]

Rotenberg 15a

[*Mercredi*] 11 août [*19*]20

Monsieur[3],

Recevez mes remerciements les plus cordiaux pour la joie que vous m'avez faite en me faisant parvenir *La Symphonie pastorale*. Je connaissais votre nouvelle œuvre par *La Nouvelle Revue française*, mais je suis heureux de la posséder avec votre dédicace dans la belle édition pour bibliophiles[4]. Je vous prie d'accepter, en signe de ma gratitude et de mon admiration, un exemplaire de mon livre sur les pionniers de la nouvelle littérature française – mon éditeur vous l'enverra[5].

---

1 Lettre originale en allemand. Tous les documents en langue allemande ont été traduits par Peter Schnyder.

2 Ernst Robert Curtius est en poste à l'université de Marburg, où il a obtenu une chaire en grande partie grâce à la publication de son ouvrage *Die literarischen Wegbereiter des neuen Frankreich* (voir plus bas, n. 5).

3 Nous avons renoncé à rendre certaines adresses qui ne se laissent pas vraiment traduire et qui sont liées à l'époque, en l'occurrence : « *Sehr geehrter Herr Gide* », [« très honoré M. Gide »] mais souvent, Curtius donne « *Sehr verehrter Herr Gide* » [« très adoré M. Gide »], ce qui est une marque de déférence ; par la suite, on trouve très souvent « *Lieber Herr Gide* » [« cher M. Gide »] que nous avons en revanche traduit.

4 *La Nouvelle Revue française* publie *La Symphonie pastorale* dans ses numéros d'octobre et de novembre 1919. La première édition courante remonte à 1919 (daté 1920), mais Gide a offert à Curtius un exemplaire de l'édition originale, sur beau papier.

5 *Die literarischen Wegbereiter des neuen Frankreich* [*Les Pionniers littéraires de la France nouvelle*] (Potsdam, Gustav Kiepenheuer Verlag, 1919) réunit des études sur André Gide, Romain Rolland, Paul Claudel, André Suarès et Charles Péguy ainsi qu'un article intitulé « *Zum Bilde*

L'unique raison pour laquelle je ne vous ai pas envoyé mon livre lors de sa parution est la retenue qui est de mise pour nous, Allemands, vis-à-vis de votre nation. Si un dialogue entre l'esprit allemand et l'esprit français doit recommencer, le premier mot ne doit pas venir de nous. Je crois que vous partagerez totalement ce sentiment.

Je me réjouis d'autant plus que vous me donnez l'occasion de vous dire quelle source d'enrichissement personnel et de plaisirs très variés vos livres ont été pour moi depuis tant d'années. Plus que cela : un destin spirituel passionnant et une incitation inépuisable à des méditations toujours renouvelées. J'aime ces livres comme on aime les hommes dont on a partagé longtemps la vie et dont les paroles résonnent toujours. Ce que j'en ai pu dire dans mon livre n'est qu'un résidu logique et sec de cet amour.

En vous réitérant mes remerciements pour votre aimable envoi, je suis Votre bien dévoué

Ernst Robert Curtius

2. ANDRÉ GIDE À ERNST ROBERT CURTIUS

[*Gwen y Glo*[6], *vendredi*] 20 août [*19*]20

Monsieur

Je reçois ce matin votre lettre, où je suis heureux de trouver votre adresse. Précisément j'écrivais hier à Schwob, qui me dit vous connaître[7],

---

Frankreichs » [« Sur l'image de la France »]. Son but était de « présenter un tri de ce qui, sur le sol de la production française contemporaine, contribuait par sa croissance à la formation d'une nouvelle Europe de l'esprit » (Charles Du Bos, préface à Ernst Robert Curtius, *Balzac* [1933], Paris, Éditions des Syrtes, 1999, p. 12). Curtius précise dans son introduction : « Que le choix de ces cinq noms ne soit pas une juxtaposition arbitraire, mais découle d'une perspective historiquement juste ne saurait, bien entendu, être démontré : ce qui incline cependant à le croire, c'est qu'il coïncide avec les constatations des témoins français du mouvement. » L'édition de 1923 comporte également des annexes, dont l'article « André Gide nach dem Kriege » [« André Gide après la guerre »]. En dépit de plusieurs projets, l'ouvrage n'a pas été traduit en français.
6   Au mois d'août, Gide est parti avec le jeune Marc Allégret (voir plus bas, lettre 41, n. 162) au Pays de Galles, où il a loué une maison.
7   René Schwob (1895-1946), écrivain et critique français d'origine juive converti au catholicisme en 1926, auteur de l'ouvrage *Le Vrai Drame d'André Gide*, qui paraîtra en

et le priais de vous communiquer ce que je vous écrivais à travers lui, au sujet de votre livre. Votre étude sur moi est certainement une des meilleures qu'il m'ait été donné de lire, et je vous suis extrêmement obligé de votre très intelligente attention. J'écrivais également à Gallimard (le directeur des Éditions de la Nouvelle Revue française[8]) pour tâcher d'obtenir de lui qu'il vous fasse le service gracieux des livres de notre maison susceptibles de vous intéresser. Déjà, avant de quitter Paris, je l'avais beaucoup pressé à ce sujet – et j'espère qu'il tiendra compte de mon insistance.

Une étude sur votre livre doit paraître prochainement dans *La Nouvelle Revue française*; j'espère qu'elle sera de nature à vous plaire. (Je signalais à Schwob une regrettable omission – dans vos indications bibliographiques des traductions allemandes de mes œuvres : celle du *Retour de l'enfant prodigue*, par Rainer Maria Rilke – la meilleure et la plus importante, sans doute[9].)

Croyez, Monsieur, que je suis particulièrement sensible à cette *Zurückhaltung*[10] dont vous parlez, qui vous fit craindre de m'envoyer aussitôt votre livre. Trop nombreux sont les Allemands empressés à nous tendre la main comme si rien ne s'était passé – qui ne comprennent pas, comme vous, qu'ils n'obtiendront en retour qu'un recul, parfois indigné. Cet empressement me fait apprécier d'autant plus votre réserve, et ce que vous m'en écrivez.

Croyez-moi bien attentivement

André Gide

1932 chez Grasset. Leurs rapports s'en trouveront très refroidis. Le 14 août 1920, Gide a écrit à Schwob un courrier où il évoque tous les sujets abordés dans celui-ci (*Lettres inédites sur l'Inquiétude moderne [Jacques et Raïssa Maritain, André Gide, Paul Claudel, René Schwob, Aldous Huxley, Élie Faure]*, éd. Pierre Angel, Paris, Les Éditions universelles, 1951, p. 91-92).

8   Gaston Gallimard (1881-1975) a été gérant-éditeur puis directeur du comptoir d'édition de *La NRF*, créé en 1911.

9   Le poète pragois de langue allemande Rainer Maria Rilke (1875-1926), dont Gide fait la connaissance en 1910, traduit *Le Retour de l'enfant prodigue* en 1914, un texte qu'il avait particulièrement aimé, sous le titre *Die Rückkehr des verlorenen Sohnes* (Leipzig, Insel-Verlag, 1914). Voir Akio Yoshii, « Quelques remarques sur la traduction rilkéenne du *Retour de l'enfant prodigue* », *BAAG*, n° 64, octobre 1984, p. 621-625.

10   « Retenue ».

3. ERNST ROBERT CURTIUS À ANDRÉ GIDE[11]

Actuellement à Bonn[12], [*samedi*] 4 sept[*embre 19*]20

Monsieur,

Votre aimable lettre a été pour moi une surprise des plus agréables. Je suis très heureux de savoir que mon étude sur vous a rencontré votre approbation. En même temps, je suis conscient du fait qu'elle est loin d'être exhaustive. J'ai cherché à retracer les lignes intellectuelles dont la courbe m'a touché le plus. Mais beaucoup de choses ne pouvaient être dites si je ne voulais pas outrepasser le cadre de mon livre. Je ne pouvais rien raconter de ce que signifie pour moi une seule phrase comme celle-ci : « Toi, mon Nathanaël, que ne n'ai jamais rencontré[13]. » Je ne pouvais pas non plus donner une idée de l'humour pluridimensionnel de *Paludes* et de *Prométhée*, qui me ravit de nouveau à chaque lecture. Je n'avais pas accès aux *Cahiers d'André Walter*[14]... et il reste ainsi de très nombreuses lacunes.

Je vous dois mes remerciements les plus chaleureux pour vos efforts à me faire parvenir des parutions récentes par l'aimable intermédiaire de M. Gallimard. Si ce beau projet réussit, je serai de nouveau à même de reprendre les études sur la littérature française, qui me sont si chères, ce qui autrement me serait bien difficile à cause des conditions défavorables de notre époque. Autant cette phrase du *Traité du Narcisse* m'a toujours ravi : « Les livres ne sont peut-être pas [une] chose bien nécessaire[15] », autant il me serait douloureux de la voir se réaliser, à cause des circonstances politiques et économiques.

---

11 Lettre originale en allemand.
12 En 1919-1920, Curtius est intervenu comme professeur extraordinaire à l'université de Bonn, où il sera nommé en 1929 pour y enseigner la philologie romane. En avril 1920, il obtient un poste fixe à Marburg.
13 En français dans le texte. Voir le début des *Nourritures terrestres* : « [...] ou de toi, mon Nathanaël, que je n'ai pas encore rencontré [...] » (*RR*, I, p. 349).
14 Curtius évoque ici les débuts littéraires de Gide, avec des œuvres publiées avant 1900 : la toute première, *Les Cahiers d'André Walter* (1891), mais également *Paludes* (1895), *Les Nourritures terrestres* (1897), et *Le Prométhée mal enchaîné* (1899). Dans le paragraphe suivant, il cite aussi *Le Traité du Narcisse* (1891).
15 Voir *RR*, I, p. 169. Il s'agit de l'*incipit*.

J'espère que vous ne trouverez pas exagéré de ma part que j'y ajoute une prière. Par mon ami Kurt Singer[16], j'apprends que dans le numéro de juillet 1919 de *La Nouvelle Revue française*, vous avez publié des remarques sur l'Allemagne[17]. Personne n'a pu me procurer ce numéro. Puis-je vous le demander ? Vous mesurez aisément combien il me serait précieux de connaître ce texte.

Avec mes sincères remerciements

Votre très dévoué
Ernst Robert Curtius

4. ERNST ROBERT CURTIUS À ANDRÉ GIDE[18]

Marburg, [*dimanche*] 28 nov[*embre*] 1920

Monsieur

Je viens de recevoir le très aimable envoi des trois nouvelles parutions de votre maison d'édition. Je vous prie d'accepter tous mes remerciements pour votre générosité. C'est pour moi une grande joie de pouvoir être en mesure de reprendre mes études de littérature française – très perturbées par la situation actuelle défavorable.

Je ne voudrais pas laisser passer l'occasion de vous dire que le bienveillant compte rendu, dans votre revue, de mes *Wegbereiter* par Alain

---

16   Kurt Singer (1886-1962) : philosophe et économiste allemand, d'une culture littéraire profonde. Il a enseigné plusieurs années au Japon et on lui doit entre autres une étude sur Platon influencée par Stefan George.

17   « Réflexions sur l'Allemagne », *La NRF*, n° 69, 1ᵉʳ juin 1919, p. 35-46, retranscrit en annexe I. Ces réflexions, écrites en temps de guerre, viennent balancer la « lettre ouverte à Jacques Rivière » que Gide publie dans le même numéro à propos de son essai *L'Allemand* et où il avoue un certain malaise à la lecture de celui-ci (p. 121-125). Voir plus bas, lettre 9, n. 39. Voir également le numéro du 1ᵉʳ août 1919 (n° 71) : « Journal sans dates. Conversation avec un Allemand quelques années avant la guerre », p. 415-423. Gide y relate une rencontre avec Felix Paul Greve, son traducteur : il est fasciné par le côté aventurier de Greve ; malgré une certaine ambiguïté, il invite son lecteur à ne pas voir dans ce portrait la figure d'un Allemand typique.

18   Lettre originale en allemand.

Desportes a été pour moi une joie et un encouragement[19]. Dans la deuxième édition du livre, parue en juillet de cette année, j'ai ajouté un paragraphe sur *La Nouvelle Revue française*[20].

Vous m'obligeriez beaucoup en me faisant savoir si je peux vous prouver ma reconnaissance par un envoi de livres allemands, ou encore d'une autre manière.

Avec ma très haute considération

Votre très dévoué
E. R. Curtius

5. ANDRÉ GIDE À ERNST ROBERT CURTIUS

Nouvelle Revue française
35 rue Madame
Paris

[*Mardi*] 15 février [*19*]21

Cher Monsieur

---

19 Alain Desportes, « *Les Pionniers littéraires de la France nouvelle*, par Ernst Curtius », *La Nouvelle Revue française*, 1ᵉʳ octobre 1920, n°85, p. 626-635. Alain Desportes est alors le pseudonyme d'Aline Mayrisch de Saint-Hubert (1874-1947). Liée de longue date à Gide par leur amie commune Maria Van Rysselberghe, l'intellectuelle luxembourgeoise Aline Mayrisch collabore régulièrement à *La NRF*. Mariée à l'industriel Émile Mayrisch, elle s'emploie avec lui, à travers le Cercle de Colpach, où ils résident, à favoriser la réconciliation franco-allemande. C'est à cette fin qu'elle invitera Curtius et Gide à s'y rencontrer. Voir plus bas, lettre 11. Sur le lien entre Curtius et le couple Mayrisch, lire Cornel Meder, « Curtius et les Mayrisch », dans Jeanne Bem et André Guyaux (éds), *Ernst Robert Curtius et l'idée d'Europe*, actes du colloque de Mulhouse et Thann (1992), Paris, Honoré Champion, 1995, p. 21-38.

20 Curtius évoque le bon niveau de la revue, comparable au *Mercure de France* entre 1895 et 1905 ; il loue le travail de Rivière et insiste sur l'absence d'étroitesse doctrinaire au profit de la tradition esthétique et intellectuelle de la culture française, son ouverture à la nouveauté légitimée par sa valeur artistique. Il précise que la revue s'intéresse également à la littérature étrangère, avant tout anglaise. Le travail de Jacques Copeau et sa réforme idéaliste du théâtre sur la scène du Vieux-Colombier sont mentionnés en note (*Die literarischen Wegbereiter...*, 3ᵉ éd. [1923], p. 30).

J'ai donné à la direction de *La Nouvelle Revue française* les indications nécessaires pour qu'un service régulier de notre revue vous soit fait. J'ai également demandé qu'il vous soit adressé les livres publiés par nous susceptibles de vous intéresser. Je serais heureux de savoir si mes prescriptions ont bien été exécutées et un mot de vous à ce sujet me ferait grand plaisir.

Votre étude sur moi me laisse croire que vous connaissez mon *Paludes* ; le livre était introuvable depuis assez longtemps mais on vient de le réimprimer et s'il vous était agréable de l'avoir je me ferais un plaisir de vous l'envoyer[21].

Me trouverez-vous très indiscret si je vous demande d'envoyer un exemplaire de votre *Literarischen Wegbereiter* à Fräulein E. Siller
2 Ostendörferstrasse 13/1
Regensburg.

Je l'eusse fait moi-même si les communications et expéditions n'étaient encore si difficiles – et je vous demande cela à titre tout amical – sachant l'énorme joie que votre livre apportera à cette personne qui me connaît depuis ma plus tendre enfance et qui sera particulièrement émue de la façon dont vous voulez bien parler de moi[22].

Veuillez croire à mes sentiments bien cordiaux.

André Gide

---

21 *Paludes* avait été édité en 1895 par la Librairie de l'Art indépendant à 400 exemplaires, repris deux ans plus tard à la suite du *Voyage d'Urien* par la Société du Mercure de France. Les Éditions de la NRF le publient de nouveau en 1920. Curtius y consacre deux pages dans son étude (*Die literarischen Wegbereiter...*, *op. cit.*, p. 52-53).

22 Originaire de Ratisbonne (Regensburg en allemand), Mlle Emma Siller (1861- ?) avait été la gouvernante allemande des cousines Rondeaux, donc de Madeleine, l'épouse de Gide. Elle avait également aidé le jeune Gide dans ses études d'allemand. Elle fait quelques séjours à Cuverville et à La Roque, que l'écrivain rapporte dans son *Journal*, au cours desquels ils lisent ensemble Goethe et des ouvrages anglais à voix haute.

6. ERNST ROBERT CURTIUS À ANDRÉ GIDE[23]

Marburg, [*vendredi*] 18 février [*19*]21

Très cher Monsieur,
Votre aimable lettre m'a apporté une grande joie. Recevez tous mes remerciements. Afin de répondre à vos questions, je vous dirai ceci : je n'ai reçu qu'une seule fois un envoi de la NRF, pour lequel j'ai exprimé ma gratitude à MM. Gallimard et Hamp : *Mlle Irnois* de Gobineau, *Vers de Circonstance* de Mallarmé et [*Les*] *Chercheurs d'or* d'Hamp[24]. La revue en tant que telle ne m'est jamais parvenue. Il semble donc que vos suggestions n'aient été suivies que très imparfaitement. Je recevais *La NRF* par un ami suisse, mais cela a cessé et, depuis le numéro de déc[*embre*], je n'ai plus rien su de la revue. Si vous pouviez faire le nécessaire afin que désormais elle me parvienne régulièrement, je m'en réjouirais fort. De même que les envois réguliers de livres, pour la raison suivante : je projette d'écrire un pendant des *Wegbereiter,* dans lequel je voudrais parler des guides actuels de la jeune littérature française, et aussi de ceux qui sont arrivés sur le devant de la scène seulement aujourd'hui, comme par exemple Paul Valéry. En outre, je voudrais également traiter de Jules Romains, Duhamel, Vildrac, Proust, Ghéon, entre autres (j'énumère de façon tout à fait incohérente). Mais il me manque presque tous les livres de ces auteurs pour le faire. Je ne possède rien de Valéry, Romains, Vildrac, Proust ; de Duhamel, juste *Vie des martyrs* et *Civilisation* ; de Ghéon, seulement *Le Pauvre sous l'escalier*[25] (qu'il m'a aimablement envoyé récemment) ; de Claudel et de Suarès rien qui soit paru après 1914. Des

---

23 Lettre originale en allemand.
24 Ont paru en 1920, à titre posthume, *Mademoiselle Irnois*, du comte Arthur de Gobineau, et *Vers de circonstance* de Stéphane Mallarmé, ainsi que *Les Chercheurs d'or*, de Pierre Hamp (1876-1962). Sur Hamp, voir plus bas, lettre 47.
25 Paul Valéry (1871-1945), ami indéfectible de Gide, et Marcel Proust (1871-1922), Prix Goncourt 1919 avec *À l'ombre des jeunes filles en fleurs*, percent tardivement en littérature. La génération après Gide comprend Georges Duhamel (1884-1966), également Prix Goncourt en 1918 pour *Civilisation*, fondateur du groupe de l'Abbaye (1906-1907) avec son beau-frère Charles Vildrac (1882-1971), tourné vers la poésie, comme l'était à cette époque Jules Romains (1885-1972), également associé à l'Abbaye. Quant à Henri Ghéon (1875-1944), autre grand ami de Gide, perdu à ses yeux par la foi catholique retrouvée

plus jeunes, je ne connais rien du tout. Vous mesurez donc aisément quel grand apport ce serait pour moi si vous aviez une fois de plus la bonté de donner des instructions pour les envois des Éditions de la NRF ou de prier les auteurs de le faire. Si vous pouviez m'indiquer des parutions récentes importantes, je vous en saurais bien entendu tout particulièrement gré. Les *Wegbereiter* ont suscité chez nous un grand intérêt pour la nouvelle littérature française. Aussi pourrait-on construire là-dessus. L'information à ce sujet dans les journaux allemands est toujours très lacunaire, en partie trompeuse, en partie dictée par des points de vue partisans. Du point de vue opposé, les choses me paraissent du reste se passer de façon similaire dans les articles de la presse française sur la littérature allemande.

En ce moment, les *Wegbereiter* sont traduits en français par un jeune Français avec lequel je suis lié d'amitié, Monsieur R[aymond] R[aoul] Lambert à Bonn[26]. Pensez-vous que la NRF accepterait d'éditer la traduction ?

Depuis longtemps, *Paludes* m'est cher et familier et sera toujours pour moi un régal littéraire des plus fins. C'est de là que date le nouvel humour fantastique dans la littérature française[27]. Malheureusement, je n'ai pas pu l'explorer davantage dans mon livre. De plus, on ne peut guère analyser ce livre délicieux. Vous me feriez un grand plaisir en m'envoyant la nouvelle édition.

Il me semble que je n'ai pas encore eu l'occasion de vous dire à quel point m'a réjoui le compte rendu détaillé des *Wegbereiter* par Alain Desportes. Il était très intéressant et encourageant pour moi.

---

en 1916, auteur de nombreux livres, excellent critique, et, en 1920, de la pièce *Le Pauvre sous l'escalier* (Paris, Éditions de la NRF).

26 Ce projet de traduction n'a pas abouti. Ancien soldat de la Première Guerre mondiale, Raymond-Raoul Lambert (1894-1943), excellent germaniste, occupe au début des années 1920 le poste d'adjoint à la Haute-Commission interalliée des territoires rhénans à Bonn. Personnalité importante de la communauté juive, il participera activement aux rencontres franco-allemandes. Voir la thèse de Jean-René Maillot, *Jean Luchaire et la revue* Notre temps *(1927-1940)*, université de Lorraine (Metz), 2012-2013, vol. 1, p. 250, consultable en ligne : http://docnum.univ-lorraine.fr/public/DDOC_T_2012_0402_MAILLOT.pdf. – Dans la lettre qu'il adresse à son « précepteur » Rudolf Smend le 8 mai 1920, Curtius explique qu'il a tenté d'obtenir pour Lambert un poste de lecteur à la faculté de Marburg, mais que le sentiment nationaliste, très vif dans le monde universitaire, a été le plus fort (voir *Briefe*, p. 103s.). Lambert écrira un article très élogieux sur Curtius dans *Les Nouvelles littéraires* (n° 232, 26 mars 1927, p. 7).

27 C'est en 1914 que ce texte est classé par Gide dans la catégorie des « soties » : ironie, satire, dérision le caractérisent.

Je vais sans tarder adresser un exemplaire de mon livre à Mlle Siller à Ratisbonne.

Je me hâte de terminer cette lettre exagérément longue et bien trop professionnelle, espérant ne pas vous avoir dérangé trop longtemps et avec l'assurance de ma sincère gratitude.

Votre très dévoué.
Ernst Robert Curtius

7. ERNST ROBERT CURTIUS À ANDRÉ GIDE[28]

Marburg, [*samedi*] 19 février [*19*]21

Cher Monsieur Gide,
À peine ma lettre d'hier partie, la Poste m'a apporté aujourd'hui le numéro de février de *La NRF* et je me hâte de vous en informer. S'il était possible que me parvienne encore le numéro de janvier, ce serait très bien. Peut-être serait-il préférable de recourir à des envois recommandés.
Avec mes remerciements cordiaux.

Votre sincèrement dévoué.
E. R. Curtius

8. ANDRÉ GIDE À ERNST ROBERT CURTIUS

La Souco
Roquebrune
Alpes Maritimes[29]

[*Lundi*] 7 mars [*19*]21

---

28 Lettre originale en allemand.
29 Gide séjourne alors dans la propriété estivale de ses amis Dorothy et Simon Bussy.

Cher Monsieur Curtius

Je reçois votre aimable lettre, et j'ai tout aussitôt écrit à *La Nouvelle Revue française*, insistant pour que le numéro de janvier de notre revue vous soit envoyé. Pour ce qui est des envois de livres, désireux qu'ils soient *bien* faits, je préfère attendre mon retour à Paris, et m'occuper de la chose moi-même. Je vous prie donc de patienter encore un mois.

Des quelques auteurs dont vous citez les noms, Proust et Valéry me paraissent surtout, me paraissent seuls, de première importance ; mais comme je me défends de faire peser ici mon opinion, je veillerai à ce que les autres livres vous soient également envoyés. Les plus jeunes poètes, aujourd'hui, ne jurent plus que par Apollinaire ; c'est un très médiocre prosateur, mais le poète le plus subtil et le plus musicien que nous ayons eu depuis Verlaine[30]. Quant à Valéry, ses meilleurs poèmes (c'est-à-dire ses plus récents) n'ont pas encore été réunis. C'est un de mes meilleurs et plus anciens amis ; pendant plus de vingt ans il était demeuré sans rien produire, mais travaillant sans cesse ; puis, en l'espace de quelques mois il a sorti de lui, coup sur coup, ces grandes odes admirables qui l'ont brusquement placé au rang qu'il mérite : le premier[31]. – Qui m'a dit que vous prépariez également une étude sur Francis Jammes[32] ?... Ah ! que ne puis-je m'entretenir avec vous de vive voix sur tout cela !

Un M. Zimmer, qui travaille à la propagande française (Français lui-même) et dont j'ai fait la connaissance dernièrement – qui vous connaît, je crois, – m'a parlé en effet de la traduction de votre livre[33].

---

30 En 1913, Gide avait prononcé une conférence au théâtre du Vieux-Colombier sur « Verlaine et Mallarmé » (voir *EC*, p. 496-516). Tout en admirant Mallarmé et son idéal d'absolu, il n'avait pas oublié la leçon de sensualité chère à Verlaine qui a son importance dans le *Journal 1889-1939* puisque Gide et Pierre Louÿs étaient allés rendre visite au poète à l'hôpital Broussais, en janvier 1890...

31 Gide fait ici allusion aux poèmes tels que *Odes* et *Le Cimetière marin*, publiés en 1920, que Valéry regroupera avec d'autres dans le recueil *Charmes* (1922). Dans son « Billet à Angèle » de mai 1921, il écrit à son sujet : « Je m'étais bien promis de ne plus parler que des morts ; mais il me désolerait pourtant de ne laisser en mes écrits aucune trace d'une des admirations les plus vives que j'aie jamais éprouvées pour un auteur contemporain – et je dirais sans doute *la plus vive*, si Paul Valéry n'existait point » (texte repris dans *EC*, ici p. 289).

32 Francis Jammes (1868-1938), autre poète très proche de Gide à ses débuts, et que la religion a éloigné. Nous ne connaissons aucune étude publiée de Curtius à son sujet.

33 L'écrivain et journaliste Bernard Zimmer (1893-1964) est alors directeur de *La Revue rhénane – Rheinische blätter*, sise à Mayence, lancée en 1920 par le Haut-Commissariat de la République française dans les territoires rhénans et qui avait pour ambition d'encourager les relations artistiques, intellectuelles et culturelles entre l'Allemagne et la France.

Je pousserais volontiers la *Nouvelle R[evue] f[rançaise]* à éditer cette traduction, si je n'estimais plus... habile de la laisser prendre par un autre éditeur que celui précisément de la plupart des œuvres dont vous parlez. Je crains que nous n'ayons l'air de « faire l'article » pour les livres de la maison et crois que vos études prendront plus d'importance, publiées par exemple à *La Sirène*, qui, me disait M. Zimmer, se montrait disposée à les prendre[34]. De cela aussi je m'occuperai à mon retour.

Les répétitions de *Saül*, que Copeau va monter au Vieux-Colombier, vont me rappeler à Paris à la fin d'avril[35].

Croyez à mes sentiments bien cordiaux.

André Gide

Et merci pour l'envoi de votre livre à Mlle Siller.

9. ERNST ROBERT CURTIUS À ANDRÉ GIDE[36]

Marburg, [*dimanche*] 13 mars [*19*]21

Cher Monsieur Gide,

Votre bienveillante lettre m'a été extraordinairement précieuse. Vous pouvez vous imaginer que j'accueille avec l'intérêt le plus vif tout ce que vous me dites sur la littérature. Vous savez que les relations spirituelles entre nos pays sont pour moi un des problèmes les plus actuels. Si seulement je pouvais parler de cela avec vous ! Vous êtes la seule

---

La revue se veut bilingue. Voir *Correspondance Alexandre Vialatte-Henri Pourrat (1916-1959)*, t. II : *Lettres de Rhénanie I, février 1922-avril 1924*, éd. Dany Hadjadj, Catherine Milkovitch-Rioux et Alain Schaffner, Clermont-Ferrand, Presses universitaires Blaise-Pascal, 2003, annexe II, p. 333-346. Curtius y publiera son article paru dans le *Neue Merkur*, « *Deutsch-Französische Kulturprobleme* », cette fois traduit en français (voir plus bas, lettre 14, n. 51). Il y collaborera régulièrement.

34 Cette jeune maison d'édition créée en 1917 par Paul Laffitte exhumait des textes oubliés et publiait des auteurs contemporains que l'avenir consacra.

35 Jacques Copeau (1879-1949), à l'origine de la création du théâtre du Vieux-Colombier à Paris, s'apprête à monter la pièce de Gide *Saül*, publiée en 1903 au Mercure de France. Mais le projet sera reporté d'un an.

36 Lettre originale en allemand.

personne en France avec qui je voudrais m'entretenir à ce sujet. Et de bien d'autres questions purement littéraires. Mais ce sont là des rêves ! Les obligations de mon professorat (cours, examens, etc.) m'absorbent tellement que ma production littéraire en est très entravée. Un livre sur Barrès va cependant paraître prochainement et vous parvenir[37]. Mais sur le long terme, cette coexistence entre métier d'enseignant et travail d'auteur reste difficile à maintenir. Du moins, j'espère pouvoir écrire de temps en temps un modeste essai. Et les livres que vous me promettez aimablement m'y encourageront beaucoup. Je crains cependant qu'au sein de notre jeunesse, l'intérêt pour les choses françaises ne décline. On se tourne vers la Russie, vers l'Asie – on n'attend de la France aucun signe d'un renouvellement spirituel[38]. La recrudescence du nationalisme en France élargit le fossé. Le livre de Rivière n'a pas eu grand écho, heureusement[39] – le « Saint-Martin » de Claudel, en

---

37 *Maurice Barrès und die geistigen Grundlagen des französischen Nationalismus* [*Maurice Barrès et les fondements spirituels du nationalisme français*] (Bonn, Friedrich Cohen, 1921). Le livre n'a pas été traduit en français. Dès l'avant-propos, Curtius met le lecteur en garde : tout chez Barrès converge vers le passé, il ne propose rien de neuf, aucune pensée européenne ne l'anime, même s'il lui concède d'être un styliste hors pair. Curtius regrette que, depuis 1914, Barrès se soit consacré à la politique avant tout au journalisme. L'ouvrage est structuré en douze chapitres thématiques (de sa formation jusqu'au problème de la religion) et une synthèse (« sa personnalité et son œuvre »). Cette conclusion n'est guère tendre pour un auteur dont il ne reste que peu de choses aux yeux de son critique, si ce n'est une certaine tonalité inimitable dans ses livres de fiction, quelques aspects de la psychologie 1900 (proche d'un Paul Bourget), ainsi que la magie de sa vision de l'art, malheureusement rétrécie par une passion politique trouble et une recherche insatisfaite de Dieu.

38 Curtius précise ses observations dans l'article « Les influences asiatiques dans la vie intellectuelle de l'Allemagne d'aujourd'hui » (*La Revue de Genève*, décembre 1920, n° 6, p. 890-895). Il faut se rappeler que cet Alsacien a toujours ressenti une tension dans son pays entre les régions rhénanes dont il est issu, proches de la culture latine, et les régions orientales, plus proches de la *Mitteleuropa* et des cultures slaves, voire asiatiques.

39 Profondément marqué par son expérience de prisonnier, Jacques Rivière (1886-1925), qui dirige alors *La NRF*, a publié en 1919 *L'Allemand. Souvenirs et réflexions d'un prisonnier de guerre* (Paris, Éditions de la NRF). Si, dans l'avant-propos de son ouvrage, il fait part de ses scrupules à l'idée d'attiser la haine entre les deux pays, la nécessité de « "vomir" les Allemands » est pour lui la plus forte : « Mon livre n'est rien de plus que la grande détestation que mon esprit fait de l'Allemagne. / Je ne m'en prends pas à ses crimes, mais à sa façon de penser et de sentir ; je la répudie bien exactement ; je dis : "Voilà tout ce que je ne suis pas, tout ce dont je ne veux pas." Je me nettoie de l'Allemand [...] » (p. 16). Gide répond d'abord personnellement à l'essai de son ami. Puis plus officiellement, dès la reparution de *La NRF*, dans une « lettre ouverte à Jacques Rivière », accompagnée de « Réflexions sur l'Allemagne » (voir plus haut, lettre 3, n. 17). Avant même sa sortie, Rivière regrette ce livre et s'emploiera dès lors à favoriser le rapprochement franco-allemand. En revanche, Curtius semble se tromper sur la réception de l'ouvrage : ce dernier suscita beaucoup d'intérêt et fut un succès commercial – et peut-être

revanche, a été très remarqué : on y réagit avec le sentiment qu'on ne peut espérer aucune entente[40].

Je me permets de joindre un article qui pourrait vous intéresser[41]. Le livre d'Otto Braun a fait une impression profonde. On ne doit pas le connaître en France. Si cela vous intéresse, je vais volontiers vous l'envoyer.

Je comprends bien votre réserve de faire paraître les *Wegbereiter* aux Éditions de la NRF. Tout de même, R[*omain*] Rolland & Ch[*arles*] Péguy ne font pas partie des auteurs de la maison[42].

Je n'ai pas encore reçu le numéro de janvier de *La NRF*.

Avec mes remerciements cordiaux.
Votre sincèrement dévoué.
E. R. Curtius

10. ANDRÉ GIDE À ERNST ROBERT CURTIUS

La Souco
Roquebrune
Alpes Maritimes

Lundi de Pâques [*28 mars 1921*]

Cher Monsieur Curtius,

---

la meilleure vente de son auteur. Voir Yaël Dagan, La NRF *entre guerre et paix 1914-1925*, Paris, Tallandier, 2008, p. 148-174, chap. consacré à « Rivière et son *Allemand* ».

40 D'abord publié dans *La NRF* du 1er décembre 1920 (n°87, p. 839-856) puis dans *Feuilles de saints* (Paris, Éditions de la NRF, 1925), « Poèmes et paroles durant la Guerre de Trente ans : La Saint-Martin 1918 » évoque un soldat qui regarde le Rhin après la guerre. Il ne se remet pas du sang versé et juge que des réparations matérielles ne pourront pas le faire oublier.

41 Il s'agit de l'article écrit par Curtius intitulé « Otto Braun », paru dans le *Westdeutsche Wochenschrift* le 19 mars 1920. Voir *CPD*, I, p. 72. Il rend compte de *Aus den nachgelassenen Schriften eines Frühvollendeten* [*Papiers posthumes d'un esprit précocement parvenu à maturité*] (Berlin, Bruno Cassirer, 1920), ouvrage posthume d'Otto Braun (1897-1918), un jeune poète mort au combat. Quelques jours plus tôt, le 4 mars 1921, Heinrich Braun, son père – sa mère, Lily Braun, était une figure importante du socialisme et du féminisme allemands –, en envoyait un exemplaire à Gide, qui, l'ayant lu, enjoint Aline Mayrisch de se le procurer au plus vite afin d'en faire un compte rendu dans *La NRF*. Voir lettre suivante.

42 Les quatre derniers mots sont en français dans le texte.

Je vous remercie pour la communication de votre article sur Otto Braun. Inutile de m'envoyer le livre (si reconnaissant que je vous sois de me le proposer) mais je l'ai déjà reçu et j'ai déjà écrit au père qui joignait à cet envoi une lettre qui m'a vivement ému. Votre étude m'intéresse d'autant plus que j'avais vécu avec ce livre les jours précédents. Je l'ai chaudement recommandé à la personne qui signe Alain Desportes, et qui écrivit dans *La Nouvelle Revue française* cet article sur vous que plusieurs journaux et revues ont reproduit. J'espère obtenir d'elle une note pour *La NRF* au sujet de Otto Braun[43].

Dois-je vous dire avec quelle profonde émotion et admiration j'ai lu ce livre ? Vous l'imaginez aisément, je pense.

Au revoir cher Monsieur Curtius. Ne cessez pas de me croire bien attentivement et cordialement

André Gide

11. ANDRÉ GIDE À ERNST ROBERT CURTIUS

18bis avenue des Sycomores
Villa Montmorency
Paris – XVIe

---

43 Aline Mayrisch lui écrit peu de temps après : « Cher ami, je vous écris en pleurant, irrésistiblement, moi qui ne croyais plus jamais pleurer ! J'ai commencé de lire le livre posthume du jeune Otto Braun. Je suis bouleversée. Depuis ces dernières semaines, plongée dans les pires hideurs des dernières productions allemandes, j'étais comme asphyxiée de puanteur, et puis soudain, ceci. Est-ce que je me trompe ? Mais non, n'est-ce pas ? Ces deux jeunes visages – celui de l'enfant et celui avec le casque (l'un pour vous, l'autre pour moi, n'est-ce pas ?). / J'ai interrompu ma lecture pour vous écrire. Cette précocité pouvait-elle être dangereuse ? Elle est renversante ! Goethe n'a pas été précoce ainsi, ni Nietzsche » (André Gide, Aline Mayrisch, *Correspondance 1903-1946*, éd. Pierre Masson et Cornel Meder, Paris, Gallimard, p. 225). L'article paraîtra sous le titre « Un jeune intellectuel allemand » dans *La NRF* du 1er août 1921 (n° 95, p. 239-250). Il s'agit d'un éloge intéressant : « Ce jeune homme était un prodige. [...] il semble qu'en lui se trouve pour une fois réalisée la plus sérieuse promesse de ce à quoi on avait peu à peu cessé de croire en France : de cet idéal d'universalité et de spiritualité du peuple central d'Europe, de cet "Allemand de Goethe et de Mme de Staël", que les moins sceptiques et les moins chauvins d'entre nous commençaient à reléguer au rang de mythe » (*ibid.*, p. 239). Aline Mayrisch proposait en outre de s'assurer les droits de traduction, mais l'ouvrage ne fut jamais publié en français.

[*Jeudi*] 12 mai [*19*]21

Cher Monsieur

Me permettrez-vous de vous transmettre l'aimable proposition que me font des amis du Grand-Duché de Luxembourg. Madame M[*ayrisch*] de S[*aint-*]H[*ubert*], dont peut-être vous aurez lu quelques articles sur l'Allemagne, dans *La Nouvelle Revue française*, sous la signature d'Alain Desportes[(1)] – sachant le vif plaisir que j'aurais à vous rencontrer – me propose de vous inviter, ou plus exactement : me prie de vous inviter de sa part – de vous demander s'il vous serait possible et agréable de venir passer un ou deux jours dans sa propriété du Grand-Duché – où vous me retrouveriez. Ce serait au mois de juin. – Vite, qu'un mot de vous me dise ce que vous pensez de ce projet, afin que, s'il vous agrée, mon amie et moi prenions nos mesures et décidions en conséquence. Vous-même voudriez bien indiquer la date qui vous conviendrait le mieux ; mais, passé la fin de ce mois (de juin) je crois que Mme M[*ayrisch*] ne serait plus là.

C'est dans cette même propriété que Walther Rathenau vint me retrouver l'été dernier[44]. – Croyez que, si vous acceptiez cette invitation bien cordiale, j'en aurais un vif plaisir, en attendant un grand profit.

André Gide

(1) et en particulier un article sur votre livre

12. ERNST ROBERT CURTIUS À ANDRÉ GIDE[45]

Heidelberg, [*mardi*] 17 mai 1921

Cher Monsieur Gide,

Je viens de recevoir – malheureusement une nouvelle fois avec du retard – votre bienveillante lettre du 12 de ce mois et réponds tout de suite que ce sera pour moi une très grande joie de donner suite à votre

---

44 Tout est consigné de cette rencontre dans *J*, I, p. 1152-1154, et *CPD*, I, p. 48-49.
45 Lettre originale en allemand.

aimable proposition. Veuillez transmettre à Mme [*Mayrisch de*] S[*aint-Hubert*] mes sincères remerciements pour son invitation si extraordinairement charmante.

Je pourrais me libérer au mieux un dimanche. Est-ce que le dimanche 12 juin vous conviendrait ? J'arriverais alors le 11 au soir et repartirais le 13 tôt. Mais le 19 juin me conviendrait également. J'espère pouvoir me procurer un passeport. J'ai lu auparavant, et avec une grande joie, le compte rendu de mon livre par « Alain Desportes ». C'était la première réponse venue de France, et si précieuse pour moi pour cette raison. Je me réjouis beaucoup de pouvoir faire la connaissance de l'autrice de cette critique sensible et sympathique. Et vous savez, n'est-ce pas, très cher Monsieur Gide, que vous rencontrer signifie pour moi la réalisation d'un souhait caressé depuis longtemps ?

J'attends donc d'autres nouvelles et suis, avec mes remerciements cordiaux,

votre sincèrement dévoué.

E. R. Curtius

Vous avez dû recevoir la lettre recommandée que je vous ai fait parvenir il y a environ vingt jours, à l'adresse de *La NRF*[46].

13. ANDRÉ GIDE À ERNST ROBERT CURTIUS

Cuverville
Par Criquetot L'Esneval
Seine Infér[re]

[*Lundi*] 11 juillet [*19*]21

Cher Monsieur Curtius
Est-ce abuser de votre complaisance – ou puis-je espérer que vous voudrez bien apporter votre regard critique sur cette dactylographie que je reçois à l'instant. C'est la fin des *Caves*. La lettre qui y est jointe me

---

46   Cette lettre n'a pas été retrouvée.

donne bon espoir – mais je profite de la confiance qu'elle marque et de la docilité – pour redemander la première partie de la traduction que je souhaite vivement que vous puissiez également revoir[47].

Il n'est pas impossible que j'aille en Allemagne au mois d'août ; j'ai gardé trop bon souvenir de votre visite à Colpach, pour ne pas souhaiter vous rencontrer de nouveau[48]. Je vous récrirai donc lorsque mes projets seront arrêtés.

Avez-vous reçu les quatre livres de Proust que j'ai donné ordre à la NRF de vous envoyer ? Comme cet envoi doit être fait en dehors du « service de librairie », c'est-à-dire comme je le prends à ma charge, il n'y a pas de raison pour qu'il ne soit pas exécuté ; néanmoins comme je n'ai eu que trop d'exemples d'indications données par moi et dont on n'a pas tenu compte, je vous serais bien obligé de me renseigner.

Veuillez croire à mes sentiments bien cordiaux.

André Gide

14. ERNST ROBERT CURTIUS À ANDRÉ GIDE[49]

Marburg, [mardi] 12 juillet 1921

Très cher Monsieur Gide,
Depuis longtemps, j'ai le besoin de vous écrire – or, plusieurs voyages à Berlin et à Heidelberg ne m'ont pas permis de trouver le calme nécessaire. Même sans que je le formule explicitement, vous aurez ressenti à quel point vous rencontrer dans l'accueillant cadre de Colpach a été

---

47   Gide avait reçu en 1914 un chapitre traduit des *Caves du Vatican* par Dieter Bassermann (1887-1955). Il avait accepté une collaboration avec lui à la condition que le travail du traducteur pût être révisé. La guerre repoussa le projet, réactivé en 1920. À partir de mars-avril 1921, Gide transmet la traduction à Curtius, qui y apporte de nombreuses corrections. Aline Mayrisch la relit également. Elle sera publiée à Leipzig par Insel-Verlag en 1922. Insatisfait, Gide s'adressera à Ferdinand Hardekopf pour en refaire une. La lettre de Bassermann qui accompagnait la traduction n'a pas été retrouvée.
48   Trois jours (20-21-22 juin) : « Conversations de la plus haute importance » (*J*, I, p. 1130). Voir aussi *CPD*, I, p. 87, 89-90 : « Nous avons parlé de tout : politique, sociologie, morale, religion. Il est vraiment très bien, Curtius, et avec ça modeste et discret. »
49   Lettre originale en allemand.

significatif pour moi et m'a rendu heureux. Toutefois, mon niveau d'expression est trop insuffisant pour parvenir à l'exprimer pleinement. Mais les impressions de ces journées résonnent d'autant plus fort en moi. Elles vont m'occuper longtemps encore et deviendront, comme je l'espère, profitables. Il m'est impossible de mentionner tout ce que Colpach m'a offert. Ce qui m'a ému le plus profondément et ce pourquoi je vous remercie le plus profondément, c'est votre confiance humaine. J'étais allé trouver un artiste et j'ai trouvé un homme[50]. Cela a été pour moi curieux et bouleversant de constater comment, de vos propos dits et écrits, a surgi la question vitale qui brûle dans tant de cœurs chez nous également : le débat entre le Grec et le chrétien. Et de surcroît, la convergence – j'ose dire le commun accord – dans l'observation des rapports spirituels entre nos peuples. Je pense que les meilleurs esprits des deux nations se retrouveront sur la base que vous avez esquissée et que j'ai également en tête (comme mon essai du *Neue Merkur* a pu vous le montrer[51]) : une manière de penser cosmopolite (non pas internationaliste) européenne fondée sur un sentiment national (non pas nationaliste) sans préjugés et non déformé. Je pense qu'un tel objectif serait sincèrement salué chez nous, par exemple par Thomas Mann[52] (pour ne citer qu'un seul des esprits incontestablement directeurs de votre génération).

Depuis, Efraim Frisch, l'éditeur du *Neue Merkur* (rédaction : Munich, Theresienstrasse 12), m'a informé qu'il se réjouirait beaucoup de publier, dans le numéro de septembre, la préface à *Armance*[53]. On veillerait à une bonne traduction.

---

50 Voir Pascal, *Pensées*, 554 (éd. Philippe Sellier, Paris, Classiques Garnier, 2010) : « Quand on voit le style naturel, on est tout étonné et ravi, car on s'attendait de voir un auteur et on trouve un homme, au lieu que ceux qui ont le goût bon et qui, en voyant un livre, croient trouver un homme, sont tout surpris de trouver un auteur. *Plus poetice quam humane locutus es*. Ceux-là honorent bien la nature qui lui apprennent qu'elle peut parler de tout, et même de théologie. »

51 « Deutsch-Französische Kulturprobleme », *Der Neue Merkur*, 5ᵉ année, nᵒ III, juin 1921, p. 145-155. Curtius voit dans le sacrifice réciproque des jeunesses allemande et française lors de la Première Guerre mondiale la possibilité d'un renouveau commun européen ; à ce titre, la rencontre fortuite, sur le front, de deux poètes, Charles Péguy et Ernst Stadler, illustre la perte de toute une génération qui aurait pu garantir une « relation organique » entre les deux cultures. Voir plus bas, lettres 18 et 19.

52 L'écrivain Thomas Mann (1875-1955) avait déjà acquis une indéniable notoriété, due à son roman *Les Buddenbrook* (1901) ainsi qu'à des nouvelles comme *Tonio Kröger* (1903) et *La Mort à Venise* (1911).

53 L'écrivain et éditeur Efraim Frisch (1873-1942) a participé à la création de la revue en 1914, qui disparaîtra en 1925. C'est une revue mensuelle prestigieuse et ouverte aux lettres étrangères, à laquelle collaborent Wilhelm Hausenstein, Bertrand Russell, Maxime

Madame Mayrisch a dû vous communiquer mes propositions pour retoucher la version Bassermann des *Caves*. Peut-être ai-je été trop scrupuleux. C'était parce que je tiens tant à une traduction tout à fait réussie. J'ai de grands espoirs pour la parution de la traduction allemande[54].
Par la NRF, j'ai reçu ces jours-ci six volumes de Proust, à ma grande joie. J'en ai déjà remercié M. Gallimard, mais je voudrais cependant vous réitérer personnellement mes remerciements. Je me réserve cette lecture comme plaisir de vacances. Vous savez que c'est avec un intérêt passionné que j'accueille tout ce qui approfondit et enrichit mon image de la France.
Vous avez renouvelé cette image. Ce que j'ai appris – soit par vos entretiens, soit par votre lecture à haute voix de Racine[55] – se révélera par la suite, comme je l'espère. Le profit que j'ai pu tirer sur le plan humain de votre bonté si amicalement communicative, je ne peux toutefois pas le formuler.
Avec ma sincère admiration et ma gratitude.
Votre

Ernst Robert Curtius

15. ERNST ROBERT CURTIUS À ANDRÉ GIDE[56]

Marburg, [*vendredi*] 15 juillet 1921

Très cher Monsieur Gide
Voilà deux jours que je vous ai adressé une lettre recommandée à *La NRF* (avez-vous réceptionné la lettre envoyée le 9 mai[57] ? Je vous le

---

Gorki, August Strindberg, Alfred Döblin, Robert Walser, Ferdinand Lion, Ernst Bloch, Julius Meier-Graefe, Otto Flake, Klabund, Rudolf Kassner. – La « Préface à *Armance* » de Stendhal par Gide a été publiée dans *La NRF* du 1er août 1921 (n° 95, p. 129-142). Elle a été rédigée à la demande de Paul Arbelet pour l'édition Champion des *Œuvres complètes* de Stendhal (mais la parution ne se fera qu'en 1925). Reprise dans *EC*, p. 544-555.
54 Maria Van Rysselberghe rapporte qu'elle et Aline Mayrisch trouvaient en effet les corrections de Curtius quelquefois injustifiées (*CPD*, I, p. 92).
55 La lecture à voix haute est une habitude ancienne de Gide, pratiquée dès sa jeunesse, en particulier avec ses cousines.
56 Lettre originale en allemand.
57 Cette lettre n'a pas été retrouvée.

demande simplement parce que je doute de la fiabilité de la poste. Et avez-vous reçu mon livre sur Barrès, parti en avril pour vous ?). Et hier, j'ai reçu vos lignes sympathiques du 11. Bien entendu, ce sera avec joie que j'examinerai les autres parties de la traduction. Je m'y mettrai sitôt reçu le tapuscrit annoncé.

La perspective de vous revoir, peut-être en août en Allemagne, me réjouit beaucoup. Je ne sais pas où je passerai les vacances (qui commenceront le 1er août) ; mais si je suis d'une manière ou d'une autre sur votre itinéraire, je tenterai évidemment de vous rencontrer. Je ne serai sûrement pas à Marburg, mais probablement à Heidelberg ou à Bonn.

La lettre partie avant-hier vous dira déjà que j'ai bien reçu les volumes de Proust. Qu'il s'agisse d'un don de votre part, comme je l'apprends dans votre lettre, me rend cet envoi particulièrement précieux. Acceptez mes remerciements cordiaux une nouvelle fois.

De votre sincèrement dévoué
Ernst Robert Curtius

16. ANDRÉ GIDE
À ERNST ROBERT CURTIUS

[*Mercredi*] 20 juillet [*1921*]

Cuverville
par Criquetot l'Esneval
Seine Inférieure

Cher Monsieur Curtius

Rassurez-vous. Oui j'ai bien reçu votre lettre – vos lettres ; et à mon dernier passage à Paris, j'ai retrouvé, au fond d'un casier de *La Nouvelle Revue française*, votre étude sur Barrès – qui m'y attendait depuis longtemps. Je suis en train de la lire ; mais lisant l'allemand avec une grande lenteur, et, de plus, étant très occupé, je n'ai pu encore l'achever – mais ce que j'en ai lu m'intéresse vivement.

Je ne vous ai pas dit encore combien m'avait plu cet article que vous aviez laissé à Colpach, en épreuves[58]. Nos conversations vous auront déjà fait connaître ce que je pense de votre point de vue, qui est aussi le mien, et qui me paraît, comme dit Hebbel, « non pas le meilleur, mais le seul[59] » (je suis honteux de ne pas citer cela en allemand). Je voudrais écrire quelque chose là-dessus, et vous citer, et j'ai demandé à Mme M[ayrisch] de traduire cet article ; à qui faut-il s'adresser pour autorisation, si nous le reproduisons *in extenso* ? Ce serait je pense dans le numéro de sept[embre] mais je voudrais l'encadrer d'un commentaire. La *position* réciproque que vous indiquez, est exactement celle que je souhaite que prenne *La NRF*.

Je me suis attablé devant les derniers vers de Hölderlin ; mais je n'y comprends pas grand-chose, j'aurais besoin de les lire avec vous... cet été peut-être.

Aurez-vous lu l'*Ébauche d'un serpent* de Paul Valéry dans notre dernier numéro ?

Au revoir. À bientôt j'espère.

André Gide

[*en marge de la première page :*]
Vous aurez reçu n'est-ce pas la fin des *Caves*.

[*en marge de la deuxième page :*]
Heureux si ma préface à *Armance* peut paraître dans le *Nouveau Mercure*. Je compte sur vous pour veiller à ce que ce soit bien traduit.

---

58 Il s'agit de « Deutsch-Französische Kulturprobleme » (voir lettres 14, 18 et 19). Sa traduction française (retranscrite en annexe III) paraîtra quelques mois plus tard dans *La Revue rhénane* (2ᵉ année, n° 1, 1ᵉʳ octobre 1921, p. 845-848).

59 En 1912, Gide avait traduit quelques lettres du poète et dramaturge allemand Friedrich Hebbel (1813-1863) adressées à son épouse Elise Lensing, qui ont été publiées par Peter Schnyder : « Friedrich Hebbel, Lettres de Paris (1843) », dans Martine Sagaert et Peter Schnyder, *André Gide. L'écriture vive*, Pessac, PUB, 2008, p. 101-143.

17. ERNST ROBERT CURTIUS À ANDRÉ GIDE[60]

Marburg, [*dimanche*] 24 juillet 1921

Cher Monsieur Gide,
Un grand merci pour votre lettre du 20. La fin des *Caves* m'est parvenue dans l'intervalle. J'en fais la révision, mais elle va me demander encore environ huit jours, car maintenant, à la fin du semestre, mon emploi du temps me laisse très peu de liberté. Si vous souhaitez que je révise par la suite également la première partie (ce que je ferai de bon cœur), je vous prierai de me faire parvenir un exemplaire des *Caves*. C'est que je possède le texte des *Caves* seulement dans les gros volumes reliés de la NRF, que je ne peux guère emporter pendant les vacances.

Que vous soyez d'accord avec mon article du *Neue Merkur* me procure une grande joie. Thomas Mann m'a également exprimé son approbation. Ce serait parfait si mon essai pouvait paraître intégralement ou en partie dans *La NRF*, tout en étant commenté par vos soins. Si cela devait arriver, j'aurais la conviction qu'on aura fait un grand pas en avant dans la détente entre l'Allemagne et la France. On aura beaucoup avancé si la prise de position que je formule, et avec laquelle vous êtes d'accord, était adoptée comme base par l'élite intellectuelle des deux nations.

Je joins à ces lignes une page d'un essai d'Ernst Bertram sur *Le Génie du Rhin* (paru dans le mensuel *Westmark*, en juin 1921). (J'ai envoyé l'essai entier à Mme Mayrisch[61].) Bertram est l'auteur du livre sur Nietzsche dont je vous ai parlé, un des critiques émergeants de la jeune génération, *privat-docent* à l'université de Bonn[62]. Il est très proche à la fois de Stefan

---

60 Lettre originale en allemand.
61 Voir, en annexe II, la lettre qu'il envoie à Aline Mayrisch à ce sujet.
62 Poète, essayiste et universitaire, plus tard proche du national-socialisme, Ernst Bertram (1884-1957), à cette époque assez lié à Curtius, est l'auteur de *Nietzsche. Versuch einer Mythologie* [*Nietzsche, essai d'une mythologie*], ouvrage publié en 1918, fort d'un beau succès, et traduit en français en 1932 (Paris, Rieder). *Rheingenius und « Génie du Rhin »* répond à l'ouvrage de Maurice Barrès *Le Génie du Rhin* (Paris, Plon, 1921) avec une virulence qui peut aujourd'hui surprendre mais qui montre des revendications territoriales anciennes de part et d'autre de la frontière. L'exergue est une citation de *L'Allemand* de Jacques Rivière. Cet essai paraîtra en volume en 1922 (Bonn, Friedrich Cohen).

George[63] et de Thomas Mann. Je l'ai entretenu de notre rencontre, ce qui l'a vivement intéressé. La page que je vous envoie (je ne voulais pas vous importuner avec tout l'essai) est importante pour la simple raison qu'elle éclaire très sensiblement notre situation par rapport à la France. Ceux, parmi nous, qui travaillent contre le nationalisme allemand et défendent une appréciation de la France sans partis pris, sont mis dans une situation pénible et difficile par les excès du nationalisme français à la *Colette Baudoche*[64]. Lorsque j'ai publié les *Wegbereiter*, on m'a régulièrement reproché de m'être laissé tromper. Il ne s'agirait pas là de la vraie France. La vraie France serait bien plutôt celle de Clemenceau et de Barrès. Il est difficile de répondre à cela, si l'on répugne comme moi à se réclamer de Clarté[65]. On a besoin d'un soutien différent, qui ait plus de poids. Vous comprenez notre situation ?

---

63 C'est lorsqu'il était étudiant à Berlin que Curtius a rencontré Stefan George dans les salons du couple de peintres Reinhold et Sabine Lepsius. Également pianiste et cantatrice, cette dernière est devenue pour lui une amie maternelle. – Traducteur, éditeur, créateur graphique, influencé par Nietzsche, Stefan George (1868-1933) a toujours défendu, en tant que poète, un idéal esthétique rigoureux et réflexif, opposé à la fois à l'érudition et à tout art populaire. Figure charismatique incontournable de la poésie allemande de la fin du XIXᵉ et du début du XXᵉ siècle, il avait réuni autour de lui un cercle de jeunes gens, avec notamment Hugo von Hofmannsthal, les frères von Stauffenberg, Karl Wolfskehl et Friedrich Gundolf, lié à son tour d'amitié avec Curtius. George influença passablement le jeune romaniste, mais avait critiqué les *Wegbereiter*, son auteur étant trop attaché selon lui à des écrivains mineurs (dont Péguy); il dénonçait l'irruption du politique dans le monde de la pensée, par exemple avec quelqu'un comme l'historien Friedrich Wolters. Par la suite, Curtius prit ses distances avec le *George-Kreis* qui devenait de plus en plus ésotérique, sans négliger la composante homoérotique due à la quasi-divination d'un très jeune poète, Maximilian Kronberger, appelé Maximin, mort à seize ans. George fut critique vis-à-vis du national-socialisme, en dépit de propositions venues de haut lieu pour l'engager comme poète officiel. Il s'exila finalement en Suisse, où il mourut. Il n'est pas exclu que Curtius ait été encouragé par George à dépasser l'érudition pure et à oser étudier des écrivains vivants, ce qui était alors considéré comme un sacrilège dans les milieux académiques.

64 Roman nationaliste de Maurice Barrès, publié en 1909, dont l'intrigue est située à Metz – les Messins, en tant que Lorrains, sont pour Barrès des « captifs », au même titre que les Alsaciens : une jeune Française s'éprend d'un Prussien professeur d'allemand mais refuse de l'épouser pour des raisons patriotiques. Curtius en parle. Voir son étude sur Maurice Barrès, *op. cit.*, p. 181s., tout comme Gide (« À propos de *Colette Baudoche* », *La NRF*, mai 1909, n° 4, p. 380, repris dans *EC*, p. 176).

65 Le mouvement Clarté fut lancé par Henri Barbusse en 1919 – la même année où il lance une revue et publie un roman du même nom. Pacifiste et internationaliste, l'écrivain initie un rassemblement d'intellectuels de gauche qui tourne rapidement à la remise en cause de l'ordre établi, *via* l'adhésion au communisme. Romain Rolland refuse de s'y associer, revendiquant une nécessaire indépendance d'esprit et une position apolitique. Clarté

J'ai dû écrire mon *Barrès* pour me justifier. Pour montrer que j'ai certes des sympathies pour la France des *Wegbereiter*, mais que je désapprouve non moins fermement la France des Barrès. Les *Wegbereiter* et Barrès se complètent de cette manière. C'est la thèse et l'antithèse. J'espère qu'il me sera possible d'écrire un jour un troisième livre, un « André Gide », dans lequel ces contraires seront surmontés dans le sens de Hegel.

L'éditeur du *Neue Merkur* est M. Efraim Frisch à Munich, Theresienstrasse 12. Je lui ai écrit que vous comptez faire traduire mon essai. Peut-être vous mettrez-vous en rapport avec lui par le truchement de *La NRF*. Il va sans doute vous écrire à cause d'*Armance*.

Hölderlin… Que ce serait sympathique si je pouvais vous aider un peu en le lisant. Peut-être encore cet été ? Je resterai à peu près jusqu'au 8 août ici et me rendrai ensuite pour environ six semaines à Bonn. Peut-être pourrions-nous nous y retrouver ? Je vous prierai simplement de m'en informer à temps.

J'ai lu et relu *Ébauche d'un serpent* de Valéry avec un plaisir croissant. C'est vraiment un grand poète. Ses vers ne me quittent plus. Je n'ai plus ressenti depuis longtemps une impression artistique aussi profonde. Toute la souplesse de Mallarmé, et en même temps une netteté classique de la ligne. Une vraie maîtrise de la technique métrique et lexicale, insurpassable[66].

Veuillez excuser cette lettre bien trop longue et recevez les sentiments cordiaux de votre sincèrement dévoué.

Ernst Robert Curtius

---

est présenté par Curtius dans son article « Deutsch-französische Kulturprobleme » (voir annexe III). « Le reproche essentiel qu'il adressait à ce mouvement concernait finalement sa foi aveugle en l'émergence de valeurs radicalement nouvelles. Curtius ne croyait pas en la possibilité d'un homme nouveau. » (Christine Jacquemard-De Gemeaux, *Ernst Robert Curtius [1886-1956]. Origines et cheminements d'un esprit européen*, Berne/Berlin/Francfort-sur-le-Main/New York/Paris/Vienne, Peter Lang, 1998, p. 98)

66 Le poème, publié d'abord dans *La NRF* en juillet 1921 (n° 94, p. 5-17), puis dans *Charmes* (1922), sera traduit par Curtius dans *Der Neue Merkur*, 7ᵉ année, mai 1924, p. 641-655 : article de Curtius intitulé « Der Dichter Paul Valéry », puis traductions : p. 656-664 : « Die Schlange », puis p. 665-669 : « Kirchhof am Meer ».

18. ANDRÉ GIDE À ERNST ROBERT CURTIUS

Colpach, [*samedi*] 20 août [*19*]21

Cher Monsieur Curtius

J'attendais pour vous écrire, espérant toujours pouvoir vous annoncer ma visite. Mais je vois qu'elle ne sera pas possible cette année. Je n'y renonce pas sans grands regrets. J'eusse eu plaisir à vous redire de vive voix toute ma reconnaissance pour l'extrême soin que vous aurez bien voulu apporter à la relecture de la traduction des *Caves*; vos corrections m'ont été précieuses et je les ai transcrites soigneusement.

Je viens de relire avec Jean Schlumberger[67] (qui est en ce moment à Colpach avec moi) votre article si judicieux sur le[*s*] *Deutsch-französische Kulturprobleme*, auquel je vous ai dit que je voudrais répondre dans *La NRF* – et que je voudrais signaler et citer. Il me paraît qu'on n'a rien dit de mieux sur la question. Mais je crains que le moment ne soit mal choisi pour faire entendre les vérités que vous énoncez avec tant de fermeté et de prudence; les oreilles aujourd'hui sont plus fermées que jamais, et les esprits plus rétifs. Patience!

Le petit livre sur les *Wandervögel*, indiqué par vous, passionne toute la société de Colpach. Jean Schlumberger y est plongé et s'exalte beaucoup à cette lecture. Je crois qu'il est grand temps que je fasse paraître au grand jour le livre secret dont je vous ai parlé[68]. Avez-vous abandonné le projet de donner une traduction de ma Préface à *Armance* au *Neue Merkur*?

<hr>

67 Ami fidèle de Gide, protestant comme lui, Jean Schlumberger (1877-1968), excellent germaniste, a laissé une œuvre importante (roman, théâtre, essai), aujourd'hui injustement délaissée. Il fait partie du groupe de fondateurs de *La NRF*, et a soutenu Jacques Copeau dans la création du théâtre du Vieux-Colombier. Voir André Gide, Jean Schlumberger, *Correspondance, 1901-1950*, éd. Pascal Mercier et Peter Fawcett, Paris, Gallimard, 1993.

68 « *Wandervögel* » : littéralement « oiseau migrateur ». Né au tournant du XXᵉ siècle, ce mouvement allemand s'appuie sur la pratique de la randonnée (« *Wandern* », « *Wanderung* ») dans le but d'extraire la jeunesse des villes polluées de l'ère industrielle. Esprit libre, le philosophe Hans Blüher (1888-1955) avait publié en 1912 un ouvrage en deux volumes sur l'histoire de ce mouvement dont il avait fait partie, *Wandervogel. Geschichte einer Jugendbewegung* [*Wandervogel. Histoire d'un mouvement de jeunesse*], complété la même année d'un petit livre très controversé, dans lequel il qualifiait cette expérience d'« érotique » : *Die Wandervogelbewegung als erotisches Phänomen* [*Le Mouvement allemand Wandervogel comme phénomène érotique*], sous-titré *Ein Beitrag zur Erkenntnis der sexuellen Inversion* [*Une*

Je lis, très lentement, votre étude sur *Barrès*; avec un intérêt très vif. – Que de choses nous aurons à dire à notre prochain revoir ! Mais d'ici là, que d'événements... Au revoir. Le souvenir de nos conversations reste bien vif en mon esprit et je m'y reporte souvent. Croyez à mes sentiments bien cordiaux.

André Gide

19. ERNST ROBERT CURTIUS À ANDRÉ GIDE[69]

Bonn, [*mercredi*] 24 août [*19*]21

Très cher Monsieur Gide,
Je vous adresse mes remerciements cordiaux pour votre aimable lettre. Je ne peux vous cacher que le report de votre voyage m'a un peu déçu. J'aurais eu grand plaisir à vous revoir et à m'entretenir avec vous d'un certain nombre de choses. J'espère tout de même que vous vous déciderez ultérieurement à venir en Allemagne.
Le directeur du *Neue Merkur*, Monsieur E[*fraim*] Frisch, m'avait écrit voilà quatre semaines qu'il se mettrait en rapport directement avec vous. Il voulait faire traduire votre manuscrit par Wilhelm Hausenstein, l'un de nos meilleurs critiques d'art (qui a traduit Barrès en allemand[70]). Je suis très embarrassé par le retard dû à Frisch et viens de lui écrire une nouvelle fois. S'il ne réagissait pas (ce que je ne crois pas), je me tournerais – avec votre accord – vers la rédaction de la *Neue Rundschau*.

---

contribution à la reconnaissance de l'inversion sexuelle], paru chez le même éditeur (Berlin, Tempelhof). Le livre secret évoqué par Gide est *Corydon*, l'un des sujets de conversation entre lui et Curtius pendant leur rencontre à Colpach, qui circule alors sous une forme provisoire en très peu d'exemplaires.

69 Lettre originale en allemand.

70 Wilhelm Hausenstein (1882-1957), historien de l'art, essayiste, traducteur mais aussi diplomate, très engagé dans le rapprochement franco-allemand. Sa traduction sera publiée dans la revue, qu'il édite conjointement avec Frisch : André Gide, « Über Stendhal (Vorrede zu *Armance*) », *Der Neue Merkur*, 5ᵉ année, nᵒ VII, octobre 1921, p. 498-510. Voir Laurence Blanc, *Wilhelm Hausenstein (1882-1957). Un médiateur culturel et politique entre l'Allemagne et la France*, Besançon, Presses universitaires de Franche-Comté, « Annales littéraires », 1997.

Je me réjouis que vous approuviez mon essai sur les problèmes culturels entre l'Allemagne et la France. En dépit de sa conclusion apparemment négative, il a été conçu comme une *question* ; une question à la France ; un point de départ pour une discussion. Il ne pourrait être suivi d'effet qu'après une réponse du côté français, qui soit portée par le même esprit. Une telle réponse serait assurée de faire impression en Allemagne. Surtout si elle venait de vous. C'est pourquoi je regrette que vous ne jugiez pas encore venu le moment de le faire. Si l'on attend trop longtemps, l'effet ne pourra plus être le même. Mon essai exprime une ligne de séparation entre l'Allemagne spirituelle et Clarté. Comme je le sais d'excellente source, un rapprochement entre l'Allemagne et la France par les cercles catholiques reste voué à l'échec, car les catholiques français vénèrent un nationalisme on ne peut plus intransigeant. (Preuve en est la lettre de l'archevêque de Paris à l'archevêque de Cologne – une lettre qui, je le sais également de très bonne source, a par ailleurs provoqué une intervention personnelle de Briand auprès de l'archevêque de Paris, lui demandant la plus grande retenue – car Briand souhaite une détente[71].) L'Internationale de Clarté est pour nous inacceptable, l'Internationale catholique a échoué. Il serait regrettable que l'européanité de l'esprit, l'«Internationale des *gentlemen*» (comme le comte Keyserling l'a appelée une fois[72]), ne puisse être également rétablie. Cependant, il n'est pas, bien entendu, dans mes intentions de vouloir vous influencer. Vous connaissez mieux que moi les impondérables de la situation française et vous seul êtes qualifié pour juger si et quand il sera possible et opportun de débattre de mon article.

J'apprends avec grand intérêt que vous avez lu le fascicule sur le mouvement des *Wandervögel*. Plus important encore, est cet ouvrage

---

71 Le 10 mai 1921, plusieurs journaux avaient publié une lettre de l'archevêque de Paris, Mgr Dubois, adressée à son homologue de Cologne, Mgr Schulte, qui venait d'être élevé au rang de cardinal. Demandant à celui-ci d'intervenir dans l'épineux problème des réparations de guerre, il appelait à la justice terrestre, reflet de la justice de Dieu. Ses propos étaient sans détour : « Éminence, la patience de la France est à bout. » L'archevêque de Cologne répondit publiquement qu'il avait été «péniblement surpris» par cette lettre et que, lui, ne souhaitait pas publier sa réponse. Cette crise diplomatique nécessita l'intervention d'Aristide Briand, alors chef du gouvernement.

72 Issu d'une famille aisée estonienne (russe à l'époque), le comte Hermann von Keyserling (1880-1946) fut philosophe et écrivain. Très cultivé et ayant entrepris de longs voyages de par le monde, il est avant tout connu pour son *Journal de voyage d'un philosophe autour du monde* (Darmstadt, Reichl, 1919 ; trad. fr. 1927, nouv. éd., Monaco, Éditions du Rocher, 1986). Keyserling défendait la noblesse et y voyait l'expression suprême de tout ce qui est humain – ce qui lui attira force critiques.

plus volumineux : *Die Rolle der Erotik in der männlichen Gesellschaft*[73]. Ici, il a échauffé les esprits et provoqué une polémique passionnée (et aussi haineuse). Les choses vont sans doute se passer pareillement avec le livre secret[74]. – Par ailleurs, vos pages choisies vont-elles paraître prochainement ? Je m'en réjouis grandement et en attends beaucoup[75]. Le livre devrait être traduit. Espérons que Lafcadio va à son tour se présenter bientôt en allemand[76].

Je lis Proust avec ravissement et, ce faisant, pense souvent à nos entretiens sur le classicisme, qui m'ont donné tant de nouveaux points de vue féconds pour la compréhension de l'esprit français. En attendant, je poursuis mes études balzaciennes[77]. La correspondance de Balzac avec un jeune homme, dont vous avez parlé, reste-t-elle totalement inaccessible ?

Pardonnez la longueur de cette lettre et acceptez mes salutations les plus cordiales de votre sincèrement dévoué.

E R Curtius

[*En marge de la dernière page :*] Monsieur Schlumberger a eu l'amabilité de m'adresser *Un homme heureux*[78]. Je l'ai remercié alors.

20. ANDRÉ GIDE À ERNST ROBERT CURTIUS

Adresse
Nouvelle Revue française
3 rue de Grenelle
Paris

Cuverville en Caux, 14 oct[*obre 19*]21

---

73   *Die Rolle der Erotik in der männlichen Gesellschaft* [*Le Rôle de l'érotisme dans la société masculine*], de Hans Blüher, publié en 1921 en deux volumes. L'ouvrage n'a pas été traduit en français.
74   Ces deux derniers mots sont en français dans le texte.
75   Les *Morceaux choisis* paraissent en novembre 1921 aux Éditions de la NRF. Le livre, en petit format, a connu un grand succès. Voir plus bas, lettres 26 et 29.
76   Lafcadio est le personnage principal des *Caves du Vatican*.
77   Lesquelles aboutiront, en 1923, à son *Balzac*. Voir plus bas, lettre 41.
78   Roman publié en 1920 aux Éditions de la NRF.

Cher Monsieur Curtius,

J'ai envoyé à *La Nouvelle Revue française* (pour le numéro de novembre) un article sur les relations intellectuelles entre France et Allemagne – où j'ai fait de très longues et importantes citations de votre article du *Neue Merkur*. J'hésitais d'abord à en faire paraître une traduction intégrale ; mais il me semble que, présenté ainsi, il sera plus lu et *portera* beaucoup plus. Il m'aide à prendre position moi-même, ainsi que vous pourrez voir bientôt[79].

Mon livre de *Morceaux choisis* va paraître dans quelques jours ; j'aurai plaisir à vous l'envoyer ; je pense qu'il aidera à affermir ce terrain d'entente, sur lequel j'ai eu si grand plaisir à me rencontrer avec vous.

Avez-vous eu connaissance de ce déplorable article des *Débats*, sur votre livre ? C'est le genre d'incompréhension contre lequel vous aurez à lutter longtemps ; mais j'ai grande confiance en la solidité de la position que vous avez prise – et où je vous rejoins[80].

Croyez à mes sentiments bien cordiaux.

André Gide

Que devient la publication de la traduction de ma préface d'*Armance* ?

21. ERNST ROBERT CURTIUS À ANDRÉ GIDE[81]

Actuellement à Bonn, [*vendredi*] 14 oct[*obre*] 1921

Très cher Monsieur Gide

Par ce même courrier, je vous adresse une brochure – *Eros*, de G[*ustav*] Wyneken –, sur laquelle je voudrais attirer votre attention.

---

79 « Les rapports intellectuels entre la France et l'Allemagne », *La NRF*, n° 98, 1er novembre 1921, p. 513-521. Voir plus bas, lettre 24, et, en annexe IV, la reproduction de cet article important.

80 Maurice Muret, « Un livre allemand sur le nationalisme français », *Journal des débats*, 16 septembre 1921, n° 257, p. 1-2. À propos de son *Barrès*, l'auteur accuse Curtius d'avoir publié un « pamphlet prussianisant et pangermaniste », témoignage de la rancune allemande à l'égard de la France en raison de sa victoire.

81 Lettre originale en allemand.

Wyneken est un guide du mouvement de la jeunesse allemande, directeur du centre d'éducation du *Land* à Wickersdorf, une personnalité importante et créative. Sa condamnation à un an de prison (il y a quelques semaines) a fait scandale et a beaucoup remué l'opinion publique. Même ses adversaires reconnaissent qu'*Eros* est une brillante apologie[82].

J'ai été quelques semaines à Munich où j'ai vu pas mal de monde, par exemple Franz Blei (de qui un grand *Bestiarium literaricum* sera publié prochainement : une histoire de la littérature satirique des dernières décennies, y compris étrangère[83]). J'ai également rendu visite à Efraim Frisch, le directeur du *Neue Merkur*, et appris, à ma grande joie, que votre essai sur *Armance* sera publié dans le prochain numéro.

En outre, j'ai fait la connaissance du docteur Strich, de la maison d'édition Meyer et Jessen, qui voudrait vous demander une contribution pour les annales des *Dioskuren*[84]. Il souhaite également quelque chose de moi. Je lui ai proposé un petit essai sur vous, à partir de vos *Pages choisies*[85]. Qu'en pensez-vous ? Et ces *Pages choisies* vont-elles paraître bientôt ?

Mes *Wegbereiter* ont eu un compte rendu, il y a peu, dans le *Literary Supplement* du *Times*. On peut y lire : « *He begins with André Gide, of whom – in contrast to the comparative shyness with which English readers have approached this essentially French and difficult critic and artist – the Germans have produced no fewer than eight translated works. Dr. Curtius makes the reasons for his choice clear. He regards Gide as the "heir and exponent" of the genuine French tradition, less exclusive, less sentimentally nationalist, than Maurras or Barrès*[86]. »

---

82   *Eros* est paru en 1921. Gustav Adolf Wyneken (1875-1964) fut un pédagogue réformateur, notamment dans le cadre de l'école libre de Wickersdorf qu'il fonda. Il salua le mouvement des *Wandervögel*, tout en lui reprochant son manque d'attention à la culture. Sa condamnation pour attentat à la pudeur, malgré la défense de Hans Blüher, affaiblit par la suite ses efforts pour réformer en profondeur l'école, d'autant plus qu'ils ont toujours été combattus par les milieux conservateurs.

83   Essayiste et critique, Franz Blei (1871-1942) traduisit plusieurs œuvres de Gide. Leur *Correspondance 1904-1933* a été publiée par Raimund Theis (Darmstadt, WBG, 1997). La guerre mit un terme à leurs relations. Son ouvrage *Das Große Bestiarium der deutschen Literatur*, original pour avoir fait des comparaisons zoologiques, eut un grand succès (Munich, 1920).

84   *Die Dioskuren. Jahrbuch für Geisteswissenschaften*. Walter Strich a été l'éditeur de ces volumes, qui ont paru de 1922 à 1924, sans la participation ni de Curtius, ni de Gide.

85   Il s'agit en vérité des *Morceaux choisis*, les *Pages choisies*, publiées au même moment par Crès, étant à destination de la jeunesse.

86   « Il débute avec André Gide, dont les Allemands ont produit – contrairement à la timidité relative avec laquelle les lecteurs anglais ont abordé ce critique et artiste difficile, si profondément français – pas moins de huit œuvres traduites. Le Dr Curtius éclaire les raisons de ce choix. Il voit en Gide l'"héritier et le représentant" de l'authentique

Pour le *Neue Merkur*, je dois écrire un essai sur Proust, ce qui me séduit[87]. Mais dans l'immédiat, le plus important c'est le travail pour mon *Balzac*[88].

J'espère que vous avez passé un bel été et que vous vous portez bien ! Recevez les salutations les plus cordiales de votre sincèrement dévoué.

E R Curtius

22. ERNST ROBERT CURTIUS À ANDRÉ GIDE[89]

Bonn, [*mercredi*] 19 oct[*obre*] 1921

Très cher Monsieur Gide

J'ai reçu hier, avec une grande joie, vos aimables lignes du 14 de ce mois. Entre-temps, vous devez avoir reçu ma lettre de la même date, dans laquelle je vous fais le récit de mon voyage à Munich (entre autres, le *Neue Merkur* publiera votre essai sur *Armance* dans sa prochaine livraison). Si elle avait été perdue, faites-le-moi savoir. J'y évoquais aussi plusieurs projets littéraires qui vous concernent.

C'est pour moi une grande satisfaction de savoir que dans le prochain numéro de *La NRF*, vous vous exprimerez sur les relations germano-françaises tout en mentionnant mon essai : c'est une satisfaction qui n'est pas personnelle, mais objective. Car je suis, en fait, d'avis que seule la méthode que j'ai tenté d'esquisser dans mon essai – et que vous aviez approuvée – rendra possible un lien solide et durable entre la France et les pays étrangers. Votre voix pénètre bien sûr infiniment plus loin que la mienne et elle sera entendue, en France et à l'étranger.

Je me réjouis de recevoir les *Morceaux choisis*. J'ai rarement attendu un livre avec une telle impatience. – L'article du *Journal des débats* sur mon

tradition française, moins exclusif, moins sentimentalement nationaliste, que Maurras ou Barrès » (anonyme, « A German on "New France" », *The Times. Literary supplement*, n° 1023, Thursday, August, 25, 1921, p. 543).
87 Voir plus bas, lettre 26, n. 103.
88 Voir plus bas, lettre 41.
89 Lettre originale en allemand.

livre, je l'interprète au premier chef comme un témoignage d'incapacité intellectuelle. Je vais au demeurant devoir y répondre, puisque Monsieur Muret m'accuse de déloyauté. – Dans un esprit cordial.

Votre sincèrement dévoué.
E R Curtius

23. ANDRÉ GIDE À ERNST ROBERT CURTIUS

Paris, [*samedi*] 22 oct[*obre 19*]21

Cher Monsieur Curtius

J'ai bien reçu l'*Eros* et vous sais le plus grand gré de me l'avoir envoyé. Vous êtes un précieux « prospecteur » et je voudrais de même vous aider à connaître les productions françaises. Je voulais vous envoyer *Suzanne et le Pacifique*, livre exquis, que je crois que vous liriez avec un peu d'irritation et beaucoup de plaisir. Mais j'ai pensé qu'il vous plairait davantage de le recevoir avec une dédicace de l'auteur – et voyant Giraudoux avant-hier, je lui ai demandé de vous l'envoyer[90].

J'ai pu atteler le ministère de la Propagande à la question de la translation des restes du jeune Otto Braun, et espère vivement que la famille pourra obtenir bientôt satisfaction[91].

Reçu en effet une aimable lettre de M. Walter Strich me parlant de l'article que vous vous proposez de donner à son *Jahrbuch* et sollicitant ma collaboration. Je lui ai répondu aussitôt, la lui promettant... presque. Mais j'ai trop de travail et de besogne sur les bras et vais, à mon grand regret, devoir lui écrire que j'y renonce.

---

90 Jean Giraudoux (1882-1944) : *Suzanne et le Pacifique* (Paris, Émile-Paul Frères, 1921) relate l'histoire d'une jeune femme qui gagne un voyage autour du monde et s'embarque sur un bateau. Celui-ci fait naufrage sur un archipel. Unique survivante, Suzanne explore un univers paradisiaque mais perd peu à peu la mémoire, et pour y remédier, commence à écrire. Un navire passant par là finira par la faire retourner dans la civilisation.

91 Le jeune homme a été tué à Marcelcave, dans la Somme, le 29 avril 1918, et enterré dans le cimetière de la division de chasse allemande de Chuignolles (Somme). Voir Dorothee Wierling, *Eine Familie im Krieg. Leben, Sterben und Schreiben* (Göttingen, Wallstein Verlag, 2013). Gide usera de toute son influence pour obtenir le transfert de sa dépouille.

Au revoir. Serez-vous homme à venir, l'été prochain, à une réunion où vous rencontreriez Wells, Arnold Bennett, Jean Schlumberger, plusieurs autres de mes amis – et moi-même[92] ? Je tâcherai d'arranger cela. De toute manière, et là ou ailleurs, croyez que je serais très heureux de vous revoir.

Bien cordialement et attentivement,

André Gide

[*en marge à gauche* :]
Un petit retard dans la publication de mes *Morceaux choisis*. Le livre ne paraîtra que dans une quinzaine de jours.

[*en marge en haut* :]
J'ai vu que votre article du *Neue Merkur* avait paru *in extenso* dans la *Revue rhénane* – et fort bien traduit, m'a-t-il semblé[93].

24. ERNST ROBERT CURTIUS À ANDRÉ GIDE[94]

Marburg, [*vendredi*] 11 nov[*embre*] 1921

Très cher Monsieur Gide
Un très cordial merci pour votre lettre du 22 octobre. La relation spirituelle avec vous est pour moi un bienfait dont je vous suis très reconnaissant. Et que ce sentiment fut vif lorsque je reçus le nouveau numéro de *La NRF*. Votre article est magnanime, courageux et avisé. Je le ressens comme un acte libérateur d'un grand poids moral. Une étape mémorable ! Je suis fier de voir que mon essai a trouvé un tel écho. Je n'aurais pas pu obtenir de meilleure récompense. Avec cet essai, vous avez fait quelque chose de grand pour l'ordre, la purification, l'harmonisation des esprits[95]. J'espère qu'il trouvera une résonance en Allemagne et vais

---

92   Gide évoque sans les nommer les Rencontres de Pontigny. Voir plus bas, lettre 35, n. 141.
93   Voir annexe III.
94   Lettre originale en allemand.
95   Voir annexe IV.

tenter d'y rendre attentives quelques personnes influentes. Vous serait-il possible de me faire parvenir encore quelques exemplaires du numéro afin de pouvoir les distribuer ?

Je me réjouis beaucoup de recevoir le livre de Giraudoux que vous m'avez promis. Je suis invité par un périodique à dresser une liste des meilleurs livres français récents ; espérons qu'il arrivera à temps – tout comme les *Morceaux choisis* !

Je me rendrais très volontiers à la réunion avec Wells, Bennett, etc., proposée par vous, si je peux le faire d'une manière ou d'une autre. Avec le cours du change toutefois...

Quel effet votre essai a-t-il eu en France et en Angleterre ?

Avec ma sincère considération.
Votre constamment cordialement dévoué.

E R Curtius

25. ANDRÉ GIDE À ERNST ROBERT CURTIUS

Cuverville
par Criquetot l'Esneval
Seine Inférieure

[*Jeudi*] 8 déc[*embre 19*]21

Cher Monsieur Curtius

Je vous ai fait adresser un numéro de la *Revue universelle* où certain article de M. Massis, contre moi, pourra vous intéresser. Dans l'article ci-joint, paru dans la même revue (qui est celle du nationalisme français), c'est vous qui êtes pris à partie[96].

---

96 Henri Massis, « L'influence de M. André Gide », *Revue universelle*, t. VII, n° 16, 15 novembre 1921, p. 500-509. Voir *J*, I, p. 1140-1141, et plus bas, lettre 54. Henri Massis (1886-1970) était rédacteur en chef de *La Revue universelle* en 1920, proche de Maurras, de l'Action française et des milieux catholiques rigoristes. – Dans le numéro suivant, du 1ᵉʳ décembre (p. 618-623), on trouve l'article de René Johannet « L'Allemagne découvre

L'article de Massis a pris prétexte de mes *Morceaux choisis*, mais était préparé depuis longtemps, de sorte qu'il a pu paraître en revue le jour même où le livre paraissait en librairie (il m'avait déjà fait le même coup pour les *Caves*) de manière à couper autant qu'il se peut le succès du livre en prévenant contre lui le public. Ne trouvant, somme toute, rien à répondre à ce que je dis au sujet de Barrès, Maurras et du nationalisme en général, il s'agit de me discréditer tout entier.

Mais le plus clair résultat de cet article c'est de me valoir des témoignages de sympathie et d'approbation, qui me touchent bien plus que l'article lui-même.

On a parlé de tous côtés de mon article sur les *relations intellectuelles* etc., et de vous-même conséquemment. Je n'ai pas pris soin de vous communiquer les articles, car ils étaient, pour la plupart, d'une rare sottise, ou complètement insignifiants, ou d'une incompréhension volontaire des plus irritantes.

Plusieurs journaux et revues allemandes me demandent à présent un article ; mais je crois qu'il serait extrêmement maladroit de faire rien paraître en allemand qui n'eût d'abord paru en français. Ce que je voudrais voir paraître en revue, c'est la traduction des *Caves*, si toutefois cela ne devait pas retarder trop la publication en volume ; mais il semble que, même pour celle-ci, mon traducteur (Dieter Bassermann) rencontre des difficultés, et que Kippenberg se fasse tirer l'oreille – *id est* : *to grudge*[97].

Vous aurez reçu, j'espère, mes *Morceaux choisis* – et le *Suzanne et le Pacifique* de Giraudoux – que je vous envoie moi-même, puisque je vois, d'après votre lettre du 11 nov[embre], qu'il ne l'a point fait.

Bien cordialement

André Gide

Je mettrais volontiers à votre disposition quelques exemplaires de mes *Morceaux choisis*, si vous connaissiez des personnes à qui il pût être intéressant de l'envoyer.

---

le nationalisme français », une critique sans ménagement de l'ouvrage de Curtius sur Barrès et le nationalisme français.

97 C'est-à-dire : en vouloir à. – Sur la traduction des *Caves du Vatican*, voir plus haut, lettre 13, n. 47. – Anton Kippenberg (1874-1950), spécialiste entre autres de Goethe, dirigea les éditions Insel de 1905 à 1950.

Suivez-vous cet étrange procès qui se juge à Hirschberg, de ce Silésien Peter Grupen...? S'il vous paraît présenter un intérêt suffisant, vous devriez bien conserver les journaux qui en parlent – non pour me les envoyer, mais pour me les montrer vous-même, quand nous nous reverrons[98].

26. ERNST ROBERT CURTIUS À ANDRÉ GIDE

Marburg, Rotenberg 15ᵃ

[*Samedi*] 10 décembre [*19*]21

Cher Monsieur Gide

Surchargé d'enseignement, d'examens et de besognes professionnelles de tout genre, je ne parviens qu'aujourd'hui à vous remercier de votre précieux envoi. Les *Morceaux choisis* m'ont procuré un plaisir d'une pureté et d'une intensité exquises. C'est un bain de délices, et j'en ai inondé tous ceux qui sont venus me voir et qui du coup sont devenus des admirateurs fervents de votre art[99]. C'est surtout les fragments des *Nouvelles Nourritures* que j'ai lus et relus avec un émerveillement toujours croissant. Voilà des pages qui dès les premières lignes donnent l'impression du grand, du durable, du définitif – enfin du classique. Et comme elles font bien comprendre vos méditations sur le classicisme (dont j'ai d'ailleurs tenu à faire profiter mes étudiants en leur en donnant lecture et les commentant, puis en leur faisant résumer votre pensée).

---

98 La presse française vient de se faire l'écho de ce fait divers : surnommé « le Landru allemand », Peter Grupen était accusé d'avoir, au moyen de l'hypnotisme, poussé sa belle-fille à tuer sa cousine puis à se suicider. L'homme fut condamné à mort. Il s'évadera deux mois plus tard, mais reviendra de son plein gré et se pendra dans sa cellule. Depuis sa jeunesse, Gide s'intéresse aux faits divers et à la difficulté de s'expliquer certains gestes criminels (dont le suicide d'un lycéen rouennais qui lui a servi pour ses *Faux-Monnayeurs*). Voir par exemple *La Séquestrée de Poitiers* et *L'Affaire Redureau* (Paris, Gallimard, « Ne jugez pas », 1930).

99 Le recueil, volumineux (466 pages), réunit principalement, outre des inédits, des extraits de ses récits et soties, de *Prétextes*, *Nouveaux prétextes*, des *Nourritures terrestres* et des *Nouvelles Nourritures*.

Comme je souhaiterais de voir ce livre, la « somme » de votre pensée, traduit en allemand. Puisque le *Fils prodigue* a déjà paru à l'Insel, et que la même maison doit éditer *Les Caves* et *Les Nourritures*, il me semble qu'elle devrait bien donner ce volume entier en traduction. Qu'en pensez-vous ? Monsieur Gallimard m'a fait parvenir l'article de Massis dans la *Revue universelle*. J'en ai été écœuré. Ça cadre bien avec l'intolérance croissante dont nous menace le « réveil catholique », qui paraît moins un renouveau du christianisme qu'une recrudescence du fanatisme le plus étroit et le plus méchant. Mais il y a autre chose. C'est une déclaration de guerre, à peine masquée, mais on la sent sourde [sic *pour lourde*] de menaces d'autant plus odieuses que Massis donne à entendre qu'au fond du débat il y a une rupture personnelle. Je suis malheureusement trop peu en mesure de pouvoir me faire une idée exacte de la situation littéraire à Paris. Je vous serais d'autant plus reconnaissant si vous vouliez un jour me dire comment le public et les revues ont accueilli les *Morceaux choisis*. Est-ce que la malveillante hostilité de Massis, pleine de sous-entendus, est une exception ou bien donne-t-elle le ton général[100] ? Avez-vous plus accru le nombre de vos amis ou celui de vos ennemis ? Et quelle conclusion en tirer pour la direction future de votre travail et la route à choisir ? Vous devriez pourtant avoir pour vous les néoclassiques, les gens de la *Revue critique* par exemple[101] ? En observant les choses du dehors, on se demande quand viendra le moment où les directions de *La NRF* se seront *imposées* au public lettré en France. Comment se montrent à leur égard les « pouvoirs constitués » de la littérature officielle ? Le triomphe définitif de *La NRF* serait un événement très important dans la « politique intellectuelle » de la France – et de l'Europe. Car justement pour les questions de cosmopolitisme littéraire – que vous avez soulevées dans votre article de novembre – il faudrait que nous autres nous pussions faire accepter l'attitude de *La NRF* – et partant, la vôtre, sous tous les rapports – comme image *authentique* de la France, et de la meilleure

---

100 Déjà copieusement accusé avant-guerre de corrompre la jeunesse, Gide, malgré ses positions durant le conflit, se voit de nouveau attaqué au début des années 1920. Massis ne mâche pas ses mots, qui voit en lui une incarnation du Diable. Voir Frank Lestringant, *André Gide l'inquiéteur*, T. II : *Le Sel de la terre ou l'inquiétude assumée*, Paris, Flammarion, 2012, p. 103-115.

101 *La Revue critique des idées et des livres*, créée en 1908 par Jean Rivain et Eugène Marsan, porte-parole de l'école néoclassique et du nationalisme littéraire. Si elle fut proche de Maurras à ses débuts, elle s'en éloigne après la guerre. Elle s'éteindra avec le n° 222 (mars-mai 1924).

France[102]. – J'ai déjà eu des démêlés épistolaires à propos de votre article avec des fervents allemands de R[omain] Rolland, qui voulaient protester publiquement contre votre politique intellectuelle au nom des « purs » de l'internationalisme. Je crois que grâce à mon intervention il n'en sera rien. Tout cela entre nous seulement.

Je vous demande bien pardon de vous importuner de mes réflexions. Mais c'est que ces choses me tiennent à cœur. Ce sont des sujets et des méditations qui ne me quittent pas et qui, vous le comprenez, sont pour moi d'une grande importance, aussi longtemps que je tiens à garder le rôle – assez modeste, je le sais bien – d'intermédiaire intellectuel entre nos deux pays. Rôle qui n'est pas facile – ni matériellement (à cause de l'ignorance forcée où me réduit l'impossibilité de me procurer tous les livres et revues dont j'aurais besoin) ; – ni moralement (à cause des attaques des extrémistes de droite et de gauche, et cela des deux pays).

Je suis en train de terminer une assez longue étude sur Proust qui doit paraître au *Neue Merkur*. Chose difficile que de le présenter aux lecteurs allemands. Mais pour moi ç'a été une véritable jouissance de pénétrer dans cette œuvre si touffue, si dense, si surprenante – et si pleine de traits perspicaces[103]. En attendant, j'adore Mme de Guermantes. Quelle bonne chose que d'avoir assisté à son dîner. Elle et S[ain]t-Loup sont « parfaitement » (comme dirait Albertine) délicieux. Et Swann aussi, je l'aime beaucoup. Tandis que M. de Charlus m'est plutôt antipathique. Mais je n'en finirais pas si je me laissais aller à bavarder sur tout ce monde séduisant et parfois déroutant.

---

102 Après la Première Guerre, Jacques Rivière, alors directeur de *La NRF*, était d'avis que la revue devait s'ouvrir à des considérations politiques et économiques, position que Gide ne partageait pas, tout comme son attitude hostile, en tant qu'ancien prisonnier de guerre, à l'égard de l'Allemagne. On lira à ce sujet la déclaration liminaire de Rivière dans le n° 69 (1er juin 1919) ainsi que les « Réflexions sur l'Allemagne » de Gide (annexe I). À ce titre, l'article du 1er novembre 1921 sur « Les rapports intellectuels entre la France et l'Allemagne » offre un complément important (annexe IV). Nous renvoyons à Alban Cerisier, *Une histoire de* La NRF, Paris, Gallimard, 2009.

103 « Marcel Proust » est paru dans le *Neue Merkur* de février 1922 (5e année, n° XI, p. 745-761). Repris et augmenté dans *Französischer Geist in neuen Europa* (1925), puis dans *Marcel Proust* (1928). Curtius fait preuve d'un constant enthousiasme pour les œuvres des écrivains de son panthéon, en insistant sur une visée organique. Voici en guise d'exemple un extrait de son article du *Neuer Merkur* de février 1922 (reproduit dans *La NRF* de juillet 1922, p. 125) : « Proust demande au lecteur un assouplissement et une réadaptation de son appareil de perception esthétique, une tension élastique, qui exige d'abord un déploiement d'énergie, mais qui ensuite – comme une série d'exercices musculaires – produit une vitalisation bienfaisante de tout l'organisme. »

Je vais faire paraître un petit article sur quelques nouveaux livres français que le *Tagebuch* m'a demandé. J'y ai mentionné tous ceux que j'ai reçus dans ces derniers temps de la part des auteurs[104]. Malheureusement l'article était déjà envoyé à la rédaction quand m'est parvenu *Suzanne et le Pacifique*, qui me charme à ce moment. – J'ai aussi reçu quelques *Propos* d'Alain dont je vais parler aux lecteurs de la *Gazette de Francfort*. Pourvu qu'elle consente[105]. Car les journaux et revues ne tiennent pas à faire une place très grande aux choses de France. En même temps doit paraître de moi un article sur Flaubert[106]. Et avec tout cela je prépare un livre sur Balzac. – Pour écrire quelques pages sur les *Morceaux choisis* j'attendrai le repos des vacances de Noël. J'ai besoin de recueillement et de tranquillité pour parler de vous.

Monsieur Bertaux[107] m'a écrit que vous étiez parti pour Rome. Combien je vous envie. Je me rends bien compte que le contenu de cette lettre doit sembler bien négligeable, lu là-bas. Quand reviendrez-vous ? J'espère que l'année qui va commencer m'apportera une nouvelle rencontre avec vous. Puisse-t-elle vous apporter de nouvelles réalisations et un rayonnement toujours plus intense et qui fasse triompher votre œuvre sur les esprits grincheux et méchants.

Veuillez recevoir, cher Monsieur Gide, l'expression de mes sentiments tout dévoués.

Ernst Robert Curtius

---

104 « Neue französische Bücher », *Tagebuch*, 10 décembre 1921, reproduit dans Stefan Grossmann (éd.), *Das Tagebuch. Berlin 1921*, Königstein, Athenäum Verlag, 1981, p. 1513-1516.

105 L'article, intitulé « Alains Tagebuch », parut en effet dans la *Frankfurter Zeitung* du 10 février 1922 (p. 1).

106 « Flaubert », *Hannoverscher Kurier*, 12 décembre 1921.

107 Professeur d'allemand et collaborateur régulier de *La NRF* depuis 1911 sur la littérature germanique, Félix Bertaux (1881-1948) est bien connu pour ses liens avec les frères Mann, Heinrich et Thomas. Il soutient activement Gide dans son entreprise de rapprochement avec des personnalités allemandes. Il publiera en décembre 1922, dans *La Revue de Genève*, une étude sur son œuvre. Voir *Correspondance André Gide-Félix Bertaux, 1911-1948*, éd. Claude Foucart, Lyon, Centre d'études gidiennes, Université Lumière (Lyon II), 1995. Quant aux liens entre Bertaux et Curtius, ils devinrent difficiles à la suite du compte rendu sur *Tonio Kröger* et *Felix Krull* que le premier fit paraître dans le numéro d'août 1924 de *La NRF* (p. 253-255). Dans une lettre adressée à Charles Du Bos le 3 août 1924, Curtius qualifie les propos de Bertaux d'« impossibles », à tel point qu'ils « compromettent » la revue (*DFG*, p. 195). Il lui reproche de ne pas saisir la finesse et l'humour de Thomas Mann et de parler de l'Allemagne comme d'une région peu explorée de l'Afrique centrale.

P.S. J'ai affronté le risque d'écrire en français, cette fois : seulement pour vous rendre la lecture moins fatigante. Mais je crains d'autant plus de vous avoir choqué par mon maniement défectueux de la langue.

[*En marge de la première page, de la main de Gide :*]
Blei – Rilke / St[*efan*] George – Kassner

27. ANDRÉ GIDE À ERNST ROBERT CURTIUS

[*Paris, lundi*] 19 décembre [*19*]21
(*Nouvelle Revue française*
3 rue de Grenelle)

Mon cher Curtius
Je lis votre lettre avec l'intérêt le plus vif. Et la communique à Jacques Rivière et Félix Bertaux. Oui, tout ce que vous dites au sujet de *La NRF* et du rôle qu'elle devrait prendre, qu'il serait souhaitable qu'elle prît... tout cela, c'est bien ce que je pense, ce que nous pensons nous-mêmes. Mais on n'écoute, (on *n'entend* du moins) aujourd'hui que les *partis* ; et nous nous refusons à en être un. Le rôle d'arbitre que nous avons assumé dès le premier jour est insupportable aux « partis » précisément. L'extrême droite et l'extrême gauche se rencontrent et se réconcilient sur notre dos – et c'est par là que j'ai pu dire : les extrêmes me touchent[108]. Mais je vois bien qu'en Allemagne votre article a soulevé le même genre de protestations et d'indignations. Néanmoins (et ceci a achevé d'exaspérer l'Action française) *La Nouvelle Revue française* a été déclarée récemment la meilleure et la plus significative des revues françaises (et ceci dans la *Revue des Deux Mondes*), par Gustave Lanson qui occupe ici une place considérable (je ne sais pas bien quel est son titre officiel) à la Sorbonne et dans l'enseignement[109].

---

108 Cette formule était placée en épigraphe de ses *Morceaux choisis*.
109 Professeur de littérature française à la Sorbonne où il est titulaire de la chaire d'éloquence française, mais aussi directeur de l'École normale supérieure, Gustave Lanson (1857-1934) est un intellectuel très respecté, théoricien de l'histoire littéraire. « En dix ans, Lanson est devenu la littérature à l'Université, "le patron du français", dira Péguy, comme Durkheim

L'article de Massis qui vous a été communiqué a donné le *la* ; je suis déchiré, roué, rossé de toutes parts ; c'est un concert d'aboiements contre moi. Il y en a d'inouïs : « Le scandale intellectuel et moral le plus *impuni* de ce siècle » déclare une importante revue catholique[110] (qui annonce, entre parenthèses, que vous venez de vous convertir au catholicisme[111] ? ?). C'est très exaltant. Et tout cela me vaut de brûlantes déclarations d'amitié et d'admiration. J'aurais payé ma « presse » que je ne l'aurais pas différente. Ils sentent, les uns et les autres, que je deviens « un danger public » !! Et je n'ai encore presque rien dit ! Que sera-ce... ?

Comme vous êtes coquet, mon cher Curtius, de vous excuser pour les fautes et incorrections de votre français... Je n'en ai pu découvrir une seule ! et je ne dis pas seulement de grammaire ou de syntaxe, mais même de tact ou de goût le plus subtil. Ceux à qui j'ai montré votre lettre sont, comme moi, dans *l'admiration*.

[en marge de la première page :]
Au revoir. Pouvez-vous m'envoyer l'adresse de Kassner[112] ? de Stefan George, de Blei ? et de Thomas Mann ? Je voudrais leur envoyer mon livre.
Bien cordialement votre

André Gide

---

est la sociologie [...] », exemple de l'« extraordinaire assimilation d'une discipline à un homme » (Antoine Compagnon, *La Troisième République des lettres. De Flaubert à Proust*, Paris, Seuil, 1983, p. 45). L'article dont il est question (« Réflexions d'un vieux critique sur la jeune littérature », *Revue des Deux Mondes*, 1er décembre 1921, p. 561-579, plus particulièrement p. 571) sera peu après transmis par Gide à Curtius (voir plus bas, lettre 35).

110 Formule de René Johannet à propos de l'œuvre de Gide dans « L'Allemagne et nous », *La Revue française*, décembre 1921, p. 934. C'est Gide qui souligne.

111 Voir plus bas, lettre 73. Curtius défendait un christianisme très ouvert, en lien avec l'enracinement européen de cette religion. Sur le tard, il montra une certaine affinité avec l'Église anglicane.

112 L'intellectuel autrichien Rudolf Kassner (1873-1959) a rencontré Gide au tout début du siècle par l'intermédiaire de son beau-frère Marcel Drouin. Il a traduit de lui *Philoctète* en allemand.

28. ERNST ROBERT CURTIUS À ANDRÉ GIDE

Marburg, [*jeudi*] 22 décembre [*19*]21

Cher Monsieur Gide

Merci de votre charmante lettre qui m'a procuré un vif plaisir. Tout ce que vous me dites sur la situation de *La NRF* m'intéresse au plus haut degré. Une mention bienveillante de M. Lanson (qui m'a accordé une audience quand je travaillais à Paris… qu'il y a longtemps de cela !) équivaut à un brevet officiel, et je vous en félicite ! Vous êtes pour moi – vu la disette presque absolue de périodiques français à laquelle je suis condamné – le plus précieux des gazettiers.

Quant aux adresses que vous me demandez, les voici :
Rudolf Kassner
p. adr. Inselverlag
Leipzig
Stefan George
p. adr. Georg Bondi Verlag
Berlin W 62
Franz Blei, Karl-Theodorstr. 14 a
Munich
Thomas Mann, Poschingerstr. 1
Munich

En outre, je crois qu'il serait important d'envoyer un exempl[*air*]e à la rédaction de
1. *Die Neue Rundschau*
Berlin W
Bülowstr. 90
2. *Der Neue Merkur*
Theresienstr. 12
Munich
Feuilleton-Redaktion
3. der *Frankfurter Zeitung*
Francfort-sur-le-Main
4. *Berliner Tageblatt*

Berlin
5. *Vossische Zeitung*, Berlin

E R Curtius

[*en haut de la première page :*]
La nouvelle de ma conversion au catholicisme est absolument
controuvée.

[*en marge de la deuxième page à droite :*]
Je continue d'écrire en français puisque vous me dites des choses si
flatteuses sur mon style. J'en déduis ce que vous inspire votre bienveillance.

[*en marge de la deuxième page à gauche :*]
La lettre ci-incluse vous intéressera peut-être[113]. Je vous écrirai plus longuement pendant les vacances. Recevez, cher Monsieur Gide, l'expression
de mes sentiments tout dévoués.

[*en bas de la deuxième page, au crayon, de la main de Gide :*]
Zoum Vanden Eeckhoudt[114]

29. ERNST ROBERT CURTIUS À ANDRÉ GIDE

[*Marburg ?, mercredi*] 28 décembre [*19*]21

Cher Monsieur Gide
Rien qu'un mot aujourd'hui pour vous prier d'envoyer les *Morceaux
choisis* à M. Stefan Zweig, Kapuzinerberg 5, Salzburg (Autriche). C'est
un critique viennois très renseigné et très fin. Il a publié des ouvrages
sur Verhaeren, sur Marceline Desbordes-Valmore et sur Romain Rolland
qui lui ont acquis une grande réputation. Je crois que jusqu'ici il connaît

---

113 Nous ne savons pas de quelle lettre il s'agit.
114 Julienne (dite Zoum) Vanden Eeckhoudt (1902-1974) est la fille du peintre Jean Vanden
     Eeckhoudt, ami des Bussy, qui habite Bruxelles. Gide lui donna des leçons de piano à
     La Souco en mars 1921.

peu vos écrits et qu'il a eu des préventions de l'ordre internationaliste. Mais je sais qu'il aurait beaucoup de plaisir à connaître les *Morceaux choisis*. Et s'il découvre votre véritable pensée, ça peut donner un résultat aucunement négligeable. Je lui écrirai encore à ce sujet[115].

Je suis en train d'écrire un article sur les *Morceaux choisis*, que la *Gazette de Francfort* va publier[116]. Puisse-t-il trouver votre approbation.

Est-ce que la presse n'a encore donné aucune appréciation juste et sympathique ? Est-ce qu'on s'acharne toujours sur vous ? Je vous assure que de pareils procédés seraient impossibles en Allemagne. (La Réforme a pourtant eu du bon !) On se ferait honneur de suivre l'évolution d'un grand écrivain. Qu'est donc devenu le goût français, la liberté d'esprit, *l'intelligence* ? Votre « cas » donne une idée bien peu favorable de l'état d'esprit en France. Attendons toutefois comment les choses vont tourner. Ce sera une pierre de touche. Il semble qu'en France il faille flatter le public sous peine d'être lapidé. Sous ce rapport votre cas présente quelque analogie avec celui de R[omain] Rolland[117].

Et que font vos amis – Ghéon par exemple qui, lui, est aussi catholique ?

Assez pour aujourd'hui. Il ne me reste que de vous offrir mes meilleurs vœux de nouvel an avec mes sentiments tout dévoués.

E R Curtius

[*au bas de la page, de la main de Gide :*]
Lorentz Eckhoff

---

115 À cette époque, l'Autrichien Stefan Zweig (1881-1942), auteur d'une œuvre qui s'avérera éclectique, a traduit des poèmes d'Émile Verhaeren, dont il a également rédigé une biographie (1910), a écrit un essai sur Romain Rolland (*Romain Rolland : der Mann und das Werk*, 1921), qui l'a fortement influencé dès sa rencontre en 1910 et avec lequel il a noué une solide amitié, ainsi que sur la poétesse Marceline Desbordes-Valmore (*Marceline Desbordes-Valmore. Das Lebensbild einer Dichterin*, 1920). Il remerciera Gide pour son envoi dans un courrier daté du 20 février 1922 (*BAAG*, n° 46, p. 257-259), et y exposera ses points de divergence quant à l'article de celui-ci sur les relations franco-allemandes. Encore procommuniste, Zweig ne voit pas l'intérêt d'un rapprochement officiel intellectuel, et préfère laisser les œuvres dépasser les nationalismes.
116 L'article sera finalement publié par la *Neue Rundschau* (voir plus bas, lettre 31).
117 Curtius fait sans doute ici allusion à Henri Massis. À partir d'une approche traditionaliste de la littérature, celui-ci put ainsi éreinter ce qu'entreprenait *La NRF*, mais aussi des revues comme *Clarté* ou *Europe*, proches de Romain Rolland. Massis faisait feu de tout bois et s'en prit encore à Georges Duhamel, à Julien Benda et plus tard à Marcel Proust…

c/o Steenske Forlag
Kristiania
Norvège[118]

30. ANDRÉ GIDE À ERNST ROBERT CURTIUS

[*Paris ?, samedi*] 4 février [*1922*]

Cher Monsieur Curtius

Bien du temps a passé depuis notre dernier échange de lettres. Mais si vous avez lu le numéro de février de *La Nouvelle Revue française*, vous y aurez pu voir que j'ai pensé à vous[119]. Ma protestation, contre les mésinterprétations de votre pensée que vous me signaliez dans votre dernière lettre, n'a pas été sans m'attirer quelque ennui – car il se découvre que l'article auquel vous faites allusion (et que je ne connaissais que par votre lettre) n'est pas de Massis, comme votre lettre me le faisait croire, mais de *Johannet* – ce même Johannet qui me signalait dernièrement comme « le scandale littéraire et moral le plus impuni de ce siècle[120] » ! De sorte que ma protestation porte un peu à faux et que je vais devoir faire une « rectification » dans notre prochain numéro. N'importe ! Ne voyez dans mon petit article que l'intention, et puissiez-vous y reconnaître ma bonne volonté. Persuadez-vous que nous sommes en France un petit nombre d'esprits avertis – à la fois profondément Français, mais consternés et révoltés par la politique actuelle et par les clameurs des journaux qui couvrent (pour un temps) la voix des... honnêtes gens. Je commence à croire que *La NRF* est appelée à jouer un rôle important dans cette affaire : suivez-la bien.

Ne trouvez-vous pas remarquables les quelques pages de Jacques Rivière sur « Dostoïevski et l'insondable » ? – Je prépare une série de

---

118 Gide reçoit peu de temps après une lettre du professeur Lorentz Julius Holtermann Eckhoff (1884-1974), universitaire norvégien spécialiste des littératures anglaise et française, au sujet de ses *Morceaux choisis*.
119 Gide y donne un nouvel article intitulé « La question des rapports intellectuels avec l'Allemagne » (*La NRF*, 1ᵉʳ février 1922, n° 101, p. 238-240).
120 Voir plus haut, lettre 27.

causeries sur Dostoïevski, auxquelles j'attache une grande importance, car je me promets de dire, autorisé et abrité par lui, une série de choses qui me tiennent particulièrement à cœur et que jusqu'à présent je n'osais et ne savais pas dire en mon nom propre. Sans doute ces « causeries » paraîtront-elles, par la suite, en revue et en volume ; j'aurai soin de vous les faire avoir[121].

J'ai reçu de Thomas Mann une longue lettre qui m'a fait un sensible plaisir (son écriture est terriblement difficile à déchiffrer et j'ai dû appeler plusieurs amis à la rescousse) ; je ne lui ai pas encore répondu, attendant pour le faire d'avoir pris connaissance de son article du *Neue Merkur*, que je n'ai reçu qu'hier[122].

Vous me parliez de Léon Bloy, dans une lettre précédente. C'est en effet un curieux esprit et *presque* un grand écrivain. Il est plus *latin* que français (dans sa langue) et je souffre parfois chez lui d'une certaine affectation, complaisance pour son personnage ; il aime à être comme il est, et se simplifie à plaisir. Mais c'est un spécimen intéressant de ce que peut produire le catholicisme. Je vous recommande particulièrement son petit ouvrage sur Hello (celui-ci était profondément sincère, et les lettres de lui que cite Bloy sont pathétiques et admirables) – cela

---

121 Le début de cette livraison de *La NRF* est consacré à l'écrivain russe : André Gide, « Dostoïevski » (p. 129-133) ; Jacques Rivière, « De Dostoïevski et de l'insondable » (p. 175-178), un article de Léon Chestov (voir plus bas, lettre 33) et deux lettres. – Gide est très attaché à cet auteur, sur lequel il a déjà écrit, et dans lequel, en ces années, il trouve un « prototype des régions obscures de l'homme » (Pierre Masson, dans *Dictionnaire Gide*, Paris, Classiques Garnier, 2011, p. 127). Jacques Copeau, qui a mis en scène une adaptation des *Frères Karamazov* en 1911 sur ses conseils, lui a demandé d'intervenir à l'occasion du centenaire de Dostoïevski, ce qu'il a fait le 24 décembre 1921. À l'issue de cette conférence, Gide décide de préparer un cycle de six « causeries ». En sera tirée une publication, dont il écrira le 22 avril 1922 : « Mais tout ce que je trouve le moyen de dire à travers Dostoïevski et à l'occasion de lui, me tient à cœur et j'y attache une grande importance. Ce sera, tout autant qu'un livre de critique, un livre de confessions, pour qui sait lire ; ou plutôt : une profession de foi » (*J*, I, p. 1175).

122 Thomas Mann a souhaité répondre à l'article de Gide sur les rapports franco-allemands paru fin 1921 dans *La NRF* : « Das Problem der deutsch-französischen Beziehungen », *Der Neue Merkur*, 5ᵉ année, nº X, janvier 1922, p. 649-666. Il lui a envoyé une lettre datée du 21 janvier 1922 (reproduite dans Thomas Mann, *Lettres 1889-1936*, Paris, Gallimard, 1966, p. 243-244), dans laquelle il le remercie de l'envoi des *Morceaux choisis* et lui exprime son admiration pour cette « manifestation humaine ». Aussi, il loue les « éminents mérites » du livre, qu'il définit de « délectation intellectuelle ». Il cite en particulier la « lettre sur Nietzsche » qu'il comprend comme un bel exemple d'entente « franco-allemande ». Il clame son admiration aux réflexions de Gide sur l'Allemagne et la France. Enfin, il fait référence à Curtius en évoquant leur ami commun, Ernst Bertram.

s'appelle *Ici on assassine les grands hommes*. Si vous ne pouvez le trouver, je vous l'apporterai à notre prochain revoir. – Et naturellement vous connaissez tous les volumes de son *Journal* (*Mendiant ingrat*; *Cochons-sur-Marne*; etc.[123]).

Je suis bien désireux de vous revoir – et voudrais vous revoir en Allemagne; peut-être me déciderai-je à y aller au printemps, après les représentations de *Saül*[124] et un temps de retraite à Cuverville.

Croyez à ma profonde et bien cordiale attention.

André Gide

J'ai pu obtenir du gouvernement français l'autorisation de transfert des restes du jeune Otto Braun, et ai averti la famille aussitôt.

31. ERNST ROBERT CURTIUS À ANDRÉ GIDE[125]

Marburg, [*dimanche*] 12 février [*19*]22

Cher Monsieur Gide

Certes, cette lettre est très pressée – et pour cette raison rédigée en allemand – mais tout de même, je vous remercie très cordialement de votre lettre et de votre notice dans *La NRF*. L'une et l'autre ne sont arrivées qu'aujourd'hui – à cause de la grève des chemins de fer. Toutes

---

123 Si, en 1905, Gide désirait écrire un article sur Léon Bloy (1846-1917), car « il me semble que personne n'a encore parlé de lui comme il faut » (*J*, I, p. 466), il ne l'a manifestement jamais fait. La publication du journal de cet écrivain à tendance mystique s'étale sur plus de vingt ans, avec *Le Mendiant ingrat* (Bruxelles, Edmond Deman, 1898), puis, tous édités par le Mercure de France, *Mon journal* (1904), *Quatre ans de captivité à Cochons-sur-Marne* (1905), *L'Invendable* (1909), *Le Vieux de la montagne* (1911), *Le Pèlerin de l'absolu* (1914), *Au seuil de l'Apocalypse* (1906), et *La Porte des humbles* (1920). Quant à *Ici on assassine les grands hommes*, bref essai consacré à l'essayiste Ernest Hello, il fut publié dans la revue du *Mercure de France* (n° 60, décembre 1894), puis en volume l'année suivante.

124 Voir plus haut, lettre 8, n. 35. Mise en scène : Jacques Copeau ; décors : Duncan Grant / musique : Arthur Honegger. Avec Jacques Copeau dans le rôle de Saül, Blanche Albane dans celui de la sorcière et Louis Jouvet dans celui du grand-prêtre. Première le 16 juin 1922, spectacle joué jusqu'au 8 juillet.

125 Lettre originale en allemand.

deux m'ont rendu content et fier. Je vous remercie pour votre courageux engagement. J'ai le sentiment qu'une nouvelle ère commence, une ère de la raison européenne et des bonnes manières. *La NRF* peut jouer et jouera un rôle prépondérant sous votre influence – elle va devenir un salon, où les « honnêtes gens » d'Europe vont pouvoir se rencontrer.

Mon étude sur les *Morceaux choisis* vient d'être acceptée par la *Neue Rundschau* et paraîtra dans un de ses prochains numéros. Vous y trouverez le reflet de nos entretiens de Colpach[126]. Le *Neue Merkur* et la *Neue Rundschau*[127] sont les deux principaux périodiques et ainsi, toute l'élite intellectuelle d'Allemagne aura une idée de votre œuvre.

Je regrette beaucoup d'avoir confondu Massis et Johannet et que cela vous ait causé des désagréments – il devait s'agir d'un *slip of the pen*[128] de mon côté.

Rivière est somptueux sur Dostoïevski. Et pareillement, tout le numéro dans son ensemble. Thibaudet, sur Mallarmé et Rimbaud, est également fort bon. Dans les dernières semaines, je lisais ces deux poètes avec mes étudiants et vais leur transmettre l'article de Thibaudet[129]. Je me réjouis tout particulièrement de recevoir votre *Dostoïevski*. Ces derniers temps justement, j'ai lu *Les Possédés*.

Mes étudiants lisent maintenant vos livres avec des yeux brillants. Cela vous ferait plaisir. L'un d'eux prépare un mémoire sur le classicisme chez Baudelaire. Avec une joie grandissante, ils lisent à présent aussi Racine et Pascal. La « conversion à l'Est » est sans doute le fait dominant de la jeunesse allemande – mais comme en Russie, nous avons également des « gens de l'Ouest » et je cherche toujours à souligner la

---

126 « Über André Gide », *Neue Rundschau*, mai 1922, p. 528ss.
127 Fondée par Samuel Fischer en 1890, la revue *Die Neue Rundschau*, dont le nouveau rédacteur en chef était Rudolf Kayser (1889-1964), jouissait d'une grande réputation en matière culturelle autant que politique et défendait l'idée d'une unité de la culture européenne. Voir François Beilecke, « Échanges entre les esprits français et allemands. La revue berlinoise *Die Neue Rundschau* et la vie culturelle française à l'époque de la République de Weimar », dans Hans Manfred Bock et Gilbert Krebs (éds), *Échanges culturels et relations diplomatiques. Présences françaises à Berlin au temps de la République de Weimar*, Asnières, PIA, 2004, p. 229-242, ici p. 241 : « Kayser a cherché très tôt à transformer la *Neue Rundschau* en plateforme pour les efforts de rapprochement entre la France et l'Allemagne. [...] Kayser se sentait solidaire des efforts du cercle autour de *La NRF* en faveur d'un rapprochement franco-allemand. »
128 « Un glissement de la plume », soit « un *lapsus calami* » (comme Curtius l'écrit à Massis, voir lettre suivante).
129 Albert Thibaudet, « Mallarmé et Rimbaud », *La NRF*, février 1922, n° 101, p. 199-206.

tradition antique, humaniste et romane et oblige mes étudiants à lire Virgile et Dante[130].

Ce serait très bien s'il vous était possible de venir en Allemagne ce printemps. Toutefois, je ne serai libre que jusqu'à la fin avril. À partir de ce moment, les cours commenceront et je serai alors enchaîné.

Thomas Mann m'a écrit des choses pleines d'admiration pour les *Morceaux choisis* et cela lui fera sûrement grand plaisir si vous lui écrivez.

Ce que vous avez fait pour Otto Braun m'a beaucoup ému.

J'espère que je pourrai vous écrire bientôt davantage dans le calme.

Pour aujourd'hui, recevez encore une fois des remerciements cordiaux

de votre sincèrement dévoué.

E R Curtius

32. ERNST ROBERT CURTIUS À ANDRÉ GIDE[131]

Marburg, [*mercredi*] 15 février [*19*]22

Très cher Monsieur Gide

Je vous informe que j'ai reçu hier une lettre de Massis, qui me demande si vous aviez transcrit fidèlement ma lettre et si c'était *moi* qui avais mis son nom au lieu de celui de Johannet. J'ai répondu par l'affirmative et lui ai écrit qu'il devait s'agir d'un *lapsus calami* que je regrettais sincèrement.

Au même moment un Français, proche de l'Action française, m'écrit : « Je vous reprocherai d'être la dupe d'André Gide. C'est un grand écrivain dont *La Porte étroite* et *Le Roi Candaule* figureront, j'en suis sûr, parmi les

---

130 Position que Curtius va développer dans son ouvrage monumental, *La Littérature européenne et le Moyen Âge latin* (1948). Si Andrée Thill fait commencer son propos avec l'article publié par Curtius en 1930 dans ses *Kritische Essays*, cette lettre prouve l'intérêt bien antérieur de Curtius pour Virgile en particulier : « Le réveil de Virgile par Dante est un arc de feu qui relie deux grandes âmes. La traduction de l'esprit européen ne connaît pas de situation qui ait autant de grandeur, de délicatesse, de fécondité. Par cette rencontre se trouve scellée l'union que le Moyen Âge a établie entre le monde antique et la modernité. » Voir Andrée Thill, « L'image de Virgile chez Curtius », dans *Ernst Robert Curtius et l'idée d'Europe, op. cit.*, p. 47-56.

131 Lettre originale en allemand, excepté la citation en français.

chefs-d'œuvre de notre langue, mais il traîne une déplorable séquelle... Il a un goût sûr, un jugement plutôt trop sévère, mais une tendance à être curieux de difformité. C'est bien là la véritable perversité de Gide qui a fait écrire tant de sottises. De là cette cour des miracles dont il s'entoure et que *La NRF* tombe [*sic*] jusqu'à Drieu La Rochelle. Vous étudiez ces gens-là, vous les comprenez fort bien, mais vous vous *accoutumez à eux* et vous ne vous rendez plus compte qu'ils sont difformes. Ainsi Proust, une préciosité répugnante... Je veux seulement vous donner le conseil d'être un peu plus *inactuel*. »

Ces avertissements et conseils vont vous amuser tout autant que moi.

J'ai eu le plaisir de recevoir quelques nouveaux volumes avec des dédicaces de Romains, Hamp, Drieu La Rochelle, Jacob. En particulier, *Les Copains*[132] m'ont bien diverti.

Avec mes cordiales salutations

Vôtre constamment

E R Curtius

33. ERNST ROBERT CURTIUS À ANDRÉ GIDE

Marburg, [*vendredi*] 17 février [*19*]22

Cher Monsieur Gide

Seriez-vous disposé à apporter votre concours à une tentative de véritable « européanisme » ? Thomas Mann ainsi que M. Würzbach, initiateur de l'entreprise, me prient de vous soumettre le plan (ci-inclus) d'une « société Nietzsche » qui se propose de réunir les « bons Européens » éminents de tous les pays dans un but purement spirituel et en excluant formellement tout point de vue politique[133]. Il s'agit

---

132 Jules Romains, *Les Copains*, Paris, E. Figuière et Cie, 1913.
133 Spécialiste de Nietzsche, coéditeur de ses *Œuvres complètes* aux Éditions Musarion avec Richard et Max Oehler, Friedrich Würzbach (1886-1961) va fonder avec sa femme, Dolly Würzbach, la « Société Nietzsche » à Munich, en 1919. Elle se comprend en tant que société savante apolitique mais animée d'un esprit véritablement européen dans le sens nietzschéen. Comme le montre un document du 28 août 1922, le comité était alors

d'abord de constituer le comité directeur, dont feront partie Ernst Bertram (auteur de l'excellent *Nietzsche* paru il y a deux ou trois ans, poète et critique très distingué), Thomas Mann, Wölfflin (professeur à Munich, maître incontesté de l'histoire de l'art, disciple de Burckhardt), R. Oehler (neveu de Nietzsche, attaché au Nietzsche-Archiv). On serait très heureux si vous vouliez accepter d'être membre de ce comité. On va s'adresser, pour l'Italie, à Croce. Je suis personnellement très lié avec Bertram, je connais de même assez bien Thomas Mann et Oehler (qui est un charmant garçon) et je connais Wölfflin par ses admirables livres et aussi pour avoir suivi dans le temps ses cours avec ferveur et pour l'avoir rencontré quelques fois dans le monde. Ces noms me semblent une garantie tout à fait sûre de la valeur et de l'importance du projet[134]. Votre adhésion – inutile d'insister là-dessus – en augmenterait singulièrement la portée. L'idée de solliciter votre appui a surgi spontanément à Munich, du moins j'y suis étranger. Mais je n'ai pas besoin de vous dire combien je serais heureux si vous pouviez vous décider à accepter le *membership* (quel est le mot français équivalent?) du comité. Thomas Mann vient de me charger spécialement de me faire l'interprète auprès

---

constitué par Ernst Bertram, Léon Chestov, Charles Du Bos, Hugo von Hofmannsthal, Thomas Mann, Richard Oehler, Heinrich Wölfflin et Friedrich Würzbach. La société comptait 90 membres fondateurs. En 1922, Gide, travaillant aux *Faux-Monnayeurs* et reprenant *Si le grain ne meurt*, ne devait pas avoir envie de s'engager. Par la suite, Würzbach dénonça les falsifications de la sœur de Nietzsche, Elisabeth Förster-Nietzsche, qui avait sympathisé avec Mussolini et, surtout, Hitler. Ce n'est sans doute pas par hasard que la Gestapo interdit, le 13 mars 1943, l'existence de la société, jeta Würzbach en prison et saisit les archives et la bibliothèque, introuvables depuis. Voir Max Werner Vogel, « Chronik des Nietzsche-Kreises. Versuch einer Rekonstruktion », dans Alois K. Soller et Beatrix Vogel (dirs), *Chronik des Nietzsche-Kreises München. Vorträge aus den Jahren 1990-1998*, Neuried, Ars Una, 1999, p. 23-37. Würzbach fut invité à Pontigny en 1926, où il fit une communication sur Nietzsche (*CPD*, I, p. 267). Voir plus bas, lettre 39, n. 153.

134 L'historien de l'art suisse Heinrich Wölfflin (1864-1945) est connu pour son ouvrage *Principes fondamentaux de l'histoire de l'art* publié en 1915, étude qui renouvelait entièrement la vision de l'art baroque en proposant une approche formelle révolutionnaire fondée sur la perception, et qui eut un grand écho dans le champ littéraire. – Lev Shestov (Léon Chestov, 1866-1938), critique littéraire et philosophe russe en exil depuis 1920, a écrit deux livres sur Nietzsche. En février 1922, un important extrait de son article sur Dostoïevski (« Преодоление самоочевидностей » [« Le dépassement des évidences »]) est publié sous le titre « Dostoïevski et la lutte contre les évidences » dans le numéro de *La NRF* consacré à l'écrivain (n° 101, 1er février 1922, p. 134-158). Il sera invité à Pontigny en 1923. – Neveu de Nietzsche, Richard Oehler (1878-1948) était bibliothécaire et coédita les œuvres complètes du philosophe durant les années 1920. Son frère, Max Oehler, dirigeait le Nietzsche-Archiv.

de vous du désir des fondateurs. La nouvelle « Société » n'a pas encore
fait part de sa naissance au public. Probablement nos nationalistes vont
tonitruer s'ils apprennent que des personnalités comme Thomas Mann
et Bertram (qui ont été choyés jusqu'ici par les périodiques ultra bien
que leur attitude ait parfois donné lieu à des inquiétudes et même à
des réprimandes) siègent dans un même comité avec un Français et un
Italien. Mais on laissera dire. Si vous acceptez, la cause du bon sens en
sera d'autant fortifiée. Sinon…

Mais je m'en voudrais d'insister. Je ne voudrais que *to put the case
before you*[135]. Il va sans dire que je suis toujours à votre entière disposition
pour des renseignements plus circonstanciés que vous pourriez désirer.

Veuillez croire, cher Monsieur Gide, à mes sentiments tout dévoués.

E R Curtius

P.S. Je vous envoie par le même courrier un article cueilli dans un
journal américain que je viens de recevoir grâce à l'amabilité d'un
transatlantique inconnu mais évidemment sympathique.

34. ANDRÉ GIDE À ERNST ROBERT CURTIUS

[*Paris,* ca *jeudi 23 février 1922*]

Mon cher Curtius

Je suis extrêmement sensible à la proposition que vous me transmettez
et la considère comme un grand honneur. Vous voudrez bien le dire aux
premiers fondateurs de la Nietzsche-Gesellschaft qui vous ont demandé
de me pressentir. Il va sans dire que mon nom ne peut figurer sur la liste
du comité, seul étranger avec celui de Benedetto Croce. Cette association

---

135 « Vous soumettre le projet/l'affaire ». – Nous sommes ici à un moment crucial : Curtius
a toujours œuvré pour un rapprochement réciproque des deux nations, exigeant la
compréhension de la culture de la nation voisine. L'absence d'efforts de l'une va se réper-
cuter sur l'autre ; c'est un cercle vicieux. Dans le même temps, il cherchait à conférer un
cadre institutionnel à ces démarches, et la « société Nietzsche » aurait pu devenir à ses
yeux un catalyseur de l'entente souhaitée.

ne prendra sa vraie raison d'être que si vous parvenez à grouper des représentants des autres nations que vous indiquez (et je pense également : de la Russie, de la Belgique et des pays scandinaves). Le choix de ces représentants est de la plus haute importance ; et si j'accepte, en principe, de grand cœur, je ne puis pourtant vous envoyer mon adhésion définitive avant d'être fixé sur le choix de ces représentants ; mon « oui » dépend du leur. J'attends donc une nouvelle lettre de vous qui me renseigne sur ce choix et sur les réponses que vous aurez obtenues.

Je voudrais également connaître plus exactement le *programme* de la Nietzsche-Gesellschaft. Je vois mieux ce qu'elle se propose d'être que ce qu'elle se propose de *faire*. Il est naturel, il est juste, que les représentants de la culture occidentale se rangent sous les auspices de Nietzsche, et s'occupent d'abord de lui ; mais ce comité ne prendra sa pleine signification et sa réelle importance que s'il s'occupe également des grands représentants d'autres nationalités – de Stendhal, de Dostoïevski, d'Ibsen, etc. De même (ou : autrement dit) si un pareil comité *doit* se former en Allemagne, et ne peut se former qu'en Allemagne – il ne prendra sa signification et son importance que s'il travaille à l'établissement et à l'affirmation d'un esprit occidental – et non plus allemand que français ou qu'anglais. C'est bien là du reste, si j'entends bien votre lettre et le prospectus que vous y avez joint, la pensée de ceux que vous me nommez. Une telle œuvre, bien comprise et bien menée, peut être de la plus haute importance. Veuillez, vous qui connaissez déjà mes pensées, dire aux premiers initiateurs combien je leur sais gré d'avoir songé à moi, et leur transmettre les sentiments que je vous exprimais plus haut.

Attendez-vous à ce que ce choix de mon nom (si l'affaire réussit) soit vivement critiqué en France, et même soulève des indignations. Les revues de ce mois m'apportent de nouvelles attaques, d'une violence inouïe. Cependant la première de mes conférences sur Dostoïevski (j'en dois faire six) a rencontré un accueil des plus encourageants. J'y ai beaucoup parlé de Nietzsche – et précisément, je pense, dans cet esprit qui doit être celui de la Nietzsche-Gesellschaft. Ma dernière conférence sera précisément sur la culture européenne et contre ce que les nationalistes appellent le « protectionnisme de la pensée[136] ».

---

136 C'est le 18 février 1922 que Gide inaugure, au théâtre du Vieux-Colombier, son cycle de six conférences, qu'il achèvera le 24 mars. Dans la première, il s'intéressait à l'aspect biographique et soulignait l'importance capitale de la rencontre de Dostoïevski avec

Au revoir. Vos lettres m'apportent un grand réconfort et une grande joie. Croyez-moi bien cordialement

André Gide

Kippenberg écrit à Gallimard que la traduction des *Caves* doit paraître en mai.

[*En marge de la première page* :]
J'ai lu avec un vif intérêt, et fait lire autour de moi, les articles que je vous remercie de m'avoir communiqués[137].

35. ANDRÉ GIDE À ERNST ROBERT CURTIUS

[*Paris, mardi*] 28 mars [*19*]22

Mon cher Curtius
Ne restons pas trop longtemps sans nous écrire. J'ai de vos nouvelles par Félix Bertaux, mais ça n'est pas la même chose. Je vous ai fait envoyer un numéro de la *Revue des Deux Mondes*, pour que vous y lisiez un excellent article de Lanson sur les orientations nouvelles de la jeunesse française ; je souscris à tout ce qu'il dit et ne doute pas que cela ne vous intéresse[138].
Je m'inquiète beaucoup de vous voir dépenser tant d'énergie et d'encre pour répondre aux injustes critiques des nationalistes. Vous y

---

l'Évangile, en comparant son effet sur Nietzsche, précisément. Par la suite, il convoquera de nouveau Nietzsche à plusieurs reprises, de même que William Blake, découvert à ce moment-là. Contrairement à ce qu'il écrit, sa dernière intervention n'évoquera que rapidement la culture européenne ; il y dénoncera ceux qui n'admettent rien en provenance de l'étranger, tout en précisant : « J'estime que toute prétention à la dénationalisation de l'intelligence présente [un danger] non moins grand. [...] Il n'y a pas d'auteur [Dostoïevski] qui ait été tout à la fois plus étroitement russe et plus universellement européen » (*EC*, p. 652).

137 Le courrier de Félix Bertaux à Gide du 19 février, évoqué au début de la lettre suivante (Bertaux, Gide, *Correspondance*, *op. cit.*, p. 26), permet d'en identifier un : Wilhelm Michel, « Hölderlin und die französische Rheinpolitik », *Frankfurter Zeitung*, 4 février 1922, n° 93.

138 Voir plus haut, lettre 27, n. 109.

perdrez votre sérénité et jamais ils ne vous laisseront le dernier mot, ni
n'admettront que vous puissiez avoir raison. Pour l'amour du ciel ne
vous laissez pas exaspérer par eux. *Quos vult perdere Maurras dementat*[139].
Je vous envoie une petite brochure. Elle a trait aux Entretiens de
Pontigny, dont il me semble bien vous avoir parlé à Colpach. Nous
sommes plusieurs à souhaiter vivement votre présence (et celle de Rilke)
et je ne puis croire que vous-même n'auriez pas grand intérêt et plaisir
à vous trouver parmi nous, assuré de la parfaite cordialité de tous – et
de rencontrer là diverses personnalités anglaises (sans doute Wells,
Galsworthy, Bennett et Lytton Strachey[140]), suisses, russes, italiennes
et scandinaves, etc. Nous estimons que cette réunion ne prendra sa
parfaite signification et ne sera vraiment intéressante que si l'Allemagne
est elle aussi représentée. Le programme de cette seconde décade a été
rédigé alors que nous ne croyions pas encore cela possible, et vous verrez
par l'article VIII (page 19) notre désir de faire sentir le besoin de cette
représentation ; nous pensions alors l'annoncer seulement et remettre
à l'an prochain la participation effective des éléments germains. Mais
vos articles, ceux de *La NRF* ont beaucoup travaillé les esprits et nous
pensons maintenant qu'il est inutile, imprudent même de différer
davantage. Si quelque phrase de ce programme devait gêner votre
légitime susceptibilité, Desjardins (qui organise et préside) est prêt à y
apporter telle modification qui vous paraîtrait souhaitable. Il m'a tout
spécialement chargé de vous l'écrire[141].

---

139 « Maurras rend fous ceux qu'il veut détruire. » Gide détourne ici un vers de l'*Énéide*
     (« *Quos vult perdere Jupiter dementat prius* »).
140 H.G. Wells (1866-1946) est connu pour ses romans de science-fiction – Gide a apprécié
     La Machine à explorer le temps (1895). John Galsworthy (1867-1933) et Arnold Bennett
     (1867-1931) sont tous deux des écrivains britanniques. Avec le second, Gide a échangé
     des lettres (Arnold Bennett, André Gide, *Correspondance. Vingt ans d'amitié littéraire*,
     1911-1931, éd. Linette F. Brugmans, Genève, Droz, 1964). Quant à Lytton Strachey
     (1880-1932), frère de Dorothy Bussy, il est connu pour ses critiques et ses biographies
     d'un ton très libre (*La Reine Victoria*, 1923 ; *Victoriens éminents*, 1933, etc.).
141 Les « Décades », initialement appelées « Entretiens », existent depuis 1910. Interrompues par
     la guerre, elles reprennent en 1922. Cette nouvelle édition est donc tout particulièrement
     importante : il s'agit de la 2ᵉ décade des Arts et Lettres, ayant pour sujet « Culture de la
     fierté par la fiction ». Voici le programme rédigé par le directeur, Paul Desjardins : « On
     est parti de cette vue, que la supérieure capacité de résistance, dont ont fait preuve les
     peuples libres d'Occident, tient moins à l'excellence abstraite de leurs lois qu'à la vigueur
     de leur esprit public, et que celle-ci s'est maintenue grâce à une certaine *éducation commune
     des jugements*, [...] éducation ou notion non tant inculquée dans les écoles, que circulant

J'ajoute que, étant donné le cours du change, qui pourrait vous faire craindre la dépense, nous vous prierions, vous et Rilke, de vous considérer comme nos *invités*. Personnellement, ai-je besoin de vous dire le grand plaisir que j'aurais de passer dix jours avec vous (vous voyez que ce serait du 17 août au 26) – Schlumberger, Thibaudet, Duhamel, Romains, d'autres encore, en seraient également très heureux (nous serons sans doute une trentaine). Madame Mayrisch y viendra, je pense.

J'espère d'ici là vous voir en Allemagne – si comme je l'espère, je puis me dégager et y passer le mois de juin ou de juillet.

Vous n'avez pas répondu à ma lettre au sujet du [*sic*] Nietzsche-Gesellschaft. Quoi de neuf *about that*[142] ?

Au revoir. Bien cordialement

André Gide

36. ERNST ROBERT CURTIUS À ANDRÉ GIDE

Marburg, le [*samedi*] 1ᵉʳ avril 1922

Cher Monsieur Gide

Votre bonne et charmante lettre m'a apporté un peu de soleil – d'autant plus bienfaisant que ce printemps maladif ne nous apporte cette année-ci que des bourrasques de neige et un froid sibérien. Mais « sans prendre garde à l'ouragan qui frappe mes vitres fermées[143] » je me plonge dans le travail et m'enfonce depuis des semaines dans mon *Balzac* – que je voudrais terminer cet été. C'est comme bien vous pensez la tâche la plus considérable que je me sois donnée jusqu'ici ; à dire la vérité,

---

à travers le public adulte par la douce persuasion de l'art [...]. Ainsi en Angleterre, le roman, issu du roman de chevalerie, le roman même bourgeois et comique, de Fielding à Thackeray, le roman psychologique de Meredith, de Galsworthy, d'Arnold Bennett, et aussi celui de Wells, a concouru [...] à garder l'Occident libre [...]. » Voir plus bas, lettre 41, n. 157.

142 « À ce sujet ».

143 Curtius a déjà employé cette citation – la fin de la préface d'*Émaux et camées* de Théophile Gautier – dans son article « Gide nach dem Krieg », à propos de la rédaction de *La Symphonie pastorale*. Voir la traduction française de ce texte retranscrite en annexe XIV.

c'est une gageure, et c'est en même temps une passion qui m'absorbe complètement, une sorte de « recherche de l'absolu ». Tout ceci pour vous expliquer pourquoi j'ai gardé le silence pendant quelques semaines. Merci beaucoup du très intéressant article de Lanson. Je vais le faire lire à mes élèves. Voilà la consécration officielle de *La NRF*.

Quant aux polémiques, vous avez raison. Je me contenterai d'avoir fait une ou deux incursions passagères dans ce terrain-là. Seulement, si vous vous mettez au point de vue allemand, vous vous rendrez compte qu'il importe pour notre vie nationale de dire leur fait – et de le dire clairement – aux propagandistes français en Rhénanie. Il faut que le public cultivé en France sache quels sont les résultats de la politique barrésienne et quel accueil lui font la bourgeoisie et les élites allemandes, et plus particulièrement rhénanes. J'ai cru devoir – une fois – dire mon mot à ce sujet. Nous *devons* protester contre une falsification de nos valeurs spirituelles. Mais vous me connaissez assez bien pour pouvoir être sûr que je ne laisserai pas se perdre ce que vous appelez ma sérénité. Du reste, mon article sur Proust a pu vous donner la mesure de mon attitude intellectuelle. L'avez-vous reçu ? Je serais fort curieux de savoir ce que vous en pensez. Marcel Proust m'a écrit une lettre qui m'a profondément ému et ravi en même temps ; empreinte d'un charme, d'une grâce, d'une bonté et d'une humanité douloureuse (je dirai mieux : d'un tragique) – impossible à rendre. Je l'ai toujours sur moi, cette lettre, et je la relis pour recréer la joie qu'elle m'a causée. Je n'ai pas encore remercié Proust, mais je vais le faire. Si vous le voyez, remerciez-le bien de ma part, en attendant[144].

Quant à Pontigny, je n'ose pas songer au plaisir que j'aurais à y aller. Je vous remercie de tout cœur de votre invitation et vous prie de remercier aussi M. Desjardins. Laissez-moi vous dire que le § VIII (p. 19) me préoccupe un peu. Évidemment je ne pourrais pas faire partie d'un Aréopage des « peuples libres d'Occident » (p. 17) qui déciderait sur la question : l'Allemagne peut-elle être admise, ou faut-il l'écarter ? Vous voyez que ce serait la plus fausse position qu'on puisse imaginer.

---

144 Effectivement, Gide, dans sa lettre datée du 5 avril 1922, retranscrit à Proust ce passage du courrier de Curtius (Marcel Proust, *Correspondance, Tome XXI : 1922*, éd. Philip Kolb, Paris, Plon, 1993, p. 112). Voir la transcription, en annexe VI, de la lettre envoyée par Proust à Curtius pour le remercier de l'envoi de son étude sur lui, ainsi que la réponse de celui-ci.

Cependant je pense que cette difficulté gît plutôt dans les formules, dans le « *wording* » et qu'on pourrait la faire évanouir. Vous me dites que le programme a été conçu à une époque où l'on ne pensait pas encore pouvoir inviter des Allemands. J'en tire la conclusion que le comité des Entretiens apporterait aujourd'hui les modifications qui me semblent nécessaires. Vous savez que pour moi la *conditio sine qua non* c'est qu'on se rencontre sur un pied de parfaite égalité intellectuelle et morale ; et que ce soit là un point entendu et admis. Il s'agirait donc seulement de savoir si je puis espérer que ce point de vue-là soit universellement accepté et si je puis compter de la part de tous les participants sur un accueil sympathique.

Un mot de vous suffira pour me rassurer et pour dissiper les objections qui ont pu se présenter à mon esprit. Et alors, j'accepte *de grand cœur.* J'ai le plus grand désir non seulement de vous revoir, mais aussi de respirer de nouveau l'atmosphère française et de revoir la France réelle. Voir le pays et les hommes de France, c'est pour moi un élément de vie. Voyez la position bizarre où je suis : je dois continuellement parler des choses de France, et voilà dix ans ou plus que je n'ai pu participer à la vie française.

J'espère donc vivement que le très beau projet dont vous m'entretenez va se réaliser. C'est délicieux rien que d'y penser[145].

La Nietzsche-Gesellschaft va vous écrire. Je crois que votre très belle lettre a causé une profonde impression[146]. À propos, avez-vous jeté un coup d'œil sur *Rede und Antwort*, de Th[omas] Mann ? Il y a là des choses qui me semblent pouvoir vous intéresser[147].

---

145 Maria Van Rysselberghe note à propos de ce courrier : « Il me donne aussi une lettre de Curtius (au sujet de Pontigny), si discrète, si pleine de noblesse. "N'est-ce pas, dit-il, on n'est pas mieux." » (*CPD*, I, p. 116).

146 Lettre non retrouvée.

147 Sous-titré *Gesammelte Abhandlungen und kleine Aufsätze* [*Traités réunis et petits essais*], *Rede und Antwort* [*Discours et réponse*] est un ouvrage paru en 1922 à Berlin chez S. Fischer Verlag dans le contexte d'une édition des *Œuvres complètes* en volumes isolés (1922-1936). En partant de quelques réflexions sur sa propre œuvre, Thomas Mann y traite, avec verve et la constante ironie qui le caractérise, de divers sujets de littérature et de morale. Le volume rencontra d'emblée du succès et fut régulièrement réédité. « Il est par ailleurs intéressant de voir comment Curtius s'efforce de favoriser ce dialogue entre les deux écrivains. Thomas Mann envoie à Gide son œuvre *Rede und Antwort*. Ne recevant pas de réponse de Gide, il demande à Curtius d'essayer de savoir si Gide est bien en possession du livre » (Claude Foucart, « Ernst Robert Curtius et André Gide : les débuts d'une amitié [1920-1923] », *Revue de littérature comparée*, n° 3/1984, p. 336).

Vous ai-je dit que mon étude sur les *Morceaux choisis* va paraître définitivement dans la *Neue Rundschau* du 1er mai ?
Au revoir, cher Monsieur Gide. Croyez à mes sentiments tout dévoués.

E R Curtius

37. ANDRÉ GIDE À ERNST ROBERT CURTIUS

[Paris, ca vendredi 21 avril 1922]

[Écrit au bas de la lettre de P. Desjardins du 20 avril 1922 :]

Mon cher Curtius
Je reçois à l'instant cette lettre de Desjardins – et vous la communique simplement[148]. Pas le temps de vous écrire aujourd'hui. Je pars dans un quart d'heure. Vais passer à Fontainebleau quatre jours avec Jacques Copeau – pour préparer *Saül*.
Bien cordialement votre

André Gide

38. ERNST ROBERT CURTIUS À ANDRÉ GIDE

[Marburg ?, dimanche] 30 avril 1922

Cher Monsieur Gide
Je viens de recevoir la lettre de Monsieur Desjardins que vous me communiquez. Je vous en remercie beaucoup et vous prie de le remercier aussi de ma part. Que je me réjouis à la pensée de pouvoir venir à Pontigny. Ce sera un événement dans ma vie.

---

148 Lettre retranscrite en annexe V.

Voici une lettre de M. Würzbach qu'il m'a prié de lire et de vous envoyer[149]. Je ne sais pas si vous y trouverez toutes les précisions que vous désirez légitimement. Je trouve moi-même ce projet encore quelque peu vague. Mais après avoir échangé plusieurs lettres avec M. Würzbach, j'ai l'impression qu'il a beaucoup de bonne volonté et l'esprit ouvert. Il ne demanderait pas mieux que de tenir compte de toutes les vues que vous pourriez lui proposer. Sans doute, il y a encore un travail de clarification à faire. Mais je crois que justement les membres étrangers de la N[ietzsche]-G[esellschaft] seraient appelés à y aider et à faire profiter la Société naissante de leur expérience. Grâce à cette collaboration seulement la N[ietzsche]-G[esellschaft] pourrait prendre une physionomie définitive.

M. Würzbach m'a proposé de m'inscrire dès aujourd'hui parmi les membres de la Société, mais je l'ai prié de n'en rien faire aussi longtemps que votre collaboration n'est pas définitivement acquise. Si pour une raison ou une autre vous croyez devoir vous abstenir (ce que je regretterais évidemment beaucoup), je ne marcherai pas non plus.

Au revoir, cher Monsieur Gide, et tout à vous,

E R Curtius

39. ANDRÉ GIDE À ERNST ROBERT CURTIUS

[*Paris, lundi*] 8 mai [*19*]22

Mon cher Curtius

Je lis votre nouvelle étude avec un intérêt très vif. La véritable intelligence et la perspicace sympathie qui y respirent, me ravissent[150]. Je

---

149 Voir lettre suivante.
150 À savoir son article « Über André Gide » sur *Morceaux choisis* (voir plus haut, lettre 31, n. 126). Dans la « Revue des revues » de *La Revue de Genève*, on trouve une citation de cet article : « Ses livres expriment tous le violent désir de s'évader hors de l'habitude, de la sécurité, de la possession, de la loi, de la morale. Ce sont des documents sur les pérégrinations sans fin d'une âme toujours attirée par de nouveaux horizons... Dans leur rythme le plus secret on devine les battements tumultueux d'un cœur révolutionnaire. [...] Il se soumet à la loi vivante de l'esprit français, et, comme Nietzsche, il sait qu'il n'y a qu'en France que la notion de classicisme ait un sens réel. Si quelqu'un est aujourd'hui

voudrais vous en parler longuement, mais je suis surmené (on répète
Saül tous les jours) et éreinté[151]. Je brâme après le repos de l'été ; j'espère
sitôt libéré fuir dans le Midi, puis, si les événements le permettent,
faire un petit tour en Allemagne (où je vous verrais, n'est-ce pas ?). – Ce
serait en juillet.

Nous travaillons, avec Paul Desjardins et Jean Schlumberger, à rédiger
un nouveau programme pour Pontigny, qui vous donne entière satisfaction
– car nous souhaitons énormément votre présence. Vos remarques, vos
critiques, paraissent à Desjardins et à Schlumberger, tout comme à moi,
non seulement légitimes – mais croyez que nous apprécions hautement
la dignité des sentiments qui les dictent, et qu'elles nous font souhaiter
d'autant plus vous voir parmi nous cet été[152].

J'ai reçu la circulaire de la Nietzsche-Gesellschaft et la lettre de
M. Würzbach jointe à la vôtre ; je vais lui écrire directement. Tout ce
qu'il me dit me satisfait et me rassure[153]. Mais, comme je l'écrivais déjà
– je ne puis donner mon adhésion définitive qu'après avoir su quels
représentants des autres pays la N[ietzsche]-G[esellschaft] choisit – et s'ils
acceptent. Croyez que je souhaite cordialement que ce projet se réalise.
J'estime que, bien comprise et bien dirigée, une telle société pourrait jouer
un rôle important dans les relations internationales. – Le rapprochement

---

capable de ressusciter pour l'esprit européen le classique français, ce sera Gide… Il semble
que par lui, une fois encore, le classicisme fournisse une forme d'expression universelle à
l'esprit européen… Gide est un auteur européen de nationalité française » (p. 415, trad.
et art. signés G. M.).

151 Une première lecture de *Saül* a été faite le 28 avril ; les répétitions, assidûment suivies
par Gide, ont commencé le 4 mai. Il confie à son ami Alibert : « Je suis fourbu ; j'ai
mené de front, ces derniers temps, les répétitions quotidiennes de *Saül*, la révision de mes
conférences sur Dostoïevski (cela m'a donné un mal d'enfer) qui vont paraître à la très sage
Revue hebdomadaire!!, une traduction du *Mariage du Ciel et de l'Enfer* de William Blake,
et un tas de menus travaux. Urgent besoin de me reposer – ou plutôt de me distraire »
(François-Paul Alibert, André Gide, *Correspondance 1907-1950*, éd. Claude Martin, Lyon,
Presses universitaires de Lyon, 1982, p. 252).

152 Dans une lettre écrite le 4 juillet 1922, Gide exhorte Jean Schlumberger à le soutenir
auprès de Paul Desjardins pour inviter Curtius et Rilke. Voir Gide, Schlumberger,
Correspondance, op. cit., p. 752.

153 Voir en annexe VII la traduction du prospectus accompagnant la lettre de Würzbach,
inédite, conservée à la Bibliothèque littéraire Jacques-Doucet (γ 1509.1). – Citant un
passage d'un texte de Nietzsche écrit en 1874 « Sur l'État », Würzbach souhaiterait que
la Société Nietzsche s'inspire du philosophe qui a défendu « un esprit de bon Européen »
(« *gutes Europäertum des Geistes* »). Celui-ci se veut non pas international mais supranational
et parviendrait à dépasser les « malentendus du national dans les choses de l'esprit » (*ibid.*).

que Desjardins tente à Pontigny n'est sans doute pas très différent et je
vous entretiendrai prochainement de la publication qui doit s'en suivre...
Mais quels nuages affreux, de tous côtés et combien trouble l'horizon!...
Au revoir. Je suis trop affairé et fatigué pour vous écrire plus longuement aujourd'hui – mais : à bientôt.

Il va sans dire que, si la N[ietzsche]-G[esellschaft] se constitue définitivement, je souhaite vivement voir votre nom parmi ceux des membres
du comité directeur.

Croyez à ma sympathie profonde

André Gide

40. ERNST ROBERT CURTIUS À ANDRÉ GIDE

Marburg, le [jeudi] 11 mai [19]22

Cher Monsieur Gide
Votre lettre bienveillante m'a donné beaucoup de joie. Le jugement
favorable que vous portez sur mon article ne m'empêche pas d'en sentir
l'insuffisance. C'est une esquisse, et pour vous peindre, il faut une suite
d'esquisses préalables ; il faut revenir sans cesse à l'étude. Ce n'est qu'en
superposant, en fondant une série d'études qu'on obtiendra à la fin un
portrait satisfaisant.

Je viens de lire dans Baudelaire : « deux qualités littéraires fondamentales : surnaturalisme et ironie[154] ». Il me semble que cette indication
éclaire merveilleusement votre œuvre. La formule complémentaire :
naturalisme et sérieux, servirait dans ce système à marquer des qualités
inesthétiques.

---

154 Charles Baudelaire, *Œuvres complètes*, éd. Y.-G. Le Dantec et Claude Pichois, Paris,
   Gallimard, « Bibliothèque de la Pléiade », 1961, p. 1256 : extrait des *Journaux intimes*,
   celui qui est titré *Fusées* (XI) : « Deux qualités littéraires fondamentales : surnaturalisme et
   ironie. / Coup d'œil individuel, aspect dans lequel se tiennent les choses devant l'écrivain,
   puis tournure d'esprit satanique. Le surnaturel comprend la couleur générale et l'accent,
   c'est-à-dire intensité, sonorité, limpidité, vibrativité, profondeur et retentissement dans
   l'espace et dans le temps. »

Je viens de recevoir le nouveau livre de R[oger] M[artin] du Gard dont j'ai beaucoup aimé dans le temps le *Jean Barois*, ce qui fait que je suis particulièrement sensible à cet envoi[155].

Puissiez-vous bientôt trouver le repos qui vous est nécessaire. Je me fais fête de vous revoir en Allemagne, en juillet[156]. Malheureusement je ne pourrai guère m'absenter de Marburg à cette époque, car nos cours ne prennent fin que le 1ᵉʳ août.

Croyez, cher Monsieur Gide, à mes sentiments tout dévoués.

E R Curtius

41. ERNST ROBERT CURTIUS À ANDRÉ GIDE

Marburg, [*mercredi*] 15 novembre [*1922*]

Cher Monsieur Gide

Je vous revois, encadré par la porte du château de Colpach, levant votre bras en signe d'adieu ; je me réchauffe à l'expression amicale de votre regard. Et pourtant, que c'est loin déjà ! Et je ne vous ai pas écrit... Je suis confus, et je ne me l'explique même pas. Il y a des choses qu'on remet toujours parce que l'on se réjouit de les faire, et qu'on attend un moment de calme et de plénitude. De ces moments j'en ai eu bien peu depuis que nous nous sommes quittés[157]. J'ai d'abord dû finir mon

---

155 Premier volume de la série des *Thibault*, *Le Cahier gris* vient de paraître. C'est l'envoi du manuscrit du roman *Jean Barois*, publié par les Éditions de la NRF en 1913, qui valut à Roger Martin du Gard (1881-1958) de rencontrer Gide, avec lequel il nouera une amitié indéfectible. Dans son courrier du 13 mai 1922, Curtius remercie Martin du Gard ; il rappelle que *Jean Barois* est un livre qu'il aime et admire et auquel il doit beaucoup pour sa compréhension de la France (Bnf, NAF 28190 [114], f. 325). Dans une lettre à Albert Houtin datée du 14 octobre 1925, Martin du Gard décrit Curtius en ces termes : « Le plus au courant des choses de France, et qui est l'intermédiaire entre ce qui paraît ici et le public allemand. Mi-philosophe, mi-critique littéraire. Un homme de *tout premier plan* » (Roger Martin du Gard, *Correspondance générale*, T. III [1919-1925], éd. Jean-Claude Airal et Maurice Rieuneau, Paris, Gallimard, 1986, p. 425).
156 Gide ne s'y rendra finalement pas.
157 « Décade à Pontigny – du 14 août au 24. La quatrième que je suis – une des plus intéressantes non tant à cause de ce qui s'y dit, que des divers éléments qui s'y mêlent et

Balzac, ce qui a demandé le meilleur de mes forces. Enfin, c'est fait, et l'impression a commencé[158]. Et puis le retour à Marburg pour la reprise

des rapports inattendus. J'étais admirablement entouré de Mme Théo, Mme Mayrisch, Mme Bussy, Élisabeth, Martin du Gard, Jean Schlumberger, Marc, Rivière – et même Jaloux, qui venait en novice... Et Charlie Du Bos, roi de la fête ; ineffablement suave, et ductile et disert. Paul Desjardins avait convoqué de son côté le charmant Maurois, l'auteur d'un pimpant petit livre (*Les Silences du colonel Bramble*) que j'avais lu avec grand amusement à Cambridge ; c'est un esprit charmant, alerte, courtois – et fort joliment cultivé, ce qui ne gâte rien et permettait entre nous maints terrains d'entente. / De Traz, Prezzolini, Tielrooy, et Curtius – représentaient respectivement la Suisse, l'Italie, la Hollande et l'Allemagne. On déplorait l'absence de Bennett, de Bounine, de Lytton Strachey – bref trop peu de pays étaient représentés et l'an prochain nous devrons prendre mieux nos mesures. Mais je doute que l'on parvienne à jamais réunir des éléments plus représentatifs et mieux choisis. Ajoutons encore l'excellent docteur Chauveau, M. Raverat, trois jeunes gens préparant Normale, Miss Strachey, une exquise Écossaise, trois jeunes institutrices, etc. – en tout trente-cinq » (*J*, I, p. 1187-1188). On comptait encore Augustine de Rothmaler, Georges Duhamel, et au nombre des jeunes, Anne Desjardins, Jean Tardieu, Albert-Marie Schmidt, Jacques Heurgon, ainsi que des élèves de Desjardins. Voir François Chaubet, *Paul Desjardins et les Décades de Pontigny*, Villeneuve-d'Ascq, Presses universitaires du Septentrion, 2000, p. 105-143. Voir aussi Pierre Masson et Jean-Pierre Prévost, *L'Esprit de Pontigny*, Paris, Orizons, 2014. Curtius a assisté à la deuxième décade : « Miroir de l'honneur ; culture de la fierté par la fiction », et y a parlé de Nietzsche. Voir son article « Pontigny, une tentative française d'entretiens internationaux » traduit en français dans *La Revue rhénane* (paru en allemand dans le *Neue Merkur* en novembre 1922), retranscrit en annexe VIII. – Depuis Pontigny, Gide et Élisabeth Van Rysselberghe sont allés à Colpach, où ils ont retrouvé Curtius, venu en voiture avec Andrée Mayrisch et Maria Van Rysselberghe.

158 Publié en 1923, son essai intitulé *Balzac* (Bonn, Friedrich Cohen) a paru en français en 1933 (Paris, Grasset) et a été retraduit plus récemment (trad. Michel Beretti, Paris, Éditions des Syrtes, 1999). Selon le traducteur, Curtius a fait œuvre de pionnier, puisqu'il a proposé une approche qui insiste sur l'unité de *La Comédie humaine* et fournissait ainsi, sans négliger les récurrences qui font sens, un travail de déchiffrement de palimpsestes favorable aux relectures de Balzac. L'ouvrage est précédé de l'essai que Charles Du Bos a consacré à Curtius en novembre 1930 (*La NRF*, n° 206, p. 669-689). On y lit : « Séjourner dans ses livres, c'est retrouver les sensations que l'on goûte lorsque l'on se promène dans le vaste *cortile* d'un palais de Bologne tel que le Palazzo Bevilacqua » (*op. cit.* [1999], p. 7). – Curtius écrivait à Proust peu avant la parution : « C'est un sujet qui me tient au cœur depuis dix ans, sujet formidable autant que fascinant. Il m'a paru que jusqu'ici la critique ne l'avait traité que d'une façon insuffisante et qu'il y avait dans Balzac beaucoup de choses à découvrir et à mettre en lumière. À travers des lectures toujours reprises j'ai cru pénétrer toujours plus avant dans des régions inexplorées. J'ai tenté de faire voir l'unité profonde de sa personnalité, de son œuvre et de sa conception du monde. Ces recherches, loin de toutes les ressources de travail et d'information qu'offre Paris, n'ont pas toujours été faciles, et il reste sans doute beaucoup de points à éclaircir. Mais j'ai pourtant tâché de tracer une géographie, pour ainsi dire, de l'âme et de la pensée de Balzac qui pourra être vérifiée, je l'espère par la critique » (extrait de la lettre à Marcel Proust, 16 octobre 1922, reproduite dans *Briefe*, p. 138).

des cours a marqué le commencement d'une période de dépression physique et morale dont je ne vous parlerais pas si ce n'était pour excuser
mon long silence[159]. L'hiver dans ce pays froid et brumeux, sans amis,
sans beauté, sans nulle impression d'art, sans aucune source de joie m'est
toujours très pénible. Il m'est très difficile de m'insérer dans cette vie
officielle d'une petite université dont je me sens séparé par tout ce qui
fait ma vie propre. Être libre, être indépendant, ne devoir des comptes à
personne – voilà ce que je voudrais. « Fuir ! ah ! fuir plus au sud et vers
un dépaysement plus total[160] ! » Vos livres me tiennent lieu des voyages
que je ne puis pas accomplir. J'aime vous relire avec le souvenir vivant
de votre commerce, qui met des reflets inattendus sur vos pages.

Quand je vous lis et quand je pense à vous, c'est avec un profond
sentiment de reconnaissance. Vous pouvez difficilement vous rendre
compte de tout ce que le séjour de Pontigny a signifié pour moi. C'était
une reprise de contact avec la France – chose vitale pour moi. Quel
souvenir harmonieux et serein ! J'ai puisé là du courage et des forces
nouvelles. Je me suis senti comblé de bienveillance et de délicatesse. Je
vous remercie de tout cœur de m'avoir convié aux Entretiens. J'espère
rester en relations avec vos amis que j'ai connus à Pontigny. Monsieur
Desjardins m'a écrit une charmante lettre. J'espère aussi avoir des nouvelles de Schlumberger et de Du Bos[161] auxquels j'ai écrit. Comment va
Marc Allégret ? J'espérais le retrouver en Allemagne, mais il n'est pas
venu[162]. Je lui ai envoyé un volume de Stefan George. Le jeune Heurgon
m'a écrit une gentille lettre[163].

---

159 Première évocation des nombreuses phases dépressives qui émailleront la vie de Curtius.
160 Curtius cite ici une phrase du *Journal* de Gide, écrite lors de son voyage en Espagne en
mars-avril 1910, et parue alors dans *La NRF* (voir *J*, I, p. 630).
161 Pilier des Décades de Pontigny au côté de Paul Desjardins, familier de Gide, Charles
Du Bos (1882-1939) a rencontré Curtius à Berlin en 1904 dans le salon des Lepsius, et a
noué avec lui, après sa participation aux Décades, une solide amitié, qui sera passablement
ébranlée par la publication du *Dialogue avec André Gide* (voir plus bas, lettre 80 et suiv.).
162 Grande passion de Gide à la fin de la Première Guerre, Marc Allégret (1900-1973), présent à Pontigny en 1922, était le quatrième enfant du pasteur Élie Allégret, qui fut le
directeur de conscience de l'écrivain. Malgré ses voyages ultérieurs en Allemagne, Marc
Allégret apparaît peu dans cette correspondance. Gide est désormais plus détaché de lui.
163 Futur époux d'Anne Desjardins, fille du fondateur des Décades, Jacques Heurgon (1903-
1995) est l'un des jeunes gens présents à Pontigny. Ce latiniste enseignera à l'université
d'Alger, puis à la Sorbonne. Curtius et Heurgon noueront, dès leur rencontre, une relation
amicale importante, en partie autour de leur amour commun de l'Italie. Nous reproduisons
en annexe IX la première lettre de Curtius à Heurgon, réponse à cette « gentille lettre »

Est-ce que vos conférences sur Dostoïevski ont paru ? J'espère toujours pouvoir les traduire, et j'écrirai à ce sujet à l'Insel Verlag si vous m'y autorisez. Je n'ai pas encore vu de compte rendu de la traduction des *Caves*, mais cela va venir. Les journaux sont obligés de réduire de beaucoup l'espace consacré à la littérature parce que les prix du papier sont devenus inabordables – comme tout du reste. Je crains que l'hiver ne nous apporte des crises pénibles.

Et comment allez-vous, cher Monsieur Gide ? Quels travaux vous occupent ? Je serais heureux d'avoir un mot de vous.

Croyez, je vous prie, à mon affectueux dévouement.

Ernst Robert Curtius

Je viens de recevoir *Aimée*, dont j'ai commencé la lecture avec un vif intérêt. Que c'est beau comme langue. J'écrirai à Rivière[164].

42. ANDRÉ GIDE À ERNST ROBERT CURTIUS

Cuverville
Par Criquetot l'Esneval
Seine Inférieure

[*Lundi*] 25 déc[*embre 19*]22

Mon cher Curtius
Voici longtemps que je voulais vous écrire… Mon silence ne signifiait ni oubli, ni indifférence, ni négligence – mais : travail. Et j'ai si bien

---

qui initie une franche amitié. Heurgon publiera en 1956, lors de la mort de Curtius, un article intitulé « Curtius et Rome » dans le numéro d'hommage de la revue *Allemagne d'aujourd'hui. Revue française d'information* (n° 5, septembre-octobre 1956, p. 18-20). Les lettres de Curtius à Heurgon sont conservées par la Bibliothèque littéraire Jacques-Doucet.

164 Unique roman de Jacques Rivière, *Aimée* paraît en 1922 aux Éditions de la NRF. Le sentiment de Curtius ne semble pas avoir été partagé par Gide, qui avoue être « exténué », « consterné » par sa lecture (*J*, I, p. 1190-1191). Le 21 novembre 1922, Curtius écrira à Rivière : « "Dès avant que séduit", je me suis trouvé "persuadé" par le style de votre livre. J'ai admiré l'adaptation parfaite et définitive du langage à la pensée » (coll. part.).

travaillé que me voici très fatigué. Il faut que j'arrête. J'espérais pouvoir *durer* à Cuverville jusqu'au printemps ; mais je surestimais mes forces. Sans doute devrai-je gagner le Midi dans une dizaine de jours.

J'ai lu avec un grand plaisir votre article sur Pontigny[165] ; quoi qu'il advienne, ce souvenir nous restera. Mais que les temps sont difficiles ! On ne voit que récifs, gouffres et tourbillons de tous côtés ! – Je comprends que vous ayez cru devoir écrire cet article (que je lus avant-hier dans *La Revue de Genève*) mais dans quelle situation vous mettez vos amis ! Force est de vous répondre[166]. Je voudrais le faire d'une manière qui ne puisse ni vous désobliger ou peiner – ni compromettre des relations qui me tiennent à cœur désormais ; et tout est terriblement délicat et

---

165 Voir annexe VIII.

166 Curtius intervient à la suite d'une série d'articles parus dans *La Revue de Genève* répondant les uns aux autres : le premier, « La tâche de la France sur le Rhin » de Maurice Barrès, publié en janvier, avait provoqué une réplique de Victor Klemperer dans le numéro de juin ; au mois de septembre, Pierre Mille avait répondu à ce dernier dans « La question du Rhin ». Le texte de Curtius, intitulé « Français et Allemands peuvent-ils se comprendre ? », paraît en décembre (p. 714-725). Il n'y mâche pas ses mots : « Scrutons-nous franchement en nous demandant si véritablement nous désirons nous comprendre » (p. 717), et réfute la théorie selon laquelle l'Allemagne serait seule coupable du conflit. « N'importe comment on l'envisage, il faut regarder la vérité en face. On devra alors s'avouer que le point de vue français et le point de vue allemand sont inconciliables. » (p. 722) « [...] la politique française des garanties conduirait fatalement à une prolongation permanente de la lutte pour l'existence et au programme de l'affaiblissement le plus efficace et le plus durable possible de l'Allemagne. On ne saurait le nier, il en est bien ainsi et il ne reste qu'une alternative : ou bien la France changera sa politique basée sur le principe de méfiance [...] ou bien la France et ses représentants intellectuels demeureront fidèles à cette politique. Mais alors ils seront obligés de reconnaître en même temps qu'ils ne peuvent plus compter sur une explication ou sur une entente avec l'Allemagne. / Et alors il n'y a plus de raison de continuer la conversation. » (p. 724) Il achève ainsi : « Plus j'y réfléchis, plus je suis convaincu qu'une entente est chose impossible entre l'Allemagne et la France. L'entente est peut-être l'unique *modus vivendi* qui ne soit pas possible entre les deux nations. Il faut davantage ou moins : amitié ou inimitié. Cela peut paraître osé, mais je crois que cela répond à la vérité psychologique. Ou bien faisons disparaître la méfiance et devenons alliés, ou bien, sans continuer à voiler artificiellement cette méfiance qui empoisonne nos rapports, avouons que nous sommes des adversaires et que nous le resterons. *Tertium non datur.* » (p. 725) La réponse de Gide à Curtius prend la forme d'un « droit de réponse » ou « lettre ouverte », datée du 23 décembre 1922, que nous reproduisons en annexe X. Gide renoncera finalement à la publier (voir plus bas, lettre 45). Sur cet incident, nous renvoyons à l'article de Landry Charrier, « Une amitié à l'épreuve de la crise de la Ruhr : Gide, Curtius et *La Revue de Genève* (décembre 1922-janvier 1923) », *Chroniques allemandes*, n° 11, 2007, p. 273-291 ; *id.*, « Tendre la main à l'adversaire sans renier son point de vue national. La collaboration d'Ernst Robert Curtius à *La Revue de Genève* (1920-1922) », dans Michel Feith et Pilar Martínez-Vasseur (éds), *Paroles de vainqueurs, paroles de vaincus : réécritures et révisions*, Nantes, CRINI/Université de Nantes, 2011, p. 169-187.

scabreux. – Je vous soumets cette réponse – que j'envoie d'autre part à De Traz[167]. – Si l'on prenait à la lettre votre article, il n'y aurait plus qu'à nous tirer un grand coup de chapeau final. Ce n'est pas cela que vous voulez, tout de même ? Je ne puis l'admettre, le croire, et d'autre part je ne vois que trop ce que les événements ont de provoquant. Je sens que cet article, qui m'est si douloureux à lire, vous a été plus douloureux encore à écrire sans doute – mais que vous avez cru devoir l'écrire. – Au revoir. Il semble presque dérisoire, à une époque si tourmentée, de se souhaiter une « heureuse année ». Je le fais pourtant de tout mon cœur. Ne doutez pas de mes sentiments bien cordiaux.

André Gide

43. ERNST ROBERT CURTIUS À ANDRÉ GIDE[168]

[*Heidelberg ?*] Le [*mardi*] 2 janvier 1923

Cher Monsieur Gide

En revenant d'un voyage je trouve votre lettre du 25 décembre et je m'empresse d'y répondre. Il m'est bien douloureux de voir que mon article de *La Revue de Genève* vous a fait de la peine, à vous que j'admire et que j'aime, si j'ose dire. Mais en lisant votre lettre je ne puis m'empêcher de croire qu'il y a un malentendu et que vous avez mal interprété mon article ou que je ne me suis pas exprimé assez clairement. Mon article ne s'adressait pas à vous ni à mes amis de Pontigny, mais aux représentants de la politique française sur le Rhin. C'était une réponse à Pierre Mille, écrite sur la demande de M. de Traz. J'ai tenu à marquer la distinction entre les milieux représentés par M. Mille et cette élite

---

167 Participant des Décades de Pontigny en 1922, le Suisse Robert de Traz (1884-1951) est le fondateur de *La Revue de Genève*, lancée en juillet 1920, qui défendait les idées « européistes » en prolongeant l'esprit de la nouvelle Société des Nations. De Traz voulut concourir à la reconstruction européenne en promouvant l'exemple de son pays, modèle de réussite quant à la coexistence respectueuse des particularismes. Voir l'article de Landry Charrier, « *La Revue de Genève*. Hantise de la décadence et avenir de l'Europe (1920-1925) », *Études germaniques*, 2009/2 (n° 254), p. 363-374.

168 Cette lettre a déjà été publiée dans *Ernst Robert Curtius et l'idée d'Europe* (*op. cit.*, p. 324-327).

intellectuelle de la France dont je parle aux pages 718 et 719 de mon article. C'est donc à tort que vous m'imputez la pensée qu'il n'y a plus qu'à « nous tirer un grand coup de chapeau final ». Vous savez bien, n'est-ce pas, que personne plus que moi ne déplorerait la cessation de rapports qui me sont chers et pour lesquels j'ai plaidé publiquement dans un article que vous approuvez et qui n'a pas été sans m'attirer des attaques dans mon pays.

Il y a encore un autre point que je tiens à éclairer. Vous me faites dire que je n'accepte « d'entrer en rapport qu'avec des Français qui d'abord consentent à reconnaître que l'Allemagne n'a pas eu de torts ». Me permettrez-vous de vous faire observer que c'est altérer ma pensée ? Je n'ai pas dit, et il serait insensé de soutenir, que l'Allemagne n'a pas eu de torts. J'ai seulement cru devoir avertir M. Mille que contrairement à ce qu'il pense l'Allemagne n'accepte nullement la théorie formulée dans le traité de Versailles selon laquelle elle seule serait coupable. J'ai voulu constater un fait psychologique : à savoir que la version officielle des Alliés sur la culpabilité unique de l'Allemagne est répudiée chez nous et que par conséquent l'Allemand n'a pas, comme le croit M. Mille, « le sentiment humiliant d'avoir mérité sa défaite[169] ». J'ai évité de prendre parti personnellement dans la question de la culpabilité et j'en ai indiqué la raison : c'est que, à mon avis, seule une investigation critique et collective des meilleurs esprits de tous les pays peut éclaircir la vérité historique, jusqu'ici obscurcie par les passions et par les intérêts. C'est là le point de vue des Wells, des Keynes, des Nitti, de tant d'autres !

En relisant mon article à ces points de vue que je viens d'indiquer, conserverez-vous vraiment un sentiment d'amertume personnelle ? Je

---

169 Pierre Mille avait écrit : « Ce n'est point que nous ne sortions de cette guerre, où nous avons été vainqueurs, blessés, inquiets – et avec le sentiment d'une injustice. Blessés, et avec le sentiment d'une injustice, parce que, durant quatre ans, l'Allemagne nous a pillés, ravagés, abîmés : cela non pour les besoins de la guerre, mais méthodiquement, *méchamment*, pour nous rendre incapables de nous relever après la paix [...]. Et que l'Allemagne, dans ces conditions, tente d'esquiver tout devoir de réparation nous paraît une insupportable iniquité. Inquiets parce que, si elle redevient maîtresse du Rhin, l'Allemagne peut recommencer, et, pour la France, pour la paix du monde entier, il ne faut pas qu'elle puisse recommencer. [...] / [L'Allemagne] a été effroyablement vaincue, et, par surcroît, a le sentiment humiliant qu'elle l'a mérité. Car, si elle crie qu'elle refuse d'accepter sa responsabilité, c'est pour ne point payer ce qu'elle a été condamnée à payer, ce qu'elle doit en toute équité payer pour le crime commis par ses anciens dirigeants. Mais, intérieurement, elle sait qu'elle a mérité son sort, ou du moins la dynastie prussienne, qu'elle a suivie, enivrée, aveuglée, durant cinquante ans, applaudissant à toutes ses sottises » (art. cité, p. 304-306).

ne puis le croire, cher Monsieur Gide. Mon article touche à de graves et angoissantes questions qu'il n'est ni en votre ni en mon pouvoir d'écarter. Devais-je me dérober à la demande de les traiter dans une revue internationale où elles avaient été soulevées par des Français ? Devais-je escamoter la réalité psychologique ? Devais-je peindre l'état des choses dans mon pays avec de fausses couleurs ? J'ai tâché de parler avec modération et politesse. Mais j'aurais mal servi la vérité – et la cause de *nos deux pays* – si j'avais présenté les choses sous un jour plus optimiste. L'idée que nos relations pussent en être changées ou que je pusse vous blesser n'a pas même effleuré mon esprit, est-il besoin de le dire ? Si je devais croire qu'elle se fût glissée dans vos pensées, j'en aurais un chagrin que vous pouvez difficilement apprécier et qui alourdirait de beaucoup le poids des soucis et des angoisses dont m'accable l'heure présente.

Puissé-je me tromper ! Puisse l'année qui vient de commencer m'apporter un témoignage de votre sympathie inébranlée.

J'ai été inquiété par les nouvelles si peu favorables que vous me donnez de votre santé. J'espère de tout cœur que vous reprendrez bientôt vos forces et que vous pourrez mener à bonne fin les travaux qu'attendent impatiemment avec moi tous les fervents de votre art et de votre pensée. Permettez-moi de vous offrir mes meilleurs vœux pour 1923 et veuillez, je vous prie, ne pas cesser de croire à mon fidèle et respectueux dévouement.

Ernst Robert Curtius

44. ERNST ROBERT CURTIUS À ANDRÉ GIDE

[*Marburg*] Ce [*dimanche*] 7 janvier 1923

Cher Monsieur Gide

Le directeur du *Neue Merkur* prépare pour la fin de février un numéro spécial consacré à l'étranger (*Auslandsheft*) où collaboreront Prezzolini, Chestov, Masaryk[170], etc. Il m'écrit pour vous demander l'autorisation

---

170 L'écrivain et journaliste Giuseppe Prezzolini (1882-1982), qui a participé aux Décades de Pontigny en 1922, est le correspondant italien pour les « Chroniques nationales » de

de publier dans ce numéro une traduction de votre article sur « L'avenir
de l'Europe », à paraître dans *La Revue de Genève*[171]. Si personnellement
vous accordez l'autorisation, on écrira à M. de Traz pour obtenir la sienne.
Si vous attachez du prix à être connu en Allemagne par un cercle
plus étendu de lecteurs, je crois que la publication de votre étude dans le
N[eue] M[erkur] (après la *Revue de Genève*, s'entend) serait recommandable.
Bien vôtre

E R Curtius

45. ANDRÉ GIDE À ERNST ROBERT CURTIUS

Cuverville, [*lundi*] 8 janv[*ier 19*]23

Mon cher Curtius,
Je viens de passer à Paris quelques jours. J'avais trop travaillé (à
Cuverville) et commençais à me sentir très fatigué. J'ai revu Desjardins,
et Madame Mayrisch – de passage. Avec l'un et l'autre, j'ai parlé de
vous, abondamment. J'ai eu communication de vos lettres excellentes,
et celle en particulier à Madame M[*ayrisch*] m'a paru si belle et si
importante que j'en ai été profondément remué. Tout ce que vous y
dites me paraît extrêmement juste. L'idée de fausser quelque peu votre
pensée en y répondant (dans *La Revue de Genève*) m'est insupportable
et je viens d'écrire à De Traz pour retirer ma copie. Diverses personnes
(René Lalou[172], entre autres) m'ont parlé de votre article, émues par sa

---

La Revue de Genève. – Sur Chestov, voir plus haut, lettre 33, n. 134. – Tomáš Garrigue
Masaryk (1850-1937) est depuis 1918 le premier président de la nouvelle République
tchécoslovaque.

171 Article que lui a demandé début avril Robert de Traz pour sa revue (*CPD*, I, p. 114-115),
dans le cadre d'une grande enquête sur « L'avenir de l'Europe ». Voir Charrier, « *La Revue
de Genève*. Hantise de la décadence et avenir de l'Europe (1920-1925) », art. cité, et, en
annexe XI, la retranscription du texte de Robert de Traz introductif à l'enquête.

172 Professeur au lycée Henri-IV, le critique René Lalou (1889-1960) a publié en 1922 une
volumineuse *Histoire de la littérature française contemporaine, 1871-1922*, aux Éditions
G. Crès et Cie. C'est sur les conseils de Stefan Zweig qu'il en aurait envoyé un exemplaire à Curtius et entamé des échanges avec lui (voir Monika Natter, « Les médiations

noblesse et la justesse de son ton, mais le cœur douloureusement serré. Votre lettre m'attendait ici, à Cuverville, où j'ai remmené pour quelques jours Martin du Gard. Nous reparlons longuement de vous, et de la situation... Je me sens trop fatigué pour vous écrire aujourd'hui comme je le voudrais ; mais ceci domine tout ce que je voudrais vous dire : je ne me pardonnerais pas d'avoir aidé, par la moindre phrase, à la mésentente – et c'est pourquoi je crois préférable (et Martin du Gard est de mon avis) ne pas répondre à votre article (je veux dire : ne pas répondre *publiquement*) plutôt que d'y répondre mal et insuffisamment, ou d'une manière qui risquerait de nuire à la cordialité de nos rapports[173]. – Ne doutez pas de mon amitié, bien solide et fidèle. Martin du Gard me prie de vous dire avec quelle sympathie profonde il a lu votre article et vos lettres à Mme M[*ayrisch*] et à moi.

André Gide

46. ANDRÉ GIDE À ERNST ROBERT CURTIUS

Cuverville
Par Criquetot l'Esneval
Seine Inférieure

[*Mardi*] 9 janvier [*19*]23

Mon cher Curtius

françaises de Stefan Zweig. Une étude de correspondance et de critiques littéraires », *Austriaca. Cahiers universitaires d'information sur l'Autriche*, juin 1992, n° 34 consacré à Stefan Zweig, p. 43-52, ici p. 47).

173 Gide s'incline devant les « lettres parfaites d'intelligence, de dignité, et j'allais dire de noblesse » (reproduit dans Charrier, « Une amitié à l'épreuve... », art. cité, p. 289) que Curtius envoie à Aline Mayrisch, à Desjardins et à lui-même. Il souhaite que ce soit Jacques Rivière qui lui réponde, et lui écrira le même jour dans ce sens. Rivière signera quelques mois plus tard l'article « Pour une entente économique avec l'Allemagne » (*La NRF*, n° 116, 1er mai 1923, p. 725-735), mais c'est le Suisse Édouard Combe qui répondra directement à Curtius (« Français et Allemands peuvent-ils se comprendre ? Une opinion suisse », *La Revue de Genève*, n° 32, février 1923, p. 145-151).

Oui ; bien volontiers – et j'aurai d'autant plus de plaisir à voir paraître dans le N[eue] Merkur mon article de [la] R[evue] de G[enève] – que je le crois on ne peut mieux propre à tempérer et calmer les irritations. Vous y trouverez le reflet de mes préoccupations quotidiennes ; mais, à vrai dire ce n'est qu'un préambule et ce qui me tient le plus à cœur, c'est tout ce que je n'y dis pas.

Je viens de vous écrire et votre nouvelle lettre me parvient comme je venais de faire partir la mienne.

Croyez-moi bien amicalement

André Gide

47. ERNST ROBERT CURTIUS À ANDRÉ GIDE

Marburg, [samedi] 13 janvier 1923

Cher Monsieur Gide

J'ai été très ému par votre belle lettre, et surtout soulagé d'un poids cruel. Merci ! Je crois qu'en retirant votre réponse écrite pour *La Revue de Genève* vous avez rendu un grand service à la cause que nous servons, et je vous sais grand gré de ce sacrifice. Quant au fond de la question, je crois qu'il ne serait pas impossible d'arriver à une entente. Je n'y reviendrai du reste pas de sitôt. Le temps aussi aidera[174]. Vous avez lu sans doute le bel article de Pierre Hamp « Les Européens » (dans *Un nouvel honneur*[175]). Il manifeste un esprit que je salue avec émotion. Mais pour le moment la situation est tellement aggravée et surtendue qu'il ne nous reste que la méditation et le silence[176]. Sur tout ceci d'ailleurs il vaudrait mieux causer de vive voix qu'écrire.

---

174 Cette lettre fortifie Gide à tel point qu'il la montrera à Maria (*CPD*, I, p. 167-168) et l'évoque ainsi à Marc Allégret : « Curtius m'écrit une lettre épatante. Quelle chance que Pontigny ait eu lieu ! » (Marc Allégret, André Gide, *Correspondance 1917-1949*, éd. Jean Claude et Pierre Masson, Paris, Gallimard, 2005, p. 521)

175 Publié par les Éditions de la NRF en 1922, ce recueil de textes de Pierre Hamp, dans la série « La peine des hommes » consacrée à la condition ouvrière et plus généralement au travail, se clot par « Les Européens » (p. 215-282) : « France et Allemagne doivent vivre ou périr ensemble », écrit Hamp (p. 273), qui y défend passionnément la réconciliation et la paix.

176 Le 11 janvier 1923, le président du Conseil et ministre des Affaires étrangères Raymond Poincaré a ordonné l'occupation de la Ruhr par des troupes franco-belges, du fait du

Je vous quitte en vous remerciant encore et en vous souhaitant que vous puissiez promptement retrouver votre vigueur. Bien des amitiés à Martin du Gard ! Croyez, cher Monsieur Gide, à mes sentiments sympathiquement dévoués.

E R Curtius

48. ERNST ROBERT CURTIUS À ANDRÉ GIDE

Marburg, [*mardi*] 16 janvier [*19*]23

Cher Monsieur Gide

Merci de votre aimable autorisation. Hélas ! Monsieur Frisch, le directeur du *Neue Merkur*, tout en exprimant sa reconnaissance à votre égard, m'écrit qu'en raison des difficultés matérielles croissantes il se voit forcé d'interrompre la publication du *Neue Merkur*. Bien des revues allemandes ont été fauchées de la sorte par les fatalités économiques pendant ces derniers mois. Pour le *N[eue] Merkur* (que Frisch espère pourtant pouvoir faire ressusciter plus tard) c'est particulièrement regrettable. C'était une revue indépendante et qui était maintenue à un haut niveau. Avec ça un refuge de l'européanisme. Elle devait donner des extraits de Marcel Proust.

Je viens de recevoir le numéro de *La NRF* consacré à Proust et m'y plonge avec un intérêt passionné et mélancolique. La seule note discordante c'est la lettre de Barrès, si pauvre et inintelligente. Combien plus belle et plus noble est votre attitude – pas même effleurée par la jalousie qu'on perçoit sous les paroles sèches de Barrès[177]. Vous aussi

---

non-respect par l'Allemagne du traité de Versailles quant aux indemnités de guerre. Dans *La NRF*, Jean Schlumberger ne peut s'empêcher de réagir en écrivant l'article « Le sommeil de l'esprit critique », qui paraîtra en tête de la revue le 1er février 1923 (n° 114, p. 469-479). Voir sa lettre à Gide du 19 février 1923 (Gide, Schlumberger, *Correspondance*, *op. cit.*, p. 772-773). La revue dans son ensemble condamnera fermement cette action.

177 Marcel Proust s'est éteint le 18 novembre 1922. Le texte de Barrès à son propos est un hommage en forme de lettre, adressée à Jacques Rivière, d'une page (*La NRF*, 1er janvier 1923, n° 112, p. 22). Celui de Gide s'intitule « En relisant *Les Plaisirs et les Jours* » (*ibid.*, p. 123-126).

vous connaîtrez cette puissance magnifique et soudaine, récompense de celui qui a su attendre.

Mais combien de choses sur Proust qui restent à dire !

Bien vôtre

E R Curtius

49. ANDRÉ GIDE À ERNST ROBERT CURTIUS[178]

[Pontigny, samedi] 1ᵉʳ sept[embre 19]23

Mon cher Curtius

Je ne puis laisser partir la lettre de Desjardins[179] sans y joindre un mot personnel. Combien l'on vous souhaite ici ! Combien l'on vous regrette[180] ! et moi sans doute plus que tous les autres... j'ai cette fatuité sentimentale de le croire.

L'on a donné lecture avant-hier, au cours de l'entretien, de longs passages de votre *Barrès*, que venait de traduire Jean Schlumberger[181] ; c'était une façon de vous associer un peu à notre décade et de diminuer nos regrets.

Je voudrais pouvoir vous dire « à bientôt ». – Veuillez croire du moins à ma profonde estime et à mon inaltérable affection

André Gide

---

178 *[En-tête :]* Abbaye de Pontigny / (Yonne).
179 Lettre non retrouvée.
180 Curtius fut de nouveau invité aux Décades de Pontigny, mais déclina l'invitation en signe de protestation contre l'occupation de la Ruhr. Gide vint assister à la 3ᵉ décade : « Le trésor poétique réservé, ou de l'intraduisible » (23 août-2 septembre). La présence de l'Allemand Heinrich Mann, proche de la social-démocratie, pacifiste déclaré, souleva quelques tensions.
181 De par ses racines alsaciennes, Jean Schlumberger avait appris l'allemand comme première langue. Il traduira par la suite l'article de Curtius « Restauration der Vernunft » [« Restauration de la raison »] (*Neue Schweizer Rundschau*, septembre 1927, p. 856-862).

50. ERNST ROBERT CURTIUS
À ANDRÉ GIDE

Hinterzarten[182], le [vendredi] 7 septembre 1923

Cher Monsieur Gide

Vos lignes si amicales m'ont rempli de joie et de reconnaissance...
et, dois-je le dire, de nostalgie. Vous ne cessez d'être présent dans le
chœur des amis invisibles avec lesquels je m'entretiens. Car, ce qui me
lie à vous, c'est bien plus que l'admiration littéraire.

J'ai encore à vous remercier de votre *Dostoïevski*, si riche d'incitations
et de perspectives neuves[183]. Si je n'ai pas écrit plus tôt c'est que j'ai
traversé des semaines et des mois d'apathie et de fatigue. La vie n'est plus
« *die süße Gewohnheit des Daseins*[184] », comme pouvait l'appeler Goethe.
L'esprit s'engourdit et les nerfs se détendent dans une crise pareille à
celle que traverse mon pays[185]. J'espère pouvoir m'évader pour quinze
jours en Italie (Venise) pour me tonifier un peu[186].

En 1924 je compte fermement venir à Pontigny, au mépris des scrupules qui m'ont retenu cette année-ci. Il faut s'affranchir de certaines

---

182 La sœur d'Ernst Robert Curtius, Greda Picht (1889-1971), habitait Hinterzarten pour
    y soigner son fils Georg, qui souffrait d'asthme.
183 L'étude de Gide a paru en 1923 chez Plon, après une publication dans *La Revue hebdo-
    madaire* du 13 janvier au 17 février 1923.
184 « La douce habitude de l'être » : sans doute une référence à *Egmont* (1787), acte V (Goethe,
    Théâtre. introduction d'André Gide, Paris, « Bibliothèque de la Pléiade », 1942, trad.
    Albert Stapfer, p. 545) : « *Süßes Leben! schöne freundliche Gewohnheit des Daseins und
    Wirkens!* » (« Douce vie! chère habitude d'être et d'agir! »).
185 L'Allemagne subit l'une des crises les plus graves de son histoire à la suite de l'occupation
    de la Ruhr et de la chute vertigineuse du cours du mark qui en découla, provoquant une
    hyperinflation sans précédent. L'année 1923 fut surnommée « l'année inhumaine ». Curtius
    écrivait à Jacques Heurgon le 31 juillet 1923 : « Nous traversons une crise tellement
    pénible qu'on se replie sur soi-même et sur son travail. Même le goût de discuter des
    choses littéraires fait défaut dans des temps pareils. Que peuvent me dire des essais de
    jeunes poètes, des jeux esthétiques, quand je vois mon pays et avec lui l'Europe aller à la
    dérive ; quand chaque matin le journal m'apporte des nouvelles funèbres et révoltantes ;
    quand jour par jour je sens augmenter la tension qui devra conduire à une explosion
    – à moins qu'un miracle ou que le bon sens et la bonne volonté n'interviennent. Mais
    l'avènement du bon sens et de la bonne volonté constituerait lui-même un miracle dans
    cette époque égarée et frappée de délire » (BLJD, Ms 15883).
186 Curtius partira effectivement en Italie à la fin du mois.

vertus, fussent-elles patriotiques. Qu'il faut de temps pour former les Européens vraiment libres !

Ceci n'est qu'un *shake-hand*[187]. Je vous écrirai plus longuement en automne. Je n'ai voulu que vous remercier du témoignage d'affection que vous m'avez donné.

Vôtre en toute amitié

E R Curtius

51. ANDRÉ GIDE
À ERNST ROBERT CURTIUS

Cuverville en Caux, [*vendredi*] 4 janvier [*19*]24

Mon cher Curtius

Parmi les souffrances sans nombre, et sans nom, que je sais que vous endurez, il me serait bien pénible que vint rôder quelque soupçon d'indifférence de ma part et de diminution de sympathie. Il est peu d'amis auxquels j'ai plus pensé qu'à vous, en cette fin d'année dernière, et peu pour qui mon cœur ait fait des vœux plus nombreux – car il en est peu sans doute pour qui l'on ait plus de raisons d'en faire.

J'ai eu de vos nouvelles tout récemment par René Lalou, qui, lorsque je l'allai voir, à mon dernier passage à Paris, venait de recevoir de vous une lettre qu'il m'a lue et qu'il estimait la plus intelligente qu'on lui ait écrite sur son livre. Je n'ai pu que souscrire à tout ce que vous en disiez, et admirer la sagesse de votre jugement[188]. – J'ai beaucoup parlé de vous également avec Jacques Rivière qui vient de passer deux jours ici. Je voudrais que vous sachiez bien que nous sommes quelques-uns (combien impuissants, hélas !) sur qui la contagion haineuse n'a pas de

---

187 Un serrement de main.
188 Voir en annexe XII la retranscription de deux lettres adressées par Curtius à Lalou à propos de son roman paru en 1923 *Le Chef : confession lyrique* chez G. Crès et Cie. Voir également Christof Dröge, « Ernst Robert Curtius und René Lalou. Deutsch-französische Fachgespräche », *Lingua et Traditio. Festschrift für Hans Helmut Christmann zum 65. Geburstag*, Tubingue, Narr, 1994, p. 575-591.

prise. Quand me sera-t-il donné de vous revoir ? Ne doutez pas de ma profonde estime et de ma vive amitié.

André Gide

52. ERNST ROBERT CURTIUS À ANDRÉ GIDE

Marburg, le [*jeudi*] 10 janvier 1924

Cher et grand ami,
Votre lettre m'a causé une bien grande joie. Merci ! Vous êtes pour ainsi dire continuellement présent à ma pensée. Il y a quelques semaines j'écrivais une page sur vous destinée au numéro spécial qu'*Intentions* voulait vous consacrer, mais que vous n'avez pas cru devoir autoriser[189]. Plus récemment je me suis replongé dans votre admirable *Dostoïevski* dont je retire à chaque lecture une plus riche moisson. En parenthèse : il faut que je lise Blake[190]. Quelle est l'édition que vous conseillez ? Je manque de bibliographies anglaises. Votre *Dostoïevski* ouvre des possibilités infinies. Que votre interprétation (vous ne faites que l'indiquer) du caractère de Muichkine est suggestive[191]. Et mille autres choses. Quelle gageure que votre tentative d'intégrer Dostoïevski et Blake

---

189 L'existence de la revue *Intentions* fut de courte durée (janvier 1922-décembre 1924). Son jeune créateur, Pierre André-May (1901-1999), y défendait le « classicisme moderne » (Jean Hytier) en littérature et voulait y rendre hommage à ses maîtres, dont Gide faisait partie. (Voir Béatrice Mousli, *Intentions. Histoire d'une revue littéraire des années vingt*, Paris, Ent'revues, 1995.) Un numéro spécial était prévu, mais l'écrivain s'y est opposé. En octobre 1923, Martin du Gard lui écrivait qu'on lui avait également demandé de parler de lui dans la revue (André Gide, Roger Martin du Gard, *Correspondance I. 1913-1934*, éd. Jean Delay, Paris, Gallimard, 1968, p. 230). Voir lettre suivante.

190 C'est pendant la rédaction de ses conférences sur Dostoïevski que Gide a découvert l'œuvre de William Blake, à laquelle il fait référence dans son texte publié.

191 Curtius fait sans doute allusion au fait que Gide présente Muichkine comme un exemple de la dualité propre aux personnages de Dostoïevski, dont les conséquences sont qu'il est « polygame », et n'est pas capable de jalousie : « Je ne voudrais pas incliner la pensée de Dostoïevski. Je ne prétends pas que ces doubles amours et cette absence de jalousie nous acheminent vers l'idée de complaisants partages, – non point toujours du moins, ni nécessairement ; – vers le renoncement plutôt. Encore une fois, Dostoïesvki ne se montre pas très franc sur ce point… » (*EC*, p. 608-609)

dans le classicisme. Mais Goethe n'a-t-il pas concilié le classicisme et la « *Weltliteratur* » ? Que ce livre vous grandit ! Je devrais dire : rend visible votre grandeur, votre stature. Qui, parmi les auteurs français de ce temps, peut se comparer à vous ? Et parmi les esprits européens, qui est plus européen ? Pardonnez-moi ces échappées d'enthousiasme qui peut sembler naïf, mais qui est tellement bien fondé. J'aimerais que vous disiez un jour un mot sur Goethe !

Je tâche de surmonter la dépression par le travail. J'ai sur le chantier un livre qui ferait pendant aux *Wegbereiter*, et qui pourrait porter le titre célèbre « Dix ans après en littérature[192] ». Il comprendra des études sur Proust, sur Valéry, sur Larbaud (que son nouveau volume est exquis[193] !). Lalou et quelques jeunes voudraient que je parle aussi de Romains. Mais il me semble qu'il n'a pas assez de poids. *Lucienne* me semble artificiel, théorique[194].

Je dois donner une conférence à Zurich devant des étudiants, en février. Je parlerai probablement de « l'esprit européen dans la littérature française actuelle ». Je veux maintenir la sérénité, l'intelligence, la compréhension. Je me redis les vers de Goethe :

Du prüfst das allgemeine Walten ?
Es wird nach seiner Weise schalten !
Geselle dich zur kleinsten Schar[195].

---

192 Voir plus haut, lettre 6. Il s'agit de *Französischer Geist im neuen Europa* [*L'Esprit français dans l'Europe nouvelle*] (Stuttgart/Berlin/Leipzig, DVA, 1925) : un texte sur Proust ouvre l'ouvrage, puis, à côté d'articles ayant trait à des questions générales et d'une double série de souvenirs sur Pontigny, figurent deux études sur Valéry et une sur Larbaud. Aux études sur Valéry, Curtius a joint ses traductions de l'*Ébauche d'un serpent*, du *Cimetière marin* et de *Palme*, publiés initialement dans *Der Neue Merkur* (voir plus haut, lettre 17, n. 66).

193 Probablement *Amants, heureux amants…* ; précédé de *Beauté, mon beau souci* et suivi de *Mon plus secret conseil*, paru aux Éditions de la NRF en 1923. La correspondance de Curtius avec Valery Larbaud a été publiée dans le même volume que celles avec Gide et Du Bos (*DFG*).

194 Premier volet de la trilogie *Psyché*, le roman de Jules Romains, paru en 1922, est écrit à la première personne, la disparition du romancier installant le lecteur dans un rapport objectif avec la narration. Voir Olivier Rony, « Jules Romains, romancier du regard subjectif », dans Dominique Viart (éd.), *Jules Romains et les écritures de la subjectivité*, Villeneuve-d'Ascq, Presses universitaires du Septentrion, 1996, p. 59-68.

195 Goethe, *Poésies*, « Vermächtnis » [1827], dans *Sämtliche Werke, Briefe, Tagebücher und Gespräche*, t. II, éd. Karl Eibl, Berlin, Deutscher Klassiker Verlag, 1987, p. 685-686. Traduction libre : « Tu examines les forces qui prévalent / Elles vont décider elles-mêmes de leur voie / Cherche la compagnie du plus petit nombre ». On reconnaît ici un leitmotiv cher à Gide : « Je crois à la vertu des petits peuples. Je crois à la vertu du petit nombre. Le monde sera sauvé par quelques-uns » (« Souvenirs littéraires et problèmes actuels », 1948, dans *SV*, p. 924).

Lu aujourd'hui la suite du *Grain* dans *La NRF*. Et la suite de cette suite ? Mme Mayrisch m'écrit que vous allez publier le texte intégral, en même temps que *Corydon*. Je comprends ce geste si russe, à travers votre *Dostoïevski*. Et pourtant je crains qu'il ne fausse pour longtemps votre situation intellectuelle et morale. Mais vous êtes seul juge de sa nécessité intérieure[196].

Je suis nommé professeur à Heidelberg, et m'y installerai dès avril[197]. C'est la plus belle ville universitaire de l'Allemagne, et une de nos meilleures universités. Je me réjouis de ce changement autant qu'on peut se réjouir de quelque chose actuellement. Ne viendrez-vous pas me voir une fois à Heidelberg ? C'est d'un accès plus facile que Marburg et d'un grand charme de paysage.

Viendrez-vous à Pontigny cette année ? J'aimerais beaucoup y aller. Les raisons pour lesquelles je me suis abstenu en 1923 ne sont plus valables. Je ne veux plus faire aucune concession au nationalisme. On ne le peut plus. « Il faut de nos jours avoir l'esprit européen », disait Mme de Staël en 1813[198]. Aujourd'hui *l'esprit* européen ne suffit pas : il faut le *courage* européen.

Voulez-vous me faire un grand plaisir ? Envoyez-moi *Le Retour de l'enfant prodigue* et les *Souvenirs de la cour d'assises*[199]. Je ne possède pas ces deux volumes, et je voudrais les avoir avec votre signature. Je ne possède pas non plus *André Walter*, mais je sais qu'il est épuisé.

---

196 Des premiers extraits du texte autobiographique *Si le grain ne meurt* ont paru en 1920 et 1921 dans *La NRF*. Un nouveau et dernier fragment est publié dans le numéro du 1er janvier 1924. L'ouvrage sera imprimé dans sa version définitive la même année, mais mis en vente seulement en 1926. – Gide a parlé de *Corydon* avec Curtius lors de leur première rencontre à Colpach (voir plus haut, lettre 18) et lui a fait lire le texte à Pontigny en août 1922 (*CPD*, I, p. 147). Sa publication est bien évidemment une provocation morale à l'époque. Le 26 juin 1924, Félix Bertaux lui écrira à ce sujet : « Quant à l'importance du geste, je la trouve plus grande encore. Était-il opportun, dira-t-on ? Si l'on répond que non, il n'en faudra que plus l'admirer. C'est vraiment sans nulle réserve que j'admire le courage qui l'a dicté. Je ne tremble point en ami peureux, se demandant comment va réagir tel ou tel, je pense simplement que lorsque nous serons tous morts, il sera bon que l'on puisse citer dans le passé cet exemple de courage unique. Il faut à l'humanité des hommes qui l'invitent à ne point mentir, à ne plus se mentir » (Bertaux, Gide, *Correspondance, op. cit.*, p. 32-33).

197 Curtius sera professeur à l'université de Heidelberg de 1924 à 1929.

198 Mme de Staël, *De l'Allemagne*, t. II, éd. Simone Balayé, Paris, Garnier-Flammarion, 1968 [1813], 2e partie, chap. II, p. 50. – Voir à ce sujet l'article de Paul Geyer qui salue ce texte en tant que manifeste fondateur d'une science littéraire et culturelle européenne comparée, dans Anja Ernst et Paul Geyer (éds), *Des images d'Allemagne venues de Coppet* : De l'Allemagne de Mme de Staël fête son bicentenaire, Hildesheim/Zurich/New York, Georg Olms Verlag, 2015, p 97-127 ; et Jacquemard-De Gemeaux, *Ernst Robert Curtius…*, *op. cit.*, p. 62-65).

199 Les deux ouvrages viennent d'être réédités aux Éditions de la NRF.

Je vous envoie tous mes meilleurs vœux pour 1924 et vous prie de croire à mes sentiments bien fidèlement et amicalement dévoués.

E R Curtius

53. ANDRÉ GIDE À ERNST ROBERT CURTIUS

[*Paris, mardi*] 15 janv[*ier 19*]24

Cher ami

Combien votre excellente lettre me touche ! et quel plaisir j'aurais à vous revoir... Je me réjouis de faire part à Desjardins de vos bonnes dispositions à l'égard de Pontigny, car je sais combien il regrettait votre absence cette année, ainsi que tous ceux qui avaient pu vous connaître. Nous espérons qu'avec vous pourront venir Rilke, Kassner et Gundolf[200]. Mais de ceci nous reparlerons. – J'applaudis à votre nomination à la chaire de Heidelberg. Quel désir j'aurai d'aller vous y voir...

Je viens de vous faire envoyer une belle édition de mon *Enfant prodigue*. Quant aux *Souvenirs de* [la] *cour d'assises*, que vous recevrez également, je ne vous l'envoie qu'à contre-cœur, parce que, dans cette édition, les « huis-clos » sont supprimés – mais dans peu de temps je pourrai vous envoyer une réédition où ils vont être rétablis. Quant au Blake je vais regarder si j'en trouve une édition qui ne soit pas trop ruineuse, et qui soit bonne pourtant. Dites-vous bien que *Le Mariage du Ciel et de l'Enfer* est de beaucoup l'œuvre la plus significative, et que tout le reste y aboutit (ceci dit sans tenir compte du poète merveilleux qu'il était).

Je vous ai dit déjà mon désir de traduire le *Prométhée* de Goethe ; si, cet été, je pouvais le relire avec vous[201]...

---

200 Ami et collègue de Curtius à l'université de Heidelberg, où il enseignait la germanistique, Friedrich Gundolf (1880-1931) était poète, disciple de Stefan George (membre du *Georgekreis*). Sur leurs relations amicales d'abord, puis plus distantes, voir *Friedrich Gundolf. Briefwechsel mit Herbert Steiner und Ernst Robert Curtius*, éd. Lothar Helbing et Claus Victor Bock, Amsterdam, Castrum Peregrini Presse, 1963 et 1964.
201 Sa première lecture remonte à 1892. Il écrira dans son *Journal* à la date du 15 janvier 1929 : « Ces vers du *Prométhée* de Goethe (dans l'étude très intelligente, mais un peu

Et maintenant quelles excuses j'ai à vous faire au sujet de cet article dont vous me parlez, que vous a demandé ce jeune écervelé pour un numéro spécial sur moi, qu'il préparait sans m'en rien dire. – La *première* chose à faire était de me consulter, de savoir si cela me plaisait – bref : de demander mon autorisation… que j'ai *refusée* aussitôt que j'ai eu connaissance du projet – trop tard hélas ! car déjà plusieurs articles étaient prêts. J'ai horreur de ces « mœurs littéraires » d'aujourd'hui, de ces battages et trouve on ne peut plus impertinent ce quémandage d'articles pour « faire mousser » quelqu'un.

Je vous enverrai également le livre de Massis, où il réunit ses articles contre moi. Il faut que vous connaissiez cela. Au revoir. Je me sens très fort votre ami

André Gide

[*en marge de la première page :*]
Ce que vous dites au sujet de J[*ules*] Romains est *parfaitement juste* – ou si vous préférez : je pense exactement de même.

54. ERNST ROBERT CURTIUS À ANDRÉ GIDE

Marburg, [*dimanche*] 20 janvier [*19*]24

Cher Monsieur Gide
Je vous remercie vivement du très grand plaisir que vous m'avez fait. Les deux précieux volumes avec leurs belles dédicaces formeront un trésor de ma bibliothèque et me sont un nouveau témoignage de votre amitié. Je suis un homme sans possessions et m'en trouve content, mais l'amour des beaux livres est un goût dont je ne saurais me défaire.

---

flasque et inefficiente de René Berthelot) sont vraiment aussi bien traduits que possible. Je l'écris en connaissance de cause, m'étant moi-même efforcé souvent de les traduire, y ayant renoncé par suite de difficultés excessives. Il me semble qu'aucun coup de ciseau, pour dégager ma figure intérieure, n'a enfoncé plus avant (même ceux de Nietzsche par la suite) que ne firent, lorsque je les lus pour la première fois à vingt ans, ces vers admirables du *Prométhée*. Rien de ce que je lus de Goethe, ensuite, ne put modifier cette première entaille, mais bien seulement la parachever et je dirais plutôt l'adoucir » (*J*, II, p. 110-111).

J'ai reçu (de la part de l'éditeur) le deuxième volume des *Jugements* de Massis. Vous savez ce que je pense de son attitude vis-à-vis de vous. Mais, même en mettant ceci à part, quel étrange genre de critique ! Qui voudrait démolir à peu près tout ce qu'il y a de neuf, de puissant, d'original dans les Lettres françaises. Massis déprécie tout ce que j'avais proposé à l'admiration dans mes *Wegbereiter.* C'est comme un désaveu qui m'est infligé par la France même. Mais est-ce vraiment la France ? Combien y a-t-il de Frances différentes, et quelle est la vraie[202] ? Vous savez que mon siège est fait. Pourtant, quel singulier pays !

Croyez, cher Monsieur Gide, à mes sentiments amicalement et respectueusement dévoués.

Ernst Robert Curtius

55. ERNST ROBERT CURTIUS À ANDRÉ GIDE

[*Marburg, dimanche*] 27 janvier 1924

Cher ami

Je vous avais déjà remercié de votre beau cadeau quand votre lettre m'est parvenue. Elle m'apporte de nouvelles raisons de reconnaissance. J'espère donc vous voir à Pontigny – *and how I do look forward to that meeting*[203]. (Je suis toujours gêné quand je veux exprimer en français l'idée de « *sich auf etwas freuen*[204] », « *to look forward to* ». Il me semble qu'il n'y

---

202 À ce sujet, il écrit à René Lalou le 27 janvier 1924 : « Je me demande souvent si la France n'est pas le pays le plus divisé spirituellement qui existe. Les Anglais ont un centre spirituel en Shakespeare. Pour nous, c'est Goethe. Pour la France évidemment c'est le siècle de Louis XIV […]. Mais à partir du XVIIIᵉ siècle, il n'y a plus d'unité. Il y a une France voltairienne, et une France antivoltairienne. Le même combat autour de Rousseau, du romantisme, de Renan, de Gide ! Il est bien malaisé de s'y reconnaître pour un étranger. Massis a "éreinté" tous les auteurs que j'ai signalés (dans les *Wegbereiter*) à mes compatriotes comme les représentants authentiques de la France d'aujourd'hui. S'il était lu chez nous, on pourrait à bon droit me reprocher de m'être trompé et d'avoir induit en erreur mes lecteurs » (*Briefe*, p. 157). Cette idée sera reprise et développée ultérieurement dans son *Essai sur la France : Frankreich*, t. I : *Die französische Kultur* (Stuttgart, DVA, 1930).

203 Et combien j'attends impatiemment cette rencontre.

204 « Se réjouir de ; être ravi de pouvoir ».

a pas d'expression qui corresponde.) Au sujet de Pontigny, je n'ai pas
encore écrit à M. Desjardins, du moins récemment. Il y a quelques mois
je lui disais mon espoir de pouvoir m'y rendre. À propos de Pontigny,
j'ai reçu à Nouvel an une très bonne lettre de Mme Bussy. Grâce à elle
je puis un peu suivre – de bien loin, car je n'ai pas le loisir qu'il faudrait – le mouvement littéraire anglais. Elle va m'envoyer régulièrement
le *Times Literary Supplement*, auquel elle est abonnée. Ceci me conduit à
Blake. Ne vous donnez pas de mal à ce sujet. Je pourrai m'en procurer
une édition. Jusqu'ici je ne connais de lui que quelques pièces de vers
recueillies dans le *Oxford Book of English Mystical Verse*. Elles sont assez
déconcertantes, parfois bien près du radotage. Mais ce que vous citez de
Blake dans votre *Dostoïevski* m'engage à lire *Heaven & Earth*. Je viens de
relire l'article de Michel Arnauld sur votre *Dostoïevski*, je le trouve très
désappointant ; professoral. Le critique ne se met pas à votre niveau[205].

Le « jeune écervelé », comme vous l'appelez, qui m'avait demandé un
article sur vous, est Benoist-Méchin. C'est un charmant garçon qui est
venu me voir ici il y a un an. Il était officier à Wiesbaden. Maintenant il
habite de nouveau Paris. Nous avons passé ensemble une journée dont je
garde un exquis souvenir[206]. Comme caractère, c'est un curieux mélange
d'amabilité et de morgue, de *comprehensiveness* et de raideur. Il a été très
lié avec Marcel Proust. Il aime les poètes allemands expressionnistes et la
jeunesse allemande. Mais le nom de Luther le fait entrer dans des rages.
Car il est thomiste, claudélien, et encore mille choses qui me semblent

---

205 La critique est sévère à l'égard de Michel Arnauld, pseudonyme de Marcel Drouin (1871-
    1943), beau-frère de Gide, qui sacrifia l'écriture au profit de l'enseignement.
206 Familier d'Adrienne Monnier et de Sylvia Beach, dans la librairie desquelles il fait la
    connaissance d'écrivains importants, le jeune germaniste Jacques Benoist-Méchin (1901-
    1983) s'emploie lui aussi à favoriser la réconciliation franco-allemande. Il prendra par
    la suite une direction nettement collaborationniste. – Dans ses souvenirs posthumes (*À
    l'épreuve du temps*, t. I, Paris, Julliard, 1989, p. 143 *sqq.*), Benoist-Méchin raconte pourquoi
    et comment il rentra en contact avec Curtius : s'étant étonné que Proust ne figurât pas
    parmi les auteurs étudiés dans les *Wegbereiter*, le jeune homme demanda à rencontrer
    l'universitaire. Proust était absent de cet essai car, outre le fait que ses préoccupations
    étaient alors très éloignées de la vie quotidienne des Allemands, il n'était pas traduit
    dans leur langue. Par ailleurs, Curtius n'osait s'adresser à Proust pour une quelconque
    traduction, car il ne pouvait lui offrir aucune rémunération décente en échange. Benoist-
    Méchin se proposa de faire lui-même cette demande de traduction. C'est donc grâce
    à Curtius qu'il fit la connaissance de Proust. Il était alors en poste à Wiesbaden, à la
    Commission interalliée des chemins de fer de campagne. Il traduira le texte de Curtius
    Die französische Kultur [*Essai sur la France*] pour Grasset en 1932.

difficilement conciliables. Il vient de traduire *Verdun*, un roman de Fritz von Unruh, que j'aime beaucoup, bien que ce soit tout à fait « *Sturm und Drang*²⁰⁷ ». Il a aussi écrit un article sur moi, destiné à la *Revue de France*, mais qui, paraît-il, ne peut pas être imprimé parce que B[*enoist*]-M[*échin*] approuve mon attitude vis-à-vis de Barrès ! Ce qui ne fait que m'amuser, car je me passe très bien de publicité bien que je me réjouisse quand mes livres sont signalés sympathiquement aux lecteurs français.

Je comprends que vous n'ayez pas voulu autoriser le numéro spécial. Pourtant, n'est-ce pas un surcroît de délicatesse ? Dans votre cas il ne s'agit vraiment pas de « faire mousser » un auteur. Votre position vous est acquise malgré tous les Béraud²⁰⁸ et Massis du monde. Je viens de recevoir l'exemplaire des *Jugements* que vous avez bien voulu me faire envoyer. L'éditeur (ou l'auteur ?) me l'avait déjà adressé. Je vous ai dit ce que j'en pense.

Benoist-Méchin m'intéresse parce qu'il est le seul critique français qui connaisse l'Allemagne d'après-guerre, qui la regarde avec sympathie et qui sache « situer » à peu près nos valeurs littéraires. Il comprend et admire Hölderlin, George, Th[*omas*] Mann et les jeunes (dont il s'exagère peut-être un peu l'importance). Il est aussi, je crois, très lié avec Valery Larbaud et avec Romains. Il est très jeune et un peu tumultueux. Mais je ne vois que lui en France qui pourrait écrire le livre qui ferait pendant à mes *Wegbereiter* – pourvu qu'il s'approfondisse et se discipline un peu. Vous devez du reste savoir qui c'est puisqu'il a donné dans *La NRF* une traduction de Unruh²⁰⁹.

---

207 Littéralement « Tempête et passion ». Avant son emploi métaphorique, il s'agit d'un mouvement politique et littéraire, inspiré de Shakespeare et Rousseau, qui coïncide en Allemagne entre autres avec les années de formation de Goethe, notamment pendant sa période strasbourgeoise (avant 1770, autour de Herder), au cours de laquelle il publie le drame historique *Götz von Berlichingen* et le roman *Les Souffrances du jeune Werther*. – Sur le roman *Opfergang* de Fritz von Unruh (1885-1970) et sa traduction française, voir Eryck de Rubercy, « Fritz von Unruh : Verdun ou le chemin du sacrifice », *Revue des Deux Mondes*, octobre-novembre 2014, p. 126-135.
208 Prix Goncourt en 1922 pour *Le Martyre de l'obèse*, Henri Béraud (1885-1958) attaqua moins Gide que l'équipe de *La NRF* dans plusieurs critiques qu'il réunit en 1923 sous le titre *La Croisade des longues figures* (Éditions du Siècle). Gide ne prit jamais au sérieux ses agressions, qui dénonçaient pêle-mêle l'esprit huguenot de la revue, le sens des affaires de la rédaction ou encore un certain snobisme. Après une nouvelle algarade, en mai 1923, Gide envoya une grande boîte de chocolats à Béraud, accompagnée de quelques lignes (voir *J*, I, p. 1217).
209 Fritz von Unruh, « Fragments d'un Journal de guerre », trad. Jacques Benoist-Méchin, *La NRF*, n° 108, septembre 1922, p. 276-286.

J'ai longuement pensé à vous en relisant les pages (dans le *Dostoïevski*) où vous parlez de celui qui se sacrifie pour «ouvrir les portes», comme dit Kirilloff[210].

À vous bien sincèrement et amicalement

E R Curtius

56. ANDRÉ GIDE À ERNST ROBERT CURTIUS

[*Paris, vendredi*] 16 mai [*19*]24

Cher ami

J'ai été bien heureux d'avoir de vos nouvelles par Jacques Rivière, qui garde le meilleur souvenir de sa rencontre avec vous à Colpach[211]. Je me désolais de n'avoir pu vous y rejoindre, et d'autant plus que je crains bien de ne pas assister aux Décades de Pontigny cet été. Je n'ai pas encore osé le dire à Desjardins, qui comptait beaucoup sur ma présence, mais je crains le long dérangement que cela me causerait, ayant le plus grand besoin de tranquillité pour mener à bien le long roman que je suis en train d'écrire et que je voudrais, sinon terminer complètement, du moins avancer beau-coup avant l'automne[212]. Je ne désespère pourtant pas de vous voir; s'il m'était possible de vous retrouver en Allemagne, fin août ou septembre... dites-moi où vous serez alors, avant ou après Pontigny. Je compte passer le mois d'août en Belgique; de là j'irais sans doute à Colpach, et à Colpach je me sentirais déjà très près de vous. J'aimerais vous revoir. Je vais laisser paraître mon terrible livre[213] vers le 10 juin. Bien que mon intention soit de ne le donner à personne (pour ne point *gêner* ceux qui le recevraient et

---

210 *Les Possédés*, cité par Gide dans son «Dostoïevski, VI» (*EC*, p. 649).
211 La bibliothèque de Bourges conserve la lettre que Curtius adresse à Rivière le 25 avril 1924 (fonds Jacques Rivière, JR b.3 Cu / b 40 / m 31), dans laquelle on lit: «Je garde le meilleur souvenir de notre séjour à Colpach. Vous avez dû sentir combien j'ai été heureux de vous rencontrer. J'espère que ces rencontres se répèteront, soit dans le Grand-Duché, soit en France, soit en Allemagne» (f. 4). À Rychner, il fait un portrait plus réservé (voir introduction, p. 18).
212 *Les Faux-Monnayeurs*.
213 C'est-à-dire *Corydon*.

croiraient devoir m'en remercier), j'en mettrai à votre disposition particulière autant d'exemplaires que vous en pourrez souhaiter.

Je vous fais envoyer à présent deux autres livres – un recueil d'articles :
Incidences, et une réimpression de mes *Souvenirs de* [la] *cour d'assises*. Vous
m'écrirez si vous en désirez quelques autres exemplaires, dans le cas où
vous connaîtriez des personnes que cela puisse intéresser, ou me donnerez
les noms de ceux à qui vous souhaiteriez que je les envoie. – J'en adresse
déjà à Rilke, à Kassner, à Th[*omas*] et à H[*einrich*] Mann.

Quel plaisir j'aurais à vous voir à Heidelberg ! Êtes-vous content
de votre nouveau public ? – Je viens de passer un mois à Roquebrune,
chez les Simon Bussy. Vous savez que Madame Bussy garde de vous le
souvenir le meilleur[214]. C'est elle qui me donne votre nouvelle adresse.
– Avez-vous eu connaissance de l'article ci-joint – que je garde pour
vous depuis longtemps[215] ?

Ne manquez pas de lire dans *La NRF* de mai l'article du jeune
Fabre-Luce ; un autre fragment de son livre, que nous éditons, paraît
dans *La Revue de Genève*[216] (mai).

Et déjà l'orientation nouvelle de la politique semble une réponse à
nos préoccupations. Les voix, étouffées depuis si longtemps, vont-elles
enfin pouvoir se faire entendre ? Je commence à le croire, après l'avoir
si vainement espéré[217].

Au revoir. Ne doutez pas de mes sentiments bien fidèles. Amicalement
votre

André Gide

---

214 Dorothy Bussy et Curtius se sont rencontrés à Pontigny en 1922.

215 L'article est malheureusement manquant, et non identifiable.

216 Alfred Fabre-Luce, « Sur l'idée de victoire », *La NRF*, n° 128, 1ᵉʳ mai 1924, p. 538-576. Son
livre s'intitule *La Victoire* (Paris, Éditions de la NRF, 1924). Dans ce premier ouvrage, le
jeune journaliste Alfred Fabre-Luce (1899-1983) désigne ouvertement ceux qu'il considère
comme responsables de la guerre, à commencer par Raymond Poincaré.

217 Le 11 mai 1924, les élections législatives en France ont rendu majoritaire à l'Assemblée l'alliance
du « Cartel des gauches » (radicaux et socialistes). Cette victoire signe la condamnation de la
politique étrangère de Poincaré, en particulier l'occupation de la Ruhr. Voir lettre suivante.
Trois jours plus tard, Curtius écrit à ce sujet à Jacques Heurgon : « Comme vous je suis
très heureux du résultat de vos élections, et j'y vois comme l'aurore d'une nouvelle journée
européenne. Faisons notre possible, chacun dans son camp, pour écarter les fumées qui
pourraient l'obscurcir. Espérons qu'à cette aurore succède une claire matinée, un radieux
midi. Une chance est offerte aux hommes de bonne volonté. / Il y aura sans doute encore
bien des difficultés à surmonter. Mais nous avons une nouvelle base pour notre travail, et
la confiance nous est permise. Elle décuplera notre force et nos efforts. » (BLJD, Ms 15889)

57. ERNST ROBERT CURTIUS À ANDRÉ GIDE

Heidelberg[218], Scheffelstrasse 4

[*Mercredi*] 21 mai 1924

Cher ami

J'ai été très heureux d'avoir de vos nouvelles et vous remercie beaucoup de votre bonne lettre. *You will be sadly missed at Pontigny – above all by me*[219]. Mais en tout cas j'espère vous voir au commencement de septembre – soit à Colpach, soit ici. Quel plaisir j'aurais de vous voir à Heidelberg, je crois que vous vous y plairiez. C'est un paysage charmant, aux lignes nobles et douces, et pour moi ce changement de résidence équivaut à une délivrance. Ici, tout est plus humain, plus vivant. Une entière liberté, évidemment, ne me serait donnée que si je quittais l'Université, ce qui est impossible.

Je me suis beaucoup lié avec un jeune peintre et graveur sur bois qui s'appelle Ewald Dülberg[220]. Il est un de vos fervents admirateurs. Il avait entrepris, pour son plaisir, une traduction de *La Symphonie pastorale* qu'il a dû abandonner parce qu'il avait perdu son manuscrit et le volume français lors d'un déménagement. Je lui ai procuré un nouvel exemplaire de votre ouvrage. Il m'a chargé de vous demander si vous l'autoriseriez à traduire votre œuvre. Je crois que vous lui feriez un grand plaisir en

---

218 Curtius a déménagé à Heidelberg fin mars.
219 On vous regrettera beaucoup à Pontigny – surtout moi. – Curtius arrivera à Pontigny le 19 août, et y fera une intervention remarquée sur Stefan George. Voir Jacquemard-De Gemeaux, *Ernst Robert Curtius…, op. cit.*, p. 76-77. Il fera un compte rendu dans le *Frankfurter Zeitung* : « Pontigny 1924 » (19 septembre 1924, p. 1). Curtius insiste sur le côté véritablement européen des Décades et loue également leur portée humaniste. Ajoutons que c'est l'élite qui s'y donne rendez-vous ; la politique, elle, agira de plus en plus contre celle-ci, dans un irrationalisme grandissant.
220 De la même génération que Curtius, le peintre et dessinateur allemand Ewald Dülberg (1888-1933) fut un membre fondateur de la Sezession de Darmstadt, créée en 1919 dans le but de donner un nouveau souffle au monde artistique. Homme aux talents multiples, attiré par la scénographie et les décors, le tissage, la sculpture et la gravure sur bois, Dülberg est alors professeur d'arts graphique et textile à la Staatlichen Kunstakademie de Kassel (il enseigna aussi à la Bauhochschule de Weimar). Curtius écrira un article à son propos : « Ewald Dülberg », *Kölnische Volkszeitung*, 23 mars 1932.

lui envoyant *Incidences* et *Souvenirs de la cour d'assises*. Quant au « livre terrible », je ne sais pas. Mais vous me l'enverrez à moi, n'est-ce pas ? Un exemplaire à mon usage personnel, et deux ou trois que je distribuerai ? Dülberg a 35 ans, il est professeur à Kassel[221]. Adresse : Kassel, Kunst-Akademie.

Le chapitre de Fabre-Luce dans *La NRF* m'a beaucoup impressionné. Et les élections ! On s'est tellement habitué à vivre sous le poids de fer de la réaction qu'on ose à peine croire à l'espoir nouveau qui semble se faire jour. Et pourtant ! Il est permis d'espérer et je le fais de grand cœur.

J'ai voulu faire venir vos *Morceaux choisis* pour Dülberg (qui vit dans une situation assez gênée) mais n'ai pu les obtenir, le livre étant en réimpression. S'il vous en reste un exemplaire dont vous puissiez vous priver, envoyez-le à Dülberg (qu'il ne faut du reste pas confondre avec un littérateur médiocre du même nom).

Que dites-vous de Max Jacob et d'Aragon ? Je leur trouve un talent et une originalité indéniables et ils me semblent plus intéressants que beaucoup d'autres qu'on couvre de fleurs[222].

Donnez-moi de temps en temps un signe de vie, voulez-vous ? Et pour l'automne, j'y compte ! Je passerai ici une grande partie des vacances, ayant beaucoup à travailler.

Croyez, cher ami, à mes sentiments bien fidèlement dévoués.

E R Curtius

---

221 Curtius écrit « Cassel », selon l'ancienne habitude, en France, de franciser les noms des villes allemandes.

222 Si Curtius n'a rien écrit sur le poète Max Jacob (1876-1944), il fera paraître l'année suivante un article sur le jeune Louis Aragon (1897-1982) dans *Literarische Welt* (13 novembre 1925, p. 43), traduit en français dans *La Revue nouvelle* du 15 janvier 1926. Alors que Gide manifeste peu d'enthousiasme pour ce représentant du mouvement Dada, Curtius ne cache pas son admiration pour l'auteur d'*Anicet ou le panorama* et du *Libertinage* : « Lors de la première rencontre avec ses livres, on sent le fluide indéfinissable d'un talent fort et authentique. Et l'on sait : ce nom va rester » (*ibid.*).

58. ERNST ROBERT CURTIUS À ANDRÉ GIDE[223]

[Heidelberg, dimanche] 6 juillet *[19]*24

Cher ami

J'ai reçu *Corydon* et je suis flatté de le posséder dans cette élégante édition sur Hollande. C'est une charmante attention de votre part et à laquelle je suis bien sensible. Quand vous viendrez à Heidelberg, vous me mettrez une dédicace, n'est-ce pas ?

J'ai lu votre œuvre d'un trait. Pour moi, l'impression qui surnage est celle d'une lumineuse sérénité qui imprègne de noblesse et de grandeur le livre entier. Vous avez su traiter votre sujet avec une élévation qui devrait inspirer le respect aux esprits loyaux et réduire au silence ceux qui seraient tentés de « rigoler » ou de vous injurier. Je ne me figure pas que ce livre puisse donner matière à un scandale. Plutôt, au silence[224].

Je voudrais que Diderot eût pu vous lire. Vous avez l'audace scientifique et philosophique du XVIIIᵉ siècle, vous partagez sa confiance en la « Nature ». Mais vous y joignez la gravité des grands modernes (je songe à Baudelaire, à Dostoïevski) qui ont exploré les paysages de l'âme. Cela produit un pathétique qui émeut.

Votre théorie, selon laquelle l'instinct sexuel ne serait pas dirigé dès l'abord vers la procréation, mais flottant, indéterminé, dynamisme pur, me semble confirmée par certaines vues de Freud. Ne dit-il pas que la « libido » passe normalement par une série de tâtonnements avant de se fixer ? En tout cas, Freud aura déblayé le terrain pour vous et préparé les esprits sérieux à examiner sans prévention votre pensée[225].

---

223 [*En-tête :*] Professor Dr. Ernst Robert Curtius / Heidelberg, Scheffelstrasse 4.

224 Prédiction qui s'avèrera on ne peut plus vraie : Gide souffrira du silence et de l'insuccès critique entourant la parution de son essai, qui pourtant comptera plus de 13 000 exemplaires vendus en deux ans. Voir Lestringant, *op. cit.*, p. 214-219. Maria commente : « [...] le silence fait autour de *Corydon* a dû le décevoir profondément ; ses ennemis le firent par tactique et ceux qui désapprouvaient sincèrement ce livre évitèrent le scandale d'en parler » (*CPD*, I, p. 209).

225 *Corydon*, à la genèse longue, était aux yeux de Gide son ouvrage le plus important. Au vu des préjugés de l'époque, c'est un livre courageux. Après plusieurs éditions privées, il est publié en 1924 et se présente sous la forme de quatre « dialogues socratiques » qui se réfèrent tantôt à l'Antiquité, tantôt à l'histoire naturelle, tantôt à la sociologie et qui sont

La partie la plus attaquable de votre livre me paraît celle où vous affirmez qu'à toutes les grandes époques de l'art correspond une expansion de l'uranisme. N'est-ce pas généraliser trop hardiment ?

Mais ce n'est pas pour critiquer que je vous écris, c'est pour vous remercier et pour vous exprimer la profonde impression que m'a causée votre livre courageux, noble, harmonieux.

Veuillez croire, cher ami, à mes sentiments d'admiration et de fidèle dévouement.

E R Curtius

Vous verrai-je à Colpach, après les Décades ?

59. ANDRÉ GIDE À ERNST ROBERT CURTIUS

Cuverville en Caux, [*lundi*] 15 sept[*embre 19*]24

Mon cher ami... et je donne à ce dernier mot son plein sens ; quels souvenirs ! Tout cela tourbillonne en moi dans une chaude lumière, triomphant du maussade automne où nous nous enfonçons[226].

J'envoie à Colpach un absurde article du dernier *Mercure* (reçu ce matin) où vous êtes stupidement pris à partie[227]. Je n'ai du reste fait que le parcourir. Madame M[*ayrisch*] vous le renverra si vous avez déjà quitté le Grand-Duché.

---

tous une plaidoirie en faveur de l'homosexualité fondée ici sur une morale d'émulation empreinte de respect pour l'autre.

226 Contrairement à ce qu'il écrivait à Curtius peu avant, Gide s'est finalement rendu à Pontigny, pour la décade « L'Acquis du XIXᵉ siècle dans l'ordre de l'intelligence », du 19 au 29 août. Cette année est marquée par la présence nouvelle de Bernard Groethuysen. Voir *CPD*, I, p. 204-207. Plusieurs participants, dont Curtius et Gide, se sont ensuite retrouvés à Paris, puis pour un week-end à Chartres les 5 et 6 septembre.

227 Il s'agit de l'article de Jean Maxe intitulé « Les relations intellectuelles franco-allemandes » (*Mercure de France*, n° 630, t. CLXXIV, 15 septembre 1924, p. 686-706). L'auteur y entérine l'échec de la reprise des liens entre les deux pays, d'où que vienne, géographiquement ou idéologiquement, la main tendue. Et, pour la sphère intellectuelle, de fustiger d'abord le cercle d'André Gide et la position de *La NRF*, ensuite ceux qui ont répondu à celle-ci, à commencer par Curtius.

Et par le même courrier je reçois ceci (ci-joint), qui m'inquiète. L'écriture est d'un maître d'école. Méfiez-vous. Je réponds que, à la campagne, je n'ai sous la main aucun de mes livres – et n'envoie rien[228]. Si je ne filais bientôt au Congo, c'est à Heidelberg, près de vous, que je voudrais finir ces vacances[229]. Je vous l'ai dit ; mais je me le redis chaque jour.

Au revoir. Croyez à mes sentiments bien fidèles.

André Gide

60. ERNST ROBERT CURTIUS À ANDRÉ GIDE

Heidelberg, Scheffelstr. 4
[*Mercredi*] 17 sept[*embre 1924*]

Mon cher ami

Merci de votre mot. Vous m'avez devancé ; c'était moi qui allais rouvrir notre correspondance.

La lettre que vous me communiquez de M. Sénéchal n'a aucune importance. C'est un cuistre de province qui me harcèle depuis des années, tantôt par des réprimandes, tantôt par des « *satisfecit* ». Il y a comme ça quelques personnes en France (inconnues de tout le monde) qui me contrôlent et auxquelles je réponds le moins possible. Ce sont en général des professeurs[230]. Moi, je hais la pédagogie sous toutes les

---

228 Voir lettre suivante.
229 La date de départ initialement prévue pour son grand voyage en Afrique noire est le 6 novembre.
230 Professeur d'allemand, l'homme de lettres Christian Sénéchal (1886-1938) traduisit notamment des œuvres de Keyserling. Membre dirigeant de la Ligue d'études germaniques, il fut un autre artisan du rapprochement franco-allemand par le biais du dialogue entre les littératures des deux pays. C'est lui qui écrira quelques mois plus tard un article sur Curtius pour *La Vie des peuples*, introductif à sa longue étude sur Gide (« Ernst Robert Curtius », février 1925, p. 255-266 ; voir plus bas, lettre 70, n. 264), article caractérisé par sa franchise et son étendue (il y aborde autant les études littéraires de Curtius que son attitude politique). Une controverse opposera ultérieurement les deux hommes autour du Deutsch-Französische Gruppe, voir Hans Manfred Bock, « Otto Grautoff et la Société franco-allemande de Berlin », dans Bock et Krebs (éds), *Échanges culturels et relations diplomatiques…*, *op. cit.*, p. 69-103, ici p. 83.

formes, parce qu'elle fausse l'esprit nécessairement. Elle *utilise* les valeurs spirituelles ; rien de plus odieux. Je n'ai pas encore vu l'article du *Mercure* dont vous me parlez. Peu m'importe ce qu'on pourra dire contre moi. J'ai très peu d'ambition. La notoriété que j'ai pu acquérir en France et en Allemagne me suffit amplement. J'aime le silence et la vie cachée. Si mes travaux valent quelque chose, ils le vaudront encore dans vingt ans. Mon seul désir est de réaliser lentement et par étapes successives l'œuvre que je me suis proposée. Je ne compte pas par années, mais par dizaines d'années[231].

J'ai passé ma dernière soirée parisienne avec Menasce : bonheur, sérénité. Un lien s'est formé. J'ai emporté de France de grandes richesses de cœur, inespérées[232]. L'affirmation et l'approfondissement de votre amitié y est pour une très grande part. Mon cœur est pour vous plein de gratitude et d'affection.

Ce n'est pas sans quelque peine que je me suis réadapté au milieu allemand. Je continuais les premiers jours de vivre en France, et je ne veux pas cesser d'y vivre. C'est le pays accueillant entre tous et le

---

231 Phrases lourdes de sens, au vu de son futur « exil intérieur ». Deux ans plus tard, il écrira à Du Bos : « [...] mon besoin grandissant de solitude, de méditation, de retraite, de silence. Je suis hanté par cette idée que le silence vaut mieux que le discours, qu'il conduit plus efficacement aux réalités ultimes que tout "échange de vues". Il est des appels intérieurs auxquels on ne saurait se refuser sans déchoir et sans manquer aux exigences supérieures de la vie intellectuelle. Ceci est pour vous seul. Je vous fais confident d'une évolution intérieure dont votre intuition si délicate et votre âme platonicienne pressentira et respectera, j'en suis sûr, la réalité et la gravité. J'en ai peut-être trop dit » (*DFG*, p. 221). Quand viendra l'heure du nazisme, Curtius s'enfermera dans le travail, la solitude et le silence.

232 Curtius sera très lié au père Jean de Menasce (1902-1973), alors tout jeune, qu'il vient de rencontrer aux Décades de Pontigny en août 1924. Ce n'est qu'à partir de 1938 que leurs relations s'affermiront, jusqu'à la mort de Curtius. Fils du chef de la communauté juive d'Alexandrie, où il est né, Jean de Menasce se convertira au catholicisme en 1926, entrera chez les Dominicains et sera ordonné prêtre en 1935. Loué pour ses qualités humaines exceptionnelles, ce grand érudit, historien des religions et philologue, se verra attribuer en 1949 la chaire de l'École pratique des hautes études des « Religions de l'Iran ancien », spécialement recréée pour lui. Voir Philippe Gignoux, « Jean de Menasce (1902-1973) », *École pratique des hautes études, 5ᵉ section, Sciences religieuses. Annuaire*, t. 82, Fascicule II. Vie de la Section : année 1973-1974, 1973, p. 45-49, et Lange, *« In Ihnen begegnet sich das Abendland »*, *op. cit.* Voir également, du même : « L'héritage épistolaire d'Ernst Robert Curtius », *Littérature*, n° 81, février 1991, p. 111-124 (où Lange publie un lot de lettres postérieures à 1944) : « Correspondance E. R. Curtius — Jean de Menasce (1945-1947) : autour de *La Littérature latine et le Moyen Âge européen*. » – Grâce à Charles Du Bos, Curtius a pu faire la connaissance de Paul Valéry à Paris début septembre, qu'il avait pensé rencontrer à Pontigny.

moins pédant. Je ne pourrai plus m'en passer, ne pouvant m'enfermer dans les bornes d'une seule nationalité, et désirant toujours « assumer le plus possible d'humanité[233] ». La plupart des hommes ne se sentent à l'aise que dans des entraves – qu'ils se forgent eux-mêmes au besoin, et qu'ils voudraient imposer aux autres. Combien plus beau un vol libre, illimité. Ce désir, n'est-il pas l'impulsion même de votre œuvre ? Je suis amoureusement impatient de la voir s'enrichir, cette œuvre ; se compléter, s'épanouir dans la vaste floraison des *Faux-Monnayeurs*. Les chapitres que vous m'avez lus sont un gage que j'emporte et me font vivre dans une attente pleine de bonheur et de sollicitude.

Au revoir mon cher ami – au revoir à Heidelberg, j'espère. Peut-être avant, à Paris ?

Bien fidèlement vôtre

Ernst Robert Curtius

61. ERNST ROBERT CURTIUS À ANDRÉ GIDE[234]

[*Heidelberg, mardi*] 7 avril [19]25

Cher ami

Voici encore un article sur *Corydon*. Je n'en devine pas l'auteur. Vous voyez que votre livre agit – action lente sans doute, mais sûre. Un jeune Américain d'Oxford qui passe ici ses vacances m'en a aussi parlé. Il est en train de partir pour Paris. Y êtes-vous ? Je crois que vous auriez plaisir à le connaître[235].

---

233 Citation extraite des *Nourritures terrestres* (livre I, dans *RR*, I, p. 355).

234 [*En-tête :*] Professor Dr. Ernst Robert Curtius / Heidelberg, Scheffelstrasse 4.

235 Il s'agit du futur critique littéraire et enseignant américain Francis Fergusson (1904-1986) (voir *DFG*, p. 200). Le jeune homme, que Curtius rencontre par l'intermédiaire de Jean de Menasce, participera effectivement aux Décades. En voyage aux États-Unis, Curtius le reverra à la fin de l'année 1949, à Princeton, à l'Institute for Advanced Study, où il dirigera les séminaires sur la critique littéraire jusqu'en 1952 (voir plus bas, lettre 180). Celui-ci écrira en 1954 un texte mettant en regard la pensée de Curtius et celle d'Erich Auerbach, ancien professeur de l'université de Marburg puis enseignant à Princeton également, sur la littérature européenne (sur respectivement *La Littérature européenne*

Quant à moi, je partirai pour Bormes le 13 avril, très heureux d'accepter une invitation de nos amis Mayrisch – et de pouvoir jouir du soleil de la Provence[236]. Je n'ai jamais visité le littoral du Midi.

À chaque fois que je relis la première livraison des *Faux-Monnayeurs* – le numéro d'avril ne m'est pas encore arrivé – j'y découvre de nouvelles finesses. C'est exquis[237].

Vos *Caractères* ont paru, me dit-on. Je les ai commandés, sans succès jusqu'ici.

Croyez, cher ami, à mon admirative affection.

E R Curtius

62. ANDRÉ GIDE À ERNST ROBERT CURTIUS

Bastide Franco[238]
Mercredi [*15 avril 1925*]

Cher ami

Vite un petit mot de bon accueil, que je suis si joyeux d'adresser à Bormes. C'est donc vous que je charge de messages pour les Mayrisch. – J'ai quitté Hyères aujourd'hui même[239], après une consultation d'un spécialiste qui m'a permis une course en auto de deux heures – le temps qu'il faut pour regagner Brignoles où je m'attarde encore quelques jours chez Élisabeth Van Rysselberghe, avant de regagner Paris. Je viens d'avoir, huit jours durant, un diable enragé dans l'oreille ; ç'a été extrêmement

---

et le *Moyen Âge latin* et *Mimesis*) : « Two perspectives on European Literature », *Hudson Review*, VII/1, printemps 1954, p. 119-127.

236 « Le Malbuisson », propriété des Mayrisch à Bormes-les-Mimosas, construite en 1915.

237 *La NRF*, n° 138, 1er mars 1925, p. 260-308. Le numéro d'avril sera dédié à Jacques Rivière, mort brutalement le 14 février, emporté par la typhoïde. La suite paraît en mai, juin, juillet et août (n°s 140, 141, 142 et 143).

238 Située dans le Var, près de Brignoles, La Bastide Franco est un domaine agricole acquis par les Mayrisch et dirigé par Élisabeth Van Rysselberghe (1890-1980), fille unique de Maria et Théo Van Rysselberghe, où elle vit avec la petite Catherine, née en 1923, dont Gide est le père. Les lettres échangées avec Curtius passent totalement sous silence l'existence de cette enfant, dont on ne sait si Gide en a parlé à son ami allemand.

239 Gide était parti quelques jours à Hyères voir Roger Martin du Gard.

douloureux et abrutissant au point que je ne pouvais ouvrir un livre. À la fin l'abcès a crevé, crevant du même coup le tympan ; mais il paraît que je l'ai échappé belle et que j'ai failli avoir encore pis. Naturellement j'ai dû interrompre tout travail. Je ne suis pas encore bien vaillant ; la lettre que voici s'en ressent. Par crainte de la déchirer, je vous l'envoie sans la relire.

Je serai bien surpris, bien déçu, si nos routes ne se croisent pas avant huit jours. Et quelle joie j'aurais de vous revoir. Élisabeth V[*an*] R[*ysselberghe*] et Marc Allégret me chargent pour vous d'affectueux messages.

Votre ami

A. G.

63. ERNST ROBERT CURTIUS À ANDRÉ GIDE[240]

[*Heidelberg, mercredi*] 13 mai [*19*]25

Cher ami

Le précieux envoi que vous venez de m'adresser – le petit livre des *Caractères*[241] – me ramène à ce beau dimanche ensoleillé de Provence qui m'a laissé des souvenirs d'affection, d'harmonie, de joie. Je regrette seulement de n'avoir pu vous dire ni vous demander tout ce que j'aurais voulu[242]. J'avais l'esprit engourdi et empêché. À peine séparé de vous,

---

240 [*En-tête :*] Professor Dr. Ernst Robert Curtius / Heidelberg, Scheffelstrasse 4.
241 *Caractères*, Paris, À l'Enseigne de La Porte étroite, 1925. Ces pages qui réunissent des pensées, de courts portraits de personnages et de brèves observations sur l'artiste, la création littéraire ou encore Freud, seront reprises en 1931 dans *Divers* et en 1937 dans le t. XII des *Œuvres complètes*.
242 Maria relate ce dimanche 19 avril : « J'ai [...] la vision nette d'une radieuse journée où tout était de son plus beau, et les êtres aussi. [...] / Loup et Andrée, en séjour à Bormes, étaient venues déjeuner, emmenant tous leurs hôtes du moment : Curtius, Jane Harrison, Hope Mirrlees ; jamais La Bastide n'avait vu pareille tablée d'amis. Le potager était tout brillant et parfumé des premières fleurs. Nous y passâmes l'après-midi, les uns assis à l'ombre, les autres tournant indéfiniment par couples dans les allées. J'ai vu le chapeau gris de Gide passer et repasser cent fois, tantôt rapproché de Curtius, à qui il semble avoir beaucoup de choses à dire, tantôt penché sur Loup avec qui il parle longuement. Marc s'essayait à tourner un film et Catherine, un peu ahurie par tout ce monde, caressait

j'étais envahi par un vol de pensées inexprimées que je ne pouvais plus vous soumettre. Il m'arrive souvent, malheureusement, que le plaisir de la rencontre ne coïncide pas avec les moments de fécondité intérieure. Inhibition ! Aussi ai-je lu avec un intérêt tout spécial ce que vous dites dans *Caractères* sur d'autres formes de l'inhibition qui, hélas, me sont également familières[243].

Je n'ai pu réaliser mon projet de rentrer par Paris : la Provence m'avait trop longtemps retenu. J'ai parcouru ce pays qui est un peu le vôtre. J'ai vu, par un temps radieux, Avignon, Uzès, Nîmes, le Pont du Gard, Aigues-Mortes, les S[*ain*]tes Maries-de-la-Mer, les Baux, Arles... et suis rentré, riche de visions, de parfums, de paysages. Il n'y a que Lyon que j'ai trouvé triste et maussade. Ces grandes villes françaises qui tâchent d'imiter Paris et qui n'en offrent qu'une image appauvrie, frelatée, sont décevantes. Je suis pourtant content d'avoir vu les beaux Puvis de Lyon – et aussi d'une expérience psychologique trop compliquée pour être redite dans une lettre[244].

Vous sembliez ne pas faire beaucoup de cas des *Caractères*. Modestie ou... ? Erreur en tout cas, il me semble. J'y trouve une nourriture concentrée et merveilleusement accommodée. Certaines phrases vous

---

timidement son premier cheval de bois. Nous prîmes le thé au salon, dans une atmosphère de grande cordialité, puis ceux de Bormes, serrés dans une grande auto, m'emmènent et nous disparaissons dans une grande agitation de chapeaux et de mouchoirs » (*CPD*, I, p. 222-223).

243 « Darius parlait de cette sorte d'inhibition "que nous pouvons constater dans la vie de tant d'artistes, disait-il. Et non point des médiocres ; mais des meilleurs, de ceux que nous admirons entre tous. – Chez la plupart d'entre eux c'est un brusque arrêt de production, un arrêt total ou presque, un arrêt qui dure parfois dix ans – à cette période de vie, précisément, qui, semble-t-il, devrait être la plus féconde. [...] Que se passe-t-il alors ? Je crois qu'à ce moment de la course où, sans qu'il y ait déclin encore, commence déjà le pressentiment du déclin, l'homme d'imagination, l'artiste, en vient à douter si ce qui va bientôt lui échapper pour toujours, n'a pas, après tout, plus de réalité que sa chimère ; ou plutôt, si ce n'est pas pour une chimère qu'il a sacrifié la réalité ; s'il n'a pas fait un marché de dupe et si l'ombre valait la proie. [...] Cette inhibition peut parfois être définitive. Je la crois alors de nature très différente. C'est une sorte de paralysie, non point de la pensée, mais de la faculté d'expression – j'allais dire de la plume – qui ne s'en prend qu'aux meilleurs" » (Gide, *Caractères, op. cit.*, p. 22-24). Curtius relève là une situation prémonitoire : pour Gide, la nécessité d'écrire ne sera plus jamais la même après *Les Faux-Monnayeurs*.

244 Au musée des Beaux-Arts de Lyon, on peut admirer l'ensemble décoratif majeur du peintre lyonnais Pierre Puvis de Chavannes (1824-1898), qui lui fut commandé pour l'escalier monumental : *Le Bois sacré cher aux arts et aux muses*, *Vision antique*, *Inspiration chrétienne*, et un quatrième panneau mettant en scène les allégories de la Saône et du Rhône.

éclairent d'un jour nouveau, d'autres mènent plus loin des idées que nous connaissions en germe. Je suis frappé une fois de plus de l'importance que vous attachez à votre multiplicité. Mais peut-on vivre définitivement sans rassembler en un faisceau les tendances divergentes de l'être ? Pour vous, ce rassemblement, ce recueillement (au sens premier du mot) se fait par la production de l'œuvre d'art. Mais créer, serait-ce vraiment la forme la plus haute de la vie humaine ? Je crois que l'art lui-même ne prend tout son prix qu'en s'intégrant dans un ordre qui n'est plus uniquement esthétique[245].

J'espère que votre roman est en voie d'achèvement et que votre santé est complètement rétablie.

Croyez, cher ami, à mon admirative affection.

E R Curtius

64. ERNST ROBERT CURTIUS, ALINE MAYRISCH, JEAN SCHLUMBERGER ET PIERRE VIÉNOT À ANDRÉ GIDE

[*Colpach, samedi 29 mai 1926*]

Heureux qui comme Ulysse vivra parmi les siens le reste de son âge.

Loup. Curtius. Viénot. Schlumberger[246].

---

245 Curtius saisit bien la richesse incroyable de Gide qui, au lieu de se répéter, se renouvelle sans cesse. « Chacun de mes livres se retourne contre les *amateurs* du précédent. Ceci pour leur apprendre à ne m'applaudir que pour le bon motif, à ne prendre chacun de mes livres que pour ce qu'il est : une œuvre d'art » (Gide, *Caractères, op. cit.*, p. 41).

246 Adaptation des vers de Joachim Du Bellay : « Heureux qui, comme Ulysse, a fait un beau voyage, / Ou comme cesluy-là qui conquit la toison, / Et puis est retourné, plein d'usage et raison, / Vivre entre ses parents le reste de son âge ! » Ce télégramme, signé par ceux qui s'étaient réunis pour la création du Comité franco-allemand d'information et de documentation (voir plus bas, lettre 110, n. 388), était destiné à accueillir Gide pour son retour d'Afrique, où il était parti du 18 juillet 1925 au 14 mai 1926. – Le futur mari d'Andrée Mayrisch, Pierre Viénot (1897-1944), fit carrière dans la diplomatie et dans la politique. Il dirigea le bureau du CFAID de Berlin jusqu'en 1929. Voir Gaby Sonnabend, *Pierre Viénot (1897-1944). Ein Intellektueller in der Politik*, Munich, Oldenbourg, 2005.

65. ERNST ROBERT CURTIUS À ANDRÉ GIDE[247]

[*Heidelberg, fin septembre-début octobre 1926*]

Très cher ami

Il est temps de rompre ce long silence. Vous voici de nouveau rapproché, accessible – ne fût-ce que par lettre. Mais j'espère bien pouvoir vous rencontrer avant longtemps.

En attendant, j'aimerais vous mettre en contact avec un jeune ami, actuellement à Paris (29 av[enue] de Tourville, hôtel Splendid). C'est le fils de Thomas Mann. Il s'appelle Klaus, va avoir vingt ans et a déjà publié des nouvelles, un drame, un roman. Ses débuts ont été très remarqués, et en effet il est très doué. Mais ceci mis à part, je crois que vous le trouveriez sympathique et qu'il vous intéresserait comme représentant je ne dis pas de la jeunesse, mais d'une certaine jeunesse allemande[248].

Je viendrai à Paris soit à la fin d'octobre soit au début de janvier. Vous y trouverai-je ? J'en serais si heureux.

Je vous envoie mes bien fidèles amitiés.

E R Curtius

---

247 [*En-tête :*] Professor Ernst Robert Curtius / Heidelberg, Scheffelstrasse 4.
248 Le jeune Klaus Mann (1906-1949) fit son premier voyage à Paris au printemps 1925. Il y rencontra Gide, ayant amené dans ses bagages une lettre de recommandation transmise par Curtius. Cette visite aurait eu lieu un peu avant le départ de Gide pour l'Afrique ; Mann la situe juste avant la mise aux enchères de sa bibliothèque, qui a eu lieu fin avril 1925, mais la date de juin (voir Klaus Mann, *André Gide et la crise de la pensée moderne*, Paris, Grasset, 1999, p. 27 et 34-39). Le premier roman de Klaus Mann, *La Danse pieuse*, publié l'année suivante, fut considéré comme le premier roman ouvertement homosexuel de la littérature allemande et fit scandale. Voir, en annexe XIII, ce qu'il écrira des rapports entre Gide et Curtius.

66. ANDRÉ GIDE À ERNST ROBERT CURTIUS

Paris, [*mercredi*] 6 octobre [*19*]26

Mon cher ami

Avec quelle joie je reconnais votre écriture ! Il me tardait. J'avais prié Viénot, entrevu à un précédent voyage à Paris, de vous transmettre mes messages et de vous faire part de mes hésitations. Mais l'avez-vous revu ? Il devait vous dire mon grand désir de vous revoir ; vous interroger discrètement, habilement, diplomatiquement... Au diable les diplomaties ; je mets les pieds dans le plat :

Il s'agit pour moi de savoir si ma présence à Heidelberg risquerait de vous gêner. Vous êtes personnage un peu officiel, très en vue et ma personnalité ne peut, hélas ! passer complètement inaperçue. Je ne voudrais pour rien au monde arriver là-bas en indésirable, en importun et comprendrais de reste que vous souhaitiez me revoir ailleurs. Ces considérations luttent contre le vif désir que je cultive en moi depuis des mois. Durant les longues journées de pirogue, de baleinière ou de tippoye, je me suis remis à l'allemand avec délices. J'ai relu les *Affinités électives*[249] et pris un bain de *Second Faust*. Malheureusement je n'avais pas de dictionnaire et de nombreux passages sont demeurés pour moi quelque peu obscurs. J'ai souhaité ardemment comprendre mieux, savoir plus... Bref le rêve a commencé de se former d'un séjour en Allemagne, d'un temps d'études et de perfectionnement. Je m'imaginais près de vous, relisant avec vous les passages les plus admirables (ils le sont tous), et me sentais une âme d'écolier. À quel point ce rêve a pu occuper ma pensée, c'est ce que j'ose à peine vous redire à vous, de crainte que vous n'y voyiez de la complaisance... Ce serait au printemps prochain... Mais sitôt de retour les scrupules l'ont emporté, et sans votre lettre je n'aurais osé vous l'écrire.

De toute manière vous me donnez l'espoir de vous revoir auparavant à Paris. Nous pourrons en parler à loisir[250]. Il va sans dire que je serai à Paris – dussé-je y revenir spécialement pour vous revoir.

---

249 Gide dit à ce moment-là souhaiter les traduire (voir *CPD*, I, p. 233).
250 Curtius sera effectivement à Paris pour le CFAID au moins le 24 octobre. Ils dîneront ensemble en compagnie de Maria Van Rysselberghe, Aline Mayrisch et sa fille Andrée, Marc Allégret, Jean Schlumberger et son fils Marc (voir *CPD*, I, p. 293-295).

Bien affectueusement votre

André Gide

J'espère voir le jeune Klaus Mann ce soir[251].

67. ERNST ROBERT CURTIUS À ANDRÉ GIDE[252]

[S. l., après le 6 octobre 1926]

Cher ami

J'ai eu aujourd'hui la visite d'une dame russe, Mlle Gankine[253], professeur de français à l'université de Moscou, chargée par le gouvernement des Soviets d'étudier à Paris vos méthodes d'enseignement. Elle m'a l'air distingué et sympathique, mais elle m'a surtout touché par un certain dépaysement qu'elle éprouve visiblement en « Europe ». Serait-elle bien accueillie à Paris ? Comment les Français se comportent-ils à l'égard des étrangers ? etc. J'ai répondu de mon mieux, en exaltant l'hospitalité française. Mais j'ai deviné qu'il fallait faire plus, et comme la dame en question est une admiratrice de vos œuvres, je lui ai donné votre adresse et quelques mots d'introduction. Et voilà ! J'espère, cher ami, que vous ne m'en voudrez pas – j'ai cédé à un élan d'attendrissement. Je me disais : voilà une personne de mérite, sevrée depuis douze ans de la culture occidentale, obligée (j'en suis sûr) à une vie laborieuse et besogneuse, émue par la perspective d'un séjour dans la Ville-Lumière, mais dépourvue de relations, timide... Il faudrait l'aider, me suis-je dit ; l'encourager ; lui ménager une belle surprise. Enfin, vous voyez le côté romanesque qui m'a séduit et qui m'a amené à faire un geste généreux – à vos dépens ! Vous m'excuserez, j'en suis sûr. Vous trouverez peut-être moyen d'accorder un quart d'heure à cette compatriote de Dostoïevski. Et si vous ne pouviez

---

251 Il semblerait que non, d'après la lettre de Klaus Mann à Gide du 13 octobre [1926] (voir « André Gide – Klaus Mann : Ein Briefwechsel », éd. Michel Grünewald, *Revue d'Allemagne*, t. XIV, n° 4, octobre-décembre 1982, p. 606).
252 [*En-tête* :] Professor Ernst Robert Curtius / Heidelberg, Scheffelstrasse 4.
253 Transcription incertaine.

pas la recevoir, vous lui écririez peut-être un petit mot et vous la mettriez en relation avec M. Desjardins (ce que j'ai oublié de faire). Je pense beaucoup à vous. En Afrique, mon esprit ne vous suivait que d'un pas incertain. Mais comme il est bon de se retrouver, et de sentir se resserrer ce lien d'amitié qui m'est si précieux. Je compte absolument sur votre visite et vous attendrai avec une grande joie. Ne me désappointez pas en abandonnant ce beau projet !

Vôtre en toute affection

E R Curtius

68. ERNST ROBERT CURTIUS À ANDRÉ GIDE[254]

[Heidelberg] Le [dimanche] 5 déc[embre] 1926

Cher ami

Voici donc cet article « redoutable » sur Les Faux-Monnayeurs[255]. J'ose croire et j'espère de tout mon cœur qu'il ne vous offensera pas. Je peux m'être trompé, je l'accorde volontiers, mais je vous ai lu avec toute la mesure d'attention et de sympathie que peuvent inspirer l'amitié et l'admiration. Je n'ai peut-être pas assez souligné les merveilleuses qualités techniques et artistiques de votre roman. Je me suis surtout placé au point de vue idées. Mais je crois avoir laissé entendre très franchement qu'il s'agissait là d'impressions personnelles, donc subjectives. J'avais du reste communiqué mon manuscrit à Jean Schl[umberger] et ne l'aurais pas imprimé sans son approbation. J'aurais préféré le discuter avec vous – mais vous étiez out of reach[256]. Mais nous reparlerons de ça, si vous le voulez bien, de vive voix.

Savez-vous que je relis Faust à votre intention ? Quand viendrez-vous ? J'ai demandé un congé pour le semestre d'été. Si ma demande

---

254 [En-tête :] Professor Ernst Robert Curtius / Heidelberg, Scheffelstrasse 4.
255 Curtius publie sa critique des Faux-Monnayeurs dans Die Neue Rundschau (décembre 1926, n° 26, p. 22-32). Nous reproduisons en annexe XV une traduction de ce compte rendu important.
256 Inaccessible.

est agréée, je serai absent d'ici pendant une partie au moins de l'été. Mars et avril sont les mois de vacances où vous ne trouveriez personne ici. Est-ce que février vous conviendrait ?

Je viens de lire dans le dernier numéro de *La NRF* votre nouvelle préface aux *Nourritures*. Elle m'a vivement frappé et ému. Que faut-il entendre quand vous dites avoir rallié la doctrine de l'Évangile[257] ? Est-ce que naguère encore vous ne faisiez pas l'éloge de Montaigne pour cette raison qu'il nous met en garde contre la sainteté, cette tentation ? Il est vrai que le désir de sainteté peut étriquer et fausser l'âme – mais il y a l'adoration et la charité qui me paraissent l'essence du christianisme en même temps que le plus bel épanouissement humain. Mais vous savez cela bien mieux que moi !

Croyez, très cher ami, à mon profond et sincère attachement.

E R Curtius

69. ANDRÉ GIDE À ERNST ROBERT CURTIUS

Cuverville, [*jeudi*] 9 décembre [*19*]26

Cher ami

Votre lettre soulève une question si intéressante, que je veux y répondre aussitôt.

Le désir, le besoin de sainteté a occupé, obsédé ma jeunesse. Il me paraît aujourd'hui que ce désir risque « d'étriquer et de fausser l'âme »,

---

257 « Préface pour une nouvelle édition des *Nourritures terrestres* », *La NRF*, n° 159, 1er décembre 1926, p. 771-772 ; reprise dans *RR*, I, p. 444. D'après Pierre Masson (*ibid.*, p. 1339), Gide songea alors peut-être « à une suite de *Si le grain ne meurt*, ou à ce traité, *Le Christianisme contre le Christ*, qu'il n'écrivit jamais ». La sixième réflexion dit ceci : « Certains ne savent voir dans ce livre, ou ne consentent à y voir, qu'une glorification du désir et des instincts. Il me semble que c'est une vue un peu courte. Pour moi, lorsque je le rouvre, c'est plus encore une apologie du *dénuement*, que j'y vois. C'est là ce que j'en ai retenu, quittant le reste, et c'est à quoi précisément je demeure encore fidèle. Et c'est à cela que j'ai dû, comme je le raconterai par la suite, de rallier plus tard la doctrine de l'Évangile, pour trouver dans l'oubli de soi la réalisation de soi la plus parfaite, la plus haute exigence, et la plus illimitée permission de bonheur » (*ibid.*).

comme vous dites fort bien. Ce n'est point tant la sainteté, que nous enseigne l'Évangile, me paraît-il, que l'oubli de soi et le renoncement dans l'amour. Lequel renoncement peut fort bien mener à la sainteté ; mais il ne me paraît point que la sainteté soit obtenue quand on la cherche, car, en son lieu, c'est l'orgueil que l'on trouve, et qui se satisfait dans cette contention même où l'individu s'affirme et s'admire, victime de l'antique sophisme du Serpent : « *Et eritis sicut Dei*[258]. »

J'y voudrais plus de naturel et moins d'effort ; et certains aspirants à la sainteté que nous pouvons voir, nous donnent le spectacle instructif d'une continuelle recherche d'eux-mêmes, et n'agissent et ne pensent et ne sentent qu'avec le besoin constant de leur propre approbation. Je les admire d'autant moins qu'eux s'admireront davantage. Et c'est avec ces mouches artificielles-là que le Malin prend les plus gros poissons. J'admire moins François d'Assise dans son long jeûne, que d'avoir interrompu celui-ci le 29e jour, par crainte de s'enorgueillir à la seule idée de concurrencer le Christ. Contemplez seulement nos nouveaux saints : ce sont les plus égoïstes des êtres. Ils prétendent se rapprocher de Dieu, quand ils se juchent sur un piédestal[259].

Vous m'avez d'abord conseillé de venir en Allemagne au printemps. À présent vous semblez préférer le mois de février ? ? C'est en mai que je serais le plus facilement disponible. Où serez-vous alors ? et serez-vous alors disponible vous-même ?

Bien cordialement votre

André Gide[260]

---

258 « Et vous serez comme des dieux » (*Genèse*, 3, 5), dit le serpent à Ève pour lui donner envie de goûter au fruit de l'arbre défendu par Yahvé. Gide citera cette phrase dans le récit *Robert*, précisément dédié à Curtius : par ces mots, le pieux Robert met en garde sa femme contre le fait de « [considérer] nos âmes non plus comme des vases pour recevoir [la Vérité], mais bien comme des petites divinités susceptibles de la créer » (Paris, Éditions de la NRF, 1930, p. 65). Voir plus bas, lettre 91.

259 Gide pense ici aux convertis de son entourage. Il se fera la réflexion à propos de Du Bos en 1929 : « Je ne jurerais pas qu'à certaine époque de ma vie je n'aie pas été assez près de me convertir. Dieu merci, quelques convertis de mes amis y ont mis bon ordre. Ni Jammes, ni Claudel, ni Ghéon, ni Charlie Du Bos, ne sauront jamais combien leur exemple m'aura instruit. Je me redis cela en lisant des pages de ce monument d'immodestie et d'inconsciente complaisance qu'est le journal de Charlie. De part en part on y respire un étonnant besoin de s'admirer, doublé d'une naïveté telle que tout à la fois elle provoque et désarme le rire » (*J*, II, p. 121-122).

260 La fondation Catherine Gide conserve le brouillon de cette lettre.

70. ERNST ROBERT CURTIUS À ANDRÉ GIDE[261]

[*Heidelberg, vendredi*] 25 mars [*19*]27

Très cher ami

Veuillez prendre connaissance de la lettre ci-incluse[262]. Je suis malheureusement dans l'impossibilité d'écrire un article nouveau. Pour deux raisons : 1°) je suis à la veille de partir pour Berlin et Cologne où je dois donner des conférences. Je serai absent du 28 mars au 3 avril. 2°) je suis complètement absorbé par la préparation d'un livre sur la culture française qu'il faut que j'achève au courant de l'été[263]. Je me suis astreint à une besogne journalière qui dévore le meilleur de mes forces. Je vous admire trop pour m'acquitter par un article écrit au hasard de la plume.

Conclusion (ou compromis) : j'ai proposé à M. Pigot d'insérer un fragment de mon étude sur vous qui a paru – il y a deux ans – dans un périodique peu répandu je crois et qui s'intitulait *La Vie des peuples*[264]. Nous en avons causé – vous le rappelez-vous ? – en avril 1925, chez Mme Van Rysselberghe, au domaine de Franco[265]. Est-ce bien le nom ? Je le crois. Je me rappelle aussi que vous étiez satisfait de la traduction.

Je vous proposerais donc de choisir un fragment de cette étude et de l'indiquer à M. Pigot. Cela vous va-t-il ?

Autre chose. Je sais bien que vous êtes l'être le plus sensible au « divin imprévu » de Stendhal qui soit au monde. Néanmoins je compte sur votre promesse de visiter Heidelberg en mai. Dites-moi, cher ami, si je suis autorisé à y compter. Dites-moi franchement si vous persistez dans vos intentions.

---

261 [*En-tête :*] Professor Ernst Robert Curtius / Heidelberg, Scheffelstrasse 4.
262 La lettre est manquante, mais en substance le directeur des Éditions du Capitole, Gustave Pigot, y demande à Curtius un texte pour l'*Hommage à André Gide* qui paraîtra en février 1928.
263 Curtius prépare alors le volume I de l'ouvrage *Frankreich : Die Französische Kultur, eine Einführung* [*La Culture française, une introduction*]. Le volume II, *Staat und Wirtschaft Frankreichs* [*L'État et l'économie en France*], est écrit par le politologue Arnold Bergsträsser (Stuttgart, Deutsche Verlags-Anstalt, 1930).
264 Ernst Robert Curtius, « André Gide vu par un critique allemand », *La Vie des peuples*, mars 1925, n° 59, p. 402-444. Cette longue étude est une traduction, faite par Christian Sénéchal, de son chapitre sur André Gide dans les *Wegbereiter*, complété de l'article « André Gide nach dem Kriege ». Nous la reproduisons intégralement en annexe XIV. Finalement, Curtius ne publiera rien dans le volume du Capitole.
265 Voir plus haut, lettre 63, n. 242.

Avec vous on ne sait jamais. Mais quelle déception si vous ne veniez pas !
On attend votre présence. Nombre de mes collègues et nombre de mes
jeunes amis espèrent vous voir. Mes projets se modèleront sur les vôtres.
Vôtre en toute admiration et affection

Ernst Robert Curtius

71. ANDRÉ GIDE À ERNST ROBERT CURTIUS

[*Paris, samedi*] 2 avril [*19*]27

Cher ami
Excusez l'importunité du Capitole.
Si j'ai donné votre nom à Pigot, ne voyez là, je vous prie, qu'une
manifestation de ma reconnaissance. La solution-compromis que vous
proposez me paraît excellente et je vais tenter d'y rallier Pigot.
Si fait ! Je reste fermement résolu à passer en Allemagne le mois de
mai. J'arriverai sans doute à Heidelberg entre le 1er et le 6 – après quinze
jours de Suisse. Un mois environ de germanisation, dont huit jours à
Berlin, avant ou après Heidelberg, suivant votre convenance.
À bientôt donc – et très affectueusement

André Gide

72. ANDRÉ GIDE À ERNST ROBERT CURTIUS

Cuverville, [*dimanche*] 10 avril [*1927*]

Cher ami
Excusez cette dactylographie, je vous en prie. Un rhumatisme au
poignet droit m'empêche de tenir la plume. Et ce ridicule papier rose :
je n'en ai plus d'autre ici.

J'ai revu Ch[*arles*] Du Bos avant de quitter Paris. Il m'a laissé croire que vous seriez tout juste rentré de Berlin pour me recevoir, au début de mai. Pour plus de prudence je me propose de n'arriver à Heidelberg que le 12 ; d'autre part mon départ pour la Suisse (où je devrais être déjà) s'est trouvé retardé. Je n'ai pas été très bien, ces derniers temps ; fatigue du cœur et flanchage général des « esprits animaux[266] ». Un mot de vous m'atteindrait soit à Lausanne (poste restante) à partir du 20 de ce mois, soit à Bâle (poste restante) au début de mai... d'où je me propose de gagner directement Heidelberg, et d'où je vous récrirai pour confirmer le jour de mon arrivée et peut-être vous demander de bien vouloir me retenir une chambre. Si par hasard vous vous trouviez encore à Berlin vers le 12 mai, je pourrais peut-être vous y rejoindre et nous gagnerions Heidelberg ensemble[267] ? ? C'est ce que vous m'écrirez. J'ai bien grand désir de vous revoir et j'attends le plus grand profit, je vous l'ai dit, de cette reprise de contact avec l'Allemagne. À bientôt. Croyez à mon affection bien fidèle.

André Gide

73. ERNST ROBERT CURTIUS À ANDRÉ GIDE[268]

[*Heidelberg*] Le [*dimanche*] 17 avril [*1927*]

Cher ami

Je vous attendrai avec grand plaisir le 12 mai. D'ici là j'irai me reposer quelque part à la campagne pour guérir un surmenage. Mais lettres et dépêches m'atteindront toujours, adressées à Heidelberg. On les fera suivre.

Je suis peiné d'apprendre que vous ne vous sentez pas bien. Puisse le séjour en Suisse vous fortifier. Le printemps est toujours, d'après mon expérience, une saison difficile à traverser.

---

266 Remontant à Galien, cette notion réapparaît au Moyen Âge et chez Descartes pour désigner ce qui peut influencer le système nerveux ou le système végétatif.

267 Entre Lausanne et Bâle, Gide séjournera à Zurich, mais renoncera à Berlin. Il retrouvera Curtius à Friburg le 12 mai, et se rendra avec lui à Heidelberg.

268 [*En-tête :*] Professor Ernst Robert Curtius / Heidelberg, Scheffelstrasse 4.

J'apprends que vous me croiriez « converti », c['*est*]-à-dire catholique. C'est un bruit qui reprend régulièrement, mais c'est une erreur. Je suis chrétien, et les mystiques n'ont jamais cessé de m'attirer. Mais je ne pourrai jamais me rallier à l'Église romaine. Mon attitude à son égard est celle des Anglicans et des Églises orientales dites orthodoxes.

Je suis ému et heureux de penser que bientôt je vous verrai dans cette chambre d'où je vous écris et où votre nom a été si souvent prononcé.

Croyez à mon affection bien fidèle et dévouée.

E R Curtius

74. ANDRÉ GIDE À ERNST ROBERT CURTIUS

[*Paris, mercredi*] 8 juin [*19*]27

Ami bien cher

Vos projets n'ont pas changé, n'est-ce pas? Je reste à Paris pour vous attendre. Ne tardez pas à m'écrire quand vous espérez pouvoir venir. Vous laisserez-vous emmener en auto, par Mme de Trévise[269]? Un petit *trip* de trois jours où vous voudrez. Oui, n'est-ce pas? Je m'en promets un si vif plaisir...

Je suis rentré de Heidelberg en si excellente humeur de travail[270], que vous excusez, j'espère, mon silence et ne le prendrez pas pour de l'ingratitude.

Bien fidèlement et profondément votre

André Gide

---

269 C'est-à-dire Yvonne de Lestrange (1892-1977), ex-duchesse de Trévise, rencontrée pendant son voyage au Congo, et qui, depuis, entretient une liaison avec Marc Allégret. Elle invitera régulièrement Gide dans son château de Chitré à Vouneuil-sur-Vienne.

270 « Conversations "infinies", avec Ernst Robert Curtius. Je me sens souvent plus près de lui que peut-être d'aucun autre; et non seulement je ne suis pas gêné par notre diversité d'origine, mais ma pensée trouve un encouragement dans cette diversité même. Elle me semble plus authentique, plus valable, lorsqu'au contact de la sienne je me persuade qu'il n'était pas besoin de telle culture particulière pour la produire et que, partis tous deux de lieux si différents, nous nous retrouvons sur tant de points. Enfin je trouve en lui, dans son regard, dans le ton de sa voix, dans ses gestes, une douceur, une aménité, une bonté comme évangéliques à quoi répond de plus en plus ma confiance » (*J*, II, 12 mai 1927, p. 36). Nous complétons ce souvenir par ceux que mentionne Curtius dans sa lettre à Max Rychner du 15 mai 1927, *cf.* annexe XVI.

75. ERNST ROBERT CURTIUS À ANDRÉ GIDE[271]

[Heidelberg, mardi] 5 juillet *[19]*27

Très cher ami

Je retrouve enfin cette lettre dont la disparition vous avait fourni des raisons si bien fondées pour me taquiner. Mais je vous avais dit que je la retrouverais[272]...

Je suis rentré, pour peu de temps, à Heidelberg. Je tâche de classer mes papiers, mes pensées, mes souvenirs. Les journées que nous avons passées ensemble surnagent dans ma mémoire comme « *eine Reihe völlig schön*[273] » (Goethe). Je refais dans la pensée notre beau voyage[274] et je pense à vous avec une gratitude et une affection bien fortes. Je me sens lié à vous par un lien nouveau. J'ai admiré votre faculté d'exister « entièrement » à tout moment et de vivre chaque instant avec plénitude. Votre exemple m'a instruit et m'aidera.

J'espère vous revoir en France au courant de l'été ou de l'automne[275].

Vôtre bien fidèlement

E R Curtius

---

271 *[En-tête :]* Professor Ernst Robert Curtius / Heidelberg, Scheffelstrasse 4.

272 Allusion obscure.

273 Littéralement : « une série (ou une rangée) parfaitement belle » (Goethe, *Le Divan oriental-occidental*). La traduction de Jean Porchat (1861) donne : « J'ai laissé s'écouler vingt années, et j'ai joui de ce qui me fut donné en partage : période parfaitement heureuse, comme le temps des Barmécides. »

274 Curtius est rentré le 25 juin de Paris, où il a passé deux semaines. Il était venu entre autres assister à la réception à l'Académie française de Paul Valéry le 23 juin à la Coupole. Durant son séjour, il est parti trois jours avec Gide (lui n'en dit rien dans son journal) : « Avec Gide à Rouen & Cuverville, d'où voyage en auto dans le beau pays de Caux, ruines de monastères romans et gothiques dans des parcs verts. Promenade le long du littoral. Station balnéaire merveilleuse à Étretat » (lettre de Curtius à Rychner du 25 juin 1927, reproduite dans Ernst Robert Curtius, Max Rychner, *Freundesbriefe 1922-1955*, éd. Frank-Rutger Hausmann, Francfort-sur-le-Main, Klostermann, 2015, p. 155).

275 Il passe à Paris le 23 juillet, et rejoint le lendemain Jean Schlumberger en Normandie, avec lequel il voyage dans la région. Dix ans plus tard, Schlumberger écrira un article sur leur circuit : « Basse-Normandie » (*Vendredi*, 13 août 1937, p. 7). Il fera aussi un tour de France avec Aline Mayrisch pendant l'été. Voir Aline Mayrisch-Jean Schlumberger, *Correspondance 1907-1946*, éd. Pascal Mercier et Cornel Meder, Luxembourg, Publications nationales, 2000, p. 182-183.

76. ERNST ROBERT CURTIUS À ANDRÉ GIDE[276]

Rome, ce [*lundi*] 26 nov[*embre 19*]28

Cher ami

Je me sens bien coupable envers vous pour avoir gardé un silence qu'il est malaisé de vouloir excuser par des états pourtant trop réels de fatigue nerveuse[277]. Mais je sais que vous êtes fidèle dans vos amitiés et j'espère donc votre pardon.

J'ai obtenu un congé pour tout l'hiver et me suis fixé à Rome pour pouvoir satisfaire un ancien désir et visiter à loisir cette ville à laquelle j'ai dû, jeune, une merveilleuse exaltation[278]. Comme je voudrais pouvoir vous rencontrer ici.

Mais à défaut de cela je voudrais faire une tentative pour vous attirer à Heidelberg, au printemps. Il existe depuis peu à notre université une fondation destinée à promouvoir les échanges franco-allemands (vous trouverez les détails dans la petite notice que je joins à ma lettre). Je suis chargé de vous demander si vous consentiriez à nous donner une conférence à Heidelberg au début du mois de mai. On vous offrirait (excusez-moi d'entrer dans ces détails pratiques) la somme de 400 marks.

Je n'ai pas besoin de vous dire combien je serais heureux de vous revoir et de vous entendre dans notre ville où vous sembliez vous plaire

---

276 [*En-tête :*] GRAND HOTEL DE RUSSIE / ROME / -- / (S.A.T.A.). Curtius aimait la bonne chère et n'hésitait pas à descendre dans les meilleurs hôtels, comme ici à Rome.

277 Depuis la fin de l'été 1927, Curtius souffrait de surmenage et de dépression. Il confesse des batailles contre ses «démons» à son ami Rychner. D'humeur toujours fragile au printemps, il fut encore atteint par le décès accidentel d'Émile Mayrisch en mai 1928.

278 Curtius séjourne à Rome du 27 octobre 1928 au 11 mars 1929. C'est lors d'un voyage en 1912 qu'il a découvert la ville et instauré dès ce moment un lien profond avec elle. Sur l'importance de Rome dans sa vie et sa pensée, voir Frank-Rutger Hausmann, « Ernst Robert Curtius und die *Roma aterna* », *Italienisch*, n° 70, 2013, p. 19-47 ; Jacquemard-De Gemeaux, *Ernst Robert Curtius...*, *op. cit.*, p. 373-382 ; l'article d'hommage de Jacques Heurgon (voir plus haut, lettre 41, n. 163) ; W.-D. Lange, « *Have Roma Immortalis*. L'expérience romaine de Curtius », dans *Ernst Robert Curtius et l'idée d'Europe*, *op. cit.*, p. 287-305, qui cite des extraits de son journal : « Je sentais pour la première fois depuis longtemps la joie d'être à Rome, un bonheur sublime. Je reconnus en toute clarté que j'existe pour sentir la grandeur impériale de Rome [...] » (10 janvier 1929, p. 295-296). Ce journal inédit a été en possession d'Ilse Curtius, mais nous ignorons sa localisation actuelle. – Le 2 janvier 1929, Curtius y sera informé de sa nomination à Bonn (pour une entrée en service à l'automne).

lors de votre premier séjour. Il va sans dire que vous choisiriez le sujet qui vous plairait. Mais peut-être – ce n'est qu'une suggestion – trouveriez-vous intéressant de nous parler de Goethe dont l'œuvre je crois n'a pas cessé de vous solliciter. Mais quelque sujet que vous choisissiez, vous trouverez un public nombreux et attentif.

J'espère avoir des nouvelles de nos amis communs par les Heurgon qui vont prochainement s'installer ici[279]. Puisse cette lettre vous trouver en bonne santé et me valoir une réponse affirmative.

Croyez à ma fidèle et admirative amitié.

E R Curtius

77. ANDRÉ GIDE À ERNST ROBERT CURTIUS

Paris, le [*lundi*] 3 décembre 1928

Mon cher ami,

J'ai pu, en rentrant de Cuverville, voir les Heurgon à la veille de leur départ pour Rome, et savais leur plaisir de devoir vous retrouver là-bas. Combien volontiers je vous y rejoindrais aussi. J'ai tout à la fois grand désir de vous revoir, et redoute presque les conversations trop intimes qui de nouveau remuent toutes les pensées que j'ai si grand mal à mettre en place… Mais, d'ici le mois de mai, j'espère être parvenu à voir un peu plus clair en moi-même ; au fond, je sais très bien (je commence à savoir très bien) ce que je désire, ce que je crois, ce que je veux. Mais il est toujours tellement plus facile de se ranger à une opinion admise, et d'adopter les formules consacrées… Il faut beaucoup de constance et de cramponnement pour délivrer vraiment son message.

Je travaille à présent à un « Montaigne », et vois à son sujet tant de choses à dire, que, peut-être (en plus de l'article à son sujet promis à l'*Histoire de la Littérature française*, que prépare Malraux, et pour laquelle

---

279 L'amitié entre Curtius et Jacques Heurgon, rencontré à Pontigny en 1922, sera définitivement scellée par ce séjour romain, ce que laisse transparaître leur correspondance inédite, fort riche.

Jean Schlumberger a écrit un « Corneille ») – trouverai-je là abondante matière pour une conférence[280]. J'ai, jusqu'à présent, systématiquement refusé ou remis *sine die* tout projet de ce genre (conférences ou lectures) ; mais le plaisir de vous revoir et Heidelberg, dont j'avais gardé si charmant souvenir, me décident. Cher ami, j'accepte, et j'en suis déjà tout heureux.

Je ne vous en dis pas plus aujourd'hui (pour refuser j'aurais eu besoin de plus de phrases). Encore terriblement affairé par mon installation : 1 bis, rue Vaneau[281] (7e), et surchargé de travail, je vous serre la main bien vite, mais bien amicalement votre,

André Gide

78. ERNST ROBERT CURTIUS À ANDRÉ GIDE[282]

[*Rome*] Le [*dimanche*] 9 déc[*embre 1928*]

Bien cher ami

Je n'osais pas espérer que vous accepteriez notre invitation, et j'en suis d'autant plus heureux et reconnaissant. Parlez-nous de Montaigne, si mal connu en Allemagne. Parlez-nous de ce qui vous tient à cœur.

J'ai vu les Heurgon qui se débattent encore avec les difficultés ignorées dans nos pays d'une installation à Rome. Nous avons parlé des amis communs, et je suis très heureux de connaître maintenant dans Rome (où je vois surtout des Anglais[283]) un coin de France. Car malgré ma

---

280 « Montaigne » paraîtra d'abord dans la revue *Commerce* (hiver 1928, cahier XVIII, p. 5-48). C'est cette étude que Gide reprendra à l'identique pour le projet d'André Malraux, *Tableau de la littérature française*, une commande de Gallimard qui le publiera en deux volumes : le premier, *De Rutebeuf à Descartes*, en 1962 seulement, le second, XVIIe et XVIIIe *siècles*, l'ayant précédé en 1939. Un autre article intitulé « Suivant Montaigne » paraîtra dans *La NRF* du 1er juin 1929 (n° 189, p. 745-766). L'ensemble sera réuni par Jacques Schiffrin dans *Essai sur Montaigne* (Paris, Éditions de la Pléiade, 1929).

281 Depuis août 1928, Gide, qui a revendu la villa Montmorency au comte d'Ozouville, est installé dans un appartement situé rue Vaneau, acquis en juin 1927, en même temps que l'appartement voisin acheté par Maria Van Rysselberghe.

282 [*En-tête :*] GRAND HOTEL DE RUSSIE / ROME / -- / (S.A.T.A.)

283 Dans sa correspondance, on croise les noms de C.K. Scott Moncrieff (1889-1930), traducteur de Proust, de l'écrivain américain Thornton Wilder (1897-1975), et de la très

ferveur romaine, la France est plus près de mon cœur, de mon esprit, de mes habitudes que l'Italie.

Je suis heureux d'apprendre que vous êtes en bonne santé et que vous travaillez bien. Suivre votre pensée et son évolution encore imprévisible constitue pour moi une des expériences les plus palpitantes.

Croyez, cher ami, à ma fidèle et admirative affection

E R Curtius

79. ANDRÉ GIDE À ERNST ROBERT CURTIUS

Paris, le [*mercredi*] 30 janvier 1929

Cher ami,

Il faut pourtant bien que je me décide à vous écrire ; mais combien je préférerais ne pas avoir à vous faire part de ce qui suit.

J'avais accepté avec grande joie votre aimable proposition de venir parler à Heidelberg au mois de mai. Depuis, je me suis vu pincé par la grippe. Elle s'est portée, comme il advient toujours chez moi, sur la gorge, et m'a laissé les cordes vocales dans un état déplorable. Je viens de passer huit jours à Alger, où je me suis reposé (j'étais exténué) sans parvenir à me guérir complètement. À présent que je suis de retour, l'irritation du larynx ne s'apaise guère, et le docteur que je consulte me laisse entendre clairement que, d'ici... longtemps, je n'ai pas à espérer de pouvoir parler en public. Si encore d'ici le mois de mai je pouvais aller faire une cure... Mais en cette saison, il n'y a pas à y songer.

Dans ces conditions, il serait parfaitement imprudent à moi de compter sur ma voix, à vous de compter sur moi. C'est à grand regret,

---

cosmopolite Eugénie Sellers Strong (1860-1943), archéologue que Curtius fréquente et qui vit à Rome depuis longtemps. Après des incursions en littérature espagnole, on observe à cette époque un déplacement des intérêts de Curtius vers la littérature de langue anglaise : Aldous Huxley, E.M. Forster, Maurice Baring, et particulièrement James Joyce. Outre un article sur T.S. Eliot l'année précédente (*Neue Schweizer Rundschau*, avril 1927), il en publie deux autres à ce moment sur Joyce, dans *Die Literatur* (décembre 1928) puis dans la *Neue Schweizer Rundschau* (« Technik und Thematik von James Joyce », janvier 1929, p. 47-68).

comprenez-le, que je me vois forcé de me dédire ; assez tôt, j'espère, pour vous permettre de prendre d'autres dispositions[284].

Le grand désir que j'ai de vous revoir m'appellera peut-être à Heidelberg quand même, mais ce sera pour ne converser qu'à mi-voix.

Ne passerez-vous pas par Paris, à votre retour de Rome ? Aucun de vos amis français ne sera plus heureux de vous y revoir que votre

André Gide

80. ERNST ROBERT CURTIUS À ANDRÉ GIDE[285]

[Heidelberg, samedi] 15 juin *[19]*29

Mon bien cher ami,

Roger Martin du Gard me dit que vous aimeriez lire ma petite brochure sur la Civilisation française[286]. Vous la recevrez ces jours-ci. Je vous l'aurais envoyée depuis longtemps si j'avais cru que ce travail d'un caractère abstrait et universitaire pouvait vous intéresser. En le relisant, je m'aperçois que ma pensée est insuffisamment développée. J'aurais

---

284 Plus qu'à la grippe – d'après Maria, il en est totalement guéri le 26 janvier –, il faut imputer la décision de Gide aux « moments de dépression nerveuse » (*CPD*, I, p. 404) qu'il traverse alors. En effet, la vieillesse l'obsède, lui qui vient d'avoir 60 ans et dont le *Journal* trahit les préoccupations : « Ce que j'appelle "fatigue", c'est la vieillesse, dont rien ne peut reposer, que la mort » (21 janvier) ; « Constante préoccupation du peu de temps qui me reste à vivre ; on ne peut pas plus sottement l'employer. Comme quelqu'un qui sans cesse regarderait à sa montre par peur de manquer son train » (22 janvier) ; « Je saurai me prouver que ce temps d'automne est le plus beau temps de la vie – à le bien prendre. / Pas plus que de considérer la jeunesse seulement comme une promesse, sied-il de ne voir dans la vieillesse qu'un déclin. Chaque âge est capable d'une perfection particulière. C'est un art que de s'en persuader, de contempler ce que les ans nous apportent plutôt que ce dont ils nous privent, et de préférer la reconnaissance aux regrets » (29 janvier) (*J*, II, p. 113, 114 et 116). Même son voyage à Alger, mi-janvier, l'a cruellement déçu.

285 *[En-tête :]* Professor Ernst Robert Curtius / Heidelberg, Scheffelstrasse 4.

286 Il s'agit de *L'Idée de civilisation dans la conscience française*, traduit de l'allemand par Henri Jourdan, qui paraît cette année-là aux Publications de la Conciliation internationale. Le texte allemand a été publié dans la *Deutsch-französische Rundschau* sous le titre « Wandlungen des französischen Kulturwußtseins » [« Métamorphoses de la conscience culturelle française »] (septembre 1928, p. 723-745). Il correspond au premier chapitre, quelque peu remanié, de *Die französische Kultur* (voir plus haut, lettre 70, n. 263).

dû insister sur cette idée que nous autres Allemands nous concevons la culture comme une suite de créations destinées à se substituer les unes aux autres ; que chaque grand Allemand – Luther, Goethe, Nietzsche, George – tend à construire un « monde » et un « homme » nouveaux sans se soucier de les intégrer dans une *tradition* de civilisation. Nous procédons par mutation plutôt que par évolution.

Cher ami ! J'ai reçu hier le livre de Charlie[287]. Je n'en ai lu jusqu'ici qu'une cinquantaine de pages. Elles m'ont beaucoup attristé. Je regrette infiniment que Charlie ait cru devoir assumer la fonction d'autorité doctrinale ; et qu'il l'ait fait sur ce ton que lui-même est forcé de reconnaître pour blessant.

À mon avis du reste, le fait qu'il vous juge selon la morale catholique suffit pour rendre nul tout son réquisitoire. Il ne peut toucher que ceux qui pensent comme lui et sont convaincus d'avance. Il a abdiqué sa liberté. Il ne *pouvait* pas vous approuver. Mais il pouvait se taire. Hélas ! que tout cela est pénible. Et dire que ce sont là les prémices d'une vie nouvelle consacrée à la poursuite de la sainteté[288].

Je vous quitte pour me replonger dans cette lecture attristante. J'attends de l'avoir achevée pour écrire à Charlie[289].

Il me tarde de vous revoir, cher ami. Quand ? où ? Quels sont vos projets ?

Vôtre en bien fidèle amitié

E R Curtius

---

287 Depuis sa conversion en 1927, les liens entre Du Bos et Gide se sont distendus. Ce dernier appréciait auparavant sa sensibilité, et les deux hommes s'étaient encore rapprochés lors de leur collaboration au Foyer franco-belge, pendant la Première Guerre mondiale. En 1929, Du Bos publie *Le Dialogue avec André Gide* (Paris, Au sans pareil, 1929). La parution de cet ouvrage qui rend Gide amer, trouvant injuste son point de vue moraliste et intolérant, les éloigne définitivement. « Il fait son salut sur votre dos » selon la formule de Maria Van Rysselberghe (*J*, II, p. 89).

288 Voir plus haut, lettre 69.

289 Voir plus bas, lettre 83.

81. ANDRÉ GIDE À ERNST ROBERT CURTIUS

Cuverville en Caux, le [*dimanche*] 23 juin 1929

Bien cher ami,
Comment avez-vous pu douter de l'intérêt que je pourrais prendre à votre brochure ? Il est vrai : j'étais un peu jaloux de Martin du Gard, entre les mains de qui je l'avais vue. Je viens de la lire avec une attention très vive. Pas assez érudit pour me permettre de juger la première partie ; je ne puis ici que m'instruire. Quant à la seconde, toutes les restrictions que l'on peut faire, en cours de lecture, tombent l'une après l'autre ; c'est-à-dire qu'il n'en est pas une à laquelle peu après vous ne répondiez. Mais il importait tout d'abord de tracer avec netteté, force et profondeur, ainsi que vous le faites, des lignes d'abord un peu trop simples, en particulier au sujet de ce rationalisme d'origine cartésienne ; à quoi le développement de la pensée française jusqu'à présent, s'est obstinément ramené. Votre critique de ce rationalisme même, est excellente. Mais, en dépit de Souday[290], vous savez combien nombreux sont aujourd'hui les Français qui se rattachent à votre façon de penser. Quelques phrases de votre livre jettent encore plus de lumière sur un point qui me paraît particulièrement important [1] : je veux dire qu'il importe particulièrement de comprendre, pour apprécier pleinement les grands représentants de votre littérature. Évidemment, en Français, je vous sais le plus grand gré d'exposer tout cela sous un jour si favorable pour la France. Mais, entre nous, convenons que la tradition, et l'idée de la tradition, et le respect de la tradition, pèsent parfois lourdement sur la France, et sur l'esprit de chacun de ses représentants. Je me sens parfois tout écrasé sous ce faix terrible. De là sans doute la joie presque immodérée avec laquelle j'accueille un livre comme celui de Berl, malgré ses énormes défauts, que sans doute vous aurez lu, ou que vous *devez* lire : la *Mort de la pensée bourgeoise*[291].

---

290 Paul Souday (1869-1929) fut le titulaire du feuilleton littéraire au quotidien *Le Temps*, qui avait autrefois un grand retentissement. Il prit parti pour Gide (contre Massis et Béraud), tout en gardant une certaine réticence à son égard (voir *J*, I, p. 1233).

291 Issu de la haute bourgeoisie juive, Emmanuel Berl (1892-1976), auteur d'essais et de textes autobiographiques, a publié chez Grasset l'année précédente *Mort de la pensée bourgeoise. Premier pamphlet : la littérature*, qui dénonce une culture sans engagement,

Cher ami, ce que vous me dites du livre de notre ami commun me va droit au cœur ; et vous n'en avez encore lu que cinquante pages ! me dites-vous. Mais cela suffit déjà pour que vous compreniez combien ce livre m'a été douloureux. Je n'ai point l'habitude de regimber devant les critiques, et tâche au contraire, vous le savez, de donner raison à mon adversaire. Mais ici, ce n'est point mon esprit qui proteste, ou du moins, mon esprit seulement : c'est mon cœur. J'ai pu mesurer la profondeur de l'affection que je porte à l'auteur, à ma tristesse. Ce qui m'affecte, c'est son besoin, sa joie, de me trouver en faute, son ironie (dont il use pour la première fois), et cette préoccupation, tout en allant le plus loin possible dans l'attaque, de ne point contrevenir à la charité chrétienne – ce que Maritain et Altermann consultés lui ont affirmé qu'il n'avait point fait, m'a-t-il dit ensuite[292]. Il avait besoin d'être rassuré. Car le souci de la perfection le tourmente. Je crois qu'il est très tourmenté.

Quand nous nous reverrons, vous aurez achevé votre lecture, et nous pourrons en reparler. Viendrez-vous à Pontigny ? J'aurais si grand, si profond plaisir à vous revoir.

À bientôt, je l'espère.

Croyez à ma bien fidèle affection. Votre ami

André Gide

« un essai marxiste inspiré par *Les Conquérants* d'André Malraux [auquel il est dédié]. Le livre, dont l'écriture a été provoquée par le mépris qu'inspire à Berl la politique de Raymond Poincaré, et qui fait notamment le procès de l'art moderne, fait événement » (François Ouellet, « Emmanuel Berl », *Nuit blanche, magazine littéraire*, n° 100, 2005, p. 58-61, ici p. 58). Gide lui a écrit une longue lettre critique (1er juin 1929, BLJD, γ 83.3). L'ouvrage sera présenté dans la livraison de *La NRF* du 1er juillet 1929 (n° 190, note de Jean Prévost, p. 118-123. Sévère à l'égard du pamphlet dans sa note préparatoire, Prévost a reçu un courrier de Gide daté du 14 juin lui demandant à demi-mots de revoir sa copie dans un sens plus positif.) Lui fera suite la même année *Mort de la morale bourgeoise*, publié par Gallimard. Gide souhaitait inviter Berl à Pontigny, mais « il fut considéré par certains comme indésirable » (lettre à Dorothy Bussy, 19 juin 1929, dans Bussy, Gide, *Correspondance*, II, *op. cit.*, p. 235). Voir *CPD*, I, p. 402, et *J*, II, p. 117-120 ; *CPD*, II, p. 16.

292 Deux figures incontournables du néo-thomisme : Jacques Maritain (1882-1973) et l'abbé Jean-Pierre Altermann (1892-1959), fervent prosélyte qui était, avec Maritain, la tête de file d'un important groupe d'intellectuels catholiques convertis. Ce dernier dirigera avec Charles Du Bos la revue *Vigile* (1930-1933), visant à combattre l'esprit de *La NRF*.

Votre nom est inscrit sur ma liste de service de *L'École des femmes*[293] ;
mais il y a eu un tel désordre dans les envois. Je doute si vous avez reçu
ce petit livre... ?

(1) « Chaque grand Allemand tend à construire un "monde" et un
"homme" nouveaux, sans se soucier de les intégrer dans une *tradition
de civilisation*. »

82. ANDRÉ GIDE À ERNST ROBERT CURTIUS

Cuverville, [*jeudi*] 27 juin [*19*]29

Cher ami

Le ton si affectueux de votre dernière lettre et la singulière perspicacité
dont je vous sais capable dans ce domaine intermédiaire où le cœur se
mêle à l'esprit – m'invitent à vous écrire encore.

Lisez, je vous prie, le double de cette lettre de Charlie que je viens
de recevoir[294]. Qu'avais-je bien pu lui écrire ? Je ne me souviens plus
que de mon désir de ne le point peiner. Je vous le disais : je n'ai
tant souffert de son livre qu'en raison même de l'affection que je lui
portais – que je lui porte encore malgré tout, et parce que je sentais
bien que ce livre mettait fin à un « dialogue » qui m'était cher. Ce
dialogue ne pourrait se prolonger désormais que sur un terrain où
je me refuse à le suivre. Il en alla de même avec Claudel, Dupouey,
Ghéon, Copeau ; j'ai même craint qu'il n'en dût aller de même avec
vous[295]. J'ai interrompu ma correspondance avec Claudel parce que,

---

293 Voir plus bas, lettre 85, n. 303.
294 Lettre du 25 juin 1929, retranscrite en annexe XVII. Sur le *Dialogue avec André Gide*, qui
       met un terme à leur amitié, voir Béatrice Didier, *Un dialogue à distance : Gide et Du Bos*,
       Paris, Desclée de Brouwer, 1976 ; Raimund Theis, *Auf der suche nach dem Besten Frankreich*,
       Francfort-sur-le-Main, Klostermann, 1984, chap. 2, p. 51-96 ; *Charles Du Bos*, n° spécial
       Littérature, 2006/1, n° 141 ; Lestringant, *op. cit.*, p. 409-413.
295 Gide se souvient ici des conversions successives de ses anciens amis Paul Claudel (converti
       en 1886), Pierre-Dominique Dupouey (converti en 1911), Henri Ghéon (converti lorsqu'il
       était soldat à la fin de 1915) et Jacques Copeau (converti en 1926), conversions à la suite
       desquelles les liens amicaux périclitèrent. Une rumeur avait circulé sur la conversion de

par grande sympathie, j'en venais à me contrefaire et à accorder plus que ma raison ne me le permettait. Que Charlie ne comprend-il que sur ce terrain, où il se doit de me combattre, la crainte de le blesser me retient, tandis que tout au contraire, convaincu d'avoir pour lui la Vérité, toutes les armes lui sont bonnes, et les plus vulnérantes les meilleures. Imagine-t-il que je puisse parler, fût-ce seul avec lui, de son *Journal* et de l'extraordinaire et antichrétienne complaisance envers soi-même qui, de page en page, y respire, du même ton qu'il croit devoir prendre dans le *Labyrinthe à claire-voie*? Mon affection pour lui précisément m'en empêche.

Enfin ce qui m'est le plus pénible dans tout ceci, c'est que je sens constamment derrière lui, avec lui, quelqu'un d'autre – quelqu'un qui n'a pas tant nom : Maritain ou Altermann, que Légion. Il est « *backed*[296] », je suis tout seul. Et cette solitude même m'accuse, est, à ses yeux, preuve de mon erreur. Car : « Il ne tient qu'à vous, cher ami, de ne plus vous sentir tout seul. » Etc. (Ou bien alors il me donne pour compagnons des rationalistes ou des matérialistes, qui me sont odieux comme à lui.) Et : – « Il ne tient qu'à vous d'être mon ami comme avant. » – Je n'y mets pas mauvais vouloir ; mais cela n'est pas possible.

Pourquoi je vous dis tout cela ?... Parce que vous, en qui il reconnaît un sens particulièrement aigu des « valeurs mystiques », vous êtes uniquement qualifié, parmi tous nos amis communs, pour lui faire comprendre, quand vous le reverrez, qu'après son livre cela n'est plus possible[297] – si désolé qu'il en puisse être et que j'en sois.

Tout amicalement votre

André Gide

[en marge de la première page :]

Curtius à plusieurs reprises (voir plus haut, lettres 28 et 73). Voir l'ouvrage de Frédéric Gugelot, *La Conversion des intellectuels au catholicisme en France (1885-1935)*, Paris, CNRS Éditions, 2010.
296 « Soutenu ».
297 Il avait écrit la veille à Aline Mayrisch à propos de Curtius : « Parmi tous nos amis communs, il est le seul parfaitement qualifié pour faire comprendre à Charlie certaines choses que je n'ose lui dire directement, et qu'il importe qu'il comprenne, car il croit, ou s'efforce de croire, qu'il ne tient qu'à moi que nos relations restent les mêmes que par le passé » (Gide, Mayrisch, *Correspondance, op. cit.*, p. 310).

C'est ma femme à présent qui lit votre brochure avec l'intérêt le plus vif. Elle me charge de ses bien affectueux messages, et de vous redire l'excellent souvenir qu'elle a gardé de votre visite à Cuverville[298].

83. ERNST ROBERT CURTIUS À ANDRÉ GIDE[299]

[*Heidelberg,* ca *mercredi 3 juillet 1929*]

Cher ami
Vos deux lettres m'ont profondément touché. Merci! Je vous envoie ci-inclus copie d'une lettre à Charlie[300]. Cela m'a fait de la peine de l'écrire et de la lui envoyer. Mais il m'avait demandé « une franchise sans réserve ».
Je suis trop fatigué après cette mise au point pour ajouter autre chose que l'assurance de ma bien fidèle amitié.

Votre E R Curtius

84. ANDRÉ GIDE À ERNST ROBERT CURTIUS

Gréoux-les-Bains[301]
Basses Alpes
[*Lundi*] 8 juillet [*19*]29

Cher ami
Me voici déjà tout engourdi, corps et esprit, par la cure que je m'impose ici – que la plus simple et amicale lettre me devient à charge.
Merci de m'envoyer le double de votre lettre à Charlie. J'enroule vos phrases autour de mon chagrin (il est plus profond que je ne savais

---

298 En juin 1927. Voir plus haut, lettre 75, n. 274.
299 [*En-tête :*] Professor Ernst Robert Curtius / Heidelberg, Scheffelstrasse 4.
300 Lettre retranscrite en annexe XVIII.
301 Du 5 au 19 juillet, Gide fait une cure dans cette station thermale.

d'abord, la surprise l'emportait d'abord et, comme on dit : « je n'en revenais pas ») comme des bandelettes autour d'une plaie.

Mais, cher ami, moi non plus, rien ne me fera jamais rien penser contre le Christ. Mais quels prodigieux produits du catholicisme il m'a été donné de voir depuis quelque temps ! J'ai inventé pour mon usage personnel cette petite berceuse philosophique :

Tous les chemins mènent à Rome.

Rien qu'un seul chemin mène au Christ[302].

Avant de quitter Paris j'ai inscrit votre nom sur un des très rares *Montaigne* dont je pouvais disposer. J'espère qu'il vous sera bien parvenu ? Mais il faut maintenant attendre mon retour à Paris pour vous envoyer *L'École des Femmes*. Bien affectueusement votre

A. G.

85. ERNST ROBERT CURTIUS À ANDRÉ GIDE

Baden-Baden, le [*mercredi*] 7 août 1929

Cher ami

Merci de m'avoir envoyé ce charmant exemplaire bleu de *L'École des femmes*. J'ai lu votre œuvre d'un trait et avec le plus grand plaisir : elle est admirablement réussie[303]. Je me refuse à y voir « une œuvre de second plan », puisqu'elle me semble de premier ordre. Elle a la beauté et la

---

302 Gide a trouvé cette « berceuse » dans le train entre Roquebrune et Marseille le 18 mai (voir *J*, II, p. 132). Il la répètera de vive voix à Curtius en novembre sous une forme inversée (voir *CPD*, II, p. 57).

303 La rédaction de ce roman fut laborieuse : entamée à l'orée de 1927, elle fut délaissée, même abandonnée (« Je me suis absenté de ce livre » [Gide, Martin du Gard, *Correspondance*, I, *op. cit.*, p. 374, 25 juin 1929]), et Gide ne serait peut-être pas allé au bout s'il n'avait été lié par contrat à la revue américaine *Forum*. Le texte parut d'abord en anglais au début de 1929, traduit au fur et à mesure par Dorothy Bussy, puis en français, dans *La Revue de Paris* et aux Éditions de la NRF dans le courant de la même année. Pour l'intrigue, l'écrivain s'est inspiré de l'histoire conjugale de son ancien ami Eugène Rouart et de sa malheureuse épouse Yvonne Lerolle. Stimulé par ce que lui écrit Curtius dans le paragraphe suivant, il rédigera un mois plus tard un « supplément », *Robert*, en huit jours, qu'il lui dédicacera naturellement (voir lettre suivante et *CPD*, II, p. 34-35).

vérité d'un dessin de Holbein. Les amis dont je suis l'hôte ici, se sont récriés en retrouvant dans votre livre l'histoire – textuellement vraie jusqu'aux détails – d'une proche parente. Même telle scène qui m'avait semblé chargée (la scène du « bandeau ») s'est produite en réalité[304].

On pourra difficilement soutenir, après cette œuvre, que vous ne savez rendre que *votre* vie, non *la* vie. J'admire la vérité objective de vos personnages. Vous n'aviez jamais réalisé – ni peut-être tenté – cela. Pas dans Les *Faux-Monnayeurs* ! – Même les personnages de second plan, comme l'abbé Bredel, participent de cette « vraisemblance » classique. Je ne regrette qu'une chose : que vous n'ayez pas donné quelques pages d'un journal de Robert. On ne le voit que de l'extérieur.

J'ai lu également, et avec un intérêt passionné, votre *Montaigne* qui par tant de rapports se peut rattacher à *L'École des femmes*. Quelle lumière vous projetez sur un auteur qu'on croyait connu, commenté à satiété. Je vous en parlerai une autre fois quand je serai moins fatigué.

Je garde un délicieux souvenir de votre visite et vous en suis bien reconnaissant[305].

Vôtre en fidèle affection

E R Curtius

Pourquoi, dans *La NRF*, cet hommage insuffisant à Hofmannsthal ? On a accordé plus de place et plus d'importance à Courteline[306]. La rubrique « Lettres étrangères » est décidément peu satisfaisante depuis quelques années.

---

304 Robert a eu un accident de voiture, qui s'avère sans gravité. Plusieurs scènes successives se passent autour du lit du convalescent, affublé d'un « inutile bandeau qui lui couvre la moitié du front » (Paris, Éditions de la NRF, 1929, p. 127). Dans la dernière, Robert, feignant une grande faiblesse au point de vouloir dicter ses dernières volontés, se fait démasquer sans ménagement par sa fille Geneviève (p. 126-129).

305 Gide est parti quelques jours fin juillet avec Marc Allégret à Baden-Baden (*CPD*, II, p. 21) pour assister à une « assemblée quasi secrète de cinéastes très importants » (André Gide, Jean Giono, *Correspondance 1929-1940*, éd. Roland Bourneuf, Jacques Cotnam et Jacques Mény, *La Revue Giono*, 2012, p. 23) et a vu Curtius en compagnie de Mme de Lestrange et de Marc (voir lettre de Curtius à Jacques Heurgon du 4 août 1929, BLJD, Ms 15906).

306 Jean Cassou, « Hugo von Hofmannsthal », *La NRF*, n° 191, 1er août 1929, p. 273-274. L'écrivain viennois était décédé le 15 juillet 1929, et Georges Courteline le 25 juin. L'article de Cassou n'excède pas la demi-page.

86. ANDRÉ GIDE À ERNST ROBERT CURTIUS[307]

[Paris, mercredi] 25 sept[*embre 19*]29

Cher ami

Si vous n'y voyez aucun inconvénient d'aucun ordre, j'aurais grand plaisir à inscrire votre nom en tête d'une suite de mon *École des femmes*, que je viens d'écrire sur votre incitation, répondant aux regrets exprimés dans une lettre de vous – regrets de n'avoir entendu parler que la femme, de n'entendre point le mari.

Au surplus voici la dactylographie de la page liminaire[308]. Qu'en pensez-vous ? Mon amitié pour vous est assez solide pour ne se point froisser du tout, si vous me dites préférer que votre nom n'y figure point.

Mon désir de vous revoir, et de retourner en Allemagne, est si vif que je crois bien pouvoir vous dire : À bientôt.

Tout affectueusement votre

André Gide

87. ANDRÉ GIDE À ERNST ROBERT CURTIUS[309]

Paris, [*samedi*] 26 octobre 1929

Cher ami,

J'espère qu'on vous aura bien fait ce matin la communication téléphonique et que vous ne m'aurez pas attendu[310]. Hier soir, fort accès de

---

307 [*En-tête* :] 1BIS, RUE VANEAU VIIe / LITTRÉ 57-19.
308 Document retranscrit en annexe XIX.
309 Cette lettre ne figure pas parmi celles conservées à la bibliothèque de Bonn et sa localisation reste inconnue. Nous n'avons donc pas pu en vérifier la transcription, qui est celle de l'édition des *DFG*.
310 Curtius se rend en France tout le mois d'octobre : il passe rapidement à Paris (où il croise Gide le 3 et 4) puis se rend en Dordogne où il est invité dix jours par Catherine Pozzi, dans la propriété familiale de La Graulet ; il l'accompagne ensuite à Vence, dans sa villa

fièvre, et j'ai « couru » toute la nuit. À voir tout le sang versé, la maladie me semblait prendre un air tropical ; mais il paraît que c'est la forme de la grippe cette année ; elle se porte sur les intestins.

Hélas, il ne faut plus songer à filer avec vous à Colpach[311]. J'en ai pour une douzaine de jours de lit et de diète.

André Gide

Je reçois, à l'instant, renvoyé de Cuverville, le télégramme ci-joint[312].

88. ERNST ROBERT CURTIUS À ANDRÉ GIDE[313]

[*Paris*] Samedi soir [*26 octobre 1929*]

Cher ami

Je suis désolé d'apprendre votre maladie. Par malheur j'ai perdu votre numéro de téléphone et ne puis donc prendre de vos nouvelles dès maintenant comme je le voudrais. Je vous serais très reconnaissant si vous pouviez m'en faire donner par votre secrétaire.

J'ai renoncé à Colpach et ne partirai donc pas avant vendredi prochain. Si dans quelques jours vous pensez être assez bien pour recevoir des visiteurs, faites-moi signe, je vous prie[314].

Avec mes meilleurs vœux pour une prompte guérison

Votre tout dévoué

E R Curtius

La Collinette, où elle venait soigner sa tuberculose, et remonte fin octobre à Paris (voir lettres à Jacques Heurgon, BLJD, Ms 15909 et 15910).

311 Gide avait songé accompagner Curtius à Colpach pour y corriger avec lui et Aline Mayrisch les épreuves de la traduction par Hans Prinzhorn des *Nourritures terrestres* (voir Gide, Mayrisch, *Correspondance, op. cit.*, p. 314-315).

312 Ce télégramme manque.

313 [*En-tête :*] Hôtel Restaurant / Foyot / Paris.

314 Il rendra visite à Gide le 30 octobre et le 1er novembre (voir *J*, II, p. 160, et *CPD*, II, p. 57).

89. ANDRÉ GIDE À ERNST ROBERT CURTIUS

Paris, le [*lundi*] 28 octobre 1929

Cher ami,
Sans doute, répondant à l'appel pressant de Loup, aurez-vous déjà
quitté Paris. Mon mot vous rejoindra-t-il à Colpach ? Dans ce cas mille
amitiés à Loup, à qui j'ai fait envoyer une dépêche ; désolé de n'avoir
pas été en état de vous accompagner ; quelle joie c'eût été de me trouver
avec vous ; mais je suis au lit pour quelques jours encore[315]. Bien soignée,
et prise à temps, cette dysenterie hémorragique ne sera rien, mais c'est
bien, semble-t-il, une maladie coloniale rapportée du Congo, et qui a
eu la patience de couver plus de deux ans ; se fût-elle déclarée là-bas,
je n'en eusse pas aussi facilement triomphé. Le docteur qui me soigne
m'annonce une grande fatigue, et me déclare tout net que je ne serai
pas en état de voyager avant « une bonne quinzaine de jours ». Mon
beau voyage en Allemagne est, hélas, bien compromis. Je vais écrire à
la Deutsche Verlags-Anstalt, la priant de suspendre toute décision au
sujet de cette traduction Prinzhorn[316].
J'ai la joie de trouver bon, à le relire sur épreuves, le *Supplément à*
L'École des femmes, que j'ai si grand plaisir à vous dédier.
Aurez-vous pu revoir Green[317] ?

---

315 De toute évidence, Gide n'a pas reçu le mot précédent de Curtius.
316 La traduction des *Nourritures terrestres* par Hans Prinzhorn, « que Viénot et Schlumberger
me disent détestable » (*J*, II, p. 155). La Deutsche Verlags-Anstalt est l'éditeur allemand
de Gide. N'ayant pu revoir la traduction avec Curtius, il le fera finalement à Paris avec
Bernard Groethuysen. L'affaire aura quelques rebondissements. Voir *CPD*, II, p. 56,
84-85, 86-87, 90. La fondation Catherine Gide conserve un grand nombre de documents
relatifs à la Deutsche Verlags-Anstalt.
317 Gide, qui connaît le jeune écrivain Julien Green (1900-1998) depuis les années 1920,
l'a présenté à Curtius lors de son premier passage à Paris, le 3 octobre 1929 (voir *J*,
II, p. 147). Green évoque plusieurs rencontres de Curtius en 1929 et 1930 (*Journal*,
dans *Œuvres complètes*, t. IV, éd. Jacques Petit, Paris, Gallimard, « Bibliothèque de
la Pléiade », 1975, p. 52-54, 67, 77, 108). Il s'est senti « vite à l'aise avec un homme
de manières aussi simples » (p. 53). Leurs discussions ont touché à la littérature, la
religion, la sexualité, la politique. Chose curieuse : alors même qu'il avoue à Gide sa
profonde amitié, Curtius juge au même moment devant Green que « Gide manque de
grandeur » (p. 54)…

Au revoir, cher ami ; vous savez, n'est-ce pas, combien mon cœur s'intéresse à tout ce qui vous touche. Je voudrais que vous sentiez mon amitié pour vous devenir toujours plus profonde et sérieuse.

André Gide

P.S. À l'instant votre coup de téléphone. Tant pis. Je fais partir cette lettre quand même.

90. ERNST ROBERT CURTIUS À ANDRÉ GIDE[318]

[*Bonn*[319]] Ce [*vendredi*] 22 novembre [*1929*]

Mon bien cher ami
« Hiver, saison de l'art
Serein, de l'art lucide[320] »
c'est bien sous ce signe que se place la matinée ensoleillée d'aujourd'hui. Elle convient aux milliers de pensées qui à ce moment même de tant de points du globe convergent vers vous, messages d'amitié et de gratitude. À ce chœur nombreux laissez-moi mêler ma voix. Qu'elle vous dise une affection qui n'a cessé de croître et une admiration qui n'a pas, jusqu'à ce jour, su se définir.

---

318 [*En-tête :*] Professor Ernst Robert Curtius / Bonn, Joachimstrasse 14 / Telefon 4123.
319 Au début d'octobre, Curtius a quitté Heidelberg pour travailler à l'université de Bonn, où il prend la succession du linguiste Wilhelm Meyer-Lübke à la tête du séminaire de philologie romane. Il explique à Heurgon : « Ce changement comportera une augmentation de travail à tous les égards. Mais d'autre part je trouverai un institut beaucoup mieux aménagé. J'espère le transformer au cours des années prochaines en un centre d'études françaises, et j'ai à ce sujet des projets assez vastes, mais précis. Pour les réaliser, il me faut des concours matériels que j'espère obtenir. [...] Si mon projet se réalise, il me permettra de travailler d'une façon plus active et plus efficace à la tâche que je me suis donnée : faire mieux comprendre et mieux aimer la France » (BLJD, Ms 15906, 4 août 1929).
320 Dans son poème « Renouveau », Mallarmé écrivait : « Le printemps maladif a chassé tristement / L'hiver, saison de l'art serein, l'hiver lucide. » Curtius le reformule à sa manière pour fêter le 60ᵉ anniversaire de Gide. « Gide a aujourd'hui soixante automnes comme il dit. Personne autour de lui n'a l'habitude de le fêter. Mais l'Allemagne, qui a la manie du *Geburtstag* [jour d'anniversaire], et qui a fait un grand chichi autour de ses soixante ans, lui envoie force télégrammes [...] » (*CPD*, II, p. 65).

Vous êtes un de ces hommes si rares avec lesquels on n'en a jamais fini. Ni mon cœur ni mon esprit ne sauraient se contenter du degré d'intelligence qu'ils ont atteint jusqu'ici à l'endroit de votre œuvre et de votre vie. Nos entrevues récentes et la lecture d'*Un esprit non prévenu* n'ont fait qu'éclairer à ma vision cet état de choses[321].

C'est donc dans une joie pleine de promesses et dans une affection pleine d'espoir que je vous envoie mes vœux émus pour aujourd'hui et pour toujours.

E. R. Curtius

91. ERNST ROBERT CURTIUS À ANDRÉ GIDE[322]

[*Bonn, vendredi*] 14 février 1930

À la veille de mon mariage[323] (littéralement, puisqu'il doit se célébrer demain) l'amitié, cette chère et précieuse amitié qui est la vôtre, m'envoie *L'École des maris*[324]. Coïncidence qui ferait rêver.

J'éprouve une douce fierté devant cette dédicace que je regarde comme un titre de noblesse. J'y vois le témoignage d'une sympathie, d'une affection qui est pour moi d'un prix inestimable. Et je me demande si vous savez combien je vous aime. Vous ne le pouvez pas, car je n'ai jamais su manifester de façon adéquate mon affection. Elle est profonde et elle a une vie intérieure qui ne cesse de croître.

Je me trouve à un tournant de mon existence, pareil en cela du moins au Lafcadio de la dernière page[325]. C'est un moment peu propice à une

---

321 Ce recueil qui réunit des *Feuillets* et des *Pages retrouvées* a paru chez Kra en septembre 1929. Dans l'impossibilité de retrouver son inspiration d'autrefois, Gide réunit des textes anciens.

322 [*En-tête :*] Professor Ernst Robert Curtius / Bonn, Joachimstrasse 14 / Telefon 4123.

323 En septembre 1929, Curtius a fait la connaissance de l'étudiante en philologie Ilse Gsottschneider (1907-2002), sa cadette de vingt ans, heidelbergoise, fille du directeur d'une brasserie à Mannheim. « [...] pour la première fois de ma vie j'aime une femme, une jeune fille de 22 ans et cela de telle façon que je désire l'épouser » (lettre à Catherine Pozzi, CP 4 octobre 1929, reproduite dans *Curtius et l'idée d'Europe, op. cit.*, p. 359). Il l'épouse six mois plus tard, le 15 février 1930.

324 Autre nom de *Robert*. Voir plus haut, lettre 85, n. 303.

325 Quelques lignes avant la fin des *Caves du Vatican*, on lit : « Ici commence un nouveau livre. » Les deux dernières phrases, qui se rapportent à l'avenir du personnage de Lafcadio tout juste tombé amoureux de Geneviève, sont interrogatives.

appréciation littéraire, ne fût-ce que pour le manque absolu de ce qu'on appelle en français « le temps matériel ». J'ai lu *Robert* une fois et demie, je suis grisé d'admiration, mais d'une admiration globale, diffuse encore, ni capable du discernement compétent des « mérites ». Puisse cette confession, cet hommage si j'oserais dire, vous suffire pour le moment.

Le hasard (mais il n'y a pas de hasard !) a voulu que vous fussiez le premier témoin de cette nouvelle orientation de ma vie qui demain recevra sa consécration[326]. J'y vois un bon augure pour l'avenir. J'y puise l'espoir que vous voudrez bien me conserver votre amitié et l'étendre à celle qui demain sera ma femme. Nous attendons votre visite aux bords du Rhin qui valent bien ceux du Neckar[327].

Yours ever

Ernst Robert Curtius

92. ANDRÉ GIDE À ERNST ROBERT CURTIUS

La Souco
Roquebrune-Cap Martin
Alpes Maritimes

[*Mercredi*] 19 février [*19*]30

Bien cher ami
Que vous êtes aimable d'avoir pris le temps de m'écrire et combien votre exquise lettre me touche ! Oui, je veux moi aussi, voir plus et mieux qu'un hasard dans cette rencontre qui me permet aujourd'hui de vous adresser, à Madame Robert Curtius et à vous, des vœux moins aveugles. J'y joins ceux de mes amis Simon Bussy, dont je suis l'hôte présentement, et à qui j'ai fait part de l'heureuse nouvelle. J'espère bien pouvoir vous présenter à tous deux, prochainement, des vœux plus directs, je veux

---

326 Allusion à la rencontre fortuite entre Gide et Ilse Gsottschneider, cette « dame inconnue, qu'il ne me présente pas » (*J*, II, p. 147), avec laquelle Curtius se trouvait lorsqu'ils se sont vus à Paris le 3 octobre 1929.
327 Cet affluent du Rhin traverse Heidelberg.

dire : de vive voix. Car mon désir de vous revoir est très vif ; et déjà vous m'auriez vu à Bonn, si une mauvaise grippe ne m'avait retenu et forcé de remettre un voyage en Allemagne, dont je me promets tant de plaisir.

J'achève de me remettre, dans le Midi, mais me sens encore très fragile, trop fatigué pour me réatteler vraiment au travail et même pour vous écrire aussi longuement que je voudrais.

Que ce billet provisoire vous redise du moins ma profonde affection. Veuillez présenter à Madame Curtius mes plus souriants hommages et me croire votre ami dévoué

André Gide

93. ERNST ROBERT CURTIUS À ANDRÉ GIDE[328]

[*Rome*[329], *jeudi*] 27 février [*1930*]

Bien cher ami

Je reçois à l'instant votre lettre du 19 février qui m'a beaucoup touché. Je vous suis profondément reconnaissant des sentiments si affectueux que vous m'exprimez.

J'espère que vous êtes guéri de votre grippe, mais que vous vous reposerez encore un peu dans le Midi avant votre voyage d'Allemagne – car nous serions désolés de manquer votre visite, et nous ne serons pas de retour avant le 15 mars.

Veuillez me rappeler au bon souvenir de Mme Bussy et croire, bien cher ami, à ma fidèle affection.

E R Curtius

« Madame Robert[330] » me charge de bien chères choses pour vous.

---

328 [*En-tête :*] Hôtel de la Ville / Rome.
329 Les Curtius effectuent leur voyage de noces en Italie, passant les trois dernières semaines à Rome, d'où ils reviendront le 24 mars.
330 En référence tout autant au prénom de Curtius qu'au roman *L'École des maris*, qui lui est dédicacé.

94. ANDRÉ GIDE À ERNST ROBERT CURTIUS

Hotel « Der Fürstenhof »
Berlin W.9
am Potsdamer-Platz

Lundi [5 *mai 1930*]

Cher ami

Vos conseils vont porter fruit. Je pense quitter Berlin très prochainement, pour *Ems*, heureux si j'y trouvais, *poste restante*, à mon arrivée, un
mot de vous me conseillant un hôtel et me recommandant un médecin[331].

Votre Goethe est ici mon plus cher compagnon, et je n'ouvre pas ces
deux charmants petits volumes sans penser à vous[332].

Mes plus souriants hommages à Madame Curtius, je vous prie. Bien
amicalement votre

André Gide

---

331 Gide est parti pour l'Allemagne le 24 avril : après une halte à Saverne, il se rend à
Stuttgart puis à Bonn, où il voit Curtius. À cette occasion, ce dernier lui conseille Ems
pour aller faire une cure – une cure qu'il ne fera finalement que fin juin, à Challes-les-
Eaux. À Berlin, il retrouvera les Bussy. Curtius relate le passage de son ami dans une
lettre à son père datée du 10 mai 1930 : « La semaine dernière, André Gide est apparu
de manière très surprenante. Il resta quelques jours ici. Bonn ne lui plaisait pas autant
que Heidelberg. Il était déçu que le Rhin ne soit pas plus large et que la Siebengebirge
ne soit pas plus haute. Lorsque, un lundi matin ensoleillé, je l'ai emmené en auto vers
Rolandseck, la véritable ambiance rhénane l'a saisi lui aussi. Il était également présent
à un de mes cours, ce qui a naturellement fait sensation auprès de mes étudiants. Le
dernier jour, je suis encore allé avec lui à Cologne, où nous avons partagé notre temps
entre les visites d'églises, des musées et du jardin zoologique. Au zoo, Gide se montra
extrêmement réjoui par la découverte d'un animal qu'il avait vainement espéré trouver
lors de son voyage en Afrique centrale. L'oryctérope du Cap, une sorte de cochon qui se
cache habituellement dans des trous qu'il a lui-même creusés, ce qui lui était impossible
dans sa cage de Cologne » (*Briefe*, p. 234).
332 À propos de ce présent offert par Curtius à l'occasion de sa visite, il notera plus tard
dans son *Journal* : « Cette édition en deux volumes (Insel Verlag) des poésies de Goethe,
que j'emporte souvent en voyage, n'est point à conseiller pour un novice. Il s'y perdrait.
Les poèmes sont tous rangés par ordre chronologique, ce qui est fort instructif ; mais
ces poèmes sont de qualité fort inégale, et le meilleur est souvent noyé » (15 septembre
1931, *J*, II, p. 306). Voir aussi lettre suivante.

95. ANDRÉ GIDE À ERNST ROBERT CURTIUS

Cuverville en Caux, [*lundi*] 2 juin 1930

Bien cher ami,

Vous devez vous demander ce que je deviens. Voici : les Simon Bussy ayant dû remettre de plusieurs jours leur arrivée, mon départ de Berlin s'est trouvé retardé d'autant, car je ne voulais pas les manquer. Et, sitôt après, je me suis trouvé si pressé de revoir ma femme, de regagner Cuverville et le travail tranquille, que j'ai remis à plus tard ma cure. Je vous avais demandé de bien vouloir m'écrire à Ems, et m'ennuie à penser que sans doute une lettre de vous m'attend, là-bas, poste restante. Si ce n'est qu'une simple indication d'hôtel, j'en prends mon parti, mais si vous m'y disiez autre chose, il est encore temps d'avertir et de faire revenir ici cette lettre. C'est ce que je ferais sur indication de vous.

Je garde le meilleur souvenir de mon voyage. À Berlin je me suis beaucoup détendu, beaucoup fatigué, beaucoup reposé, beaucoup instruit. Je reviens certainement enrichi ; sans préoccupations précisément nouvelles, mais avec le sentiment plus net de ce qui est important, et de ce qui ne l'est pas. Vous ne sauriez croire quel compagnon a été pour moi votre petit Goethe ; son format commode m'a permis d'emporter chaque jour, dans ma poche, un des deux volumes. Goethe est, décidément, l'esprit avec lequel je me sens le plus d'affinités, de parenté, auquel je m'abandonne le plus volontiers, et près duquel je viens puiser l'encouragement le plus cordial et salutaire[333]. J'ai lu également, et avec un très vif plaisir, je l'avoue, le *Knulp* de Hesse, que m'avait donné Prinzhorn. Depuis, j'ai lu de lui *Demian* (mais ceci dans la traduction française), bien plus significatif, et singulièrement révélateur[334]… Mais ce n'est point pour cela que je vous écris :

---

333 Depuis sa jeunesse, Gide est un admirateur de Goethe, comme le montrent par exemple les lettres à sa mère. Il rédigea plusieurs textes en hommage à l'écrivain allemand, notamment « Goethe » (*La NRF*, 1ᵉʳ mars 1932), l'introduction au *Théâtre* de Goethe pour la « Bibliothèque de la Pléiade » (1942), ou encore le « Projet de conférence pour Berlin » (1928). Voir *EC*, p. 659-664, 706-713, 750-766. Voir également plus bas, lettre 102.

334 Roman de Hermann Hesse (1877-1962), paru en 1920 : *Demian. Histoire de la jeunesse d'Émile Sinclair* (trad. Denise Riboni, Paris, Stock, Delamain et Boutelleau, 1930). Gide écrit à

Je viens de relire, à votre usage, mes trois volumes de critiques, le crayon à la main, biffant tout ce qui ne me paraît pas mériter d'être traduit (soit parce que moins bon, soit parce [*que*] d'intérêt trop… local), ou déchirant le haut des pages ; soulignant au contraire en marge [(1)], au crayon noir, les passages qui me semblent dignes de votre traduction[335]. Je ne parviens pas encore à me persuader que vous voudrez bien vous occuper de ce travail, ou du moins crains que, occupé comme vous l'êtes, vous ne parveniez point à trouver pour lui le temps nécessaire ; mais si, pourtant, vous y parvenez, comment vous exprimer ma joie, ma reconnaissance. À relire ces livres, il m'est apparu que de nombreux passages sont de nature à intéresser particulièrement le public allemand ; certains semblent vraiment écrits d'avance, tels que je les écrirais aujourd'hui, en vue de ce nouveau public, et je ne puis croire qu'ils ne rencontrent quelque écho ; autrement dit : ce qui me frappe c'est l'opportunité d'un tel livre.

J'y supprime, délibérément, les notes de voyage en Andorre, Espagne et Turquie, qui n'ont que faire ici. Supprimés de même les souvenirs sur Oscar Wilde, déjà traduits en allemand, du reste, mais qui pourraient faire l'objet d'une publication spéciale. Vous jugerez s'il n'y a pas lieu, peut-être, de faire paraître d'abord en revue, certains passages particulièrement significatifs.

Je vous fais parvenir par la poste les trois volumes, épouvanté par le travail que vous vous mettez sur les bras. Mais il est encore temps de vous dédire, et mon amitié saurait ne s'en pas affecter par trop. Pourtant, je dois bien m'avouer l'immense plaisir que je me promets de cette collaboration.

Hans Prinzhorn après sa lecture : « Sa langue exquise, souple, simple et de vocabulaire peu compliqué était on ne peut mieux faite pour me donner confiance et m'encourager à lire de l'allemand. [...] Le livre de lui qui m'a de beaucoup le plus intéressé jusqu'à présent, c'est *Demian*, que je viens d'achever, mais dans la traduction française. Étrange roman, avec lequel je me sens de bizarres affinités. Curieux de savoir si Hesse connaît mes livres. Évidemment nous sommes marqués du même signe » (*BAAG*, 14ᵉ année, vol. IX, n° 51, juillet 1981, p. 324). Puis, à Félix Bertaux, auteur de la préface au texte français, le 1ᵉʳ juin 1930 : « Peu s'en faut que le livre ne soit très remarquable. [...] C'est bien lui qu'il fallait d'abord offrir à notre public. Quel curieux livre ! Je voudrais bien savoir si Hesse connaissait Blake avant de l'avoir écrit » (Bertaux, Gide, *Correspondance, op. cit.*, p. 53-54).

335 C'est probablement pendant le séjour de Gide à Bonn que lui et Curtius ont évoqué une traduction en allemand d'une sélection de *Prétextes* (1903), *Nouveaux prétextes* (1911) et *Incidences* (1924), plus quelques compléments.

N'est-ce pas vous qui m'avez présenté quelqu'un, fort aimable, qui se proposait de traduire Delteil, et de le « lancer » en Allemagne ; qui se plaignait, ayant écrit deux fois à Delteil, de n'avoir pu obtenir de lui de réponse. Je ne sais, malheureusement, plus le nom de ce traducteur éventuel, ni son adresse ; et si vous pouvez me renseigner, je vous en serais reconnaissant, car je vais devoir écrire à Delteil ces jours-ci, et j'ai promis à ce traducteur d'avertir Delteil et de le prier de bien vouloir prendre au sérieux les propositions[336].

Au revoir, cher ami. Je pense à vous bien souvent. J'attends votre livre (je pense que la DVA, ou vous-même, me l'enverrez) avec une grande impatience[337]. Mes plus souriants hommages à Madame Curtius, je vous prie, et dites-lui bien quelle reconnaissance je garde de votre double accueil si exquis. Et quel souvenir je garde de vos neveux ; le plus jeune surtout m'emplissait d'une sorte d'admiration enthousiaste. Je comprends qu'avec une telle promesse d'avenir près de soi, l'on puisse quitter cette vie plus tranquille. En attendant, quelle joie pour vous de les voir grandir ! Ma femme me charge de ses meilleurs souvenirs pour vous, et se réjouit de lire votre livre.

À bientôt, j'espère.

Votre ami,

André Gide

(1) Pour la *Conversation d'avant-guerre*, j'ai remplacé « un Allemand » par les initiales de Felix Paul Greve ; je vous laisse juge de décider s'il sied de mettre son nom en toutes lettres, ne pensant pas, quant à moi, que cela puisse faire tort à personne, ni même à sa mémoire[338]. Et, dans ce cas, peut-être, il y aurait lieu de mettre en toutes lettres, également, le nom de von Moeller [*sic*] (mais n'est-ce pas plutôt : Vollmoeller ?).

J'ai mis un point d'interrogation en marge de quelques passages douteux (quant à l'opportunité de leur traduction : voir *Incidences*, pages 63 à 66). Vous déciderez vous-même.

---

336 Gide a commencé à s'intéresser à l'écrivain Joseph Delteil (1894-1978) à la fin de 1922, à propos de son *Iphigénie* paru dans *La NRF*.

337 Il s'agit de *Frankreich*. Vol. I. *Die französische Kultur* (Stuttgart, Deutsche Verlags-Anstalt, 1930).

338 Sur la « Conversation avec un Allemand... », voir plus haut, lettre 3, n. 17 ; Vollmoeller, ami de Greve, est indiqué dans le texte par « Von M. ».

96. ERNST ROBERT CURTIUS À ANDRÉ GIDE[339]

[Bonn] Le *[jeudi]* 5 juin 1930

Cher ami

J'étais en effet *at a loss as to your whereabouts*[340], et suis d'autant plus heureux de vous avoir « retrouvé ». Comme Cuverville doit être beau par ces radieuses journées de l'été naissant. Une lettre sans importance que je vous avais envoyée à Ems m'a été réexpédiée. Vous n'y avez rien perdu. Merci beaucoup des *Prétextes* etc. lacérés en vue d'un regroupement. Dès la réception j'ai traduit quelques pages par goût de friandise. J'espère que Kilpper qui semble un peu hésitant va s'intéresser à la chose. Je joins à cette lettre le double de la correspondance échangée avec lui[341]. J'aurais un grand et subtil plaisir à faire cette traduction. Ce sera pour moi un délicat délassement.

Nous sommes à la veille, ma femme et moi, de partir pour Rambouillet où nous devons passer la semaine de la Pentecôte chez notre amie Barbara Harrison[342] (2 ter, b[*oulevar*]d Voirin, Rambouillet, Seine & Oise). Peut-être aurons-nous l'occasion de vous rencontrer ? Je serai très heureux d'avoir quelques détails sur votre séjour à Berlin.

Veuillez présenter mes hommages, cher ami, à Madame Gide, et croire à mon amitié toute dévouée.

E R Curtius

---

339 [*En-tête* :] ROMANISCHES SEMINAR / DER UNIVERSITÄT BONN.

340 Dans l'impossibilité de vous situer / perdu quant à l'endroit où vous étiez.

341 Gustav Kilpper (1879-1963) fut directeur général de la Deutsche Verlags-Anstalt (ou DVA, DEVA, Deva), basée à Stuttgart, de 1910 à 1942. – Deux courriers en allemand sont joints : une lettre de la DVA et la réponse de Curtius (BLJD, γ 335-82 et 83).

342 Barbara Harrison (1904-1977) : riche Américaine installée en France, qui évolue dans le milieu littéraire américain expatrié. Elle est à l'origine de la maison d'édition Harrison of Paris créée en 1929-1930. Liée aux frères Glenway (l'écrivain) et Lloyd Wescott, elle épousera le second en 1935.

97. ERNST ROBERT CURTIUS À ANDRÉ GIDE[343]

[*Rambouillet,* ca *mardi 14 juin 1930*]

Cher ami

Mon notaire m'écrit que pour régler la question des honoraires de la traduction il aurait besoin de connaître votre traité avec la Deutsche Verlags-Anstalt. Comme je ne voudrais à aucun prix me rendre coupable d'une indiscrétion, je lui répondrai que je ne peux satisfaire à sa demande. Je ne vois qu'une possibilité, c'est que vous lui écriviez directement en lui donnant les renseignements nécessaires que je ne veux pas connaître. Adresse :

Herrn Justizrat Adler
8 Pfandhaustraße
Munich

M. Adler connaît très bien la France et la langue française. Nous pourrons d'ailleurs causer de cela, si vous le croyez nécessaire, la semaine prochaine. Je viendrai certainement à Paris une seconde fois et vous en avertirai par dépêche.

J'ai été tellement heureux de votre présence hier et vous en remercie de cœur.

À vous fidèlement

E R Curtius

98. ANDRÉ GIDE À ERNST ROBERT CURTIUS[344]

Paris, le [*mardi*] 17 juin 1930

Cher ami,

Je me désole de devoir quitter Paris sans vous avoir revu, mais je n'y tiens plus, Paris m'éreinte, j'y perds tout le bénéfice du repos pris à

343 [*En-tête :*] 2 boulevard Voirin / Rambouillet (S & O) / Tél. 169.
344 Lettre dactylographiée non signée.

Cuverville, et sens un besoin urgent d'aller faire cette cure dont je vous parlais. Je pars ce soir même pour :

Hôtel du Château

Challes-les-Eaux (Chambéry)

Haute-Savoie

J'ai été à la NRF prendre toutes les informations nécessaires au sujet de cette publication des essais critiques, qui me tient à cœur plus que je ne peux vous dire, du moment qu'elle doit être faite par vous. Voici celles qui peuvent vous servir (ou du moins votre homme d'affaires ou représentant). Et, tout d'abord, la dernière clause de mon traité avec la Deutsche Verlags-Anstalt :

« Les œuvres de critique littéraire de M. André Gide *ne sont point* comprises dans le traité [(1)]. Elles feront l'objet d'un examen spécial, et la DVA ne sera pas tenue de les publier intégralement, *non plus que* M. *André Gide tenu de les donner à la DVA.*

La DVA gardera, néanmoins, sur ces livres un droit d'option, et toute proposition d'un autre éditeur, à leur sujet, lui sera soumise. À conditions égales c'est à la DVA que M. André Gide donnera la préférence. »

Voici donc déjà qui nous met à l'aise. Je copie encore ceci, qui peut servir de point de repère :

« Pour *L'École des femmes*, en particulier, premier livre paru depuis l'accord conclu et, par conséquent, dont le traité comporte, en plus des conditions particulières de ce livre, les conditions ayant trait au reste de mon œuvre, le droit qui m'est accordé est de *"10 % sur le prix fort de chaque exemplaire broché* vendu." Cette claire [sic *pour clause*] a ceci de très particulier que, étant donné *que tous les exemplaires* sont reliés, le tant pour cent ne m'est pas payé sur le prix de vente de 7 m[ar]ks, mais bien sur le prix de 4 marks, prix fictif, que serait vendu l'exemplaire broché, s'il en existait. Une somme est payable à la signature du contrat, en à valoir sur les droits, somme variable ; elle fut de 600 marks pour *L'École des femmes*, livre de peu d'épaisseur, mais "dans le cas d'une importance matérielle supérieure" (c'est-à-dire d'un plus grand nombre de mots) "peut s'élever jusqu'à 2 000" ».

Il n'est fait, dans ce traité, aucune mention de la somme remise par Kilpper au traducteur. Et je suis sans renseignement précis à ce sujet. Je sais seulement que pour ce qui est par exemple du cas de Hardekopf, ayant considéré que sa rémunération avait été insuffisante, j'ai demandé à la NRF de diminuer mes droits à son profit, c'est-à-dire de lui verser une ristourne prise sur mon compte à chaque versement nouveau de la DVA, dû à la bonne vente des livres traduits par lui[345]. Ceci est en dehors de Kilpper, et doit rester entre nous. Il va sans dire, cher ami, qu'un arrangement de ce genre serait possible avec la NRF, dans le cas où la DVA (ou tout autre éditeur auquel nous confierions le volume) augmenterait à l'excès mes droits d'auteur aux dépens de ceux du traducteur, comme il n'advient que trop souvent.

Par grande crainte de commettre une imprudence, je n'écris pas encore à Kilpper, attendant d'être mieux fixé par vous. Mais je suis tout prêt à lui dire combien je tiens à cette publication ; combien elle me paraît opportune ; combien il me paraît que, à présent, c'est *ce livre-là* qui doit sortir ; et combien au surplus je me félicite de le voir traduit par vous. Je crois fort imprudent de lui laisser entrevoir que très volontiers j'accepterais que *mes droits* soient diminués au profit de ceux du traducteur. On ne sait pas ce qui peut arriver, et je craindrais qu'il ne s'autorisât de cette phrase, par la suite, pour d'autres livres, et que cela n'ait pour résultat de diminuer mon pourcentage sans aucun profit pour le traducteur. Mais, encore une fois, il me semble que cette clause du traité, qui permettrait au besoin de donner ce livre important à un autre éditeur qu'à Kilpper, doit faire réfléchir celui-ci, car il me semble qu'il ne serait pas difficile de trouver une autre maison désireuse de l'avoir, si Kilpper ne se montre pas accommodant.

Puisse ma lettre être suffisamment claire. Je la dicte en grande hâte, tout pressé par mon départ.

Veuillez exprimer encore à Miss Harrison combien je regrette d'avoir si peu pu causer avec elle l'autre jour, et combien j'espère que son indisposition n'a rien été de sérieux.

Veuillez transmettre mes plus souriants hommages à Madame Curtius, et me croire votre ami bien dévoué,

(1) Par lequel la DVA s'engage à publier toutes mes œuvres d'« imagination ».

---

345 Gustav Kilpper s'était assuré le droit exclusif de publier Gide en Allemagne. La DVA a réédité les *Œuvres* de Gide en 12 volumes entre 1989 et 2000. La fondation Catherine Gide conserve nombre de lettres échangées entre Gide et la DVA (de Gustav Kilpper en particulier). – Ferdinand Hardekopf (1876-1954) est un traducteur important. On lui doit de nombreuses traductions, comme celles des *Caves du Vatican*, des *Faux-Monnayeurs* et de *Si le grain ne meurt*.

99. ERNST ROBERT CURTIUS À ANDRÉ GIDE[346]

[*Bonn*] Le [*jeudi*] 26 juin 1930

Cher ami

Nous avons beaucoup regretté de ne point vous retrouver rue Vaneau où nous avons pris le thé avec la Petite Dame, Loup et Anne Heurgon, très heureux de cette atmosphère si amicale[347]. Nous avons fini la soirée à l'Empire où ce phénomène étonnant de Barbette nous a enchantés, et plus encore peut-être deux chanteurs argentins qui avaient également attiré Glenway Wescott[348]. Vous ai-je raconté que Benoist-Méchin m'a parlé de vos œuvres récentes avec enthousiasme et que vous êtes devenu pour lui « tout-à-fait central » comme disait Charlie de Tchekhov ?

Merci pour vos renseignements sur votre traité. Je les transmets à M. Adler en lequel j'ai la plus entière confidence [sic *pour confiance*]. Il va sans dire que vous ferez mieux de ne pas écrire à Kilpper. L'affaire de la traduction sera réglée entre moi et lui par l'entremise de mon homme d'affaires.

Puisse la Savoie vous être salutaire et vous apporter avec la santé les loisirs nécessaires pour votre œuvre.

Ma femme vous envoie ses meilleurs souvenirs auxquels je joins ma pensée bien affectueuse et dévouée

E R Curtius

---

346 [*En-tête :*] Professor Ernst Robert Curtius / Bonn, Joachimstrasse 14 / Telefon 4123.

347 Maria décrit ainsi la scène à Gide : « Il y eut un thé charmant au Vaneau, très genre Florence. Fenêtres ouvertes, tentes baissées, fruits et gâteaux : Curtius et sa femme, leur Américaine [Miss Harrison], Loup et Hugues, Anne Desjardins. On parlait toutes les langues » (André Gide, Maria Van Rysselberghe, *Correspondance 1899-1950*, éd. Peter Schnyder et Juliette Solvès, Paris, Gallimard, 2016, 21 juin 1930, p. 680).

348 Le travesti Barbette (Vander Clyde, dit, 1898-1973), artiste circassien, se produit au théâtre de l'Empire, célèbre salle de music-hall et de cirque située 41 avenue de Wagram, du 13 au 26 juin 1930. À la même période on pouvait venir écouter pour la première fois en France le célèbre trio de chanteurs argentins Irusta, Fugazot et Demare.

100. ERNST ROBERT CURTIUS À ANDRÉ GIDE[349]

[Bonn] Le *[lundi]* 14 juillet *[1930]*

Cher ami

Je suis en pleine traduction et m'assouplis progressivement. Je jouis de cet exercice ; et de l'occasion qui m'est offerte de vous mieux connaître. Il n'y a rien de pareil pour entrer dans la pensée d'un auteur, car on est forcé de considérer ses tours de phrases, donc son tour d'esprit. Je me « soumets à votre influence » et y trouve grand profit.

Guidé par mon homme d'affaires, je suis entré en correspondance avec Kilpper. Le traité n'a pas encore abouti, mais cela ne saurait tarder. Si Kilpper vous écrit, ne répondez pas sans m'avertir.

Vous me permettrez de laisser tomber quelques notes, j'espère, notamment celle relative au repiquage (p. 57-59 de *Prétextes*) qui risquerait un peu d'alourdir le texte allemand.

Ne pensez-vous pas qu'il serait intéressant de donner également *Caractères* et *Un esprit non prévenu*, au moins par fragments ?

Je vous ai écrit il y a quinze jours à peu près en vous demandant si les Bussy consentiraient toujours à héberger un jeune Allemand[350] ?

J'espère que la cure à Challes vous a fait du bien.

Vôtre fidèlement

E R Curtius

349 *[En-tête :]* Professor Ernst Robert Curtius / Bonn, Joachimstrasse 14 / Telefon 4123.
350 Cette lettre est manquante.

101. ANDRÉ GIDE À ERNST ROBERT CURTIUS

Cuverville, [*vendredi*] 18 juillet [*19*]30

Cher ami

Je reçois votre nouvelle lettre et suis un peu confus de n'avoir pas aussitôt répondu à la précédente. L'hospitalité que les Simon Bussy souhaitaient pouvoir offrir à un jeune Allemand n'était possible qu'à Roquebrune où ils ne rentreront qu'en automne. Je viens de passer près d'eux quelques jours à Berlin, où Marc Allégret travaille à un film qui va le retenir là-bas jusqu'à la fin d'août. Berlin est décidément la plus capiteuse des villes, et que je ne quitte que pour souhaiter d'y revenir.

À Cuverville depuis hier, je tâche d'oublier dans le travail les blandices des bords du Wannsee[351].

À la fin de la cure que j'ai faite à Challes, près de Chambéry, j'ai eu la grande joie de recevoir la visite de Jacques Heurgon, retour d'Italie. Il m'a quitté pour rejoindre Anne à Pontigny – où je ne pense pas aller cette année. Cela couperait trop mon travail dont je me suis déjà trop longtemps distrait.

Que je suis heureux que vous preniez plaisir à cette traduction de mes essais. Oui certes l'on y pourra joindre les passages de *Caractères* et d'*Un esprit non prévenu* que vous estimerez dignes de votre choix. Donc, vis-à-vis de la Deva, je vous laisse agir ; mais, je vous le redis, mes traités avec Kilpper me laissent toute liberté.

Je n'ai pas encore reçu votre livre ; peut-être m'attend-il à Paris où je le trouverai à mon prochain passage. Je saurai lui donner tout le temps qu'il mérite et me réjouis de le méditer.

En attendant je relis *Dichtung und Wahrheit*. Que cette langue de Goethe est belle ! et que je suis heureux de la comprendre et sentir mieux[352].

Croyez à ma fidèle amitié

André Gide

---

351 Deux lacs portent ce nom à Berlin.
352 *Aus meinem Leben. Dichtung und Wahrheit* [*Souvenirs de ma vie. Poésie et vérité*] constitue le grand projet autobiographique de Goethe, qui reste un modèle du genre. Gide écrit à Dorothy Bussy qu'il y « respire à pleins poumons » (Bussy, Gide, *Correspondance*, II, *op. cit.*, 27 juillet 1930, p. 291).

102. ANDRÉ GIDE À ERNST ROBERT CURTIUS

Cuverville en Caux, le [*lundi*] 28 juillet 1930

Cher ami,
Je vous remercie de votre lettre et de l'article de l'*Individualpsychologie*, qui l'accompagne[353], dont je vous parlerai tout à l'heure. Par [*le*] même courrier je reçois une lettre de Paulhan qui me communique l'article de Madame Pozzi sur vous[354] (*Figaro* du 20 juillet). J'ai correspondu avec votre chargé d'affaires (S. Adler et S. Hölzer); il vous aura dit, je l'espère, que notre entente est parfaite. Elle devait l'être, étant donné mon immense désir de favoriser de mon mieux votre travail, dont je me promets tant de joie.

Oui, je vous sais grand gré de m'avoir communiqué cet article de M. Oliver Brachfeld, qui m'invite à réfléchir à neuf sur certains « problèmes ». Oh! je suis tout prêt à lui accorder que j'ai été fort maladroitement éduqué; victime, tant qu'il voudra, de théories médicales et pédagogiques absurdes, qui avaient cours, et je ne doute pas que des méthodes plus rationnelles, mieux éclairées, moins étroitement puritaines, aient pu obtenir de moi beaucoup mieux. Mais ce dont je doute, c'est que la composition quasi chimique de mon être, avec ses propensions que je continue à croire natives, naturelles, en ait pu être changée. J'ai, du reste, cette folie (qui selon lui fait partie de ma maladie) de ne point souhaiter d'être un autre. Je crois volontiers (sans du tout me ranger

---

353 F. Oliver Brachfeld, « André Gides Werdegang », *Internationale Zeitschrift für Individualpsychologie*, vol. VIII, 1930, p. 376-388.
354 La lettre de Paulhan ne figure pas dans leur correspondance. – Catherine Pozzi, « Nous, vus de l'est... », *Le Figaro*, 20 juillet 1930, p. 5. L'article fait l'éloge de l'ouvrage *Frankreich. Die französische Kultur* : « Presque tout est là, et l'effarante diversité des renseignements ne décourage pas l'attention, mais se rapporte fort nettement aux fonctions qu'il s'agit de définir. La France en acte. L'Histoire profonde, car ceci est aussi un manuel d'histoire, y est l'appui de ces singularités infimes et charmantes qui plaisaient tant à Marcel Schwob, et qui font d'une nation, comme d'un être, le vivant unique et incomparable. » Curtius remerciera l'autrice en juillet 1930 par ces mots : « Me voilà donc agréé par *Le Figaro*. [...] J'admire votre ingéniosité, votre souplesse, vos connivences savamment calculées – et m'enorgueillis d'avoir pu provoquer ce chef-d'œuvre qu'est votre article. Ah! que n'ai-je pu vous connaître plus tôt! Vous m'auriez inspiré une métaphysique de l'élégance française » (« Lettres à Catherine Pozzi », dans *Ernst Robert Curtius et l'idée d'Europe, op. cit.*, p. 366-367).

aux grossières théories de Lombroso[355]), que certain sentiment secret
d'inéquilibre est au début de cette inquiétude qui vous pousse à écrire,
pour rétablir, dans l'œuvre d'art précisément, un équilibre que l'on souffre
de ne point sentir en soi, ou dans ses rapports avec les autres. Je crois que
certains états, que Oliver Brachfeld considère comme regrettables, ne le
sont pas. Enfin, lorsque je me compare avec ceux de ma génération que
j'ai pu connaître, ou avec ceux qui me suivent aussitôt, l'équilibre et la
santé profonde de l'être (un équilibre et un calme conquis) sont de mon
côté, non du leur ; encore que O[liver] Brachfeld puisse les considérer
comme plus normaux que moi. À ce sujet, rien ne m'a plus éclairé que
certaines admirables pages de Nietzsche sur la maladie de la Grèce, de
la maladie par excès même de santé, et je crois volontiers qu'un peuple
incapable de maladie serait du même coup sans art et sans littérature[356],
– c'est peut-être, du reste, ce que souhaitent ces médecins... Mais je
m'arrête, il y aurait trop à dire là-dessus.

---

355 Professeur d'anthropologie criminelle, le médecin italien Cesare Lombroso (1835-1909)
     avait publié en 1876 un ouvrage retentissant, *L'Uomo deliquente* [*L'Homme criminel*], dans
     lequel il défendait sa théorie du « criminel né » : la criminalité serait, pour plus d'un
     tiers des cas, héréditaire, et pourrait être repérée par des caractéristiques anatomiques
     et physiologiques. Gide fait ici référence à un autre livre publié en 1888, *L'Uomo di genio*
     [*L'Homme de génie*], où Lombroso liait trop catégoriquement et sans nuance le génie à la
     folie et à la dégénérescence – une idée qui l'obsédait.
356 Voir Friedrich Nietzsche, *Humain, trop humain*, trad. Alexandre-Marie Desrousseaux et
     Henri Albert, revue par Angèle Kremer-Marietti, Paris, Le Livre de poche, « Classiques
     de la philosophie », 1995, p. 178-179 : « Ennoblissement de la réalité. – Parce que les
     hommes voyaient dans l'instinct aphrodisiaque une divinité et le sentaient avec gratitude
     et adoration agir en eux, cette passion s'est, dans le cours du temps, compliquée de séries
     de conceptions plus élevées, et par là s'est en fait beaucoup ennoblie. C'est ainsi que, grâce
     à cet art d'idéalisation, quelques peuples ont fait de certaines maladies de puissants auxi-
     liaires de la civilisation : par exemple les Grecs qui, dans les siècles antérieurs, souffraient
     de grandes épidémies nerveuses (sous forme d'épilepsie et de danse de Saint-Guy) et ont
     formé le type magnifique de la Bacchante. – Les Grecs ne possédaient rien moins qu'une
     santé équilibrée ; – leur secret était de rendre même à la maladie, pourvu qu'elle eût de
     la *puissance*, les honneurs d'une divinité. » Gide écrit dans son *Journal* le 25 juillet : « Je
     crois que les maladies sont des clefs qui nous peuvent ouvrir certaines portes. Je crois
     qu'il est certaines portes que seule la maladie peut ouvrir. Il est un état de santé qui ne
     nous permet pas de tout comprendre ; et peut-être la maladie nous ferme-t-elle à quelques
     vérités ; mais aussi bien la santé nous ferme-t-elle à d'autres, ou nous en détourne-t-elle, de
     sorte que nous ne nous en inquiétons pas. / Je n'ai jamais rencontré quelqu'un de ceux qui
     se vantent de n'avoir jamais été malades, qui ne soit, par quelque côté, un peu sot ; comme
     ceux qui n'ont jamais voyagé ; et je me souviens que Charles-Louis Philippe appelait fort
     joliment les maladies : les voyages du pauvre. / Ceux qui n'ont jamais été malades sont
     incapables de vraie sympathie pour une quantité de misères » (*J*, II, p. 217).

J'espère trouver votre livre rue Vaneau, lorsque je repasserai à Paris, dans quelques jours, et l'emporterai avec moi dans le Midi. Je ne puis vous dire de quel aliment constant ont été pour moi les deux petits volumes de Goethe, qui ne m'ont pas quitté depuis que vous avez eu la gentillesse de me les donner. Mais, à présent, c'est dans *Dichtung und Wahrheit* que je suis plongé, avec quel ravissement – c'est ce que je ne puis vous dire; ce que pourtant je tâcherai d'exprimer quelque jour, car, décidément, c'est à Goethe que va ma plus grande *reconnaissance*.

Au revoir, cher ami. Mille affectueux souvenirs à Madame Curtius. Tout amicalement vôtre,

André Gide

103. ERNST ROBERT CURTIUS
À ANDRÉ GIDE[357]

[*Bonn*] Le [*mercredi*] 30 juillet [*1930*]

Merci, cher ami, de votre précieuse lettre. Elle contient le germe d'une critique des doctrines médicales du point de vue de l'artiste – qui pourrait être bien curieuse! Combien je souhaiterais également vous voir écrire une « Reconnaissance à Goethe ». Par un hasard curieux j'ai moi-même repris dernièrement *Dichtung & Wahrheit* – émerveillé de la nouveauté, de la richesse de ce livre que je croyais connaître. Mais les jeunes gens ne peuvent guère comprendre les classiques.

J'espère que quelques-uns de vos essais traduits par moi vont paraître en automne dans des revues. Quant au traité avec la Deva, je laisse agir mon homme d'affaires. L'arrangement définitif ne saurait tarder.

Nous pensons passer une quinzaine à Paris en octobre, heureux dans la pensée d'y retrouver nos amis et vous en particulier[358]. J'apporterai ma traduction.

---

357 [*En-tête* :] ROMANISCHES SEMINAR / DER UNIVERSITÄT BONN.
358 Curtius se rendra effectivement à Paris fin octobre pour une réunion du CFAID et une conférence à la Sorbonne. Maria relate la soirée du 25 octobre pendant laquelle il était

Vôtre bien fidèlement,

E R Curtius

104. ANDRÉ GIDE À ERNST ROBERT CURTIUS

Cuverville en Caux, [*mardi*] 20 janv[*ier 19*]31

Mon cher ami

J'avais emporté votre livre en Tunisie, mais tout le temps que n'occupait pas le voyage, je dus le consacrer à la révision d'une traduction de *Old Wives' Tale*[359] et à la lecture de l'énorme *Imperial Palace* de Bennett. C'est seulement à mon retour en France, c'est-à-dire depuis Noël (cueilli au débarqué par un gros rhume qui m'a d'abord retenu à Saint-Clair[360]), que j'ai pu me plonger dans votre *Frankreich*. Je redoutais un peu cette lecture, je l'avoue, craignant de ne pouvoir vous comprendre qu'avec peine. J'ai la flatteuse joie de n'avoir dû recourir que très rarement au dictionnaire ; votre pensée et votre langue sont si claires que je vous suis partout sans effort. Et avec quel intérêt soutenu. Comme je ne saute pas un seul mot je n'en suis encore qu'à la moitié du volume, mais je ne veux pas attendre davantage pour vous dire la profonde satisfaction, de cœur et d'esprit, que vous m'apportez.

Ô clairvoyant ami ! combien j'admire et j'aime votre sagesse et votre tact ! Je voudrais faire lire ce livre à tous les Français. Mais combien déjà il m'éclaire moi-même – votre troisième chapitre en particulier (*Geschichtliche Grundlagen*[361]) – et m'instruit. Il va sans dire que je ne souscrirais pas aussi pleinement à vos considérations sur « *die Literatur*

---

présent. À l'issue de la lecture par Gide de son *Œdipe*, Curtius lui proposera de le traduire. Voir *CPD*, II, p. 116-117, et plus bas, lettre 106.

359 Gide a lu ce roman en 1920. Il confie sa traduction à Marcel de Coppet, administrateur des colonies rencontré en 1923 et lié à Martin du Gard. Celle-ci est révisée à de multiples reprises et par diverses personnes, pour finir par l'intervention d'Élisabeth Van Rysselberghe, lors du voyage qu'elle fait avec Gide en Tunisie entre le 12 novembre et le 22 décembre 1930.

360 Maison d'été des Van Rysselberghe.

361 Fondements historiques.

und das geistige Leben[362] », si précisément déjà je ne m'opposais pas moi-même à cette tendance d'esprit que vous avez raison de déclarer si spécifiquement française. Et, si français que je me sente et que je sois, c'est bien là ce qui me vaut si souvent l'anathème, ce *Brandmarkung*[363] dont vous parlez si bien, et ce qui fait que (beaucoup grâce à vous) je me sente si souvent mieux apprécié en Allemagne que dans mon propre pays. Quelles conversations en perspective, lorsque j'aurai le grand plaisir de vous revoir.

J'ai appris par la Deva que vous vous étiez entendu avec Kilpper pour la publication de votre traduction de mes essais. Déjà j'ai pu en lire des morceaux dans deux revues – et la preuve qu'ils sont appréciés c'est que cette publication fragmentaire me vaut une demande de traduction en danois[364].

Je vous envoie le numéro de *Commerce* où vient de paraître mon *Œdipe*[365].

Au revoir, cher ami. Ma femme se rappelle à votre souvenir et vous envoie ses meilleurs vœux. Tous mes affectueux hommages à Madame Curtius, je vous prie.

Vous me savez bien amicalement et attentivement votre

André Gide

Je ne vous quitte que pour vous retrouver dans *Frankreich*.

---

362 « La littérature et la vie spirituelle ».
363 Marque, stigmatisation.
364 Plusieurs articles réunis dans *Europäische Betrachtungen* ont été publiés dans des revues, tels « Nationalismus und Literatur », *Die Neue Rundschau*, n° 42, t. I (1931), p. 107-114 ; « Französische Erde. Normandie und Bas-Languedoc », *Die Literatur*, n° 33 (1930-1931), p. 12-13 ; « Betrachtungen über die griechische Mythologie », *Neue Schweizer Rundschau (Wissen und Leben)*, 23ᵉ année, t. 38/39, 1930, p. 909-913. – Une édition danoise de 1931 donne *Hustruskolen* (*L'École des femmes*), Copenhague, Jespersen og Pios Forlag (Specialbogtryk).
365 *Commerce*, cahier XXV, automne 1930, p. 7-83. La pièce paraîtra également dans *La NRF* (nᵒˢ des 1ᵉʳ février et 1ᵉʳ mars 1931), puis aux Éditions de la Pléiade, dirigées par Jacques Schiffrin (1892-1950), la même année. C'est Jacques Schiffrin qui a fondé la Bibliothèque de la Pléiade que reprendra Gallimard lorsqu'il sera forcé d'émigrer aux États-Unis. – La prépublication a été donnée par la *Neue Schweizer Rundschau*, 24ᵉ année, t. 40/41, 1931, p. 434-458 et 505-514.

105. ANDRÉ GIDE À ERNST ROBERT CURTIUS

[*Cuverville, dimanche*] 25 janvier [*1931*]

Je n'ai pas fait partir ma lettre aussitôt. Bien m'en a pris, car, ne vous quittant guère ces jours derniers, j'ai enfin achevé votre livre, et mon jugement n'est plus tout à fait le même que celui que je vous exprimais d'abord. Si excellents (intelligents, lucides et impartiaux) que soient vos tableaux historiques des chap[*itres*] V, VI et VII, ils n'apprendront aux Français que ce qu'ils savent déjà, ou du moins sont censés savoir ; et si, personnellement, ils m'ont beaucoup instruit, c'est que je n'ai guère la tête historique et que mes rapports avec Clio restent assez tendus. Mais, songeant à la traduction de votre *Frankreich*, à sa publication, à son succès possible, je crains qu'il n'y ait là de quoi fatiguer et rebuter bien des lecteurs. Et je comprends que ces exposés, pour le but proposé, fussent indispensables, et nul ne les pouvait sans doute établir mieux que vous, avec plus de science et de conscience ; et je comprends également que vous ayez tenu à y intervenir le moins possible ; mais pourtant, en tant que Français, c'est votre jugement, vos réactions qui m'intéressent, et je puis regretter que, durant tant de pages, vous vous soyez si modestement effacé[1]. Mais, encore une fois, *pour ce livre*, il le fallait sans doute. – Malgré quoi je vous dois des réflexions sans nombre, qui serviront beaucoup à ce que j'écris présentement[366]. Réflexions (parfois assez sombres, mais qui toutes encouragent puissamment mes convictions d'hier et d'aujourd'hui) dont j'aurais plaisir et profit à discuter avec vous à notre prochaine rencontre ; mais qui m'entraîneraient beaucoup trop loin pour que je vous en fasse part aussitôt.

Votre ami bien fidèlement attentif

André Gide

(1) Je regrette que vos propres réflexions, comme celle, si remarquable, au haut de la p. 86 sur le rôle des Grecs et des Latins dans l'humanisme français, ne soient pas plus fréquentes.

---

366 Voir ce qu'il écrit dans son *Journal* sur le livre de Curtius (*J*, II, p. 246-247).

P. 159. Heinrich VI = Heinrich IV.
P. 118. (en note) La Colline = Colline.
P. 80. Ce sont les concerts Pasdeloup qui, les premiers et bien avant Lamoureux, osèrent, malgré la vive opposition du public, introduire Wagner dans leurs programmes. C'est du reste à Pasdeloup (et non à Lamoureux) que nous devons les premiers « concerts populaires » français. Ils se donnaient dans la salle de je ne sais plus quel cirque – peut-être disparu depuis[367]. Ma mère m'y menait assez régulièrement. Le public des concerts Lamoureux, quelques années plus tard, était beaucoup plus « aristocratique » et « distingué ». Pour assister à ceux du Conservatoire, il fallait être un « *abonné* », ou acheter, difficilement et coûteusement, un abonnement à quelque ancien titulaire. Il y avait deux séries, et l'on gardait deux dimanches de suite le même programme.

---

367 À la tête de la société des Concerts Pasdeloup, Jules Pasdeloup lança en 1861 les « Concerts populaires de musique classique » au cirque Napoléon, situé boulevard des Filles-du-Calvaire à Paris (futur cirque d'Hiver). Commentaire d'Hector Berlioz : « M. Pasdeloup vient d'avoir une idée hardie dont le succès peu vraisemblable a dépassé toutes ses espérances. Il a voulu savoir quel serait l'effet produit par les œuvres des maîtres sur un auditoire à peu près inculte comme celui qui fréquente les théâtres du boulevard. En conséquence, à ses risques et périls, il a loué le cirque Napoléon, on y a élevé une estrade pouvant contenir une centaine de musiciens et là il donne les dimanches, à deux heures, des concerts populaires à bas prix, dans lesquels on entend exclusivement les chefs-d'œuvre de Beethoven, de Mozart, de Weber, de Mendelssohn, enfin de la grande musique instrumentale de style. La foule y est accourue avec empressement, avec passion même ; et l'on ne saurait, avant d'en avoir été témoin, se faire une idée du bonheur avec lequel ces quatre ou cinq mille auditeurs écoutent des ouvertures, des symphonies dont ils ne peuvent, certes, apprécier la valeur réelle, mais dont les grandes pensées et la forme les frappent d'étonnement et excitent en eux de véritables transports » (*Journal des débats politiques et littéraires*, 12 novembre 1861, p. 2). Les « Concerts populaires » cessèrent en 1884, concurrencés par les Concerts Colonne et Lamoureux, mais furent réactivés à la fin de la Première Guerre mondiale. En 1863, s'inscrivant dans la mouvance de Pasdeloup, le violoniste Charles Lamoureux se lança avec son quatuor à cordes dans des « Séances populaires de musique de chambre ». L'orchestre Lamoureux date de 1881, et devint l'instrument de diffusion de la musique de Wagner en France. Mais si Lamoureux s'affirma comme le wagnérien français le plus important, Pasdeloup avait intégré avant lui Wagner à ses programmes dès 1861. Voir Yannick Simon, *Jules Pasdeloup et les origines du concert populaire*, Lyon, Symétrie, 2009 ; *id.* (dir.), « Concerts Lamoureux (1881-1899) », *Dezède* [en ligne] : dezede.org/dossiers/id/215/ (consulté le 9 février 2018).

106. ERNST ROBERT CURTIUS À ANDRÉ GIDE[368]

[Bonn, dimanche] 8 février *[19]*31

Très cher ami
Votre longue lettre m'a causé une joie bien vive. Je souscris à toutes
les restrictions que vous apportez à votre appréciation de mon livre.
Il est entendu que le chapitre sur l'enseignement ne figurera pas dans
l'édition française. Peut-être laisserai-je tomber également les chapitres
sur Paris et sur la religion. Mon livre a été conçu comme ouvrage de
vulgarisation destiné aux étudiants allemands. C'est une tâche que j'ai
assumée uniquement par devoir professionnel. Si je la refusais, elle était
confiée à l'un ou l'autre de mes collègues qui aurait peut-être apporté
moins de sympathie pour la France. C'est ce que j'ai voulu empêcher.
Mais naturellement ma sympathie devait s'effacer devant l'objectivité,
ou plutôt elle ne devait que transparaître – dans l'intérêt de la France
même. – Vous regrettez l'impersonnalité de mon livre. Mais si j'avais
été plus personnel, j'aurais risqué de critiquer certains aspects de la
France. Or je crois que c'est là un droit – et un devoir – réservé aux seuls
Français. Il s'agit là, à mon avis, d'une question de tact. Et d'ailleurs les
Français sont si chatouilleux. Voyez l'accueil fait au livre de Sieburg que
j'ai vu taxer de perfidie et de germanisme[369]. La vérité est que la France
se suffit, mais qu'elle ne nous suffit pas. Mais il serait mal élevé de le
dire. D'ailleurs je suis terriblement las de ces questions de psychologie

---

368 *[En-tête :]* / ROMANISCHES SEMINAR / DER UNIVERSITÄT BONN.
369 Le journaliste allemand Friedrich Sieburg (1893-1964) fut le correspondant de la *Frankfurter
Zeitung* à Paris entre 1926 et 1930. Plus tard, il salua l'avènement du national-socialisme
et travailla dans les services d'Otto Abetz. Son livre *Gott in Frankreich : Ein Versuch*
(Francfort-sur-le-Main, 1929), traduit en français sous le titre *Dieu est-il français ?* (Paris,
Grasset, 1930), a pu faire illusion et il est curieux que Curtius à son tour succombe à
cette imposture qui, sous couvert d'un amour de la « douce » France, avance des idées
reculées d'une France figée dans sa mentalité « latine », passablement hédoniste, par
rapport à l'esprit allemand, réaliste, dynamique et tourné vers l'avenir. « La façon dont
la France intellectuelle réagit sur le livre de Sieburg constitue une expérience collective
qui a bien des chances pour être décisive » (lettre de Curtius à Heurgon, 20 décembre
1930, BLJD, Ms 15918). Gide réagit également à cet ouvrage (voir *J*, II, p. 245-248). Voir
Wolfgang Geiger, *L'Image de la France dans l'Allemagne nazie 1933-1945*, Rennes, PUR,
1999, chap. I, p. 17-40.

nationale et même de ces nationalités tellement encombrantes. Elles commencent à assumer trop de place. Elles deviennent gênantes. Je voudrais dorénavant m'en occuper le moins possible.

Je suis en correspondance avec Kilpper pour votre volume de critique. Présentement je m'occupe à revoir et à classer les morceaux que j'ai traduits. Le plus difficile, c'est toujours la question du titre.

Je viens de relire – et avec quelle joie – *Œdipe*. Je voudrais le traduire pendant le mois de mars, si vous êtes toujours d'accord. D'ici à la fin du semestre (28 février) je serai absorbé par mes besognes de professeur.

Voici un an, à peu de jours près, que je suis marié. Et c'est toujours, et de plus en plus, le bonheur. Mais un bonheur, je l'espère, sans infatuation et qui ne provoque pas le courroux des dieux.

Laissez-moi espérer que le printemps ou l'été vous ramènera en Allemagne et croyez, cher ami, à ma profonde et fidèle affection.

E R Curtius

107. ERNST ROBERT CURTIUS À ANDRÉ GIDE[370]

[Bonn] Le *[samedi]* 21 février *[19]*31

Cher ami

La traduction de Mme Sigall me paraît tout à fait recommandable[371]. Naturellement, par-ci par-là, je donnerais un autre tour à la phrase. Mais ne gênons pas l'individualisme des autres. Mme S[*igall*] sait sa

---

370 [*En-tête :*] Professor Ernst Robert Curtius / Bonn, Joachimstrasse 14 / Telefon 4123.

371 Admiratrice de l'œuvre de Gide, ayant également traduit des auteurs français comme Anatole France, Henry de Montherlant, les frères Goncourt ou Léon Blum, Olga Sigall avait contacté l'écrivain en octobre 1929 pour proposer ses services sur un volume de textes courts. La traduction dont il est ici question est celle du *Renoncement au voyage* [*Verzicht auf das Reisen*], qu'elle lui a envoyée par un courrier daté du 3 février 1931 (la dactylographie transmise à Gide et la lettre qui l'accompagne sont conservées par la fondation Catherine Gide). Curtius se réfère au passage suivant : « Entre deux pianos mécaniques, je lis, médite, et regarde la mer » (*J*, I, p. 420). Olga Sigall a traduit plusieurs courts textes de Gide, parmi lesquels « Encore le classicisme (Billet à Angèle) » : « Klassizismus », *Der Querschnitt*, vol. 9 (1929), p. 831-833 ; *De l'importance du public* : « Über die Bedeutung des Publikums », *Die Horen. Monatsschrift für Dichtung, Philosophie*

langue. J'ai relevé un contresens que je vous conseille de lui signaler. Elle vous dépeint comme méditant à Naples (en plein air, sans doute) « *zwischen 2 Pianolas* ». Or le piano mécanique est évidemment quelque chose comme l'orgue de barbarie, si j'en juge d'après Littré.

Je n'ai pas encore reçu les bonnes feuilles de Schiffrin que vous m'annoncez[372]. Je les attends pour achever et revoir ma traduction. Quant aux traités, j'attends les conseils de mon homme de loi. Il faudrait seulement savoir si nous devons nous adresser à Schiffrin ou bien à Gallimard.

Votre *Œdipe* m'a ramené vers celui de Sophocle que je suis en train de relire dans le texte. Combien je vous en sais gré.

Vôtre bien fidèlement

E R Curtius

108. ANDRÉ GIDE À ERNST ROBERT CURTIUS

Vence, [*dimanche*] 15 mars [*19*]31

Quelle exquise surprise m'apporte votre article de la *Literarische Welt*[373] ! et que vous êtes aimable, cher ami ! Jusqu'à présent aucun autre écho qu'une impertinente gouaillerie de Vandérem dans *Candide* : « Les débuts de M. A[*ndré*] G[*ide*] dans l'opérette » ; où il me conseille de lire le théâtre de Meilhac et Halévy[374]. Et un entrefilet de Lalou, fort louangeur, il est vrai[375]. Du reste je n'attends rien d'autre et ne pense

---

und Kunst, n° 7, juillet 1930, t. 6, p. 505-513 ; et précisément *Le Renoncement au voyage* : « Verzicht auf das Reisen », *Atlantis. Länder / Völker / Reisen*, t. 3 (1931), p. 705-713.

372 Curtius parle de la publication en préparation d'*Œdipe*, aux Éditions de la Pléiade.

373 Ernst Robert Curtius, « Gide's Oedipus », *Die Literarische Welt*, n° 11 (7ᵉ année), 13 mars 1931, p. 3. L'article est reproduit en annexe XX.

374 Dans sa chronique « La comédie littéraire », Fernand Vandérem égratigne en effet le texte de Gide (*Candide*, n° 358, 22 janvier 1931, p. 3).

375 René Lalou, « *Œdipe*, par André Gide », *Les Nouvelles littéraires, artistiques et scientifiques*, n° 438, 7 mars 1931, p. 10 : « Maître dans l'art du dessin, André Gide ne prétend point se donner pour un coloriste. Dans cet *Œdipe*, les ironiques retours de sotie, les vulgarités stylisées, les anachronismes significatifs sont traits de crayon encore, non point touches

faire aucun « service de presse » de l'édition première qui va paraître prochainement chez Schiffrin, tirée à petit nombre – mais dont je vous réserve un bel exemplaire. Je l'enverrai à Bonn où il attendra votre retour d'Ischia[376].

Heureux, très heureux, d'apprendre que vous avez achevé la traduction des *Essais*. Ayant relu ma lettre à Belgion, je m'étonne un peu que vous ne croyiez pas devoir également la donner – fût-ce avec coupures[377]. Mais vous êtes meilleur juge que moi.

Sans nouvelles de la traduction de *Corydon*[378].

Je suis à Vence depuis quelques jours, achevant la lecture de *Clarissa Harlowe* (près de 3 000 pages !), travaillant peu, me languissant beaucoup[379].

Je viens de revoir les épreuves du livre de Herbart, que publie la NRF[380]. Fort heureux d'y trouver beaucoup plus de talent que je n'osais en attendre. Bien supérieur, à mon avis, aux *Enfants terribles* de Cocteau, qui lui écrit : « Depuis que Gide est entré dans notre maison de Roquebrune, tu as cessé d'aimer, de *vivre mon œuvre*. » Vous saviez qu'il avait été assez malade (crachements de sang, etc.) ; faute de ressources pour s'offrir un traitement dans le Midi, il attend des jours meilleurs, à Saverne, auprès de sa mère, et se soigne, et travaille de son mieux. Il affirmait s'être à peu près complètement guéri de l'opium (et c'est sans doute un peu cela que

---

impressionnistes. L'action dramatique tient dans ce mouvement de la pensée, aperçu par les fenêtres des mots, qui aboutit au dépouillement souverain, à l'exil d'Œdipe avec sa très pure compagne. [...] Verrons-nous paraître ce nouvel Œdipe sur une scène, comme jadis Saül et ses démons ? Relire les deux drames suffit déjà pour montrer par quels chemins Gide a retrouvé le grand secret des classiques : atteindre à la perfection à force de naturel, confier à son œuvre tout ce que l'on porte en soi d'héroïsme humain. »

376 Curtius fait un voyage en Italie avec sa femme, de Naples à Ischia.

377 En 1929 a paru *Our Present Philosophy of Life (according to Bernard Shaw, André Gide, Freud and Bertrand Russell)* de Montgomery Belgion. Gide a écrit une lettre à l'auteur qu'il a publiée dans *La NRF* du 1er février 1930 (« Lettre », n° 197, p. 194-197), puis dans son volume *Divers*.

378 La Deutsche Verlags-Anstalt prépare une traduction allemande, effectuée par Joachim Moras (la fondation Catherine Gide possède quelques courriers échangés entre lui et Gide à ce sujet), qui paraîtra en 1932. Voir *CPD*, II, p. 183.

379 *Clarissa Harlowe*, de Samuel Richardson. – Après un séjour à Roquebrune chez les Bussy, Gide est parti s'installer dans un hôtel à Vence pour y mieux travailler – sans succès.

380 Pierre Herbart (1903-1974) a rencontré Gide l'année précédente, par l'intermédiaire de Jean Cocteau. Grâce à lui, il publie son premier livre, *Le Rôdeur*, en 1931. Gide l'aide à se désintoxiquer de l'opium, goût qu'il partage avec Cocteau et, pour ce faire, le pousse sur la voie de l'écriture. Il présente ce séduisant jeune homme à Élisabeth Van Rysselberghe, qui l'épousera presque aussitôt (voir plus bas, lettre 112). Proches politiquement, Gide et Herbart resteront toujours très liés.

Cocteau appelait : « cesser de vivre son œuvre ») mais je crains que l'ennui ne l'y replonge. Je voudrais bien l'aider et suis heureux d'être parvenu à faire accepter son livre par Gallimard (cela n'a pas été sans tirage[381]) ; heureux surtout que ce livre soit bien meilleur que je n'espérais…

Sans doute regagnerai-je Marseille vers la fin du mois ; puis Paris ; puis Cuverville où je serais installé encore et déjà, si pas trop mal installé pour y pouvoir supporter le froid.

Au revoir, cher ami avec qui j'aurais tant de plaisir à causer. Mes affectueux hommages à Madame Curtius.

Votre reconnaissant et dévoué

André Gide

109. ERNST ROBERT CURTIUS À ANDRÉ GIDE[382]

Bonn, [jeudi] 19 mars 1931

Cher Ami !

Comme je vais partir dans peu d'heures et que je dois encore régler pas mal de choses, je vous prie de me permettre de vous écrire en allemand.

Malheureusement, je n'ai pu placer Œdipe ni dans la Neue Rundschau ni dans la Europäische Revue, comme je l'avais espéré. Le directeur de la première revue n'est pas assez intelligent pour comprendre la pièce, le deuxième ne dispose pas d'assez de place. Pour cette raison, je l'ai adressée à la Neue Schweizer Rundschau, qui se fera un grand plaisir de la publier[383].

Vous avez tout à fait raison, la lettre à Belgion doit figurer dans le volume d'essais. Je viens justement de la traduire et l'envoie à la Deva. J'ai seulement omis le passage sur la Légion étrangère car en Allemagne, cette institution ne rencontre pas beaucoup de considération. Mais c'est

---

381 L'expression « il y a du tirage » signifiant que l'affaire est pénible, difficile.
382 Lettre originale en allemand.
383 Œdipe paraît dans la Neue Schweizer Rundschau – Nouvelle Revue suisse de juin et de juillet 1931 (n° 6 et 7, respectivement p. 434-458 et p. 505-514), revue dirigée par Max Rychner (voir lettre suivante), et à la Deutsche Verlags-Anstalt en 1932.

bien entendu sans importance. Par ailleurs, je me suis limité à un petit choix de vos textes critiques, car je n'ai voulu intégrer que des choses ayant leur importance pour le lecteur allemand actuel. Si le petit livre a du succès, on pourra toujours le compléter plus tard.

En attendant, je n'ai pas discuté de l'*Œdipe* avec la Deva et vous prie de ne pas encore le faire de votre côté, car j'ai à régler une affaire personnelle avec eux. Sitôt fait, je dirais à la fin avril, je vais discuter de l'*Œdipe* avec eux.

Cher ami, votre lettre m'a procuré une grande joie. Faute de temps, je ne peux pas vous répondre comme je le voudrais, mais espère bien que nous nous reverrons cet été.

Avec toutes mes pensées cordiales

Constamment votre
E R Curtius

P.S. : Achetez la *Revue européenne* de février 1931 ; on y trouve quelques très bonnes traductions de poésies de Stefan George par Alast[*air*384].

110. ERNST ROBERT CURTIUS À ANDRÉ GIDE[385]

[*Bonn, fin mai 1931*]

Cher ami

Je viens de recevoir ce somptueux *Œdipe* dont l'idée germa certain soir d'octobre de l'an passé[386]. Je suis très touché, très fier de ce précieux cadeau et vous en remercie du fond du cœur. En attendant, la version allemande s'imprime et paraîtra bientôt dans la revue de Rychner[387].

---

384 « Choix de poèmes de Stefan George traduit de l'allemand par Alastair », p. 101-106.
   Alastair était le pseudonyme du baron Hans-Henning von Voigt, personnage extravagant.
385 [*En-tête :*] Professor Ernst Robert Curtius / Bonn, Joachimstrasse 14 / Telefon 4123.
386 Voir plus haut, lettre 103, n. 358.
387 Grand ami suisse de Curtius, le critique littéraire Max Rychner (1897-1965) dirigeait la *Neue Schweizer Rundschau*. Leur foisonnante correspondance a été publiée : Ernst Robert Curtius, Max Rychner, *Freundesbriefe 1922–1955*, éd. Frank-Rutger Hausmann, Francfort-sur-le-Main, Klostermann, 2015.

Je pense beaucoup à vous ces derniers temps car j'explique Montaigne à mes élèves. Je ne l'avais jamais bien lu, et maintenant c'est une véritable découverte. Quel admirable et subtil bonhomme et comme l'on se prend à regretter que les Malherbe, les Descartes, les Corneille aient barré la route royale ouverte par Montaigne et qui aurait pu conduire à tant de belles choses, non moins spécifiquement françaises certes que le classicisme maigre et hargneux des héros pour manuels.

Je passerai quelques jours à Paris vers le 15 juin, avec ma femme. J'y suis appelé d'abord par une réunion du Comité franco-allemand[388] (Mayrisch) et ensuite par le 4ᵉ centenaire du Collège de France[389] (je fais partie de la délégation allemande). Aurez-vous quelques moments pour moi ? Ce serait une grande joie. Je pense que Loup (dont je n'ai d'ailleurs pas de nouvelles) assistera également à la réunion du comité.

Croyez, cher ami, à mes sentiments les plus affectueusement dévoués.

E R Curtius

111. ERNST ROBERT CURTIUS À ANDRÉ GIDE[390]

Bonn, [*jeudi*] 20 août 1931

Bien cher Ami !

Comme je suis sur le point de partir et dois mettre en ordre bien des choses auparavant, je vous prie de me permettre de vous écrire en allemand.

La contrariété de la Deva a déjà été sensible lors de la conclusion du contrat relatif au choix de vos textes critiques. Je vous demande de ne pas y attacher d'importance. Je connais la façon de faire capricieuse, souvent provocante, de Monsieur Kilpper et ne peux que vous conseiller

---

388 Le Comité franco-allemand d'information et de documentation (CFAID, *Deutschfranzösisches Studienkomitee*, parfois appelé « Comité Mayrisch ») est issu de l'initiative d'Émile Mayrisch et du concours du prince autrichien Rohan ainsi que de Pierre Viénot, dans le but d'un rapprochement entre les deux pays. Il a entretenu un bureau à Paris et un autre à Berlin. Son activité s'étale de 1926 à 1938.

389 Célébration officielle les 18, 19 et 20 juin 1931.

390 Lettre originale en allemand. – Est jointe la copie d'une lettre de la DVA à Curtius (BLJD, γ 335-50).

de ne vous laisser aucunement intimider par des menaces sans fondement. La Deva est contrariée par le fait que la *Neue Schweizer Rundschau*
a publié *Œdipe*. Elle a essayé à plusieurs reprises de me convaincre de
leur céder le droit de représentation, ou plutôt le droit de diffusion de
l'Œdipe sur scène. Mais, conseillé par mon avocat, très expérimenté, je
m'y suis refusé, car il faut d'abord conclure un contrat d'édition, ce que
la Deva ne voulait pas. Entretemps, un autre éditeur (*Dreimasken Verlag*)
s'est tourné vers moi dans le même but. Je n'abandonne pas l'espoir de
parvenir à un contrat d'édition avec eux. J'avais l'intention de confier
Œdipe à la *Neue Rundschau* (Berlin), mais j'ai essuyé un refus. Pourtant,
comme je le sais par de nombreuses lettres et témoignages oraux, la
parution dans la *Neue Schweizer Rundschau* a suscité beaucoup d'intérêt
et a sans aucun doute grandement servi la diffusion de l'attrait pour
votre art en Allemagne. Il me semble que ce bénéfice moral indiscutable
passe avant le désaccord momentané avec la Deva.

Quant au choix des essais, vous aviez vous-même déjà répondu à la
Deva qu'il avait été fait en accord avec vous et avec moi. Après mûre
réflexion, je n'ai mis de côté, parmi les grands essais, que celui sur
« Les limites de l'art[391] ». Or, les travaux sur l'avenir de l'Europe, sur
le nationalisme et la littérature, sur la politique et la littérature, sur
Stendhal, etc., sont contenus dans le volume et lui confèrent à coup sûr
un caractère représentatif. J'ai traduit toutes ces pièces spécialement
pour ce volume, et ce que prétend la Deva auprès de vous, à savoir que
j'ai réuni dans ce volume les pièces que j'avais déjà traduites à diverses
occasions, n'est rien d'autre qu'une insinuation perfide. Au demeurant,
je suis bien entendu tout à fait disposé à traduire encore d'autres essais
et vous prie cordialement de me mentionner lesquels.

Je vous suis fort reconnaissant pour vos paroles sur la situation européenne actuelle. Celle-ci est très sérieuse, mais je ne la considère tout de
même pas avec pessimisme. Il me semble très bénéfique que les hommes
d'État responsables aient accepté une discussion ouverte et personnalisée
et que l'opinion publique des deux pays ait été rendue énergiquement
attentive aux problèmes franco-allemands. Ce pour quoi vous et moi avons
toujours travaillé, c'est-à-dire un effort sincère et lié à des principes visant
une compréhension et une collaboration réciproques, me semble avoir

---

391 Titre d'une conférence rédigée – mais non prononcée – en 1901 et dédiée au peintre
Maurice Denis.

maintenant les plus grandes chances. Je crois que l'idée selon laquelle une politique commune d'apaisement reste une nécessité inévitable, est issue de la crise menaçante[392]. Pourtant, cet été se place sous le signe de la dépression, à laquelle la pluie incessante contribue de son côté.

J'avais espéré pouvoir partir pendant ces vacances avec Ilse pour la France, de préférence pour le Midi ; au vu de la situation économique actuelle, c'est malheureusement impossible. Nous allons séjourner pour quelques semaines à Heidelberg et espérons pouvoir nous y reposer. Au demeurant, je suis plongé depuis quelques semaines dans des études espagnoles et me sens à l'aise dans cet alibi spirituel. Veuillez me donner de vos nouvelles quand l'occasion se présentera et pensez à l'amitié de votre

Fidèlement dévoué
E R Curtius

[*En français :*]
Je m'excuse de vous avoir écrit en allemand. C'est parce que, dans la hâte du départ, j'ai dû dicter cette lettre.
Je me creuse la tête pour trouver un titre pour vos essais. Que diriez-vous de *Politik und Literatur* ou de *Standpunkte*[393] ?

[*À l'envers, sur la même page, de la main de Gide :*]
Europaïsche Ausblicke

–

Betrachtungen

–

Abendländische Betrachtungen[394]

---

392 On n'a pas idée aujourd'hui des problèmes économiques qui s'ajoutèrent à une politique instable du fait du désamour de beaucoup d'Allemands vis-à-vis de la République de Weimar : les crises financières se succèdent, la Creditanstalt de Vienne fait faillite en mai 1931 et précipite une évolution en cours depuis la Grande Dépression de 1929. Les désordres bancaires atteignent ensuite tous les États de l'Europe centrale et particulièrement l'Allemagne, de plus en plus insolvable. La faillite de plusieurs banques allemandes, qui entraîne un mouvement de panique, force le gouvernement à déclarer un moratoire bancaire en juillet 1931. Une politique de contrôle des changes est introduite ; elle oblige les détenteurs de devises à revendre celles-ci à la Reichsbank. Plusieurs plans (plan Hoover et plan Owen Young) favorisent les cessations des réparations allemandes sans qu'une crise diplomatique soit évitée.
393 *Politique et littérature – Points de vue.*
394 Gide a annoté des propositions alternatives de titre pour le recueil en cours de traduction. Voir lettre suivante.

112. ANDRÉ GIDE À ERNST ROBERT CURTIUS

Cuverville, [*lundi*] 7 sept[*embre 19*]31

Cher ami

Pierre Herbart, le terrible et ravissant Herbart, vous aura-t-il fait part directement de son mariage ? J'en doute, car, entre Saverne, Paris et... Saint-Clair, il était suroccupé, sur le point de s'embarquer pour le Japon où il va faire (tout seul, du reste) son voyage de noces. Il épouse Élisabeth Van Rysselberghe. Ceci ne surprendra que ceux qui ne les ont pas vus ensemble ces derniers temps. Les ayant accointés l'un à l'autre, je suis un peu responsable de cette union, dont je ne sais encore trop que penser. Mais ils rayonnent de joie l'un et l'autre[395]. Je viens de passer dix jours auprès d'eux dans le Midi. Me voici de nouveau sous la pluie...

Ces voyages vous expliqueront que je n'aie pas répondu plus tôt à votre lettre. J'approuve la fermeté de votre attitude vis-à-vis de la Deva. Vous vous rendez mieux compte de la situation que je ne suis à même de faire et je crois préférable de ne pas intervenir. Le délai de ces pourparlers vous permettra peut-être de joindre au livre d'essais les pages sur Goethe que j'ai promises à la *Neue Rundschau.* J'y travaille présentement et espère pouvoir vous envoyer le texte dans huit jours[396]. Ajouter au livre, quoi d'autre ?... Je ne vois pas.

Quant au titre, pour l'amour du ciel ne choisissez pas quelque chose de trop ambitieux, qui décevrait sûrement le lecteur – comme *Die Zukunft Europas* ou même *Literatur und Politik.* Non ; non. Je propose : *Europäische Betrachtungen* – ou mieux *Abendländische Betr*[achtungen[397]]... Que vous en semble ? Cela me plaît assez.

De divers côtés (Darmstadt, München, Frankfurt) se manifestent des désirs de monter mon *Œdipe.* Mais vous êtes sans doute au courant, car rien ne peut se faire qu'à travers vous, que par vous.

---

395 Le mariage est prévu pour le 15 septembre. Herbart part au Japon en tant que secrétaire de la journaliste Andrée Viollis.

396 Curtius va en effet traduire, non sans peine comme il le laisse entendre dans une lettre ultérieure, l'article de Gide sur Goethe que lui a commandé la *Neue Rundschau* : « Leben mit Goethe », *Die Neue Rundschau*, n° 43, t. I, 1932, p. 514-522. Voir plus bas, lettres 124, 125 et 129. Il paraîtra en français dans *La NRF* du 1er mars 1932 (« Goethe », n° 222, p. 368-377), numéro d'hommage à Goethe où sera aussi publiée, en tête, une étude de Curtius (voir plus bas, lettre 129, n. 438).

397 *L'Avenir de l'Europe – Littérature et politique – Réflexions européennes – Réflexions occidentales.*

Je viens de passer dans le Midi quelques jours extraordinaires, capables de me faire oublier que j'ai soixante ans passés[398]. – Heureux prétexte pour vous revoir, si des répétitions de *Saül* ou d'*Œdipe* m'appellent en Allemagne cet hiver[399]…

Mes plus souriants hommages à Madame Curtius, je vous prie. Bien amicalement votre

André Gide

113. ERNST ROBERT CURTIUS À ANDRÉ GIDE[400]

Heidelberg
Neuenheimer Landstrasse 32
[*Samedi*] 12 septembre [*19*]31

Cher ami

Voici une lettre de Kilpper qui remet les choses en ordre. Je lui propose *Abendländische Betrachtungen*. J'aime beaucoup ce titre. Ravi de savoir que vous écrivez sur Goethe. Peut-être pourra-t-on inclure ce morceau.

La nouvelle du mariage d'Herbart m'a surpris, vous vous en doutez. Mais je m'en réjouis sincèrement. « *Homo duplex* », comme disait Balzac avec Buffon et Swedenborg[401].

---

398 « Je devais m'embarquer pour la Corse ; ces jours derniers m'ont à ce point soûlé de plaisir que je pensais ne pouvoir plus souhaiter que le travail. Après cinq nuits délicieuses, une nuit de repos et je regarde avec nostalgie ce que je quitte ici. J'ai délaissé ce carnet alors que j'aurais eu le plus à dire. Je n'ai pas souvenir d'abandon plus parfait à la joie. C'est aussi que ma joie était faite de celle que j'apportais à Robert Lévesque et à Paul Verbrughe. Celui-ci, que je laissais hier, va donc s'embarquer à ma place. J'ai tout préparé pour lui. C'est son tour. La plus grande sagesse est de se retirer de bonne grâce » (*J*, II, p. 302, 2 septembre 1931).

399 Mi-juillet, Gide a travaillé avec son amie allemande Thea Sternheim à la traduction de *Saül*, pour d'éventuelles représentations. Celle-ci sera également revue avec Bernard Groethuysen, dont Gide apprécie beaucoup les interventions sur les traductions en langue allemande.

400 [*En-tête* :] ROMANISCHES SEMINAR / DER UNIVERSITÄT BONN.

401 Balzac écrit en tête de *La Cousine Bette* : « Les deux esquisses que je vous dédie constituent les deux éternelles faces d'un même fait. *Homo duplex*, a dit notre grand Buffon, pourquoi ne pas ajouter : *Res duplex* ? Tout est double, même la vertu. » Il rapproche la formule

L'existence en Allemagne ressemble à celle dans une cage où des tas de bêtes plus ou moins féroces se disputent le peu de nourriture. Mauvais quart d'heure pour les choses de l'esprit et pour tout ce qui est « gratuit ». L'action gratuite présuppose des rentes ou des ressources. Vôtre en fidèle affection

ERC

114. ANDRÉ GIDE À ERNST ROBERT CURTIUS

Cuverville, [*mercredi*] 23 septembre 1931

Herrn Ernst R. Curtius
Bonn a. Rhein,
Joachimstr. 14.

Bien cher Ami,
Votre article de la *Neue Rundschau* m'enchante[402]. Si Kilpper souhaite le voir lu dans toutes les écoles supérieures d'Allemagne, de mon côté je souhaite vivement le voir traduit et publié en revue ; et dans *La Revue*

---

homo duplex d'Emmanuel Swedenborg dans *Louis Lambert*. L'idée d'*homo duplex* de Buffon était aussi défendue par les théosophes, dont Swedenborg.
402 Ernst Robert Curtius, « Abbau der Bildung », *Die Neue Rundschau*, septembre 1931, p. 341-353 ; il formera le premier chapitre de *Deutscher Geist in Gefahr* (Stuttgart, Deutsche Verlags-Anstalt, 1932). Il paraît en français sous le titre « Abandon de la culture » dans *La NRF* de décembre 1931 (n° 219, p. 849-867, trad. Jacques Decour). Voir plus bas, lettre 133. – Cet article forme une sorte de bilan de ce que Curtius a pu dire de la culture des deux pays. Il sépare clairement le rationalisme classique des Français, qui se perpétue dans une forme vécue et qui garantit à la nation une évidente continuité républicaine, de l'irrationalisme allemand, favorisé par les mots d'ordre des collectifs dont le national-socialisme éloigné de la culture et de l'idéal helléniste qui a parfois prévalu en Allemagne, et d'une quête vitaliste d'un nouvel être. Il y renvoie au choix fait par Jacob Burckhardt de se concentrer sur les époques antérieures pour échapper à sa propre époque – c'est ce que Curtius fera lors de son « exil intérieur ». Il y dit également que le Français n'a pas besoin, au fond, de l'Europe, car il se suffit à lui-même (il produit en principe tout ce dont il a besoin). Il cite Gide comme l'exemple d'un esprit européen et rappelle le rêve formulé par Rathenau : que la Première Guerre ait pour conséquence une alliance perpétuelle entre la France et l'Allemagne.

de Paris de préférence à *La NRF* dont le public vous est trop acquis par avance, de sorte que son efficacité serait moindre.

Tout ce que vous dites de la France est exact, critiques et louanges ; n'est que trop exact, hélas ! Le « Comment peut-on être Persan ? » de Montesquieu reste un cri spécifiquement français. Je crois, du reste, que de cette incompréhension de l'étranger, de cette volonté d'incompréhension, la responsabilité en incombe encore plus à l'éducation familiale et à l'instruction des écoles, qu'à une disposition native. Quoi qu'il en soit, elle est là ; tout l'encourage et vous savez combien, personnellement, j'en ai pu souffrir. C'est bien aussi pourquoi je vous sais grand gré d'une petite phrase, vers la fin de votre article, où vous avez la gentillesse de me désigner comme une exception rassurante.

Après lecture du livre de Sieburg j'ai écrit (et surtout contre la préface de Grasset) quelques pages que je crois assez importantes, précisément sur ce sujet qui nous tient pareillement à cœur. Différentes raisons (dont l'inqualifiable abus de ma signature que venait d'oser impudemment Grasset pour lancer le médiocre livre de Duvernois[403]) m'ont amené à différer la publication de ces pages, mais elles ne cesseront pas de sitôt d'être actuelles et prendront, ce me semble, d'autant plus d'importance avec un peu de recul. Il ne s'agit pas seulement ici des rapports de la France et de l'Allemagne ; mais bien d'une position du catholicisme français installé dans la non-croyance au progrès[404].

Sitôt dactylographié, je vous enverrai mon article sur Goethe. Je l'avais égaré, viens de le retrouver ; ne l'ai pas encore relu. Je crains bien, en le revoyant, qu'il ne me paraisse bien insuffisant...

Heureux que les difficultés avec la Deva s'aplanissent, ainsi qu'en témoigne la lettre de Kilpper que je vous remercie de m'avoir communiquée, et que je vous retourne ci-joint.

Tout amicalement votre

André Gide

---

403 Voir Lestringant, *op. cit.*, p. 511-514.
404 Voir plus haut, lettre 106, n. 369.

115. ANDRÉ GIDE À ERNST ROBERT CURTIUS

Paris, [*jeudi*] 3 sept[*embre 19*]31 [sic *pour octobre*]

Cher ami

« Importantissime ! » – s'est écriée Madame T[*héo*] V[*an*] Rysselberghe après lecture du petit passage de la lettre de Rivière – que je vous sais le plus grand gré de me communiquer[405]. Je vais aussitôt le transmettre à Paulhan.

Oui, je répète avec Madame Théo « importantissime » – et que la communication vienne de vous qui êtes demeuré en dehors du débat. C'est le premier petit rayon de jour véritable projeté sur la question.

Heureux que vous approuviez mon *Goethe*. Bien insuffisant, à mes yeux. Eh oui ! j'aurais dû parler du *Divan*… J'ai même regardé, après votre lettre, s'il y avait moyen d'ajouter une enclave… Je cherche encore et vous récrirai peut-être bientôt à ce sujet.

Ah ! ceci encore : il faut supprimer, p. 9 ligne 1 : « et qu'ils aient vécu tous deux à Weimar » – car il n'est pas juste de dire que Nietzsche a vraiment « *vécu* » là ; et au surplus ces mots n'ajoutent rien.

Bien amicalement votre

André Gide

---

405 Maria restitue le contenu de cette lettre manquante : « Justement, le courrier de midi lui apporte une lettre de Curtius qui loue son article [sur Goethe] […]. Curtius regrette qu'il n'ait pas parlé du *Divan* qu'il aimait si bien. "C'est vrai, dit-il, j'aurais pu, et de *Wilhelm Meister* aussi." Cette lettre de Curtius dit encore autre chose que nous jugeons important. Il a suivi dans *La NRF* la querelle autour du *Rimbaud* de Rivière, et croit bien faire en envoyant à Gide, pour qu'il la verse au débat, la copie d'une lettre que Rivière lui écrivait à ce sujet et où il avoue qu'il a eu beaucoup de mal à reprendre son étude sur Rimbaud parce que des doutes lui sont venus sur l'interprétation mystique de la fin de Rimbaud » (*CPD*, II, 3 octobre 1931, p. 160). Curtius réagit à la publication d'une lettre d'Isabelle Rivière dans le numéro d'octobre 1931 de *La NRF*. Dans la livraison suivante (n° 218, p. 832) sera reproduite la lettre de Rivière à Curtius du 10 décembre 1923 à laquelle Gide fait allusion : Rivière lui écrivait qu'il se devait de refondre un chapitre et, partant, retarder la publication – mais sa mort le 15 juillet 1925 en décida autrement. Isabelle Rivière ne voulait pas accepter l'éloignement de son mari de la religion.

116. ANDRÉ GIDE À ERNST ROBERT CURTIUS

Cuverville, [*jeudi*] 8 octobre 1931

Cher Ami,
Fort heureux de ce que vous me dites de l'intérêt que le Drei Masken Verlag prend à mon *Œdipe*. N'ayant pas encore traité, au sujet de cet écrit, avec Gallimard et n'ayant cédé à Schiffrin que le droit de publication à peu d'exemplaires, cette œuvre m'appartient encore et c'est directement avec moi que la maison de Berlin devrait traiter en vue d'une représentation. Je sais du reste par Groethuysen que d'autres propositions de représentation avaient été faites ; mais je ne sais pas trop par qui. Groethuysen pourrait nous renseigner au besoin. Si le *Drei Masken Verlag* est une maison sérieuse et capable de monter convenablement cette pièce, autant s'y tenir ; mais la question des acteurs est de première importance. Il serait peut-être bon de savoir quels acteurs avait en vue celui (ou ceux) dont Groethuysen me transmettait les propositions.

Par curiosité je vous communique cette lettre de Kayser et le double de ma réponse[406].

Je propose de compléter ainsi la note de la page 9 : « À ma grande surprise, j'ai rencontré en Allemagne des littérateurs éminents et fort cultivés, qui n'avaient pas connaissance de cette œuvre et même nièrent qu'elle existât ; c'est bien aussi pourquoi j'en fais une citation un peu longue. C'est à ce *Prometheus*, et non à la *Pandora* bien connue, que Goethe fait allusion au XVᵉ livre de *Dichtung und Wahrheit* : *"Zu dieser seltsamen Komposition gehört als Monolog jenes Gedicht, das in der deutschen Literatur bedeutend geworden[407]..."* etc. »

---

406 Lettre de Kayser à Gide du 1ᵉʳ octobre 1931, et réponse de Gide datée du 9 octobre 1931, toutes deux conservées à la fondation Catherine Gide. Voir note suivante.

407 « Il faut joindre à cette composition bizarre en tant que monologue le poème qui est devenu important dans la littérature allemande... » Voir également le récit qu'en fait la Petite Dame : « Il est très amusé par une lettre du directeur de la *Deutsche Rundschau* [*sic*] qui le remercie pour son article sur Goethe, qu'il trouve excellent ; il lui demande pourtant de supprimer ce qu'il a mis en note à propos du *Prométhée* de Goethe : à savoir que s'il en cite un si long passage, c'est que c'est une pièce peu connue... "C'est vraiment un hasard inouï, lui écrit ce M. Kaiser [*sic*], que vous ayez rencontré des Allemands cultivés qui aient pu ignorer ce passage de la *Pandora*." Et ce faisant, il fait précisément preuve de la même ignorance, car le passage que cite Gide n'est pas de *Pandora*, mais du *Prométhée* de Goethe, qui est une pièce de jeunesse. Ceci met Gide en

Il y a lieu de laisser tomber les dernières lignes de mon *Goethe*; elles sont d'une prudhommesquerie indigne de Goethe... et de moi. Mieux vaut terminer sur : « *Nul mieux que Goethe n'a répondu.* »

Après maintes considérations, je me suis décidé à porter votre article de la *Neue Rundschau* à Paulhan plutôt qu'à Thiébaut[408]. Paulhan doit vous écrire à ce sujet.

Bien amicalement votre

André Gide

117. ERNST ROBERT CURTIUS À ANDRÉ GIDE[409]

[*Bonn, samedi*] 10 oct[*obre*] 1931

Cher ami,

L'affaire *Œdipe* commence à s'embrouiller. Kilpper, comme vous avez pu le voir, essaye le moyen de l'intimidation. Le mieux serait sans doute que vous veniez vous-même en Allemagne pour décider d'un règlement prompt et satisfaisant. Votre présence simplifierait les choses.

Le théâtre qui s'intéresse à *Œdipe* est celui de Darmstadt (« Hessisches Landestheater »). Son « intendant » s'appelle Hartung et est très apprécié dans les milieux artistiques[410].

La mésaventure de Kayser est plaisante. Je lui avais déjà signalé son erreur.

Bien amicalement vôtre

E R Curtius

---

excellente posture, c'est un genre de choses qui le ravit d'autant, dit-il, que précisément, en Allemagne, les Français ont une réputation bien établie de superficialité » (*CPD*, II, p. 165).

408 L'article de Curtius paraîtra dans le numéro du 1er décembre de *La NRF* sous le titre « Abandon de la culture » (n° 219, p. 849-867). Marcel Thiébaut dirigeait *La Revue de Paris*, à laquelle Gide avait d'abord songé (voir plus haut, lettre 114).

409 [*En-tête :*] Professor Ernst Robert Curtius / Bonn, Joachimstrasse 14 / Telefon 4123.

410 Élève de Max Reinhardt, Gustav Hartung (1887-1946) fut l'un des plus importants metteurs en scène du théâtre expressionniste. Il était alors directeur général de ce théâtre et s'exilera en Suisse dès l'avènement du national-socialisme, en mars 1933. En 1945, il demandera à Gide une lettre de recommandation à l'attention des autorités alliées pour pouvoir revenir dans son pays.

118. ANDRÉ GIDE
À ERNST ROBERT CURTIUS

Cuverville, [*lundi*] 12 octobre 1931

Cher Ami,
Je viens d'envoyer ce télégramme à Mörike[411] :
« IMPOSSIBLE RIEN DÉCIDER SANS ASSENTIMENT CURTIUS »
en réponse à la lettre ci-jointe que vous aurez l'obligeance de me renvoyer[412]. Par même courrier j'ai reçu d'un seul coup vos deux lettres. Je
commence à comprendre un peu mieux la situation. Du côté français
mon *Œdipe* n'appartient plus à Schiffrin ; n'appartient pas encore à la
NRF ; m'appartient. Du côté allemand, la situation est plus délicate.
Le traité signé avec la NRF confère à la Deva des droits sur toutes mes
productions passées et futures. (De retour à Paris il me sera possible
de vous donner les termes exacts du contrat.) Peut-on soustraire de ces
droits un écrit encore inédit ? Toute la question est là. À mon avis (mais
je vous dis cela tout bas) cela me semble bien difficile. Le traité signé
avec la Deva ne comporte pas seulement celles de mes œuvres publiées
à la NRF mais aussi celles parues chez d'autres éditeurs ; il m'engage
pareillement (si je ne m'abuse) pour ma production future. (De plus, je
crains que Kilpper ne soit à même [en cas de contestations] de faire état
de lettres de moi, à lui adressées, où j'aurais confirmé cet engagement,
de manière peut-être imprudente.)
   Je crois que, seul, cet argument pourrait militer en notre faveur :
la Deva accepte-t-elle ou non de faire une *publication séparée* de mon
Œdipe ? Le fait de son refus ne constitue-t-il pas pour nous la permission d'accepter telles propositions d'un autre éditeur qui accepterait de
publier ce drame *à part* ; car, si j'ai bien compris, la Deva se propose de
réunir mon *Œdipe* à mes autres drames (*Le Roi Candaule* et *Saül*) pour
former ainsi un volume de la dimension des précédents, et n'accepte
pas de publier *Œdipe* autrement.

---

411 Martin Mörike (1884-1946) fut l'éditeur du théâtre de Erich Kästner, d'abord auprès de
   la DVA, puis dans sa propre maison, Chronos Verlag.
412 Lettre manquante.

Il serait bien fâcheux que cette contestation empêchât ou retardât à l'excès la représentation projetée. La Deva est-elle à même d'y mettre opposition ? C'est une question de droit.

Il va sans dire que si nous pouvons éviter l'intervention, vous de la Deva, moi de la NRF, nous y trouverons vous et moi un énorme avantage. De toute manière, et quoi qu'il en soit, je ne crois pouvoir mieux faire que de m'en remettre à vous ici pour toute décision. Ainsi que le dit votre lettre aux Drei Masken : « *Die eingehenden Erträge zu gleichen Teilen zwischen Gide und mir geteilt werden müssen*[413]. »

Je suis tout prêt, si les affirmations de cette lettre ne suffisent pas, à signer tel « Bon pour pouvoir » qui, juridiquement, vous conférerait tous droits de traiter en mon nom et à ma place pour la représentation de cette pièce ; mais je vous prie de bien veiller à ce que cette procuration soit rédigée de manière à ne pas contredire mes engagements précédents avec la Deva. Je crois, pour cela, qu'il faudrait spécifier qu'il s'agit ici de la représentation de la pièce, non de sa publication en volume. Pour cette dernière, nous pourrons sans doute, et s'il y a lieu, nous autoriser du refus de Kilpper de la publier à part, ainsi que je vous le disais plus haut.

Je souhaite d'autant plus la réalisation de ce projet de représentation, qu'elle me donnerait une excellente occasion de vous revoir.

Mes affectueux hommages à Madame Curtius, je vous prie.

Bien amicalement votre

André Gide

P.S. – Ci-joint deux pages dactylographiées portant les numéros 9 et 9bis, en remplacement de la page 9 de mon « Goethe ». Vous approuverez, j'espère, cette modification.

---

413 « Le bénéfice des ventes devra être reversé à parts égales entre Gide et moi-même. »

119. ANDRÉ GIDE À ERNST ROBERT CURTIUS[414]

[*Paris, vendredi*] 16 oct[*obre 19*]31

Cher ami

L'affaire semble pourtant s'éclaircir.

Lorsque je vous conférai tous pouvoirs pour mon *Œdipe*, je ne pensais qu'à la représentation. Vous ai-je écrit quelque phrase, dans une lettre, qui pût vous faire croire qu'il s'agissait aussi de la publication du livre... Je le regrette. Cette œuvre, comme toutes les autres miennes, appartient en principe à la Deva qui a acquis tous droits sur ma totale production littéraire (œuvres dites : d'imagination), et je ne pense pas qu'on en puisse soustraire aucune sinon avec le consentement de Kilpper. Je ne pensais pas que la publication en livre et la représentation fussent solidaires. Mais puisque tel est le cas, et que d'autre part la Deva consent à faire de mon *Œdipe* une publication spéciale, nous ne pouvons lui enlever cette œuvre. Par inconnaissance de cette solidarité (entre représentation et édition) je vous ai laissé accepter d'abord les propositions des *Drei Masken* ; je le regrette vivement et m'en excuse. Mais il y a lieu de leur écrire que nous n'allons pas pouvoir accepter leur proposition. Vous pourrez leur dire que vous n'êtes entré en pourparlers avec eux qu'en ignorance de mes engagements avec la Deva. Je crois qu'il vaut mieux que ce soit vous qui leur écriviez.

En plus des engagements écrits avec la Deva, je me sens lié moralement, n'ayant jamais eu qu'à me louer du zèle de la maison à mon égard.

J'ajoute ceci, que déjà je vous disais dans ma dernière lettre : *Œdipe* n'appartient plus à Schiffrin ; n'appartient pas encore à Gallimard ; c'est avec moi qu'il y a lieu de traiter directement au sujet des droits. Nous n'aurons, vous et moi, qu'à partager également les 75 % qui nous reviennent, puisque la Deva croit devoir retenir 25 %. Et pour le tirage du livre à 1 000 exemplaires, je crois qu'il n'y a qu'à accepter la proposition.

Bien heureux que l'affaire trouve une solution et impatient de voir cette réalisation sur la scène – heureux aussi de cette occasion de vous revoir prochainement.

---

414 [*En-tête :*] 1[BIS], RUE VANEAU. VIIE / LITTRÉ 57-19.

Paulhan a dû vous écrire au sujet de votre article de la *Neue R[undschau]* dont il se propose de faire paraître prochainement la traduction dans *La NRF.* Pierre Herbart, qui est en ce moment à Paris, vous envoie ses meilleurs souvenirs.

Votre ami

André Gide

120. ANDRÉ GIDE À ERNST ROBERT CURTIUS[415]

[Paris, jeudi] 26 novembre 1931

Mon cher Ami,
Une lettre de Kilpper m'annonce la décision prise de jouer mon *Œdipe,* notre *Œdipe,* à Darmstadt dans un délai prochain[416]. Excellente occasion de retourner en Allemagne et de vous revoir, ce qui m'enchante. J'ai répondu tout aussitôt à Kilpper ; mais c'est à vous plutôt que j'aurais dû écrire les quelques remarques que je transcris ici : Georges Pitoëff s'est épris de ma pièce et veut la représenter, en français, à Paris après l'avoir donnée en tournées à Bruxelles, Anvers, Rome, Genève et Lyon ; ceci très prochainement. Depuis huit jours nous répétons quotidiennement. Je ne sais ce que seront ces représentations. Si bonnes soient-elles, elles ne peuvent pas et ne doivent pas prétendre servir de modèle aux représentations allemandes. Il y a certainement différentes façons d'interpréter mon *Œdipe,* et je ne puis croire un instant que celle de la troupe de Darmstadt doive être inférieure à l'interprétation de Pitoëff. Je tiens pourtant à dire ceci, dont vous pourrez sans doute faire part au directeur de la troupe de Darmstadt : ma pièce est un mélange (assez risqué et hasardeux, du

---

415 *[En-tête :]* 1BIS, RUE VANEAU. VIIE / LITTRÉ 57-19.
416 Lettre de Kilpper à Gide du 6 novembre 1931, et réponse de Gide en date du 11 novembre 1931 (conservées par la fondation Catherine Gide). Gide se montre très satisfait du volume et espère que son *Œdipe* sera bientôt monté à Berlin. La première représentation de Darmstadt, dans la traduction de Curtius, aura lieu le 11 mai 1932, suivie d'une autre à Berlin en novembre 1932. L'accueil sera mitigé ; on reprochera à Gide de rivaliser avec Sophocle...

reste) de tragique et de comique. Le rôle de Créon est tout entier et doit rester jusqu'à la fin comique. Il n'y a pas lieu de craindre de faire rire. Il importe même dès le début de donner à entendre au spectateur qu'il peut et doit rire. Les réflexions du chœur également l'y invitent et je n'ai pas craint, avec la troupe de Pitoëff, de pousser l'interprétation du côté de la parodie, de la satire, et presque de la farce populaire. Mais, encore une fois, ce ne sont nullement là des conseils. Simplement je voudrais que la troupe de Darmstadt soit persuadée qu'elle ne me désobligera nullement en faisant valoir les côtés parodiques, ridicules et bouffons de la pièce ; au contraire. Il importe avant tout de ne pas tomber dans le poncif et le déclamatoire. Mais c'est un danger que nous courons sans doute beaucoup plus en France (souvenir de nos tragédies classiques) qu'en Allemagne où Shakespeare avec son mélange si fréquent de tragique et de comique, a su trouver si bon accueil[417].

Avez-vous l'intention d'assister vous-même et de diriger les répétitions ? De ceci je vous saurais gré de m'avertir, car je voudrais le savoir d'avance pour m'arranger de manière à pouvoir être à Darmstadt en même temps que vous.

Bien amicalement votre.

André Gide

121. ANDRÉ GIDE À ERNST ROBERT CURTIUS[418]

[*Paris, mardi*] 22 décembre 1931

Mon cher Ami,
Une forte grippe me retient à Paris et dérange pour le moment tous mes projets.

Ne me laissez pas, je vous prie, sans nouvelles. Cette représentation d'*Œdipe* à Darmstadt reste-t-elle à l'état de projet ? J'ai assisté, à Anvers,

---

417 Cet aspect a été évoqué par Curtius dans son compte rendu de la pièce (*Die literarische Welt*, 13 janvier 1931), reproduit en annexe XX.
418 [*En-tête :*] 1BIS, RUE VANEAU. VIIE / LITTRÉ 57-19.

à la première représentation que Pitoëff et sa troupe ont donnée de ma pièce. Un peu pris de court, les acteurs savaient encore imparfaitement leur rôle mais j'ai pu me persuader que mon drame était « scénique » et pouvait intéresser certain public[419]. Celui d'Allemagne est certainement meilleur que celui de Belgique... et sans doute que celui de Paris. Certaine mésinterprétation de Pitoëff m'a ouvert les yeux sur l'ambiguïté d'une phrase de mon texte, que j'ai dû lui expliquer. Je n'ai pas sous les yeux votre traduction mais crois bon, à tout hasard, de vous avertir : « Qui dira si l'aurore au-dessus du Parnasse était belle » devenait, dans la première interprétation de Pitoëff, une sorte d'imploration douteuse et triste. J'ai dû lui expliquer que le « si » prenait ici le sens de « combien » ! Œdipe se souvient ici, nostalgiquement, d'un bonheur sensuel, désencombré de scrupules et du sentiment de la responsabilité, d'un bonheur que par la suite il n'a plus jamais pu connaître. C'est – disais-je à Pitoëff – le seul passage de la pièce en contact direct avec la nature, et de lyrisme insoucieux. Ce que j'en dis ici est bien plutôt pour l'acteur allemand chargé d'interpréter le rôle, que pour vous-même ; mais il importe que votre texte lui permette cette interprétation et que le « si » de la phrase n'apporte *rien de dubitatif.*

Que le ciel est noir au-dessus de notre pauvre Europe ! Je vois autour de moi tant de doutes, de tourments et de misères... mais les lettres que je reçois d'Allemagne me forcent d'imaginer plus de détresse encore[420].

Puissiez vous et les vôtres n'avoir à en souffrir point trop directement. Je songe à vous, et à Madame Curtius, bien affectueusement et vous adresse les vœux bien sincères et l'expression de mon amitié fidèle pour cette nouvelle année.

Votre ami

André Gide

---

419 *Œdipe* est créé, dans une mise en scène de Georges Pitoëff, le 10 décembre 1931, au Cercle royal artistique d'Anvers. Celle de Hartung correspondra bien plus aux attentes de Gide quant à la modernité de sa pièce. Voir Claude Foucart, « L'homme face au spectre de l'inhumain : l'*Œdipe* de Gide joué à Darmstadt (1932) », *BAAG*, VIII, n° 47, juillet 1980, p. 355-375.

420 Le taux de chômage atteint des proportions presque irréelles en Allemagne : plus de 5,6 millions en décembre, soit environ 40 % de la population active. Thea Sternheim exprime régulièrement sa détresse dans les lettres qu'elle envoie à Gide. Voir André Gide, Thea Sternheim, *Correspondance 1927-1950*, éd. Claude Foucart, Lyon, Centre d'études gidiennes, 1986, p. 18 et 24 (23 juillet et 15 décembre 1931).

122. ERNST ROBERT CURTIUS À ANDRÉ GIDE[421]

[*Bonn, jeudi*] 24 déc[*embre*] 1931

Mon cher ami,
J'ai vu – par hasard – qu'un journal a annoncé la représentation
d'*Œdipe* pour le commencement de janvier. Le directeur du théâtre de
Darmstadt garde envers moi le silence le plus complet. Je ne puis donc
pas vous donner de nouvelles précises. Mais je lui enverrai copie de votre
lettre et l'inciterai à se mettre en rapport avec vous[422].
Avez-vous reçu les *Europäische Betrachtungen* ? Il y a eu un article très
élogieux de Klaus Mann[423]. Dans la revue hebdomadaire *Das Tagebuch*
du 5 déc[*embre*] le volume a été mentionné parmi « les six meilleurs livres
de l'année[424] ». Je n'en ai eu connaissance que par la Deva et j'ai dû lui
renvoyer les articles. Elle vous les enverra sans doute, si vous le désirez.
Hélas ! moi aussi je suis extrêmement préoccupé par le malaise inouï
de notre vieux monde. Chez nous, la faim et la misère font ravage. Il y
a des milliers, des centaines de milliers de jeunes gens qui n'ont pas de
quoi manger, ni de quoi s'habiller, pour qui la propreté même est un
luxe inabordable. Il y a parmi ces multitudes des artistes, des poètes,
des intellectuels. Il y a des masses de braves ouvriers. Tout cela déchire
le cœur.
Ilse et moi nous allons bien. Mon traitement, naturellement, est
réduit de 25 % comme tous les autres. Cela implique un « renoncement aux voyages[425] », mais c'est fort loin de la gêne. D'ailleurs je jouis
depuis quelque temps d'un état de fécondité intérieure qui me maintient dans une sorte d'allégresse. Vous connaissez mieux que moi ces
élévations miraculeuses. C'est le phénomène opposé à la « sécheresse »

---

421 [*En-tête :*] Professor Ernst Robert Curtius / Bonn, Joachimstrasse 14 / Telefon 4123.
422 Après un premier report en mars d'après les lettres suivantes, les représentations auront
   finalement lieu du 11 au 31 mai 1932.
423 Klaus Mann, « *Europäische Betrachtungen* », *Berliner Tageblatt*, 13 décembre 1931, n° 587.
424 *Das Tagebuch* (Berlin) (n° 13, 1932) consacre un article laudatif au volume, signé par
   W. E. Süskind. Dans l'ensemble, la critique allemande se montre élogieuse et insiste sur
   la dimension européenne de la pensée de Gide. Voir George Pistorius, *André Gide und
   Deutschland. Eine internationale Bibliographie*, Winter, Heidelberg, 1990, p. 538-541.
425 Clin d'œil au *Renoncement au voyage* de Gide, qui figure dans *Amyntas* (1906).

des mystiques[426]. J'en profite actuellement pour écrire quelques articles que Kilpper veut publier avec « *Abbau der Bildung*[427] ». Mais je pourrais également faire autre chose, et le bonheur inhérent à cet état est fait précisément de « disponibilité » et de virtualités. Mais j'en ai dit assez.

Je vous souhaite une prompte guérison et vous adresse mes vœux les plus sincères pour la nouvelle année. Irez-vous à Darmstadt et vous verrai-je lors de votre passage ?

Vôtre en bien fidèle affection

Ernst Robert Curtius

[*En marge de la deuxième page (en face de « Avez-vous reçu etc. »), de la main de Gide :*]
C'est le volume d'*Essais critiques* de moi traduits par Curtius

123. ERNST ROBERT CURTIUS À ANDRÉ GIDE[428]

[*S. l., postérieur à 1928*]

Cher ami,

Je suis en train de lire un livre fort curieux que je voudrais vous signaler : J. Winthuis, *Das Zweigeschlechterwesen bei den Zentralaustraliern* (Leipzig 1928). L'auteur, ancien missionnaire catholique, y expose la thèse suivante : la pensée primitive est dominée par le culte du sexe. Le mythe, le culte, le chant constituent pour le primitif un tout cohérent. Les hommes ont été, autrefois, bisexuels. La nature entière (plantes, vents, astres, animaux) est bisexuelle d'après la légende primitive. Les cultes sont destinés à *rendre* aux hommes la bisexualité. Ainsi les garçons, par des rites d'initiation et par des opérations chirurgicales (subincision), sont faits femmes. Cette transformation doit être confirmée de façon

---

426 Voir plus haut, lettre 63, à propos de l'inhibition.
427 Voir plus haut, lettre 114, n. 402.
428 [*En-tête :*] ROMANISCHES SEMINAR / DER UNIVERSITÄT BONN – Cette lettre était placée à cet endroit dans les *DFG*. Sans indice supplémentaire, nous l'y avons maintenue.

religieuse. C'est pourquoi les prêtres couchent avec les nouveaux initiés. D'où la pédérastie.

Si le livre vous intéressait, je me ferais un plaisir de vous l'envoyer. Je crois qu'il s'agit là d'une des découvertes les plus importantes de la science moderne.

Votre

E R Curtius

124. ANDRÉ GIDE À ERNST ROBERT CURTIUS

[*Mardi*] 12 janvier [*19*]32

c/o M. Simon Bussy
La Souco
Roquebrune – Cap Martin
Alpes Maritimes.

Cher ami

Une lettre de Kayser, que me communique Hardekopf, me surprend fort. Cette lettre demande à Hardekopf de lui envoyer le plus tôt possible la traduction de mon article sur Goethe… N'y a-t-il pas là confusion ? N'est-ce pas vous qui avez bien voulu vous charger de la traduction de ces pages ? Ne vous ai-je pas envoyé le texte de cet article ? – au sujet duquel je me souviens que nous avons correspondu, et de l'erreur de Kayser à propos de *Prométhée*… Si j'étais à Paris encore, je m'en assurerais aussitôt en relisant vos dernières lettres. Mais ici je n'ai même pas le double de mon article.

Un mot de vous me rassurerait. Et si, comme je le crois et l'espère, vous avez bien voulu assumer la traduction de mon article, veuillez en avertir aussitôt Kayser.

Bien amicalement votre

André Gide

125. ERNST ROBERT CURTIUS À ANDRÉ GIDE[429]

Bonn, [*vendredi*] 15 janvier 1932

Cher ami !

Rudolph Kayser a, manifestement, oublié que c'est moi et non pas Hardekopf qui dois traduire votre essai sur Goethe. Je lui écris par le même courrier afin de rectifier l'erreur. La traduction elle-même va partir demain.

Dans l'intervalle, *Œdipe* a paru sous forme de livre. Je pars du principe que vous en avez reçu un exemplaire, si ce n'est pas le cas, je vais vous en envoyer un. Recevez mes remerciements cordiaux pour la petite édition de l'*Œdipe* français. Comme je l'apprends de Kilpper, la représentation de Darmstadt a été reportée en mars.

Présentez mes hommages à Madame Bussy et soyez cordialement salué par votre

Curtius

126. ERNST ROBERT CURTIUS À ANDRÉ GIDE[430]

[*Bonn*] Le [*lundi*] 18 janvier [*1932*]

Cher ami
Voici une coupure de la *Gazette de Francfort* qui pourra vous intéresser.
Je viens de traduire la moitié de votre « Goethe ». Ces pages sont pour moi parmi les plus belles, les plus importantes que vous ayez écrites. Mais vous me donnez du travail ! Une langue si lumineuse et si personnelle à la fois est difficile à rendre. Mais combien cet exercice est délicieux !

---

429 Lettre originale en allemand. – [*En-tête :*] Professor Ernst Robert Curtius / Bonn, Joachimstrasse 14 / Telefon 4123.
430 [*En-tête :*] ROMANISCHES SEMINAR / DER UNIVERSITÄT BONN.

Kilpper m'apprend que la représentation d'*Œdipe* est remise à mars.
Je n'y comprends rien.
Ma femme vient de lire le *Grain*. Ce livre l'a passionnée.
Yours ever

ERC

127. ANDRÉ GIDE À ERNST ROBERT CURTIUS[431]

[*Paris, jeudi*] 21 janv[*ier 19*]32

Cher ami
Oh ! c'est par simple curiosité que je vous communique cette découpure
de *L'Action française* de ce matin, qui vous concerne et dénonce comme
« erreurs » ou « perfidies » les passages de votre article où précisément je
me sens le plus profondément d'accord avec vous[432]. N'allez surtout pas
vous en faire du « mauvais sang ». Ces gens sont dans leur rôle et l'on ne
peut attendre d'eux rien d'autre que ce cramponnement imbécile. Leur
protestation même est une excellente preuve que votre article a *porté*.
J'espérais trouver le temps d'une petite visite à Bonn ; mais je ne vais
pas très bien et n'ose faire de projets : insomnie totale depuis quelques
jours et système nerveux aux abois.
J'ai reçu hier une lettre de Kayser qui s'excuse de sa nouvelle erreur[433]
et me dit correspondre avec vous. Heureux de ce que vous me dites de
mon Goethe ; heureux même, égoïstement, qu'il vous donne quelque
mal : vous le traduiriez facilement si vous ne le compreniez pas si bien.
Bien amicalement et attentivement votre

André Gide

---

431 [*En-tête :*] 1ᴮᴵˢ, RUE VANEAU. VIIᴱ / LITTRÉ 57-19.
432 François Navarre, « Notes critiques. – Sur la Culture », *L'Action française*, 21 janvier 1932,
   p. 4. Cette phrase donne le ton : « Ces étrangers devraient se contenter de se tromper
   sur l'histoire de leur pays. Et les périodiques français s'abstenir de monter en épingles
   de cravate leurs billevesées. »
433 Lettre datée du 15 janvier 1932, conservée par la fondation Catherine Gide.

128. ERNST ROBERT CURTIUS À ANDRÉ GIDE[434]

B[*aden*]-Baden, [*mardi*] 15 mars [*19*]32

Cher ami,

Permettez-moi de vous dire combien je prends part à la perte douloureuse que vous venez d'éprouver par le décès de votre illustre oncle,
auquel vous devez, je crois, Ricardo et ses congénères[435].

J'ai été obligé de me faire soigner ici à la suite d'un *nervous breakdown*,
effet d'un surmenage intellectuel[436]. Je vous recommande chaudement
ce sanatorium, dont le médecin dirigeant, le Dr Hedinger, est aussi
génial que compréhensif. Sur son conseil, nous partirons, ma femme et
moi, demain pour Capri (hôtel Quisisana). De là nous filerons au début
d'avril en Espagne où je dois donner une série de conférences[437]. Nous
ne serons de retour à Bonn que le 7 mai.

Vôtre en toute affection

ERC

---

434 [*En-tête :*] Professor Ernst Robert Curtius ~~Bonn Joachimstrasse 14.~~
435 Frère cadet du père de Gide, Charles Gide (1847-1932) devint son tuteur à la mort de
celui-ci. Professeur réputé d'économie politique, il eut une influence non négligeable sur
son neveu. Il s'éteint le 12 mars 1932 et sera inhumé au cimetière protestant de Nîmes.
– Curtius cite l'économiste David Ricardo (1772-1823) et fait référence à l'important
ouvrage écrit par Charles Gide et Charles Rist : *Histoire des doctrines économiques : depuis
les physiocrates jusqu'à nos jours* (Paris, Larose et Tenin, 1909).
436 L'année 1932 est très difficile pour Curtius, qui connaît un premier *nervous breakdown*
fin janvier, doublé d'une fatigue cardiaque. Il part faire une cure de repos au sanatorium
Quisisana de Baden-Baden du 1er au 17 mars. Il fera une première rechute courant mai,
à son retour d'Espagne, puis une seconde en août. « Enfin j'ai cherché le salut à Zurich,
auprès du Dr. Jung, grand médecin des âmes. Depuis j'ai travaillé avec un élève allemand
de Jung, je déchiffre des rêves sous sa direction, etc. Je commence à me porter mieux, du
moins je commence à avoir de l'espoir » (lettre à Eugénie Sellers Strong, 25 septembre
1932, reproduite dans *Briefe*, p. 271). Cet état psychologique extrêmement fragile explique
le vide épistolaire des années 1932, 1933 et 1934.
437 Curtius partira effectivement avec sa femme pendant un mois à Capri puis en Espagne,
d'où il reviendra émerveillé.

129. ANDRÉ GIDE À ERNST ROBERT CURTIUS

Le Pin
Saint-Clair
[*Mardi*] 22 mars [*19*]32

Cher ami

L'inhumation de mon oncle à Nîmes m'a appelé dans le Midi et c'est de Saint-Clair que je vous écris. Il me tardait aussi de revoir Pierre Herbart de retour d'Extrême-Orient. Vos paroles de sympathie me vont au cœur; je ne m'entendais guère avec mon oncle, mais avais pour lui une affection et une admiration des plus vives; ce deuil m'a beaucoup affecté.

J'ai quitté Paris assez souffrant et dans un état de grande fatigue. Peu s'en faut que je n'écoute aussitôt votre recommandation et n'accourre à Bonn pour me confier à cette clinique dont vous me parlez. Mais aller à Bonn lorsque précisément vous vous en absentez...! Puis c'est surtout mon appareil digestif qui demande des soins. Je crois que je me déciderai pour la clinique de Valmont dont on me dit également grand bien.

Je vous avais écrit, avant de quitter Paris, une longue lettre au sujet de votre article sur Goethe[438]; mais qui, lorsque je l'ai relue, m'a paru confuse et si mal venue que je n'ai pu me décider à vous l'envoyer. Encore trop fatigué pour *bien* vous écrire... Ceci n'est qu'un mot d'amitié et de bon accueil à Capri. Mes affectueux hommages à Madame Curtius, je vous prie.

Fidèlement votre

André Gide

---

438 Pendant qu'il traduisait le texte de Gide, Curtius a rédigé l'article d'ouverture du numéro de *La NRF* consacré à Goethe : « Goethe ou Le classique allemand » (1ᵉʳ mars 1932, n° 222, p. 321-350, trad. Henri Jourdan), publié le même mois en allemand dans la *Deutsche-französische Rundschau*.

130. ANDRÉ GIDE À ERNST ROBERT CURTIUS[439]

[Berlin, vendredi] 27 mai *[19]*32

Cher ami

En arrivant à Cologne, j'ai tout aussitôt cherché à vous téléphoner. La poste de Bonn m'apprend que vous n'êtes pas encore de retour… Grosse déception, car je venais en Allemagne surtout pour vous revoir, pouvant disposer de huit jours avant de regagner Cuverville[440].

Je sens bien (et même dans votre étude sur Goethe) que le chemin que nos esprits ont fait depuis notre dernière rencontre, nous ne l'avons pas fait l'un et l'autre dans le même sens. Et c'est précisément pourquoi j'aurais trouvé bien grand profit à contempler avec vous, et à travers vous, le paysage actuel[441].

J'adresse ce mot à votre adresse de Bonn, espérant qu'on vous le fera parvenir, et ne sachant si vous êtes encore au « *Qui si sana*[442] » de Capri. Puissiez-vous vous y être parfaitement reposé !

J'ai traversé, ces derniers mois, une sale période de fatigue, d'où une cure en Suisse, puis un court voyage au Maroc, m'ont heureusement tiré. Mais je reste si préoccupé de questions si urgentes et, pour moi, si nouvelles que je n'entrevois pas encore le temps où pouvoir me remettre sérieusement au travail. Il me semble que les valeurs, qui jusqu'à présent faisaient ma raison de vivre, n'ont plus cours ; ou mieux : que j'ai misé sur un tableau hors d'usage, cependant que j'entends crier : « Les jeux sont faits ?… Rien ne va plus. » Et c'est *à côté* que la partie

---

439 *[En-tête :]* CENTRAL-HOTEL / BERLIN.
440 Depuis Cologne, Gide est parti pour Berlin où il est arrivé le 24 mai au soir. Curtius, pour sa part, est de nouveau reçu au sanatorium de Baden-Baden jusqu'en juillet. Il rejoindra Gide le 31 mai à Darmstadt pour assister à la dernière d'*Œdipe* – un succès. Voir Gide, Van Rysselberghe, *Correspondance, op. cit.*, 1ᵉʳ juin 1932, p. 728.
441 Gide évoque ici à demi-mots son intérêt de plus en plus vif pour l'expérience soviétique, influencé par sa fréquentation de Bernard Groethuysen, de sa compagne Alix Guillain, d'André Malraux et de Pierre Herbart, tous sympathisants communistes. Un intérêt que Schlumberger lui reprochera sévèrement, le rapportant aussi à la peur de Gide de passer à côté de l'« avant-garde », comme Curtius, qui écrivait à Heurgon : « Je suis très préoccupé par les tendances communistes de notre ami. Mais il faut que jeunesse se passe » (BLJD, Ms 15923, 5 juin 1932).
442 Le nom du plus grand hôtel de Capri peut se comprendre ainsi : « Ici l'on guérit ».

continue. – Mais n'allez pas croire d'après ces lignes, que je sois triste ni découragé. – Simplement attristé de n'avoir pu vous revoir, alors que je m'en faisais fête.

Présentez mes hommages et mes affectueux souvenirs à Madame Curtius je vous prie, et croyez à ma bien fidèle affection.

André Gide

131. ERNST ROBERT CURTIUS À ANDRÉ GIDE[443]

[Baden-Baden, dimanche] 5 juin *[19]*32

Voici, cher ami, une appréciation que je vous envoie à titre de curiosité[444].

Lu – avec cette délectation à nulle autre pareille que me donne votre syntaxe – votre *Journal* de juin[445]. Que vous voilà rationaliste ! Vous revenez au XVIIIe siècle, à cet âge de la Raison que Valéry apprécie et préfère comme vous. Aucun doute – Dieu est mort dans votre âme, et vous vous en félicitez. Il reste, cependant, Antigone[446].

Mais pourquoi lire *Le Démon de midi* ? Je l'ai bien fait moi-même, mais c'était en 1914. – Mais pour l'amour de la Raison, sinon de l'Esprit, ne finissez pas sur l'Anticléricalisme.

Votre passage, trop bref, a été une joie et un réconfort. Il faut revenir.

Votre ami

ERC

---

443 [*En-tête :*] Ernst Robert Curtius / z. Zt. Baden-Baden / Quisisana.

444 Voir lettre suivante.

445 « Pages de Journal », *La NRF*, n° 225, 1er juin 1932, p. 985-1004. Gide y commente longuement, à la date du 23 juin 1930, le roman de Paul Bourget *Le Démon de midi*, paru en 1914, dont il est question au paragraphe suivant (voir *J*, II, p. 208-210).

446 La pièce de Gide insiste sur le contraste entre l'orgueilleux roi Œdipe, qui a cessé d'adorer Dieu et ne croit qu'en l'homme, et sa fille Antigone, d'une piété profonde, mais qui sera là pour le soutenir une fois son crime connu.

132. ANDRÉ GIDE À ERNST ROBERT CURTIUS[447]

[Cuverville, lundi] 6 juin *[19]*32

Cher ami

Cet article est en effet d'une presque consternante sottise – très représentatif du volontaire aveuglement et de l'infatuation de certains (je vous le renvoie, car il est à conserver). Je me félicite d'avoir été toujours étrillé par *La Nouvelle Revue critique*, « organe » de l'élite d'un parti[448].

J'ai quitté Baden-Baden avec, grâce à vous, le plus cordialement vif désir d'y revenir ; pour vous y retrouver. Je cause avec vous comme je ne fais volontiers aujourd'hui avec aucun autre ; et surtout vous écoute de tout mon cœur...

Quelle n'a pas été mon indélicatesse de vous parler du petit ouvre-lettres tolédain (évidemment un « souvenir ») comme j'ai fait ! J'en rougis encore. Pardonnez-moi.

Je me plonge dans votre *Deutscher Geist in Gefahr* avec l'intérêt le plus vif[449].

Mes souriants et affectueux hommages à Madame Curtius je vous prie.

Votre ami

André Gide

---

447 *[En-tête :]* Cuverville / Criquetot l'Esneval – Tél : 27 / Seine-Inférieure.
448 Il s'agit de l'article de Louis Le Sidaner « Un essai sur la France » qui fait une critique de l'*Essai sur la France* de Curtius traduit en français et publié par Grasset (*La Nouvelle Revue critique*, juin 1932, p. 257-264) : « [...] ce livre qui donne de notre pays une idée nettement péjorative est, malgré son apparente et (j'en suis persuadé) sincère bonne foi, de ceux qui expliquent et voire même excusent le dédain et la haine que certains jeunes Allemands éprouvent pour nous » (p. 257). Néanmoins le jugement de Gide est assez partisan, car Le Sidaner, s'il ne mâche pas ses mots, reconnaît à l'ouvrage de nombreuses réflexions intéressantes et justes.
449 Jean Schlumberger rédigera une critique de l'ouvrage dans *La NRF* (1er mai 1932, n° 224, p. 922-925).

133. ANDRÉ GIDE À ERNST ROBERT CURTIUS[450]

[Paris, lundi] 20 juin *[1932]*

Cher ami

J'irai donc, sur votre invite, affronter l'objectif de M. George Lynes[451] – qui d'autre part m'écrit de façon fort aimable. J'ai quitté Cuverville hier, pour une semaine et pars demain pour Avignon – Marseille, Toulon, Saint-Clair.

Très regonflé par la lecture de votre *Deutscher Geist*. Certaines phrases, comme « *Humanismus ist nichts, wenn er nicht Enthusiasmus der Liebe ist...* » et la suite : « *Er kann Zeiten, Völker, Menschen nur prägen, wenn er aus dem Ueberschwang der Fülle und Freude kommt*[452] », me ravissent. Parfait.

La publication de mes *Œuvres C[omplèt]es* est remise en septembre[453].

Je n'entends plus parler que de l'Espagne. Les Bussy vont passer deux mois fin été, aux environs de Grenade, où ils retiennent une petite maison.

Bien votre

A. G.

---

450 *[En-tête :]* 1BIS, RUE VANEAU. VIIE / LITTRÉ 57-19.

451 Le jeune photographe américain George Platt Lynes (1907-1955) évolue dans le cercle de Glenway Wescott et de Barbara Harrison, amie de Curtius. Cette année-là il ouvre son studio à New York. À côté de son travail officiel, il réalise des nus homoérotiques. On connaît plusieurs portraits en buste de Gide dont il est l'auteur (la fondation Catherine Gide en conserve deux). D'après sa correspondance avec son frère, Lynes aurait rencontré Gide durant l'été 1930 : « Ce qui m'est arrivé de plus excitant depuis que je suis ici est le dîner de vendredi dernier, pendant lequel j'étais assis à côté d'André Gide. Un privilège non seulement parce que c'est un homme tellement remarquable, mais aussi parce qu'il ne manque pas de se rendre inaccessible. Il était merveilleusement agréable et intéressé, et son esprit, émouvant et bienveillant, m'a plus que jamais fait penser, par contraste, aux singeries de charlatan de Cocteau » (cité dans David Leddick, *Intimate Companions. A Triography of George Platt Lynes, Paul Cadmus, Lincoln Kirstein, and Their Circle*, New York, St. Martin's Press, 2000, p. 30, trad. J. S.).

452 « L'humanisme n'est rien s'il n'est pas un enthousiasme de l'amour... » – « Il ne peut marquer les époques, les peuples, les hommes que s'il provient d'un débordement de plénitude et de joie ».

453 Cette entreprise éditoriale, qui s'achèvera en 1939 et représentera quinze volumes, est effectuée sous la direction de Louis·Martin-Chauffier, aidé d'André Malraux, pour le compte des Éditions de la NRF.

134. ERNST ROBERT CURTIUS À ANDRÉ GIDE[454]

[Bonn] Le *[lundi]* 4 juin 1934

Cher ami –

Vous nous ménagez toujours des surprises ! Je vous imaginais plongé dans l'étude du *Capital* et absorbé par la « littérature de combat[455] » – et voilà que vous nous donnez un ballet mythologique dont les vers ailés finissent sur le grain qui meurt[456] ! Ce n'est pas moi qui vous reprocherai ce retour aux anciens dieux ! J'avais eu de vos nouvelles par Henri Jourdan qui vous a rencontré à l'ambassade française de Berlin[457] ; et tout récemment, à Londres, par une amie des Strachey. Mais c'était beaucoup trop peu pour mon amicale curiosité.

Ma femme a rapporté de Colpach un jeu de cartes que vous ou Mme V[an] Rysselberghe auriez enseigné à Mme Mayrisch. Nous y jouons avec passion. Voilà un lien que vous ne soupçonniez pas[458] !

---

454 *[En-tête :]* Professor Ernst Robert Curtius / Bonn, Joachimstrasse 14 / Telefon 4123.

455 Gide est de plus en plus engagé politiquement, participant régulièrement à des meetings pro-communistes. En février, il est entré au Comité de vigilance des écrivains antifascistes.

456 Gide a écrit *Perséphone*, un livret d'opéra pour Ida Rubinstein sur le mythe de Proserpine/Perséphone mis en musique par Igor Stravinski et en scène par Jacques Copeau, présenté à l'Opéra de Paris les 30 avril, 4 et 9 mai 1934. Le texte a été publié dans *La NRF* du 1er mai (n° 248, p. 745-761). Le dernier quatrain dit ceci : « Il faut, pour qu'un printemps renaisse / Que le grain consente à mourir / Sous terre, afin qu'il reparaisse / En moisson d'or pour l'avenir » (*Théâtre complet d'André Gide*, IV, Neuchâtel/Paris, Ides et Calendes, 1947, p. 138).

457 Autre personnalité engagée de longue date dans le dialogue franco-allemand, Henri Jourdan (1901-1993) est l'auteur de la traduction française du *Balzac* de Curtius. Normalien et agrégé de philosophie, il venait d'être nommé directeur de l'Institut français de Berlin. Il était en contact avec Curtius depuis 1923, *via* le « groupe d'information sur les pays étrangers » de l'ENS, et avait été lecteur auprès de lui à l'université de Heidelberg de 1925 à 1928, puis à Bonn entre 1930 et 1932. Voir Dominique Bosquelle, « La Maison académique française à Berlin », dans Bock et Krebs (éds), *Échanges culturels et relations diplomatiques...*, *op. cit.*, p. 143-157, ici p. 153, n. 24 ; et l'article d'Henri Jourdan écrit lors de la mort de Curtius (« Esquisse pour un portrait », *Allemagne d'aujourd'hui*, *op. cit.*, p. 10-11). De son côté, Gide le connaît depuis plusieurs années. Il s'est rendu à Berlin début janvier avec Malraux pour demander la libération de Georgi Dimitrov, l'un des trois communistes mis en cause dans l'incendie du Reichtag. C'est sans doute à cette occasion qu'il a croisé Jourdan.

458 Très probablement la crapette.

Vôtre en fidèle amitié

E R Curtius

135. ANDRÉ GIDE À ERNST ROBERT CURTIUS

Cuverville
[*Samedi*] 6 oct[*obre 19*]34

Mon cher Curtius
Merci pour l'envoi de cette découpure[459] – et je saisis avec empressement cette occasion que vous me donnez de vous adresser un message de fidèle affection.
Veuillez transmettre à Madame Curtius mes plus gracieux hommages ; ma femme joint aux miens ses meilleurs souvenirs.
Inoublieusement votre

André Gide

136. ERNST ROBERT CURTIUS À ANDRÉ GIDE[460]

[*Bonn*] Le [*jeudi*] 10 janvier [*1935*]

Cher ami –
Quelle belle rencontre, et combien riche de sens. Ses échos se prolongent dans mon cœur et dans mon esprit. Nous sommes maintenant de vieux amis, n'est-ce pas[461] ? L'épreuve du temps est faite – ou plutôt

---

459 Article de presse non identifié.
460 [*En-tête :*] Professor Ernst Robert Curtius / Bonn, Joachimstrasse 14 / Telefon 4123.
461 Le 28 décembre, Gide est parti pour l'Italie retrouver Robert Lévesque en poste à Rome. Début janvier, il y voit Curtius. Voir Robert Lévesque, *Journal*, *BAAG*, XII, n° 64, octobre 1984, p. 608-609, et *CPD*, II, p. 432 : « Gide nous raconte qu'à Rome, il a rencontré

la preuve que notre amitié résiste à l'usure du temps. Je vous ai « vu » et « connu » à neuf, j'ai vu la profonde souffrance que vous cause la misère[462]. J'ai vu ce « démoniaque » attristé par la misère des hommes, d'une tristesse toute évangélique, et causée (sans que vous le sachiez peut-être) par la *charité*. Votre cœur est prêt à se fondre, vos yeux à déborder – et votre foi sociale n'est qu'un déguisement de cette vaste et divine sympathie. Mais vos coreligionnaires vous comprennent-ils ? Et reconnaissent-ils ce « don des larmes » pour un signe d'élection mystique[463] ?

Vous avez élu le Caravage. Il se plaît aux adolescents d'une beauté équivoque, mais il les associe à la réalité crue de l'échoppe et des Le Nain, et dans ce bric-à-brac de tous les jours il fait fulgurer la violence céleste de la Grâce[464].

Mais Claude Lorrain, d'autre part, a paru vous solliciter – lui, le peintre de la lumière immatérielle et dorée ; chanteur de la sérénité, frère des Mozart et des Goethe. Mais voilà un thème inépuisable ; romain entre tous, c'est-à-dire universel.

Je vous écris ces quelques mots dans un sentiment de gratitude et dans l'espoir de pouvoir renouveler avec vous un dialogue que Rome favorise plus que Pontigny.

Vôtre en fidèle affection

E R Curtius

Ne m'en veuillez pas de joindre à cette lettre une coupure du *Times*.

Curtius qu'il n'avait pas vu depuis longtemps. Comme Gide s'inquiétait de la manière dont il s'accommodait du régime actuel, Curtius lui a cité ce mot de La Fontaine que Gide ne connaissait pas et qu'il répondait à ceux qui lui prédisaient qu'il serait damné : "Je suis convaincu que les damnés finissent par être en enfer comme poissons dans l'eau." Curtius avoue que les premiers temps furent intolérables, mais qu'on s'habitue et puis que la diminution des intellectuels permet une plus grande ferveur parmi les étudiants ; il dit encore : "Je ne dis que ce que je veux, mais je ne dis pas tout ce que je veux." » Voir aussi Lestringant, *op. cit.*, p. 657-661. Curtius écrit à Heurgon le 20 janvier 1935 : « Par le plus pur des hasards, nous avons rencontré Gide Piazza Colonna, et cette rencontre a été non seulement émouvante, mais elle a marqué un nouveau stade de notre amitié » (BLJD, Ms 15932).

462 Préoccupations dont se fait écho son *Journal* à cette date (*J*, II, p. 481s).

463 Il faut se référer au Moyen Âge pour comprendre l'expression : la faculté de pleurer, ou « don des larmes », était un effet de la grâce que Dieu n'accorde qu'aux plus méritants, et d'abord aux moines. Voir Piroska Nagy, *Le Don des larmes au Moyen Âge*, Paris, Albin Michel, 2000.

464 Voir Giuseppe Ungaretti, « À Rome », *Hommage à André Gide*, n° spécial de *La NRF*, décembre 1951, p. 73.

[*Maria Van Rysselberghe, extrait des* Cahiers de la Petite Dame :
« *[Gide] vient d'arranger, par téléphone, qu'il dînerait ce soir avec Curtius de passage à Paris ; puis qu'ils passeraient me prendre et qu'ensemble nous irions finir la soirée chez Charlie.*

La soirée fut des meilleures, des plus spécifiquement Charlie. [...] Je note une sortie comme involontaire et assez pathétique de Curtius contre Nietzsche qu'il accuse d'être une des causes de l'Allemagne actuelle ; dans l'exagération même de ses paroles, on sent l'amertume désespérée de sa situation ; il est loin de la position confortable qu'il semblait vouloir prendre, il y a six mois, quand Gide l'avait rencontré à Rome. [...] Curtius captivé par la beauté de Paris nous la rend plus sensible encore[465]. »]

137. ERNST ROBERT CURTIUS À ANDRÉ GIDE[466]

[*Colpach, lundi*] 23 mars [*19*]36

Cher ami,

C'est de cette retraite que vous connaissez et qui, pour moi, est devenue si précieuse, que je puis enfin vous adresser mes remerciements pour *Les Nouvelles Nourritures*. Au moment où je les reçus, j'étais tellement chargé de besognes fatigantes, que je n'aurais pu vous écrire à tête reposée.

Je suis heureux de voir recueillis dans ce volume les fragments publiés en 1921[467]. C'est vers eux que vont toutes mes préférences – vous ne vous en étonnerez pas. Leur musique est pour moi aussi belle, aussi ravissante qu'il y a quinze ans. J'y voyais alors les germes d'une poésie moderne égale aux plus beaux hymnes de la Grèce ancienne : hymnes de joie cosmique et sacrée. Elles eussent été nouvelles, en vérité, ces nourritures. La langue elle-même et le rythme de ces fragments se distinguent de

465 *CPD*, II, 9 juin 1935, p. 453-454.
466 [*En-tête :*] COLPACH / Rédange s/Attert / Gd. Duché de Luxembourg.
467 *Les Nouvelles Nourritures* a paru en novembre 1935 aux Éditions de la NRF. L'ouvrage réunit des textes qui s'étalent sur vingt ans. Dans la deuxième partie sont reproduits des « fragments du Ier et du Ve livres », d'abord publiés dans la revue *Littérature* (n° 1, mars 1919, p. 1-6) puis en 1921, dans le recueil *Morceaux choisis* (p. 247-253).

tout le reste du volume[468]. Ils constituent un moment unique dans votre œuvre. On pouvait espérer qu'il se prolongerait. Mais vous avez changé. La formule exaltatrice et lyrique « Ne laisse plus le poids du plus léger passé t'asservir » s'est changée en formule doctrinaire[469] : « Tout cela sera balayé. Ce qui mérite de l'être, et aussi ce qui mériterait de ne pas l'être[470]. » Je suppose que Goethe et Mozart seront balayés également ? ils font partie du « lait de la tradition[471] ».

Je suis surpris de vos attaques contre la philosophie et la religion. Venez-vous refaire ce que la « libre pensée » de naguère avait déjà fait amplement ? Ou bien est-ce par un besoin personnel de rétractation ? Pour vous détacher de votre propre passé ? – Mais ce passé subsiste, et quand vous exhortez le « camarade » à extraire de soi l'homme neuf[472], vous écoutera-t-il mieux que ne firent Nathanaël et ses contemporains, ses frères innombrables et dispersés, qui se nourrissaient de votre message ?

Mais à quoi bon discuter... J'ai pour vous beaucoup trop d'affection et d'admiration pour me fourvoyer dans une misérable controverse. À travers tout votre livre, je vous retrouve, vous – cet être unique et *différent* de tous les autres – vous que j'aime et aimerai toujours.

E R Curtius

---

468 Schlumberger se fait aussi l'écho de cette différence : « Assurément l'on sent toujours que le premier quart n'est pas de la même veine que le reste, et le lecteur non averti aura, en passant au livre suivant, le petit sursaut qu'on éprouve dans un ascenseur qui vous met brusquement au cinquième étage » (Gide, Schlumberger, *Correspondance, op. cit.*, p. 870).

469 Curtius comprend et admire le combat gidien entre paganisme et christianisme. Mais comme d'autres amis, il ne peut pas le suivre sur le terrain du communisme. Voir Alain Goulet, *André Gide. Écrire pour vivre*, Paris, José Corti, 2002, chap. XII, p. 321-342.

470 *Les Nouvelles Nourritures*, Livre quatrième, dans *RR*, II, p. 785.

471 « L'humanité chérit ses langes ; mais elle ne pourra grandir qu'elle ne sache s'en délivrer. L'enfant sevré n'est pas ingrat s'il repousse le sein de sa mère. Ce n'est plus du lait qu'il lui faut. Tu ne consentiras plus, camarade, à chercher aliment dans ce lait de la tradition, distillé, filtré par les hommes. Tes dents sont là pour mordre et mâcher, et c'est dans la réalité que tu dois trouver nourriture. Dresse-toi nu, vaillant ; fais craquer les gaines ; écarte de toi les tuteurs ; pour croître droit tu n'as plus besoin que de l'élan de ta sève et que de l'appel du soleil. » (*ibid.*, p. 790).

472 « Ce n'est pas seulement le monde qu'il s'agit de changer ; mais l'homme. D'où surgira-t-il, cet homme neuf ? Non du dehors. Camarade, sache le découvrir en toi-même, et, comme du minerai l'on extrait un pur métal sans scories, exige-le de toi, cet homme attendu. Obtiens-le de toi. Ose devenir qui tu es. Ne te tiens pas quitte à bon compte. Il y a d'admirables possibilités dans chaque être. Persuade-toi de ta force et de ta jeunesse. Sache te redire sans cesse : "Il ne tient qu'à moi." » (*ibid.*, p. 785)

138. ANDRÉ GIDE À ERNST ROBERT CURTIUS

Saint-Louis du Sénégal[473], [*mercredi*] 8 avril [*19*]36

Bien cher ami
Mon cœur fond en lisant votre lettre si exquisement affectueuse. Il me plaît aussi qu'elle soit datée de Colpach, où je souhaite tant vous retrouver un jour fortifiant tous deux notre amitié près d'une tutélaire amitié commune. Il est bon de retrouver ainsi de sûres oasis où l'esprit et le cœur puissent se purifier et se détendre. Les Marcel de Coppet, auprès de qui je viens de vivre durant deux mois, se rappellent à votre meilleur souvenir. Je pense à vous tout amicalement.

André Gide

139. ERNST ROBERT CURTIUS À ANDRÉ GIDE

Bonn, [*lundi*] 30 novembre [*19*]36

Cher ami – Votre dernier ouvrage vient de me parvenir[474]. En vous remerciant je voudrais pouvoir vous dire mon émotion devant l'attitude morale de cette déposition, devant le son grave et pur de votre voix. Vous avez affirmé la dignité de l'homme et de l'esprit et vous avez apporté un témoignage dont même la malveillance ne saurait se servir contre vous. Il soulèvera des discussions sans fin, mais – ce qui est b[*eau*]c[*ou*]p plus important – il agira sur d'innombrables consciences. Je sais peu

---

473 Depuis le 11 février, Gide est au Sénégal, où il a accompagné Marcel de Coppet, nommé lieutenant-gouverneur de Mauritanie. Il sera de retour en France une semaine plus tard.
474 Il s'agit de *Retour de l'URSS*. Revenu de neuf semaines de voyage en Union soviétique, Gide écrit très rapidement ce témoignage, en librairie le 13 novembre 1936, dans lequel il fait part de ses sérieux doutes sur l'expérience communiste et déplore les vices du régime. On ne s'étonnera pas de l'effet que causa sa publication – « une bombe qui éclate », écrit la Petite Dame (*CPD*, II, p. 559) –, ni de la réaction favorable de Curtius à ce changement de perception.

d'aventures aussi mémorables et d'une si grande portée. Je vous pressens libéré, redevenu disponible (et dispos, je l'espère). La grande expérience que vous venez de traverser prolongera en vous ses répercussions, j'en suis sûr. De nouveaux problèmes vont se poser pour vous : tout un ensemble de questions à repenser ; une adaptation neuve à une position foncièrement changée ; une reprise, peut-être, d'un mode de création dont vous avaient écarté ces années pendant lesquelles vous paraissiez volontairement vous immobiliser, par devoir, sur certaines positions. Quelle joie que de vous voir retrouver la fable grecque, éternellement jeune.

Nous espérons pouvoir passer les vacances de Noël à Rome. Comme je voudrais pouvoir espérer une rencontre comme il y a deux ans[475]. Sinon, qu'une ligne de vous au moins me dise comment vous allez et quels sont vos projets.

Votre ami

ERC

Affectueux hommages à Mme V[an] R[ysselberghe]

140. ANDRÉ GIDE À ERNST ROBERT CURTIUS[476]

[Paris, jeudi] 3 déc[embre 19]36

Bien cher ami

Combien votre lettre me touche ! et tout ce que vous m'y dites si bien. Heureux que mon livre ait pu vous atteindre et que vous me sentiez aussi près de vous qu'avant-hier – que jamais.

Oui certes, j'aurais plaisir à vous retrouver à Rome, vous et Madame Curtius à qui je vous prie de présenter mes affectueux hommages ; mais je ne sais si j'obtiendrais facilement mon visa pour l'Italie – et surtout je voudrais donner à Cuverville le plus de temps possible, car la santé de ma femme n'est pas très rassurante.

---

475 Ils y seront du 19 décembre 1936 au 8 janvier 1937 (voir lettre de Curtius à Martin du Gard du 11 janvier 1937, Bnf, NAF 28190 [114], f. 335). Voir plus haut, lettre 136, n. 461.
476 [En-tête :] 1ᴮᴵˢ RUE VANEAU. VIIᴱ / INVALIDES 79-27.

En attendant un revoir, ne doutez pas de mon affection bien fidèle.

André Gide

Mme Théo me charge pour vous de ses meilleurs messages.

141. ANDRÉ GIDE À ERNST ROBERT CURTIUS[477]

[*Paris, lundi*] 4 oct[*obre 19*]37

Bien cher ami

Tout ému à l'idée de vous revoir. Déjà Charlie D[*u*] B[*os*] m'avait convié à une réunion jeudi soir, où mon plaisir de vous rencontrer aurait été peut-être un peu gêné par la présence d'autres amis. De plus l'anniversaire de mon mariage va me rappeler à Cuverville pour quelques jours. Faudra-t-il remettre la rencontre par delà mon court séjour en Normandie, ou ne viendriez-vous pas prendre le thé, avec Madame Curtius, rue Vaneau, mardi ou mercredi (demain ou après-demain) vers 4 h 1/2 ? Je vous demande cela de la part de Madame Théo qui est très désireuse de vous revoir tous deux[478]. Qu'un mot de vous me renseigne en hâte, ou, mieux, un coup de téléphone, le matin avant 11 h.

Tout amicalement votre

André Gide

---

477 [*En-tête :*] 1[BIS] rue Vaneau. VIIe / Invalides 78-27.
478 Début octobre, les Curtius se rendent à Paris. Ils vont se revoir le lendemain : « Aujourd'hui,
Curtius et sa femme à prendre le thé, et un peu plus tard Martin. Il est assez difficile de se
rendre compte jusqu'à quel point Curtius souffre du régime hitlérien. Certes il en souffre,
et dit avec peine qu'on vient de supprimer l'enseignement du français en Allemagne, et
d'autres choses consternantes ; mais son tempérament un peu passif considère les choses
comme des fatalités historiques qu'il faut subir et il n'est pas loin de blâmer Thomas
Mann, qu'il aime et admire par ailleurs, de prendre aussi nettement position au lieu de
simplement se taire. Il lui reproche exactement de ne pas rester au-dessus de la mêlée, de
manquer de grandeur dans son opposition. Par contre, il trouve admirable que Gide, à
son âge, ait encore traversé une expérience comme le communisme. À propos de Thomas
Mann, Gide et lui se disent leur grande admiration pour *Joseph* » (*CPD*, III, 5 octobre
1937, p. 38-39). Puis le 13 octobre : « À déjeuner les Curtius. Petit à petit, tout de même,
Curtius se laisse aller à montrer sa détresse » (*ibid.*, p. 42).

142. ERNST ROBERT CURTIUS À ANDRÉ GIDE[479]

[*Bonn*] Le [*dimanche*] 24 avril [*19*]38

Cher ami,
Une lettre de Loup me communique la nouvelle funèbre[480]. Je ne
cesse de penser à vous et à ce coup qui a dû vous frapper en plein cœur.
C'est la part la plus intime, la plus secrète de votre vie qui est atteinte.
Votre pudeur la dérobait à vos amis, mais leur affection devinait la
présence dans votre être de cette perle d'un grand prix. Le deuil vous
la restituera dans sa pure splendeur initiale, et vous trouverez dans la
souffrance même des forces mystérieuses de régénération. La douleur
fait éclater le mirage du temps où se disperse notre existence de tous
les jours. Elle ne nous permet qu'une seule échappatoire – le recueillement autour des profondeurs authentiques de notre être. Et c'est là
le seul point de rencontre avec le mystère dont nous sortons et vers
lequel nous allons.
Croyez, très cher ami, à ma profonde et douloureuse sympathie.

E R Curtius

143. ANDRÉ GIDE À ERNST ROBERT CURTIUS[481]

[*Paris, mardi*] 26 avril [*19*]38

Bien cher ami
Dans ma grande détresse, je sens votre affection et votre lettre trouve
un écho profond dans mon cœur.
Je vous embrasse bien tristement.
Fidèlement votre

---

479 [*En-tête :*] Professor E. R. Curtius / Bonn / Hans-Schemm-Strasse 18.
480 Madeleine Gide est morte le 17 avril 1938.
481 [*En-tête :*] 1BIS RUE VANEAU. VIIE / INVALIDES 79-27.

André Gide

[*Les hostilités ont empêché les deux hommes de correspondre : en Allemagne, tout courrier postal avec « l'étranger ennemi » est interdit à partir du 9 avril 1940. La censure postale remonte toutefois à un décret du 28 février 1933 (de la part du président du Reich, pour « protéger le peuple et l'État »). – Curtius, en exil intérieur à Bonn, est exposé à la suspicion des autorités du fait de son pamphlet* Deutscher Geist in Gefahr *(1932). Il s'abstient de tout commentaire politique et ne publie que quelques articles dans le contexte de son futur* opus magnum : La Littérature européenne et le Moyen Âge latin. *En 1944, on lui interdit de répondre favorablement à une invitation pour des conférences au Portugal, sous prétexte que cet « esprit totalement libéral » ne défendait pas assez la pensée national-socialiste. – Gide, lui, quitte la France pour Tunis en mai 1942 et pour Alger à partir de 1943. En mai 1945, il regagne Paris. Dans ses bagages, il a le manuscrit de* Thésée *que Curtius traduira, à la plus grande satisfaction de l'écrivain.*]

144. ANDRÉ GIDE À ERNST ROBERT CURTIUS

[*Paris, jeudi*] 4 octobre [*19*]45

Cher ami retrouvé

Vos messages ont été transmis tout aussitôt, par téléphone, à Jean Schlumberger (*). C'est le seul de nos amis communs que je pouvais atteindre ainsi. Mme Théo est présentement à Colpach, auprès de Loup, dont les dernières nouvelles étaient bonnes. Je leur communiquerai au plus vite votre excellente lettre, qui m'a profondément ému[482]. Elles seront très sensibles à votre souvenir de Pierre Viénot, que nous ne cessons pas de regretter. Je ne sais si Andrée est auprès d'elles, ou dans les Ardennes, à Chooz, sa circonscription, en pleine activité, près des deux enfants qu'elle a adoptés[483]. – Combien nous nous inquiétions après vous !

---

482 Cette lettre, manquante, a été transmise par Gide à Aline Mayrisch dans son courrier du 6 octobre 1945 (Gide, Mayrisch, *Correspondance, op. cit.*, p. 342-343).

483 Engagé dans la Résistance, Pierre Viénot, qui avait épousé Andrée Mayrisch, est mort d'une crise cardiaque en juillet 1944. Andrée Viénot a été élue conseillère générale du canton de Chooz pour le Parti socialiste.

La mort de Valéry m'a beaucoup assombri. Elle est venue après un mois de grandes souffrances, que les nombreuses transfusions de sang, pratiquées désespérément, n'ont pu que vainement prolonger. Une amitié de plus de cinquante ans, sans défaillances ni jamais un nuage… Il est resté jusqu'à la fin fidèle à ses premières pensées. L'*Essai sur les mœurs* de Voltaire est le dernier livre qu'il lisait sur son lit de mort[484].

J'ai, en effet, appris à mon retour en France que le bruit de ma « conversion » avait couru et s'était amplifié, profitant de mon absence. Vous pourrez vous convaincre que cette rumeur est sans fondement, si vous lisez les dernières pages de *Attendu que…* que je tâche de vous faire parvenir[485].

Quelle joie j'ai eue à parler de vous, longuement, avec Stephen Sp[*ender*[486]], puis, tout dernièrement, avec Jourdan !

Durant toute cette longue et affreuse période, mes intimes amis se sont admirablement comportés, tous. Aucun fléchissement, aucune défection parmi eux.

Ma vieille amitié pour vous, également, reste fidèle – et vous me retrouverez non changé de cœur et d'esprit – avec vous j'espère…

André Gide

(*) Il m'a dit qu'il allait vous écrire, et tâcher de vous faire parvenir le recueil de ses chroniques du *Figaro*.

---

484 Paul Valéry est mort le 20 juillet 1945. Voir *CPD*, III, p. 365, 368, et Claude Mauriac, *Conversations avec André Gide* [1951], nouv. éd. revue et augmentée, Paris, Albin Michel, 1990, p 290-291.

485 Ce recueil fut publié en 1943 à Alger, par l'éditeur-libraire Edmond Charlot, et en même temps à Lausanne, Paris et New York sous le titre *Interviews imaginaires* (une partie avait paru sous forme d'articles dans *Le Figaro* en 1941 et 1942).

486 Stephen Spender avait écrit à Gide le 18 juillet 1945 : « Quelques rares remarquables personnes parviennent à rester les mêmes dans les circonstances les plus difficiles. L'une d'elles est notre ami E. R. Curtius, qui était très content d'avoir de vos nouvelles par moi. Lui et sa femme se portent bien, bien qu'ils vivent de peu avec des pommes de terre bouillies, du chou bouilli, du pain et du jambon, et un peu de matière grasse. Néanmoins ils ne se plaignent pas de cela, mais seulement de ne pas avoir de journaux, etc. Curtius s'est enquis de différents de ses amis : Mme Mayrisch, les Viénot, Mme Théo et Larbaud. Je ne connais pas ces gens mais peut-être saurez-vous comment ils vont. / Je pense qu'il m'est permis de vous dire que Curtius vous transmet son amitié, ainsi qu'à Schlumberger et à tous vos autres amis communs » (trad. J. S.). Cette lettre est conservée par la fondation Catherine Gide.

145. ERNST ROBERT CURTIUS À ANDRÉ GIDE

[*Bonn ?, mardi*] 16 oct[*obre 19*]45

Très cher ami
Votre lettre et celle de Jean, vos livres et les siens sont devant moi
sur ma table. C'est comme si vous m'aviez envoyé un bouquet parfumé. Vos *Interviews imaginaires* sont un régal pour le critique et le
philologue que je suis. Est-il donc vrai qu'il y ait une renaissance poétique chez vous[487] ? – La question du subjonctif m'a vivement intri-
gué depuis longtemps[488]. Je crois qu'il faut distinguer. Quand Proust
écrit : « J'avais peur qu'elle ne *prit* froid » (p. 49), c'est *prît* qu'il voulait
écrire. Faute d'orthographe, due à sa ou son secrétaire. De ce genre de
fautes on trouve de nombreux exemples dans tous les auteurs français
d'après 1918. C'est vers cette époque que se généralisait l'usage de la
sténodactylographie... Les auteurs ne sont pas coupables de ces fautes.
Proust n'a pas dû revoir soigneusement ses épreuves. Quand il écrit :
« Dès qu'il fût entré », c'est toujours la secrétaire... elle distribue les
accents circonflexes comme bon lui semble. N'avez-vous pas remarqué
que l'orthographe se détraque furieusement ? Vous avez dû rencontrer
comme moi des « que nous ayions », etc. Les Français semblent faire
fi de la grammaire... et de la prononciation. Le premier Français qui
s'est présenté chez moi (neveu, prétendait-il, de Mme de Villeparisis !)
prononçait condam-ner, en faisant sonner l'n après l'm, et maintenait
qu'il fallait faire comme ça. – Encore un subjonctif, de vous cette fois
(p. 66) : « si je trouvais souhaitable qu'elle le *devienne.* » Je sais que cela
se dit et s'écrit couramment. Pourtant...
Autre chose, bien plus grave. Votre page 237 repose sur un malentendu. Reportez-vous au texte exact de Matthieu 27, 46. Vous y verrez
que la parole du Christ est une *citation*. C'est pourquoi elle est précédée
du texte hébreu. Or il s'agit du psaume 22. L'indication de ce vers initial
signifie, et signifiait probablement pour chaque lecteur instruit dans les
Écritures, que Jésus avait récité en croix le psaume entier. Même s'il n'avait

---

487 Les interviews V et VI traitent du renouveau de la poésie française.
488 C'est le sujet de la troisième interview.

prononcé que le vers initial, il aurait cherché appui et consolation dans un psaume débutant par les lamentations du Juste et se terminant par un acte de foi en Dieu, acte de foi qui prend l'allure d'une doxologie[489].

*

« La vérité est dans la nuance », a été dit, je crois, par B[enjamin] Constant[490]. Votre journal du 24 sept[embre] concorde exactement avec mon diagnostic d'avant 1939[491]. À l'heure qu'il est, que faut-il penser ? Quelle est la courbe de la maladie ?

Votre admirable article sur Goethe me paraît tout de même indiquer une diminution de ferveur. Je suis peiné de vous voir citer Dumas fils (!) à propos de Goethe. Je déplore également que vous repreniez le mot de « embourgeoisé[492] ». Vous rappelez-vous une petite réunion chez Charlie, il y a bien des années – c'était encore à son premier logement Île S[ain]t-Louis. L'île n'avait pas encore été mutilée. On parlait de Goethe. Charlie s'offusquait de la « sagesse bourgeoise » de G[oethe]. Vous vous révoltiez – avec moi – contre cette qualification... Vous avez changé de position, vous en êtes là où lui était il y a vingt ans. Mais vous faites les « procès » de Goethe (p. 122) ! Il y aurait matière, me semble-t-il, à une plaidoirie en sa faveur. Mais je ne saurais en charger

---

489 L'appendice au volume s'intitule « Dieu, fils de l'homme ». Gide y rapproche Prométhée et le Christ, tous deux opposés à Zeus-Dieu, souverain arbitraire et sourd aux appels. Il évoque l'« erreur du Christ » qui aurait été de croire en un Yahvé-Zeus, et qui ne lui serait apparue qu'une fois sur la croix, lorsqu'il crie : « Mon Dieu, mon Dieu, pourquoi m'as-tu abandonné ? » (Matthieu 27, 46). Voir Marcel Arland et Jean Mouton (dirs), *Entretiens sur André Gide*, Paris/La Haye, Mouton & Co, 1967, p. 49 et p. 61, n. 36 (qui va dans le sens de Curtius) : « Gide interprète ici littéralement, après bien d'autres, un texte qui, plutôt qu'une expression personnelle de Jésus, est le début du psaume messianique XXII ; ce texte décrit les persécutions du Juste, mais se termine par un chant de confiance dans la justice de Dieu. Il admet donc une toute autre interprétation. »

490 La controverse entre Benjamin Constant et Emmanuel Kant sur la vérité comme devoir moral impératif est bien connue, mais aucune citation n'existe sous cette forme.

491 Quelques *Pages de Journal* furent également reproduites dans *Attendu que...* Il s'agit du 24 septembre 1940 (*J*, II, p. 733).

492 « Introduction au *Théâtre* de Goethe » paraît dans l'édition de la Pléiade en 1942 ainsi que dans *Attendu que...* (reprise dans *EC*, p. 750-766). Gide y cite Dumas fils qualifiant l'auteur allemand de « polisson vénérable » (« c'était après 70 et plein d'ire antigermanique », précise-t-il), et un peu plus loin : « [...] et l'on est bien forcé de reconnaître que le démon de Goethe, dans le confort de la réussite, s'est quelque peu embourgeoisé » (*EC*, p. 755 et 762). La troisième partie du texte fait, comme l'écrit Curtius, les « procès » de Goethe : son attitude à l'égard de Napoléon, son désintérêt pour les sciences, enfin son « horreur de l'obscurité », que Gide tient pour son plus grand défaut.

cette lettre, déjà trop longue *. – J'ai lu avec le plus grand intérêt *Terre des hommes*[493]. Combien j'aimerais voir les numéros suivants. Je pense que Claude Bourdet, fils de l'écrivain dramatique et de sa femme divorcée, Catherine Pozzi, est l'un des rédacteurs. J'ai connu Mme Pozzi en 1929. C'était, si je peux dire, le coup de foudre dans le domaine de l'amitié. Elle a laissé quelques poèmes admirables, réunis en plaquette après sa mort. Ilse et moi sommes intimement liés avec Claude et sa charmante femme. Mme Pozzi était pendant quelque temps fort liée avec Valéry. C'est à elle que s'adresse la mystérieuse dédicace de *Eupalinos* : πρὸς χάριν. Calembour : elle se faisait appeler Karin par ses amis[494].

Il me revient qu'à Pontigny, en 1922, on discutait les stimulateurs de la pensée moderne[495]. Les Français étaient d'accord pour nommer Whitman, Nietzsche, Dostoïevski. Les Italiens déclaraient ce choix irrecevable et proposaient Carducci et Croce[496]. Les Anglais ajoutaient Browning et Meredith. Et vous, cher ami, que disiez-vous ? « Il me

---

493 Le premier numéro de l'« hebdomaire d'information et de culture internationales » *Terre des hommes*, dirigé par Pierre Herbart, est paru le 29 septembre 1945, avec un « avant-propos » de Gide. Hormis Herbart, le comité de rédaction comprend le député résistant Jacques Baumel et le fils de Catherine Pozzi et Édouard Bourdet, Claude Bourdet (1909-1996), l'un des fondateurs du Mouvement de Libération nationale (futur Combat), puis membre du Conseil national de la Résistance. Celui-ci a épousé en 1935 la joueuse de tennis Ida Adamoff.

494 Curtius admira profondément Catherine Pozzi (1882-1934) les quelques années pendant lesquelles il la fréquenta. Femme hautement indépendante, celle-ci s'était cultivée en autodidacte avec acharnement au mépris des conventions sociales. Au début de leur « amitié amoureuse », selon l'expression de Claire Paulhan, Curtius lui écrivait : « Si je ne l'éprouvais pas, je serais capable de feindre l'amitié pour vous, rien que pour le plaisir incomparable de lire vos lettres ; de les provoquer. Je n'en ai jamais reçu de pareilles. Elles sont autre chose que des communications : des créations. Pourquoi avez-vous abandonné la littérature ? Comment gâcher un don si éclatant, si victorieusement évident ? La façon dont votre esprit "se meut avec agilité" me fait l'effet d'un prodige, et je voudrais savoir si vous vous rendez pleinement compte de vos facultés extraordinaires, et si vous en retirez du plaisir. Si j'en disposais, j'éprouverais un sentiment radieux de puissance et de bonheur » (Catherine Pozzi, *Journal 1913-1934*, éd. Claire Paulhan, Paris, Ramsay, 1987, p. 508). Lors de leur rencontre, elle venait de mettre un terme à une longue, passionnée et douloureuse liaison avec Paul Valéry. Leur correspondance a été publiée en 2006 : Catherine Pozzi, Paul Valéry, *La Flamme et la Cendre – Correspondance*, éd. Lawrence Joseph, Paris, Gallimard, 2006. Des *Poèmes* de Catherine Pozzi ont été publiés en 1935, l'année suivant sa mort, par la revue *Mesures* dans une plaquette de 15 pages. Elle écrivait de Curtius dans son journal : « C'est le premier juge que j'estime, qui croie en moi » (Pozzi, *Journal 1913-1934*, *op. cit.*, p. 513).

495 Voir en annexe VIII, l'article de Curtius qui rend compte de cette décade et de ses questionnements.

496 [*Au-dessus de ce mot, est noté au crayon :*] ~~Meredith~~

manque dans ce mélange de stimulants intellectuels l'équilibre et
l'harmonie. J'ai besoin dans tout cela de Goethe.»

J'espère pouvoir vous fournir sous peu une adresse intermédiaire
dans l'espoir que vous m'enverrez un mot.

Dites bien des choses à ce cher Jourdan.

À vous de cœur

ERC

[*au crayon* :]
* Lisez Thomas Mann, *Lotte in Weimar*, un chef-d'œuvre.

146. ANDRÉ GIDE À ERNST ROBERT CURTIUS[497]

[*Paris, vendredi*] 23 nov[*embre 19*]45

Bien cher ami

J'attendais un temps de loisir pour répondre longuement et
confortablement à votre bonne lettre du 16 octobre ; mais ce temps ne
vient pas, ne viendra pas avant mon départ pour l'Égypte[498] : chaque
jour apporte de nouvelles obligations, de nouveaux soucis, des épreuves
à corriger, des sollicitations, des appels à l'aide, etc.[499] Mieux vaut un
billet insuffisant, provisoire, mais qui du moins vous redise la constance
de mon affection.

Cependant je relis votre lettre et relève ces diverses menues remarques :

---

497 [*En-tête* :] nrf / [*Pied de page* :] Paris, 43, rue de Beaune – 5, rue Sébastien-Bottin (VIIᵉ).
498 Depuis l'été, Gide prépare, en vue d'une série de conférences, un long voyage avec Robert
    Lévesque, alors en poste à Athènes, où il commencera par le retrouver le 14 décembre,
    avant de passer trois mois en Égypte, puis trois semaines au Liban. Il sera de retour en
    France le 17 avril.
499 Rentré d'Afrique du Nord le 6 mai 1945, après six années passées loin de Paris, Gide se
    plaint de surmenage, regrettant Alger et la vie paisible qu'il y menait. Il travaille avec
    Jean-Louis Barrault à la mise en scène de *Hamlet*, avec Jean Delannoy à une adaptation
    pour le cinéma de *La Symphonie pastorale*, est sollicité pour écrire (particulièrement sa
    longue étude sur Valéry), corrige nombre d'épreuves (*Journal*, traduction de *Hamlet*,
    Thésée), surveille de loin les répétitions du *Roi Candaule* par une jeune troupe, se voit
    harcelé par des sollicitations de toutes sortes.

Non. Proust n'avait pas de secrétaire sur qui faire retomber la responsabilité des erreurs au sujet du subjonctif. C'est dans son esprit à lui que
s'établit la confusion ; et dans l'esprit de nombre d'autres auteurs ; ce qui est
grave. Le sens de la discrimination va se perdant. Et vos remarques sur les
fautes de prononciation ne sont, hélas ! que trop fondées. Les *speakers* de la
radio sont de grands coupables : ils disent : « Holl-landais – la voie fer r rée,
etc. » Longtemps je prenais soin de relever leurs bourdes ; j'y ai renoncé : il
y en avait trop. Je projetais un article vengeur. Puis j'ai entendu Blum dire
« ac*qui*escer », Mauriac prononcer : « un géolier ». De quoi décourager...

En revanche, je maintiens et défends : « je trouvais souhaitable qu'elle
le devienne » – car le second verbe n'a pas à être mis au passé. Je me
suis fait, à ce sujet, une règle, un peu particulière, mais que je suis avec
obstination, estimant que l'emploi du subjonctif au passé ne doit pas
être automatique et n'est pas toujours nécessaire. Question de nuance.
« Je trouvais souhaitable qu'elle allât » (ici ou là) (c'est une action passée)
« Je trouvais souhaitable qu'elle se taise » (si l'on souhaite un silence
prolongé et encore actuel) – « qu'elle se tût » (si l'on ne souhaite qu'un
silence momentané) – « qu'elle se tût, en cette circonstance ».

Je vous dis tout cela très mal, harcelé de toutes parts et sans cesse
dérangé par des coups de téléphone. Le temps me manque pour parler
comme il faudrait de votre très importante remarque à propos de la
parole du Christ (Mat. XXVII, 46). Nous pourrons y revenir, je l'espère.
Ce que vous dites est fort juste ; mais ne suffit pas à me persuader.

J'ai dit dans mon *Journal* (dont je corrige à présent les épreuves et que
j'espère pouvoir vous faire envoyer prochainement – il doit paraître en
janvier ou février) mon *admiration* pour *Lotte in Weimar*, que j'ai lu dans
le texte, au temps de mon long séjour à Cabris[500]. Non, non, mon culte
pour Goethe n'a point faibli. Rassurez-vous. Vous en trouverez, dans
mon *Journal*, maintes preuves. Ah ! qu'il me serait bon d'en pouvoir
parler longuement avec vous ! Le temps me manque.

---

500 « Le très long (mais non point *trop* long) dialogue de Riemer avec Charlotte (dans la
Lotte in Weimar, de Thomas Mann), que je lis avec grande application d'abord, puis relis
aussitôt ensuite avec ravissement, me paraît d'une intelligence extrême ; une merveille de
perspicacité littéraire et psychologique illuminant le caractère de Goethe et le fonction-
nement de ses géniales facultés. De plus, admirablement situé dans le livre, en fonction
de l'intrigue et des personnages beaucoup plus habilement encore que les conversations
trop longues (me semble-t-il) du *Zauberberg*. Ceci est d'un art accompli et grandit Thomas
Mann à mes yeux. » (*J*, II, 14 octobre [1940], p. 738)

Excellentes relations avec les Claude Bourdet. Heureux de ce que vous me dites de *Terre des hommes*, que je transmets à Pierre Herbart. Mes bien affectueux hommages à Madame Curtius. Croyez à ma fidèle amitié.

André Gide

Messages bien cordiaux de Mme Théo et de nos amis communs.

147. ERNST ROBERT CURTIUS À ANDRÉ GIDE[501]

[Bonn, samedi] 21 sept[embre 19]46

Cher ami – Un heureux hasard m'a permis d'acheter ici le dernier numéro de *L'Arche*[502]. Quelle joie de vous lire ! J'applaudis à votre censure de l'existentialisme dont on nous rebat les oreilles, même en Allemagne. J'applaudis de tout cœur à vos conclusions. « *Geselle dich zur kleinsten Schar* », disait Goethe[503]. L'atmosphère de cette nouvelle revue est bien sympathique – elle rappelle celle de *La NRF*. Le portrait de Groeth[uysen] par la Petite Dame est admirable. Je vous prie de la féliciter de ma part. Ne nous donnera-t-elle pas un recueil de ses portraits[504] ? – Pauvre Groeth[uysen] ! J'apprends par Loup qu'il est gravement malade. Loup elle-même menacée de cécité ! C'est atroce. Je prépare un livre sur le

---

501 [*En-tête* :] Professor E. R. Curtius / Bonn / H̶a̶n̶s̶-̶S̶c̶h̶e̶m̶m̶-̶S̶t̶r̶a̶s̶s̶e̶ ̶1̶8̶ [*manuscrit* :] Joachimstr. 18.

502 Cette revue littéraire mensuelle fondée à Alger par Jean Amrouche (1906-1962), qui nourrissait de grandes ambitions pour elle, et patronnée par Gide, a vu son premier numéro paraître en février 1944 et survivra jusqu'en juin 1947. L'article dont il est question est « Souvenirs littéraires et problèmes actuels » (*L'Arche*, n° 18-19, août-septembre 1946, p. 3-19), dans lequel il évoque Mallarmé, Barrès, *La NRF*, pour démontrer la nécessité de la vérité (c'est-à-dire Dieu) et redonner courage à une jeunesse déboussolée (dont une partie suit la nouvelle école existentialiste) en arrivant à la conclusion : « [...] pour que ce monde rime à quelque chose, il ne tient qu'à vous. Le monde sera ce que vous le ferez. [...] L'homme est responsable de Dieu. » Gide en effet ne s'accepte existentialiste que s'il ne le sait pas, dit-il à Maria (*CPD*, III, p. 372).

503 Voir plus haut, lettre 52, n. 195.

504 M. Saint-Clair, « Bernard Groethuysen », *L'Arche*, n° 18-19, août-septembre 1946, p. 81-85. Curtius ne croit pas si bien dire. Voir lettre suivante.

Moyen Âge[505]. Pour me délasser, je relis de vieux auteurs qui autrefois m'enchantaient : Balzac et Proust. Hélas ! À 60 ans le jugement est mûri, et je trouve dans les deux bien des choses mauvaises[506]. – Vous avez été en Allemagne, paraît-il ? J'espère que vous nous donnerez vos impressions. Nous allons bien malgré la vie difficile. Il faut tâcher de survivre[507]. – Qui est Hans Schönhoff ? Sa contribution est curieuse[508]. – Je pense souvent à vous : au bonheur de vous avoir rencontré et à tout ce que je dois à votre amitié.

Vôtre en fidèle affection

Ernst Robert Curtius

148. ANDRÉ GIDE À ERNST ROBERT CURTIUS

1bis rue Vaneau, [*Paris, mercredi*] 2 octobre [*19*]46

Bien cher ami

Tout ému de revoir votre écriture. La lettre est encore ouverte par la censure, mais me parvient tout de même – et les mains enfin peuvent

---

505 *Europäische Literatur und lateinisches Mittelalter* (*La Littérature européenne et le Moyen Âge latin*), publié en 1948 chez Francke à Berne, ouvrage auquel Curtius a travaillé pendant dix ans mais sur lequel il est resté très discret.

506 Il écrivait pourtant l'inverse six mois plus tôt à Aline Mayrisch : « Vous ai-je dit que j'ai relu Proust en entier pendant l'angoissant hiver de [*19*]44-45 ? Eh bien – moi qui l'admirais tant, qui lui ai consacré une étude assez fouillée – j'ai été saisi par une admiration encore plus profonde, plus enthousiaste. On est loin de l'apprécier à son éminente grandeur. Thibaudet disait qu'il faut cinquante ans après la mort d'un auteur pour qu'il soit "classé" et admis pleinement » (*Briefe*, 25 mars [1946], p. 461).

507 Curtius se confie beaucoup plus à son ami Jean de Menasce, auquel il parle de la dureté de la vie, mais aussi de l'existence des étudiants qui « fait pitié – nourriture insuffisante, pour la plupart pas de chauffage. Pas de bibliothèques, pas de dictionnaires ni de textes » (lettre inédite du 9 novembre 1946, transcription de Wolf-Dieter Lange).

508 Il s'agit de son article « L'issue interdite », paru dans le numéro de *L'Arche* d'août-septembre 1946 (p. 112-121, trad. de l'allemand par Marthe Robert). À partir d'un fait divers autour d'un suicide, l'auteur propose une divagation sur la personnalité du mort, les raisons de son acte, selon un point de vue qui varie, le tout encadré par un court texte identique au début et à la fin. Proche du surréalisme, Hans Schœnhoff (1913-1942), mécène et participant de la publication clandestine *La Main à plume*, fut déporté pour fait de résistance et mourut à Auschwitz.

se joindre... J'avais, au surplus, reçu des nouvelles de vous, à plusieurs reprises et par je ne sais plus qui.

Entre temps, le pauvre Groet[*huysen*] est mort ; vous l'aurez su ; presque sans souffrances (cancer au poumon) à Luxembourg. J'ai eu plaisir à transmettre à Mme Théo vos louanges pour son portrait, si réussi ; elle est ravie de ce que vous en dites, et espère pouvoir vous envoyer bientôt sa petite galerie de portraits, qu'édite Gallimard[509]. Très affectée, ainsi que nous tous, par la fin d'une amitié précieuse – qui laisse la chère Alix bien désemparée[510].

Je vais tâcher de vous faire parvenir mon *Thésée* ; chant du cygne et sorte de testament, écrit à Alger en [*19*]43[511]. Puisse-t-il vous plaire ! Pour l'instant je suis occupé et retenu à Paris par les répétitions de ma traduction d'*Hamlet*, qui m'a donné bien du mal, mais dont je suis, je l'avoue, fort satisfait. Viendront, sitôt après, les répétitions de la pièce extraite du *Procès* de Kafka, à laquelle je travaillais, pour et avec Jean-Louis Barrault l'an dernier, dans un état de joie indicible. Le résultat, je crois, est extraordinaire, et j'en attends beaucoup[512]...

Loup ne va pas bien ; état général assez alarmant ; mais point particulièrement les yeux malgré ce qu'elle a pu vous en dire. Ma fille Catherine est, depuis un mois, Madame Jean Lambert[513]. Elle est présentement avec nous, rue Vaneau, où nous allons tous aussi bien qu'on peut aller par ce temps de relative misère[514].

---

509 M. Saint-Clair, *Galerie privée*, Paris, Gallimard, 1947. Curtius relevait déjà son talent en 1937, à propos de son article sur Jules Laforgue dans *La NRF* : « Elle a des qualités qui manquent à bien des "grands critiques" : le don de mettre en lumière des aspects auxquels personne n'avait fait attention ; une analyse extraordinairement pénétrante » (lettre inédite à Aline Mayrisch du 17 août 1937, fondation Catherine Gide, cote 27-03-B).

510 Sa compagne était Alix Guillain (1876-1951), militante indéfectible du Parti communiste.

511 Le texte s'achève ainsi : « Si je compare à celui d'Œdipe mon destin, je suis content : je l'ai rempli. Derrière moi, je laisse la cité d'Athènes. Plus encore que ma femme et mon fils, je l'ai chérie. J'ai fait ma ville. Après moi, saura l'habiter immortellement ma pensée. C'est consentant que j'approche la mort solitaire. J'ai goûté des biens de la terre. Il m'est doux de penser qu'après moi, grâce à moi, les hommes se reconnaîtront plus heureux, meilleurs et plus libres. Pour le bien de l'humanité future, j'ai fait mon œuvre. J'ai vécu. »

512 Dans sa biographie, Jean-Louis Barrault couvre Gide d'éloges et apprécie son professionnalisme (*Souvenirs pour demain*, Paris, Seuil, 2010). *Le Procès* sera créé au théâtre Marigny en octobre 1947, et le succès espéré sera au rendez-vous.

513 Le 20 août 1946, Catherine Gide a épousé Jean Lambert (1914-1999). Outre des romans et essais, on doit à celui-ci des traductions (voir plus bas, lettre 152). Il fera paraître *Gide familier* en 1958 chez Julliard.

514 L'arrêt de la guerre n'a pas mis fin à la pénurie générale, qui se poursuivra encore quelques années.

Oh ! parbleu, je souscris à ce que vous dites de Balzac et de Proust. Heureux de vous imaginer tout occupé par le Moyen Âge, et souhaitant de tout cœur bon succès à votre travail.

Croyez à mon amitié bien fidèle et très attentive.

André Gide

149. ERNST ROBERT CURTIUS À ANDRÉ GIDE[515]

[*Bonn*] Le [*jeudi*] 6 février [*19*]47

Très cher ami – Souvent, ces derniers temps, j'étais sur le point de vous écrire : tout simplement pour causer avec vous. Mais je sais votre courrier suffisamment chargé, et la peur de vous importuner me retenait. Mais voici la mort de Loup qui me rapproche de vous. C'est pour moi la douleur la plus poignante depuis la mort de ma mère il y a trente ans. Elle était entrée dans ma vie comme une fée. Colpach était le *fairyland*. C'est là que je vous ai rencontré, c'est de là que j'ai gagné Pontigny. C'est elle qui m'a fait prendre contact avec la France réelle... Pendant de longues années j'ai cru pouvoir apporter un peu de calme, de sérénité à cette âme éternellement tourmentée. J'ai dû abandonner cet espoir, mais je ne l'en aimais pas moins. Vous me disiez un jour : elle mourra carmélite ou folle. Hélas ! elle a succombé au martyre d'une extinction consciente – sans doute la forme la plus cruelle de la suprême épreuve[516]. Elle sera partie sans dire son secret : fierté, pudeur. Le drame de sa vie demeure mystérieux pour moi. Vous en savez peut-être plus que moi. – Dans sa dernière lettre elle me vantait *Thésée* comme un chef-d'œuvre. Vous m'aviez fait espérer que je recevrais ce livre. Vous pourriez l'envoyer à M. P[*ierre*] Arnal, consul général de France à Düsseldorf-Benrath[517]. Il

---

515 [*En-tête :*] Professor E. R. Curtius / Bonn / Joachimstrasse 18.

516 Aline Mayrisch est décédée le 19 janvier 1947. À l'approche de mourir, elle semble avoir désespérément tenté de trouver la foi auprès du père Menasce (voir les lettres de Menasce à Curtius). Voir également Meder, « Curtius et les Mayrisch », art. cité, p. 21-38.

517 Pierre Arnal (1892-1971) avait travaillé avant-guerre aux consulats de Leipzig et de Hambourg ainsi qu'à l'ambassade de Berlin. Il était alors ministre plénipotentiaire chargé du consulat général de France à Düsseldorf.

me le transmettrait, me connaissant depuis 1910. J'ai vu dans *Fontaine* un article passablement doctrinaire sur ce livre[518].

Mais je me trouve dépaysé dans les revues françaises que je vois ici. Je ne me fais aucune idée de la France actuelle, et comme je me désintéresse de la politique… Nous avons eu le plaisir de voir quelques instants Jacques Heurgon, de passage ici avec une bande d'archéologues. Seriez-vous assez bon pour me procurer son adresse ?

J'ai pu trouver par hasard le *Journal* de Charlie, nouvelle édition complétée. Zézette ne me l'a pas envoyé, elle semble m'avoir oublié[519]. Mes « amitiés françaises » se sont éteintes : par la maladie, la mort, la prison ou tout simplement le silence[520]. Il ne reste que vous – et Jacques Heurgon.

Nous vivons très tranquilles, très unis, très heureux. « Je me fais des voluptés appropriées à mon état », comme M. Bergeret[521]. Je travaille – source inépuisable de bien-être intellectuel. Mais c'est sur Dante[522], sur le Moyen Âge où je me suis cantonné depuis dix ans. Je n'éprouve plus le besoin de suivre l'actualité littéraire. Plus on avance en âge, plus on se détache du présent, fût-il existentiel ou autre chose. Je fais exception pour Eliot. Mais je l'avais suivi depuis vingt ans. Les *Four Quartets*, ésotériques, difficiles d'accès, sont une très grande chose[523].

Croyez à mon amitié vivante.

Ernst Robert Curtius

518 Gaëtan Picon, « Actualité d'André Gide », *Fontaine*, nº 56, novembre 1946, p. 614-625. On ne donnera pas tort à Curtius, mais on y trouve de nombreuses réflexions intéressantes.

519 En 1946 paraît le premier volume (sur neuf, 1921-1923) de l'édition complète, aux éditions Corrêa, du *Journal* de Charles Du Bos, réalisée par sa femme Juliette, surnommée Zézette.

520 Larbaud est aphasique depuis douze ans, Du Bos et Pozzi sont morts, Benoist-Méchin est en prison pour avoir été collaborationniste ; sa correspondance avec Lalou a cessé.

521 Monsieur Bergeret est le personnage principal de la série de romans *Histoire contemporaine* d'Anatole France. Dans le dernier, *Monsieur Bergeret à Paris*, on lit : « Ayant ainsi parlé, M. Bergeret plongea la lame de son couteau d'ivoire dans les pages des nouvelles *Mille et Une Nuits*. Il aimait à couper les feuillets des livres. C'était un sage qui se faisait des voluptés appropriées à son état » (Paris, C. Levy, 1901, p. 205).

522 Curtius vient d'achever un travail sur l'édition Contini des *Rime*.

523 Il a pourtant écrit au père Menasce, le 21 décembre 1946, à propos de cet ouvrage : « Je ne goûte pas b[eaucou]p la tentative d'Eliot de construire de la poésie avec des matières qui appartiennent à la théologie. Dans le commentaire on trouve des renvois à Mallarmé, à s[ain]t Thomas, à s[aint] Jean de la Croix… et bien d'autres. Donne réussissait tout de même mieux dans ce genre-là. Avec E[liot], tourmente perpétuelle » (lettre inédite, transcription de Wolf-Dieter Lange). Voir également ses deux articles « T.S. Eliot » (*Neue Schweizer Rundschau*, avril 1927, nº 32, et 1949, voir plus bas, lettre 172).

150. ANDRÉ GIDE À ERNST ROBERT CURTIUS

[*Paris, lundi*] 24 février [*19*]47

Bien cher ami

Votre bonne lettre me parvient ce matin ; j'y réponds aussitôt, si occupé que je puisse être, et fatigué… Eh oui ! je ne doutais point de la part que vous prendriez à ce deuil et que la mort de notre amie commune vous attristerait autant que nous. Sa détresse, autant morale que physique, était telle que, pour elle, mort était délivrance. Ceux qui ont vécu près d'elle dans ses derniers jours affirment qu'elle ne s'est plus rendu compte de son triste état et que la fin n'a pas été trop douloureuse. Depuis longtemps il avait fallu perdre tout espoir d'amélioration.

Quelques semaines auparavant, la mort de Groethuysen nous avait déjà beaucoup affectés. Nous ne restons que bien peu de témoins d'un passé dont il me serait doux de reparler avec vous. Combien je souhaite de vous revoir !… D'après l'indication que vous me donnez, j'espère que les exemplaires de mon *Thésée* et de ma traduction d'*Hamlet* pourront vous parvenir (où j'inscris votre nom) par l'entremise de M. P[*ierre*] Arnal – à qui j'envoie, dans un même paquet, un *Thésée* à lui dédicacé.

L'adresse de Jacques Heurgon : 27 rue de Boulainvilliers, Paris XVIᵉ.

C'est aux Heurgon que j'ai dédié mon *Thésée*, écrit au temps heureux où j'étais leur hôte, à Alger. Je n'ai plus pu connaître, depuis, pareille félicité. Ce qu'est ma vie à Paris : un enfer ! Harcelé, sollicité de toutes parts, exténué… j'avais été me réfugier à Genève ; courte trêve. Rappelé par les répétitions de la pièce que, sur la demande instante de J[*ean*]-L[*ouis*] Barrault, j'ai tirée du *Procès* de Kafka : entreprise hasardeuse, téméraire même et dont je reste quelque peu épouvanté. Mais je cède toujours au démon de la curiosité et du risque : sous ce rapport du moins je ne me suis guère assagi.

Durant mon exil à Alger, je m'étais remis au latin, avec délices (à Virgile presque exclusivement) ; mais ces derniers temps, j'avais ressorti Dante et votre lettre me décide : *La Divine Comédie* va succéder à l'*Énéide*[524].

---

524 Gide se promet de lire l'œuvre de Dante, mais il lui a toujours préféré Virgile.

Les nouvelles revues d'ici sont encombrées d'articles où je ne comprends plus grand-chose : je ne sais quelle fausse métaphysique alourdit et obscurcit les esprits ; tout ce qui est clair paraît manquer de profondeur.

Madame Théo lit votre lettre avec émotion et me charge pour vous de ses affectueux messages. Veuillez de même transmettre les miens à Madame Curtius et ne douter point de mes sentiments très fidèles.

André Gide

151. ERNST ROBERT CURTIUS À ANDRÉ GIDE[525]

[*Bonn, dimanche*] 20 avril [*19*]47

Bien cher ami,

Thésée et *Hamlet* me sont parvenus il y a quelque temps déjà, mais j'attendais pour vous remercier une lettre que je pressentais. Or cette lettre, datée du 24 février, est arrivée il y a quelques jours seulement, retardée pour avoir été glissée dans un colis qui a mis six semaines pour franchir les obstacles qui nous séparent...

J'ai lu *Thésée* avec un ravissement émerveillé. Il me semble que votre langue, votre syntaxe, votre vocabulaire (« rengréger » !) n'avait jamais atteint cette pure splendeur. Je vous dis comme Dante à Virgile : *Tu spandi di parlar si largo fiume*[526]. Vous avez réussi à concentrer dans un minimum de matière un maximum de pensée. Tous les thèmes, tous les registres de votre sensibilité sont fondus dans cette œuvre juteuse et lisse comme un beau fruit. Duvetée, plutôt, comme une pêche. Le dialogue avec Œdipe ouvre une perspective que vous n'aviez guère abordée jusqu'ici[527]. Quel état de joie a dû soutenir cette création.

---

525 [*En-tête :*] Professor E. R. Curtius / Bonn / Joachimstrasse 18.
526 Dante, *La Divine Comédie, L'Enfer*, chant I, v. 79-80 : « *Or se' tu quel Virgilio e quella fonte / che spandi di parlar sì largo fiume ?* » [« Es-tu donc ce Virgile et cette source / qui répand si grand fleuve de langage ? »] (trad. Jacqueline Risset, Paris, Diane de Selliers, 2008).
527 Le dernier chapitre se clôt sur la rencontre à Colone entre Œdipe, chassé de Thèbes, accueilli par la ville d'Athènes, et son roi Thésée.

Vous avez fait de Thésée un fondateur de la culture. Cela me rappelle le beau livre de Cumont sur le symbolisme funéraire des Romains[528]. Je vous transcris cette phrase : « Dans sa description des Enfers, Virgile ouvre l'accès des Champs-Élysées non seulement aux prêtres pieux et aux chantres inspirés par Apollon, mais à ceux qui, "par l'invention des arts ont donné à la vie sa culture", et nous retrouvons ainsi chez lui la conception d'une béatification de tous ceux qui se consacrent aux occupations que favorisent les muses. »

Et vous avez relu Virgile ! Vous avez dû le pratiquer jadis. Tityre, Ménalque, Corydon, etc. en font foi[529]. Je souhaite ardemment que vous nous donniez quelques pages sur Virgile, ce serait une « *revaluation* » personnelle. Vous avez certainement des vers préférés qui serviraient de point de départ. J'estime que ramener des lecteurs à Virgile serait rendre un service à la culture bien supérieur aux recherches métaphysiques où semblent se complaire certains contemporains[530]. Mais il faut le retirer aux professeurs.

C'est Virgile et Homère qui ont manqué à Charlie. D'où ses erreurs de jugement.

J'applaudis de tout cœur à votre allocution de Pertisau[531] et j'admire l'aisance avec laquelle vous êtes venu à bout de ce terrible *Hamlet*.

Nous avons l'espoir de pouvoir passer quelques semaines en Suisse au courant de cet été. Que ne puis-je vous y rencontrer, avec Madame Théo. Colpach, hélas ! ne peut plus servir de terrain de rencontre.

Veuillez transmettre mes messages respectueusement dévoués à Mme Théo et croire à mon admirative amitié.

E R Curtius

---

528 Franz Cumont, *Recherches sur le symbolisme funéraire des Romains*, Paris, P. Geuthner, 1942.

529 Les bergers Tityre, Ménalque et Corydon apparaissent dans les *Bucoliques* de Virgile. Gide s'empare de leurs prénoms dans *Paludes*, *Les Nourritures terrestres*, *Le Prométhée mal enchaîné*, *L'Immoraliste*, et bien sûr *Corydon*.

530 L'intérêt de Curtius pour Virgile n'est pas nouveau. Il voit en lui l'un des fondateurs de l'Occident. Voir plus haut, lettre 31, n. 130.

531 Le 18 août 1946, Gide avait fait une conférence en Autriche, à Pertisau, dans laquelle, à contre-courant de l'esprit général, il tendait une fois de plus la main à l'Allemagne. Le texte a été publié la même année par l'Imprimerie nationale de France en Autriche. Voir Lestringant, *op. cit.*, p. 1116-1118. Pour Curtius, l'attitude de Gide est louable, par opposition à celle de Thomas Mann qui refusa longtemps de se rendre en Allemagne (voir plus bas, lettre 153).

152. ANDRÉ GIDE À ERNST ROBERT CURTIUS

[*Paris, vendredi*] 2 mai 1947

Cher ami

Quelle exquise lettre je reçois de vous ! Et de quelle ferme, belle et pleine écriture ! Tout ce que vous me dites de mon *Thésée* me ravit ; je déguste la joie d'être si bien compris par vous. Je ne connais pas le livre de Cumont dont vous me parlez ; mais vous avais-je écrit précédemment, que je m'étais remis au latin ? J'ai commencé en [19]44, en Algérie (du temps que j'écrivais *Thésée*), comme un écolier studieux ; à raison de quatre ou cinq heures par jour ; presque exclusivement Virgile dont je relisais inlassablement l'*Énéide*, d'un bout à l'autre ; et j'ai continué jusqu'à ces derniers temps à le lire quotidiennement, à doses moins massives, car les occupations et obligations me laissent bien peu de loisirs ; mais je l'emporte en promenade, lis en marchant ; et chaque soir, avant de m'endormir[532]... Et j'aime à retrouver dans votre lettre, à travers Cumont, un écho des vers :

> *Quique pii vates et Phoebo digna locuti ;*
> *Inventas aut qui vitam excoluere per artes*[533]...

Mais connaissez-vous les admirables pages de Saint-Évremond, si sévères à l'égard... non de Virgile lui-même, mais de ses héros larmoyants (« *Quelques réflexions sur nos traducteurs*[534] ») ? d'Énée en parti-

---

532 « J'en arrivais, ces dernières semaines, à sacrifier complètement méditation et lecture : même celle de Virgile à laquelle, depuis Alger, je ne manquais pas un seul jour, m'y lavant l'esprit de toutes salissures, y puisant une sorte d'apaisement, de réconfort et d'indicible sérénité. J'avais pourtant été amené à diminuer considérablement les doses ; mais du moins ne consentant pas à m'endormir avant un entretien de cinquante à cent vers de lui. Et, durant des semaines, je l'ai repris avec méthode ; mais parfois m'amusant aussi à l'ouvrir au hasard, avec quelle joie de m'y retrouver si bien et pourtant d'y découvrir sans cesse de nouvelles raisons de l'admirer, et avec plus d'intelligence – ce que seule permet une lecture plus cursive » (*J*, II, p. 1051). Voir également, en annexe XXIII, le texte d'hommage de Curtius « Amitié de Gide », paru dans *La NRF* (n° spécial *Hommage à André Gide, op. cit.*, p. 13-15).

533 *Énéide*, Livre sixième, v. 662-663, où Virgile fait l'éloge de ceux qui ont embelli les arts : « Les poètes religieux, qui ne firent entendre que des chants dignes d'Apollon ; / les inventeurs des arts chers à l'humanité [...] ».

534 Saint-Évremond, *Œuvres en prose*, t. III, p. 113, 116-117. Voir *J*, II, p. 1035.

culier, « pauvre héros dans le Paganisme, qui pourrait être un grand saint chez les Chrétiens, fort propre à nous donner des miracles, et plus digne fondateur d'un Ordre que d'un État » (ceci dit tout à la louange des héros d'Homère, et qui me fait me désoler d'être si nul en grec). Et Saint-Évremond conclut : « Juger par là combien nous devons admirer la poésie de Virgile, puisque malgré la vertu des héros d'Homère et le peu de mérite des siens, il lui est peut-être préférable, ou ne lui est pas assurément inférieur. » (Si vous n'avez pas de Saint-Évremond sous la main, je tâcherai de vous transcrire tout le long passage en question.)

Cher ami que je retrouve et *reconnais* si bien, quelle joie j'aurais à vous revoir !

Rentré de Suisse avant-hier (après un mois de repos à Ascona, près de Locarno – j'avais quitté Paris exténué), j'y retournerai peut-être au cours de l'été… surtout si j'avais l'espoir de vous y rejoindre : ne me laissez donc pas sans nouvelles de vos déplacements. Madame Théo va bien (j'ai eu plaisir à lui communiquer votre lettre) ; de même tous ceux qui nous entourent et qui se souviennent bien affectueusement de vous.

À Ascona j'ai écrit une assez importante préface pour le *Morgenlandfahrt*, que mon gendre Jean Lambert vient de traduire ; ensemble nous avons été voir H[ermann] Hesse aux environs de Lugano[535]. Je serais bien curieux de savoir ce que vous pensez de ses livres…

Le temps me manque pour vous en écrire plus long. Transmettez, je vous prie, mes affectueux souvenirs à Madame Curtius et ne doutez pas de ma fidèle amitié.

André Gide

---

535 Hermann Hesse, *Le Voyage en Orient*, Paris, Calmann-Lévy, 1948. La préface de Gide, instigateur de la traduction demandée à Jean Lambert, a été reprise dans *EC* (p. 797-801). On lira le texte d'hommage de Hermann Hesse dans lequel il relate sa visite le 11 avril 1947 (« Souvenir d'André Gide », *La NRF*, n° spécial *Hommage à André Gide, op. cit.*, p. 16-31) et où il évoque les *Wegbereiter* de Curtius, qui l'aurait « ramené à André Gide » (p. 17) ; ainsi que la lettre que Gide lui écrit le 17 juillet (*BAAG*, n° 40, 1978, p. 20-22).

153. ERNST ROBERT CURTIUS À ANDRÉ GIDE

[*Vendredi*] 1ᵉʳ août [*1947*]
Zurich, Waldhaus Dolder (adresse valable jusqu'au 10 août, après
c/o Dr. Rychner, Hadlaubstr. 20, Zurich)

Très cher ami,
Nous voici enfin évadés de la prison. Nous sommes environnés d'un
bien-être qui confine à la béatitude. C'est honteux de le dire, mais c'est
ainsi.

Nos projets ne sont pas encore complètement fixés. Nous pensons
pouvoir rester en Suisse jusque vers le 12 sept[*embre*].

Je viens de téléphoner avec Th[*omas*] Mann, actuellement ici au
« Baur au Lac[536] ». Nous déjeunerons avec lui demain. Il vient de déclarer dans un journal zurichois qu'il n'ira pas en Allemagne « pour ne
pas se désolidariser avec l'émigration ». Je crois plutôt qu'il a peur. Je
tâcherai de lui faire voir le tort qu'il se fait en se laissant accaparer par
la soi-disante émigration et lui proposerai votre voyage en Allemagne
comme exemple. Mais c'est un homme qui aime ses aises[537].

Vous rendez-vous compte que ceci est écrit au biro[538] ? J'ai suivi
vos indications et m'en trouve fort bien – bien que l'abondance de
liquide contenue dans un encrier soit pour moi un puissant auxiliaire de
l'inspiration. La sécheresse utilitaire du biro ne la remplace pas. On est
perpétuellement à sec, les pâtés sont impossibles. Bienfaits de la sécurité !

Le principal but de cette lettre est de vous demander si vous
m'autoriseriez à traduire des extraits de *Thésée* pour la revue *Merkur*

---

536 Nom du chic hôtel zurichois où il est descendu.
537 Voir *Warum ich nicht nach Deutschland zurückgehe* (1945) et les autres écrits ayant rapport au
même thème, dans Thomas Mann, *Reden und Aufsätze II* (Francfort-sur-le-Main, S. Fischer
Verlag, 1965). Le 19 décembre 1936, la faculté de philosophie de l'université de Bonn
informa Thomas Mann que son nom avait été rayé de la liste des docteurs *honoris causa*.
Voir plus bas, lettre 155, et surtout André Gide, « Quelques écrits récents de Thomas
Mann », dans *Littérature engagée* (Paris, Gallimard, 1950, p. 189s). L'opinion de Gide est
diamétralement opposée à celle de Curtius, qui se montre curieusement incompréhensif
devant l'attitude de Mann. Mann a par ailleurs changé d'avis : sa visite de Weimar et de
Francfort-sur-le-Main en 1949, pour y recevoir le prix Goethe à l'occasion du 200ᵉ anniversaire de la naissance de l'écrivain, est restée célèbre.
538 Désigne un stylo à bille, du nom de son inventeur.

où vous avez pu lire mon « Hesse[539] » et où je compte collaborer d'une façon suivie. J'y joindrais un mien article sur André Gide et la fable. C'est un sujet qui me tente depuis longtemps[540].

Je n'abandonne pas l'espoir de vous voir ici. Votre visite à Bonn a été exquise, mais elle m'a laissé sur ma soif[541].

À vous fidèlement,

E R Curtius

154. ANDRÉ GIDE À ERNST ROBERT CURTIUS

[*Paris, lundi*] 4 août [*19*]47

Cher vieil ami

Quelle bonne lettre de vous m'apporte le courrier de ce matin ! Oui certes, et de tout cœur, mon *Thésée* se réjouit de votre projet de traduction (celle-ci ne fût-elle que partielle) (mais elle ne doit pas compromettre une traduction intégrale de je ne sais qui... Que ne l'entreprenez-vous vous-même ? en vue d'une édition qui serait précédée, en manière d'introduction-préface, de cette étude que vous donneriez d'abord au *Merkur* avec les fragments ?...)

Mon grand désir de vous revoir me fera peut-être m'envoler de Paris vers Zurich, si je parviens à me dégager... Dans ce cas, vous avertirais aussitôt par dépêche.

Fidèlement avec vous deux,

André Gide

---

539 « Hermann Hesse », *Merkur*, n° 2, février 1947, p. 170-185 ; repris dans Curtius, *Kritische Essays, op. cit.*, p. 202-223.
540 Le projet n'a visiblement pas abouti.
541 Le 20 juin, Gide a entamé un voyage de trois semaines en Allemagne avec Jean Lambert. Il a fini son périple par Bonn, où il a revu Curtius, et Cologne. Voir Curtius, « Amitié de Gide » (art. cité – annexe XXIII), dans lequel il relate sa visite.

155. ERNST ROBERT CURTIUS À ANDRÉ GIDE

Zurich, Waldhaus Dolder
[*Mercredi*] 6 août [*19*]47

Très cher ami,
Je serais ravi de traduire votre *Thésée* en entier pourvu que vous puissiez
encore en disposer. Si je vous comprends bien, vous avez déjà cédé les
droits à un autre traducteur. Dans ce cas-là, je me retire, cela va sans dire.
Cela n'a pas d'importance. Je pourrais tout de même publier mon étude
au *Merkur*. Peut-être pourriez-vous donner au *Merkur* en même temps
quelques pages soit inédites soit pas encore cédées à un traducteur ou
éditeur allemand – quelques pages de *Divers* dont je ferais la traduction
et au besoin un commentaire. Trois à six pages d'impression suffiraient.
Et pourquoi pas quelques notes en marge de l'*Énéide* ? Comme ce serait
salutaire pour les lecteurs allemands ! et quel délice pour moi !
     Nous partirons d'ici pour
          Mürren,
          hôtel Regina
lundi le 11 août. C'est à 1 600 m d'altitude. J'ai besoin de « l'air des
cimes » (Baraglioul[542]). Nous y resterons deux ou trois semaines. C'est
un endroit inaccessible aux autos.
     J'ai déjeuné l'autre jour avec Th[*omas*] Mann. Il n'ira pas en Allemagne
« pour ne pas se désolidariser d'avec l'émigration » ! C'est un grand
artiste, mais le contraire d'un grand caractère. Et pas intelligent. Il
gobe tout. Il m'a expliqué la défaite française de 1940 : les généraux
ont fait exprès de perdre toutes les batailles. Ils voulaient se venger de
Dreyfus et de la IIIe République ! C'est le jeune Bertaux qui lui aurait
fourni cette explication effarante[543].

---

542 Dans *Les Caves du Vatican*, le personnage de Julius de Baraglioul est l'auteur d'un livre
     intitulé *L'Air des cimes*.
543 Fils de Félix Bertaux, Pierre Bertaux (1907-1986), lui-même germaniste et fin connaisseur
     de l'Allemagne, résistant, ami de Pierre Viénot (par l'intermédiaire duquel il connaît
     Curtius), vient d'être nommé préfet du Rhône, menant une double carrière de professeur
     à l'université et d'homme politique. C'est en 1925, à Berlin, qu'il a rencontré Thomas
     Mann, un ami de son père. L'explication fournie semble très improbable. Dans ses

Vôtre en fidèle amitié

E R Curtius

156. ERNST ROBERT CURTIUS À ANDRÉ GIDE

Mürren, le [*jeudi*] 14 août [*1947*]

Très cher ami,
Merci de vos pages de *Journal*. Elles m'avaient frappé (dans *L'Arche*) par leur justesse et leur à-propos[544]. Excellentes pour le *Merkur*.
Quant à *Thésée*, je devrai y renoncer puisqu'on a déjà pris des engagements avec un traducteur. Je ne voudrais le frustrer à aucun prix.
Reçu avec plaisir les livres de Lambert et d'Herbart[545]. Si vous en avez l'occasion, veuillez les remercier de ma part. Je n'ai pas encore pu aborder la lecture. Pourriez-vous me faire envoyer les *Portraits* de Mme Théo ?
Zurich était chaud et turbulent. Ici, enfin, le repos.
Ilse ne cesse de parler de vous. Vous avez gagné son cœur.
À vous fidèlement

E R Curtius

Mémoires interrompus, il relate ses souvenirs sur le voyage de Gide à Berlin en janvier 1928 (Asnières, PIA, 2000, p. 83-85). Sur ses rencontres avec Curtius, qu'il surnomme « le renard du Neckartal » et ne semble guère apprécier, voir *Un normalien à Berlin. Lettres franco-allemandes 1927-1933* (Asnières, PIA, 2001).
544 André Gide, « Pages de Journal. I (10 septembre 1939-26 juin 1940) », *L'Arche*, n° 2, mars 1944, p. 3-23 ; « Pages de Journal. II (27 juin 1940-25 novembre 1940) », n° 3, avril-mai 1944, p. 10-39 ; « Pages de Journal. III (décembre 1940-7 mai 1942) », n° 4, juin-juillet 1944, p. 37-56.
545 *Adieu, vive clarté* de Jean Lambert, et peut-être *Alcyon* de Pierre Herbart, tous deux publiés par Gallimard respectivement en 1947 et 1945.

157. ANDRÉ GIDE À ERNST ROBERT CURTIUS

[Paris, vendredi] 26 sept[*embre 19*]47

Cher ami

En dépit de mon grand désir de vous revoir, il ne m'a pas été possible de vous rejoindre en Suisse ainsi que je l'espérais. Paris (et ses menues obligations) m'a retenu et je n'ai pu m'absenter que six jours, alors que vous aviez déjà quitté Zurich. Ce billet est pour vous dire mes regrets, mais aussi ceci, qui me tient à cœur : vous m'aviez parlé de votre amical désir de traduire mon *Thésée*. J'en étais ravi ; mais ne savais trop si d'autres engagements n'avaient été pris par les Gallimard. Ce n'est qu'hier que j'ai pu m'assurer que la place était libre ; c'est-à-dire qu'on a fait le nécessaire pour la libérer, car c'est à vous, il va sans dire, que je donne la préférence – et avec quelle joie, si toutefois vous consentez encore et êtes encore « preneur » – ce que j'espère de tout mon cœur et de tout mon esprit.

Un mot de vous me dira ce qui en est.

Mille hommages et affectueux souvenirs à Madame Curtius, je vous prie.

Votre vieil ami

André Gide

158. ERNST ROBERT CURTIUS À ANDRÉ GIDE[546]

[Bonn, lundi] 6 oct[*obre 19*]47

Cher ami,

J'avais envisagé le projet de traduire une dizaine de pages de votre admirable *Thésée* pour les donner au *Merkur*. Le traduire en entier – ah ! que je serais tenté de le faire. Mais quand ? J'ai trouvé en Suisse un éditeur qui consent à imprimer le gros bouquin auquel je suis attelé depuis dix

---

546 [*En-tête :*] Professor E. R. Curtius / Bonn / Joachimstrasse 18.

ans. L'impression (un vol[*ume*] de 600 à 700 pages) doit commencer ce mois-ci. Mais il manque encore quelques chapitres de la fin. Je suis en train de les écrire, ce qui me force à économiser strictement mon temps et mes forces de travail[547]. Après d'autres travaux m'attendent, réclamés par des revues depuis longtemps. Je suis donc forcé à mon grand regret de renoncer à cette traduction que j'aurais tant aimé entreprendre. J'ose vous recommander mon ami Richard Möring (hôtel de Scandinavie, 27 rue de Tournon). C'est un esprit très cultivé et une belle intelligence. Il a publié des vers très remarqués[548]. J'écris, bien entendu, à son insu.

Nous avons vu Annette Kolb[549] à Bâle et parlé au téléphone avec Andrée Viénot qui était à Tarasp.

Vous êtes toujours présent dans notre pensée.

Vôtre fidèlement

E R Curtius

159. ANDRÉ GIDE À ERNST ROBERT CURTIUS

[*Paris, jeudi*] 16 octobre [*19*]47

Cher ami

Depuis trois jours je diffère ma réponse à votre excellente du[550] dans l'espoir de vous annoncer du même coup la naissance de mon petit-fils

---

547 Il s'agit de son *opus magnum*, auquel il a consacré dix ans de recherche, *Europäische Literatur und lateinisches Mittelalter*, publié à Berne par A. Francke, et traduit en français sous le titre *La Littérature européenne et le Moyen Âge latin*, qui paraîtra en 1956 (Paris, PUF, trad. Jean Bréjoux).

548 Diplômé en droit, auteur de traductions, Richard Möring (ou Moering, 1894-1974) écrit des textes littéraires sous le pseudonyme de Peter Gan. Il fuit le régime nazi en venant s'installer à Paris en 1938, mais fut emprisonné pendant la guerre au camp de Gurs. *Thésée* sera finalement traduit par Curtius, qui dut rencontrer Möring à Marburg où ce dernier avait assisté à ses cours (voir plus bas, lettre 160).

549 Foncièrement pacifiste, l'écrivaine Annette Kolb (1870-1967) se définissait comme franco-allemande (elle écrivit dans les deux langues et obtint la nationalité française en 1936) et faisait partie du Cercle de Colpach, où elle a rencontré à la fois Gide, au tout début des années 1920, et Curtius. Elle émigra à Paris en 1933, puis aux États-Unis pendant la guerre, avant de revenir vivre à Munich.

550 [*Date laissée en blanc*]

Nicolas[551]. C'est fait ; un téléph[*one*] de Jean Lambert me l'apprend ce matin. Je m'apprête à rejoindre Catherine à Neuchâtel, vers la fin du mois. Et là-bas, à l'abri (je l'espère) des importuns, il se peut que j'accouche moi aussi (d'un frère de *Thésée*).

Oh ! parbleu, je comprends de reste que le temps vous manque (car il en faut) pour assumer la traduction complète de celui-ci. Et sans doute avais-je fait de mes vœux et désirs des réalités ; et de même pour les vôtres (vœux et désirs). Mais non : il y a plus : vous m'écriviez, le 6 août : « Je serais ravi de traduire votre *Thésée* en entier *pourvu que vous puissiez encore* en disposer. Mais, si je vous comprends bien, vous avez déjà cédé les droits à un autre traducteur. *Dans ce cas-là* je me retire, cela va sans dire. » Et le 19 (ou 14) août : « Quant à *Thésée*, je devrai y renoncer *puisqu'on* a déjà pris des engagements avec un traducteur. » C'est fort de cet espoir, et pensant que cela seul vous retenait (et avouez que ces deux phrases m'invitaient à le croire !) que j'ai rompu les engagements précédents, trop heureux de vous laisser le champ libre. Au surplus les prétendants s'inclinaient de bonne grâce devant vous. Et déjà je me réjouissais d'un *Thésée* où nos deux noms, amicalement, se trouveraient joints – autant que je m'étais réjoui de la traduction de Rilke[552]... J'attendrai une nouvelle lettre de vous confirmant votre désistement, avant de renouer avec l'un des évincés. Examinez si vraiment le temps vous manque (prêt à vous accorder tous les délais que vous pourriez souhaiter) tant mon désir est vif. Et surtout excusez mon insistance. N'y voyez qu'estime et amitié.

Fidèlement votre

André Gide

Madame Théo vous a envoyé son livre, par intermédiaire de l'armée... L'avez-vous reçu enfin ?...

---

551 Le deuxième enfant de Catherine et Jean Lambert est né le jour même.
552 Celle du *Retour de l'enfant prodigue*.

160. ERNST ROBERT CURTIUS À ANDRÉ GIDE[553]

[*Bonn, samedi*] 25 oct[*obre 19*]47

Cher ami,
Meilleures félicitations pour Nicolas. Puisse-t-il tenir de son grand-père !
La naissance que vous me faites entrevoir d'un frère de *Thésée* me passionne.
La traduction… Vous me confondez, citant mes lettres à l'appui. Votre
courrier doit être soigneusement enregistré… Votre insistance me touche
infiniment. Je ne résiste plus. Mais malheureusement je ne pourrai vous
consacrer que des moments « perdus », interstices de mon travail. Vous
me dispenserez donc, si vous le voulez bien, d'un travail à terme. Il y a
autre chose qui me gêne. J'ai des idées ou plutôt des vues assez nettes
sur le maniement de notre langue. La traduction sera une transposition.
Pourrai-je vous contenter ? Votre langue à vous a l'air tout unie et naturelle.
En réalité, elle est tissue de charmantes subtilités. Bien difficile de trouver
des équivalents ! La première phrase déjà me donne du mal : « afin de l'en
instruire… » ! Évidemment, c'est à cette fin que l'on raconte. Traduit mot
à mot, cela deviendrait gauche en allemand. On ne parvient à bout de
telles difficultés qu'en les circonvenant. Ce n'est pas toujours faisable…
    Je consacrerai quelques semaines à des tentatives. Vous êtes un auteur
délicieux, mais pas commode. Je n'ai pas vu les traductions que Rilke
a faites de vous. Celles de Valéry et de Louise Labé fourmillent de
contresens[554]. Et son allemand, même dans ses œuvres à lui, est d'une
préciosité révoltante. Entre nous : il ne valait pas tant que ça. C'est un
personnage surfait. Mais il continue à faire des ravages, même en Angleterre
où il trouve des adeptes qui n'ont jamais lu une ligne de Goethe.
    Je n'ai pas reçu le livre de Mme Théo et en suis fort chagrin. Mieux
vaut adresser des envois à M. Rychner (Hadlaubstr. 20, Zurich). Il me
les transmettra.
    Vôtre fidèlement

    E R Curtius

---
553 [*En-tête :*] Professor E. R. Curtius / Bonn / Joachimstrasse 18.
554 Rilke a traduit *Charmes* et *Eupalinos* de Paul Valéry, ainsi que les *Sonnets* de Louise Labé.

Qui sera l'éditeur allemand de *Thésée*? Il vaudrait mieux ne pas traiter avec la Deutsche Verlags-Anstalt dont il ne reste que le nom. J'ai rompu avec elle.

[*Ajout manuscrit de la main de Gide en marge de ce paragraphe :*]
pour Jean Lambert

161. ERNST ROBERT CURTIUS À ANDRÉ GIDE[555]

[*Bonn, samedi*] 1ᵉʳ novembre [*19*]47

Cher ami – Le buisson d'asperges (p. 20) me tracasse. En allemand, cela fera un effet comique. C'est bien le légume ? Mais le moins protecteur de tous.
Je vous relis avec ravissement. J'ai dû sacrifier « borgne d'un t[*éton*][556] ». Impossible de tout transposer.
Vôtre fidèlement

E R Curtius

162. ANDRÉ GIDE À ERNST ROBERT CURTIUS

C/o Ides et Calendes[557]

[*Neuchâtel, vendredi 7 novembre 1947*]

Cher ami
Quelle exquise lettre je reçois de vous ! Ah parbleu ! prenez tout le temps qu'il faudra, et pardonnez à mon insistance ; mais j'ai tant de

---

555 Il s'agit d'une carte postale.
556 Dans *Thésée*, à propos de la reine des Amazones, Antiope, qui « était, pareillement à ses sujettes, borgne d'un téton ».
557 [*De la main de Curtius :*] 7 nov 47 / erhalten 21 nov.

joie à penser que mon *Thésée* vous appartient ! Je n'admettais pas qu'un autre que vous le traduise ; et tout ce que vous me dites des difficultés de cette traduction me ravit. (*Zu seiner Lehre*[558] me semble parfait !) Et combien d'accord avec vous au sujet de *Rilke*[559]...

Je communique votre lettre à Madame Théo, désolée que vous n'ayez pas reçu son livre et qui vous en renverra un exemplaire à l'adresse que vous indiquez. Jean Lambert doit être (de passage) encore auprès d'elle : il fera son profit de vos remarques au sujet de la Deutsche Verlags-Anstalt, car c'est lui qui traite avec les éditeurs allemands.

Nicolas, sa mère et sa grand-mère Élisabeth Herbart vous sourient, en ce moment avec moi, à Neuchâtel, où je tâche de travailler.

De cœur et de pensée votre

André Gide

163. ANDRÉ GIDE À ERNST ROBERT CURTIUS

C/o Richard Heyd
15 Évole
Neuchâtel[560]

[*Dimanche 9 novembre 1947*]

Cher ami
Je souhaitais ajouter un post-scriptum à ma lettre d'avant-hier ; votre *cartolina* d'aujourd'hui le hâte :
Le traducteur anglais s'est, lui aussi, inquiété des asperges, qui, disait-il (et il a raison), ne s'élèvent jamais qu'à hauteur de genou, ou tout au plus : de ceinture. En français, j'étais amusé par le saugrenu de la chose ; mais il n'y a pas lieu de la maintenir : mettez *anstatt*[561]

---

558 Pour son enseignement, son instruction.
559 On sait que Curtius n'aimait guère Rilke. Il est toutefois étrange que Gide aille dans son
     sens puisqu'il a toujours montré de l'enthousiasme pour le poète (voir *EC*, p. 882 et p. 1231).
560 [*De la main de Curtius :*] erhalten 22/11 47.
561 À la place.

lentisque, arbousier (*arbutus*), térébinthe, ou n'importe quel buisson homérique.

Toutefois, d'une manière générale, n'ayez pas trop peur, je vous en prie, du comique ou de la grossièreté[562]... je devrais plutôt dire : du cynisme. Et, à ce propos, je m'inquiète de la façon dont une langue étrangère peut rendre le scandaleux mot français « bander » sur quoi s'achève, je crois, le premier alinéa du livre. Mot que nombre d'amis me suppliaient de changer et que je me félicite d'avoir maintenu témérairement : il me plaisait de lui redonner son antique noblesse, encore que je ne me souvienne pas de l'avoir rencontré dans Rabelais. Ma mère, dans le temps, s'affectait de même de mon titre : *Les Nourritures terrestres*, qui lui paraissait d'une intolérable vulgarité – et qui l'était encore effectivement lors de la publication du volume. Mais pour « bander » il importe, il va sans dire, que tous les mots précédents le préparent et lui prêtent occasionnellement une signification générale et quasi abstraite[563]. Est-ce possible en allemand ?

À tout hasard je vous signale le « son quant-à-soi » d'Ariane, que j'ai inventé, en m'amusant, pour désigner le sexe de la dite, et qui semble, euphémistiquement, ne faire allusion qu'à sa réserve[564]. Y aura-t-il moyen d'inventer un équivalent allemand ? Quant au téton borgne, j'ai chipé l'expression à Rousseau qui, dans *Les Confessions*, dit, de la courtisane de Venise, qu'« elle était *borgne* d'un téton[565] ». (Je ne sais plus quel mot emploie Virgile pour les Amazones.)

J'ai joie de voir que vous êtes bien entré et déjà avancé dans votre travail – mais serais désolé que ce travail nuisît à l'œuvre entreprise et fort attendue par tous vos amis.

Jean Lambert emportera en Allemagne (où il est appelé pour des conférences sur Giraudoux) le livre de Madame Théo dédicacé pour vous.

Fidèlement votre

André Gide

---

562 [*Écrit juste avant :*] de choquer le lecteur.
563 Le texte français donne : « Vers tout ce que Pan, Zeus ou Thétis me présentait de charmant, je bandais. »
564 « Sur ce, m'abandonnant son quant-à-soi, elle s'offrit à mon étreinte et me retint entre ses bras jusqu'au matin. [...] Encore que mes facultés d'observation restassent obnubilées par l'ivresse, son quant-à-soi me parut d'accès si facile que je ne puis croire que j'en fusse le pionnier » (*RR*, II, p. 1000).
565 La Zulietta de Rousseau « avait un téton borgne » (livre VII).

Récentissime : À l'instant me parvient la traduct[*ion*] anglaise du *Thésée*, du charmant John Russel. – Je constate qu'il a traduit le premier mot par : « *I rose* » qui peut bien être exactement ce qu'il fallait. Mais il a complètement laissé tomber le sens obscène du quant-à-soi d'Ariane : « *she abandoned all restraint*[566] »... J'espère que, en allemand, vous trouverez mieux.

En fort bonne humeur et disposition de travail, je vous quitte pour m'y remettre. Au revoir !

164. ERNST ROBERT CURTIUS À ANDRÉ GIDE

[*Bonn, samedi*] 15 sept[*embre 19*]47 [sic *pour novembre*]

Très cher ami,

Quelle délicieuse surprise ! La consécration officielle la plus retentissante[567] ! Comme j'en suis heureux ! Je me réjouis comme un enfant. Il y a un peu plus d'un an (avant l'attribution à Hesse), des amis suédois me disaient que Eliot et Mauriac étaient candidats. Mais justice est faite... Je ne sais plus qui disait que le jugement de l'étranger était « la postérité anticipée ». Et cette fois, c'est un jugement en bonne forme, prononcé par le sage aréopage du Nord. Les « bien pensants » vont peut-être être choqués. Les moscoutaires également. On a couronné un esprit « non prévu », un grand Non conformiste. Je pense à vos débuts difficiles, à la zone de silence que vous avez dû traverser... Vous avez refusé tous les compromis – et votre intransigeance vous a valu cette belle récompense. C'est prodigieux. J'espère que vous éprouvez malgré tout quelque contentement. Que j'aimerais savoir comment la presse française accueille votre triomphe !

À vous fidèlement

E R Curtius

---

566 Le verbe *to rise* signifiant s'élever, monter, grandir, la traduction de « bander » est limpide.
– « Elle abandonnait toute limitation/mesure/contrainte ».
567 Curtius félicite Gide à qui l'on a décerné le 13 novembre le prix Nobel de littérature.

165. ANDRÉ GIDE À ERNST ROBERT CURTIUS

15 Evole
Neuchâtel, [*vendredi*] 5 déc[*embre 19*]47

Cher ami

Approbation pour *térébinthe*, au lieu d'asperge.

Quant à « bander », la phrase allemande proposée par vous me semble excellente. Toutefois, n'y aurait-il pas lieu de préférer « *spannte(n) sich meine Begierde* » à « *meine Kraft*[568] » ? ?

Pour le « quant-à-soi », que penseriez-vous de : « *Versteck*[569] » – que je me trouve bien hardi de vous proposer...

Et, bien entendu, lorsqu'un obstacle est insurmontable, il faut le « doubler » comme vous dites. Pour bien traduire, il faut tricher sans cesse. J'ai appris cela avec *Hamlet*[570].

De tout cœur avec vous

André Gide

Forcé de vivre au ralenti et de m'abstenir de tout effort : l'état de mon cœur l'exige – et va me retenir à Neuchâtel assez longtemps encore, je crois. Mais j'y suis inespérément bien pour travailler : un calme, une tranquillité, que je ne connaissais plus – et que protègent les excellents amis Heyd (directeur d'*Ides et Calendes*) qui m'hébergent, et qui réservent pour vous une série de mon *Théâtre complet*[571] (en huit volumes !) puisque l'envoi des livres est encore impossible.

---

568 Voir plus haut, lettre 163. Littéralement : « mon désir se tendait » plutôt que « ma vigueur ».

569 « Cachette ».

570 Gide a traduit *Hamlet* dès 1922, mais il y avait renoncé étant donné les difficultés de sa langue. Poussé par Jean-Louis Barrault, en 1944, il est revenu à la charge et a proposé une traduction moins osée, plus classique, en 1946. Sur Gide traducteur, voir Peter Schnyder, « André Gide, traducteur paradoxal », *Acta Universitatis Wratislaviensis*, n° 3389, année LIX, 2012, p. 229-236.

571 Richard Heyd (1910-1959) dirige alors avec Fred Uhler la maison d'édition suisse Ides et Calendes, à Neuchâtel, que ce dernier a créée en 1941. Il est entré en contact avec Gide en 1934 ou 1935. L'écrivain viendra régulièrement chez lui et sa femme Jacqueline à la fin de sa vie. Le *Théâtre complet* en huit volumes, orné de lithographies de Maurice

166. ERNST ROBERT CURTIUS À ANDRÉ GIDE

[*Bonn, mercredi*] 4 février [*19*]48

Très cher ami,
Quelle joie que de feuilleter les splendides volumes de votre *Théâtre complet* ! Je suis très touché par ce précieux cadeau et par votre belle dédicace. Le bibliophile que je suis est ravi de la présentation luxueuse et des charmantes illustrations. Le fragment inédit – *Le Retour* – est une surprise exquise[572].

Un visiteur anglais qui vient de me quitter m'a dit : « *French literature is actually rather exciting*[573]. » Comme preuve il m'a cité Mauriac qu'il semblait prendre pour un « jeune ». Cela m'a beaucoup diverti. Mon visiteur est attaché au bureau de M. Birley qui représente à Berlin la culture intellectuelle et universitaire anglaise[574]. Que de faux-monnayage dans la « république des lettres ».

J'espère que vous êtes en bonne voie de convalescence.
À vous fidèlement

E R Curtius

P. S. Réflexion faite, je traduirai « afin de l'en instruire » par « *zu seiner Lehre* ». Je prends donc instruire non dans le sens d'informer, mais au sens fort. Ai-je saisi votre pensée[575] ? – Vous enverrai q[*uel*]q[*ues*] pages dès que ma secrétaire se sera acquittée d'autres travaux.

Brianchon, a paru entre 1947 et 1949 (t. I à IV et VIII : 1947 ; t. V : 1948 ; t. VI et VII : 1949).

572 Premier acte, écrit en vers et daté d'octobre 1899, d'un « opéra-comique » inachevé qui devait être mis en musique par Raymond Bonheur. Il fut publié en 1946 seulement, chez Ides et Calendes. Il figure en tête du deuxième volume.

573 « La littérature française est assez excitante en ce moment. »

574 Robert Birley (1903-1982) était « Educational Advisor to the Control Commission » pour la zone britannique en Allemagne, en charge de la refondation du système éducatif.

575 Curtius a de toute évidence oublié ce que Gide lui a écrit (voir plus haut, lettre 162).

167. ERNST ROBERT CURTIUS À ANDRÉ GIDE[576]

[Bonn, lundi] 17 mai *[19]*48

Très cher ami,
Je suis sans nouvelles de vous depuis janvier[577]. Avez-vous vu la première partie de mon *Theseus*? Je serai heureux si vous me signalez des passages que vous désireriez voir modifiés. La traduction du reste est à l'impression.

Je ne vous ai pas écrit depuis longtemps pour ne pas encombrer votre courrier. Mais la coupure ci-jointe exige, me semble-t-il, une déclaration publique de votre part[578].

Je ne sais pas si Klaus Mann est autorisé par vous à mettre *Retour de l'URSS* à l'index[579]. Je ne le pense pas. Dans ce cas-là, il faudrait lui infliger un démenti. Il y a urgence, et vos amis attendent une réponse. Vous devez vous rendre compte de la gravité du cas.

À vous fidèlement

E R Curtius

---

576 [*En-tête (tampon)* :] Prof. Ernst Robert Curtius / Bonn, Joachimstr. 18.

577 L'hiver fut marqué par une dégradation de la santé de Gide, sur le plan cardiaque particulièrement, et un état de fatigue important. Il rentra à Paris le 3 mars seulement.

578 En 1943, Klaus Mann a publié *André Gide and the Crisis of Modern Thought* (New York, Creative Age Press). L'ouvrage paraît en allemand en 1948, traduit et retravaillé par l'auteur, sous le titre *André Gide und die Krise des modernen Denkens* (Zurich, Steinberg). Des articles ont paru dans la presse, dont Manuel Gasser, « Klaus Mann über André Gide », *Die Neue Zeitung (Berliner Blatt)*, 11 mai 1948, et E. Montijo, « Klaus Mann über André Gide », *Der Tagesspiegel*, 9 ou 11 mai 1948. Il s'agit peut-être de l'un d'eux. Nous n'avons pas eu la possibilité de consulter ces articles.

579 Voici ce qu'il écrit : « Les demi-vérités, les vérités définies de manière imprécise ou contradictoire, ne font que semer le désordre et nuire à la cause qu'elles devraient servir. / Le livre de Gide sur la Russie ne pouvait que provoquer le désordre et nuire à la cause du progrès, non pas par sa sincérité, mais par son manque de logique, de profondeur et d'originalité. L'objection que je fais au *Retour de l'URSS* est simplement celle-ci : ce n'est pas un bon livre. / Ai-je dit dans un chapitre antérieur que *Corydon* était l'œuvre de Gide que je sacrifierais avec le moins de regret ? Eh bien, et avec votre permission, j'ai désormais changé d'avis. Mon choix définitif porte sur le *Retour de l'URSS*, et j'en reste là » (*André Gide et la crise de la pensée moderne, op. cit.*, p. 279).

168. ANDRÉ GIDE À ERNST ROBERT CURTIUS

André Gide
1 bis, rue Vaneau
Paris – 7ᵉ

Paris, le [*lundi*] 24 mai 1948

Cher ami,

En réponse à votre lettre du 17, je ne sais trop quoi vous dire. Je ne vais certes pas soulever une polémique à propos de cet « index » mis arbitrairement sur mon *Retour de l'URSS* par Klaus Mann. Lui infliger un démenti ? Ce démenti devrait déborder de beaucoup ce sujet particulier ; s'étendre à peu près à tout son livre sur moi qui, en dépit d'un indéniable bon-vouloir, reste un confus mélange de jugements absurdes, de faits inexacts ou mal rapportés, de propos où le ton même de ma voix est faussé. Je laisse mes amis de Londres s'indigner à ma place, et reste consterné du succès qu'obtient ce livre très médiocre. Au moment de son apparition, j'ai pourtant protesté contre certaines accusations très injurieuses (et complètement fausses) au sujet de Marc Allégret ; lesquelles, je crois bien qu'il a supprimées dans les nouvelles éditions. Cette protestation limitée a peut-être laissé croire à Klaus Mann que j'applaudissais au reste de son volume ; ce serait bien à tort, car je n'en approuve à peu près rien ; sinon l'intention peut-être... et encore ! Klaus Mann se révèle peu à peu un arriviste, et de plus en plus effronté.

Veuillez conserver cette lettre. Je vous autorise d'avance à en faire usage au besoin (mais pourtant pas à la publier... du moins pas avant ma mort).

À vous de tout cœur.

André Gide

169. ERNST ROBERT CURTIUS À ANDRÉ GIDE

[Bonn] Ce *[mardi]* 15 juin *[19]*48

Cher ami,
Votre jugement sur Klaus Mann m'est très précieux. Absolument d'accord avec vous.
Monsieur Paeschke me dit qu'il vous a demandé l'autorisation pour une traduction du *Journal*. Je crois que vous feriez bien de la lui accorder. Vous auriez la certitude de voir votre œuvre bien traduite et bien présentée[580]. Par les temps qui courent, il faut user de la plus grande circonspection avant de se lier avec un éditeur allemand. Car nous sommes submergés par des traducteurs incompétents. Mais vous pouvez avoir confiance en Paeschke dont je suis (pour ne pas dire : je surveille) les activités de près. Il me fait l'honneur d'attacher du prix à mon jugement.
Je lis avec déception le second vol[ume] du *Journal* de Charlie. Que de beaux dons gâchés. Tant de promesses qui n'aboutissent à aucune œuvre[581].
À vous fidèlement

E R Curtius

170. ANDRÉ GIDE À ERNST ROBERT CURTIUS

André Gide
1 bis, rue Vaneau
Paris 7ᵉ

---

580 Rédacteur en chef de la *Neue Rundschau* pendant la guerre, Hans Paeschke (1911-1991) a créé en 1947, avec Joachim Moras (traducteur de *Corydon*), le périodique *Merkur, Deutsche Zeitschrift für europ. Denken*, qu'il dirigera jusqu'en 1978 et auquel Curtius collabore depuis le début. Ce dernier l'a peut-être rencontré lorsque Paeschke était secrétaire, entre 1932 et 1934, de la Deutschfranzösischen Gesellschaft.
581 Charles Du Bos, *Journal. [Tome II], 1924-1925*, Paris, Corrêa, 1948. Voir annexe XXI.

Le [*lundi*] 21 juin [*19*]48

Cher ami,

Je prends bonne note de vos précieux renseignements au sujet de
Paeschke, lesquels je transmets aussitôt à Jean Lambert, car je me suis
déchargé sur lui des questions de traductions et d'éditions en langues étrangères, en particulier pour les éditeurs allemands avec lesquels il est entré
en rapports directs, lors de ses récents voyages en Allemagne. Je crois qu'il
est suffisamment mis en garde pour ne point commettre d'imprudences.

Je ne partage pas votre déception devant le second volume du *Journal*
de Charlie (mais j'avoue que j'avais assez mal lu le premier). C'est un prodigieux monument, digne d'intéresser même (et surtout) les psychiatres.
Il m'a ouvert les yeux sur les secrètes raisons de son brusque changement
d'attitude à mon égard : p. 356, en date du « mardi 28 avril 1925, 9 h 25
du matin ». Il parle, à la suite d'une nouvelle parenthèse (« ici il est indispensable d'être entièrement sincère »)... de la « résolution non moins formelle et non moins bien tenue de lui celer la déception que j'éprouvai de
sa totale abstention en ce qui me concerne dans la période du choix d'un
directeur de *La NRF*... » Cette déception, il l'a si bien celée que je ne
m'en suis douté qu'à peine. Ceci se passait peu de temps après la mort de
Jacques Rivière. Oui, nous nous doutions bien, à quelques-uns, que Charlie
n'eût pas demandé mieux que de prendre sa succession ; mais nous étions
parfaitement persuadés (il suffit de lire le *Journal* pour se rendre compte du
bien-fondé de nos craintes) que la « direction » de Charlie eût rapidement
mené *La NRF* à la ruine. J'entends même Jean Schlumberger s'écrier : « Il
va nous fiche dans le macaroni ! » J'avais vu notre ami Charlie à l'œuvre,
apprécié son manque de bon sens, sa totale incapacité dès que aux prises
avec des difficultés d'ordre pratique – au temps du Foyer franco-belge[582].

Charlie directeur de *La NRF* ! Il n'en fut pas question, sa candidature
ne fut même pas proposée. Tout ceci, je le savais et me doutais bien qu'il
en avait éprouvé quelque déception, mais ce dont j'étais loin de me rendre
compte, c'est de l'amertume profonde et durable que lui laissa ce déboire.

---

582 La correspondance entre Maria Van Rysselberghe et André Gide reflète largement leur
engagement dans cette œuvre d'aide aux réfugiés franco-belges qu'ils avaient fondée en
octobre 1914 avec Charles Du Bos et quelques autres. Les « défauts pratiques » de ce
dernier y sont bien perceptibles. Dans ses notes, Maria évoque longuement celui qui,
au sein du Foyer, « mettait ainsi le désordre et l'anarchie, par excès de zèle » (Maria Van
Rysselberghe, *Le Cahier III bis de la Petite Dame*, Paris, Gallimard, 2012, p. 65-68).

C'était donc là la « plaque tournante » qui aiguilla soudain contre moi le *Dialogue avec André Gide* commencé dans l'enthousiasme[583] ! Très monté également contre Gallimard et les alentours de *La NRF*... Curieux de voir un esprit aussi soucieux de droiture et d'équité à la merci des plus déformantes passions et si accessible à la flatterie ! Mais, à côté de cela, que de notations excellentes ! Quelle discrétion et quel tact dans l'exposé de sa situation (« sur les bords du Serein » !) entre Z[*ézette*] et A[*nne*] D[*esjardins*[584]]. Et combien l'on sait gré à Z[*ézette*] d'avoir consenti à livrer au public tout cela. On en pourrait parler pendant une heure. Ah ! que ne puis-je ! Ceci revient à dire : quand aurai-je la grande joie de vous revoir ?

Tout amicalement votre

André Gide

171. ERNST ROBERT CURTIUS À ANDRÉ GIDE

[*Bonn, samedi*] 26 juin [*19*]48

Excusez, cher ami, ce papier perforé : j'ai reçu des centaines de feuilles comme celle-ci de la part d'une dame à moi inconnue [*sic*] qui est professeur en Virginie...

Je suis ravi que ma remarque sur le *Journal* de Charlie m'ait valu votre lettre. Quand je parlais de déception, je voulais dire que ce *Journal* révèle toutes ses faiblesses. Les *Extraits d'un Journal* (1928) étaient soigneusement triés et donnaient des possibilités de Charlie une idée qu'en

---

583 Voir plus haut, lettres 80 et suiv., et, en complément, annexe XXI.

584 « [...] nous avons traversé, du soir du 12 juillet au soir du 18, la période, sans exagération, la plus critique que Z. et moi ayons connue dans notre vie. Elle s'est terminée par la victoire définitive du "meilleur" (au sens Alissa du mot), jamais nous n'avons été si heureux, et la vie s'ouvre devant nous plus belle encore qu'aux plus beaux jours du passé. La crise a représenté l'éclatement au maximum [...] d'un état de choses qui durait depuis octobre 1922, depuis le point de départ [...] de mon intimité avec Anne. Cette intimité, au fond [...] Z. ne l'avait jamais acceptée, et c'est pourquoi n'avait jamais pu s'établir tout à fait cette relation à trois que tous trois nous souhaitions, que nous postulions comme inexistante, mais qui sauf de rares éclaircies demeurait fictive » (Charles Du Bos, *Journal 1920-1925*, Paris, Buchet-Chastel, 2003, p. 673-765, ici p. 673).

fin de compte il n'a su réaliser. (Mon stylo se conduit très mal.) Je voyais en lui, il y a vingt-cinq ans, l'étoffe d'un grand critique européen. Il disposait d'une sensibilité aussi délicate que Proust. Il trouvait des notations subtiles qui vous émerveillaient et qui fixaient des nuances indiscernables aux autres. Mais hélas ! il était complètement dépourvu du sens des valeurs. Quand il découvre dans Mauriac « une nouvelle catégorie de la profondeur : la profondeur en pleine course » (p. 339) – j'ai le sentiment qu'il a perdu la boussole. Mais il n'avait pas de boussole. Il n'avait pas le sens de la hiérarchie, et ce manque était aggravé par l'absence complète d'une culture classique. Il avouait n'avoir « pas un atome de grec dans sa composition ». Il aurait pu ajouter : pas un atome de latin[585]. – Mais nous le savions ! me direz-vous. Évidemment ! Mais tous ces défauts sont maintenant exposés au grand jour. Et dans quelle langue ! Un baragouin franco-anglais qui frise souvent le comique et qui équivaut au fond à l'incapacité de s'exprimer. Incapacité doublée de coquetterie. Comme il déguste ses parenthèses, en leur attribuant un prix qu'elles n'avaient qu'à ses propres yeux. Sous les dehors d'un ascète, quelle solide et naïve vanité. C'est elle qui lui faisait croire qu'il était tout indiqué pour la direction de *La NRF*. Un analyste gorgé d'illusions.

J'estime à toute sa valeur ce qu'il y a d'admirable dans Charlie. Mais je suis bien forcé de m'avouer qu'il était un grand homme manqué. Le spectacle que dévoile ce *Journal* est pathétique. Pathétique qui embrasse tous les « plans » – en partant de la misère pécuniaire et de l'incapacité « d'organiser la vie rue Budé » il englobe l'existence entière, spirituelle et matérielle.

Tout ceci, bien entendu, entre nous. Depuis longtemps, je me propose de faire une étude sur Charlie. Mais j'avoue que je suis embarrassé. L'ambition de Charlie c'était d'élever des monuments à Keats, Constant, H[enry] James, Pater et autres. Au lieu de cela qu'a-t-il fait ? Il nous vante (je choisis au hasard dans *Approximations II*) Gérard d'Houville, François Fosca[586], Edmond Jaloux, Maurois, Pourtalès, etc. Disproportion absurde. – Mais comment dire cela et comment ne pas le dire ?

---

585 Voir plus haut, lettre 151 : « C'est Virgile et Homère qui ont manqué à Charlie. »
586 C'est Marie de Heredia, devenue Marie de Régnier (1875-1963), qui signait ses œuvres Gérard d'Houville. On lui doit de nombreux romans, des nouvelles, de la poésie et des pièces de théâtre qui lui ont permis de se voir attribuer plusieurs prix, mais qui sont aujourd'hui largement oubliés. – François Fosca est le pseudonyme de Georges de Traz (1881-1980), écrivain, et peintre d'origine suisse, connu pour ses romans réalistes et ses monographies sur des peintres.

À vous fidèlement

E R Curtius

172. ERNST ROBERT CURTIUS À ANDRÉ GIDE[587]

[*Bonn*] Le [*mercredi*] 10 novembre [*1948*]

Cher ami,
Je n'ai pu quitter l'Allemagne cette année-ci, et je n'ai pu vous voir
– ni vous lire… D'où un manque d'oxygène dont je souffre dans mon
existence réduite aux livres. Ah! le vent du large qu'apporte tout contact
avec vous! Le fait d'en être privé se fait sentir par moments comme une
gêne presque physique – et une nostalgie.
J'ai consacré quelques semaines à une étude sur Eliot qui va paraître
au moment opportun[588]. Cet esprit, cet art qui m'avait fasciné il y a vingt
[*ans*] s'est bien raidi depuis et je ne goûte pas beaucoup ses dernières
productions dont la vie est absente. Comme G[*eorges*] Palante « optait »
jadis pour « l'athéisme social[589] » (dont, me semble-t-il, vous vous êtes
rapproché), j'opterais, personnellement, toujours pour le christianisme
– mais pas pour celui d'Eliot.
La raison immédiate de cette lettre est la suivante. L'idée m'est venue
d'une anthologie de la critique, de l'Antiquité à nos jours. Je ferais les
traductions et une introduction générale. Je terminerais par des textes
de Valéry, de Larbaud et de vous. Mais Gallimard m'autoriserait-il à
inclure « ses auteurs » ? Je crains que non. Je vous serais bien reconnaissant de me conseiller.
Ma traduction de *Thésée* est achevée depuis longtemps. Des extraits
en ont paru dans le *Merkur*. Avez-vous cédé les droits à la Deutsche

---

587 [*En-tête :*] Professor E. R. Curtius / Bonn / Joachimstrasse 18.
588 « T. S. Eliot », *Merkur*, n° 3, janvier 1949, p. 1-23 (repris dans Curtius, *Kritische Essays*,
op. cit., p. 315-346). Voir plus haut, lettre 149.
589 Gide avait placé en exergue des *Caves du Vatican* une phrase sur l'athéisme social, précisément, de Georges Palante (1862-1925), qui tint longtemps la chronique philosophique
du *Mercure de France*.

Verlags-Anstalt ? Elle ne donne pas signe de vie. J'aurais besoin d'être fixé sur ce point.

Dites, je vous prie, à Mme Théo que sa lettre de Mondorf a été une grande joie[590] ; que je me réserve de la remercier et de m'excuser de mon silence. Mes pensées sont près d'elle et de vous.

Dans l'idée d'une amitié qui dure

Votre[591]

ERC

173. ANDRÉ GIDE À ERNST ROBERT CURTIUS

[*Paris, samedi*] 13 nov[*embre 19*]48

Cher ami

Votre excellente lettre du 10 nov[*embre*] décroche celle qui pend au bout de ma plume depuis près d'un mois. C'est vous dire que je pense à vous beaucoup plus souvent que si je vous avais écrit. Mon état (celui de mon cœur) de grande fatigue me force de renoncer à bien des choses (aux plaisirs surtout) et des lettres inachevées traînent désespérément sur ma table. Je voulais vous parler (entre autres choses) d'un jeune Roger Kempf, que Letellier a appelé en Suède comme « lecteur » – qui s'y embête à mort depuis la rentrée et souhaite vivement un poste à Bonn[592]. Il est des plus charmants sous tous rapports et je crois que vous auriez grand plaisir à l'avoir près de vous ; mais, à votre avis, y a-t-il à l'université de Bonn une place vacante, une chaise (fût-ce un tabouret), où s'asseoir ? pour un jeune philosophe dont la thèse sur *Le Banquet* de

---

590 Maria faisait en août une cure à Mondorf-les-Bains, au Luxembourg.
591 Ces deux dernières lignes sont en allemand.
592 Roger Kempf (1927-2014), qui fut professeur de littérature française à l'École polytechnique fédérale de Zurich après avoir enseigné aux États-Unis, rencontra Gide en 1945. On lui doit des essais thématiques d'une grande finesse (sur les dandies à l'époque de Baudelaire, sur la morale, etc.). Voir son texte « Feuilles de route », (dans *Ernst Robert Curtius et l'idée d'Europe, op. cit.*, p. 39-45), et aussi *Avec André Gide* (Paris, Grasset, 2000).
— Ami de Robert Lévesque, ancien de Pontigny, Pierre Letellier était alors professeur à l'université d'Uppsala, en Suède. En 1938, il avait travaillé avec Curtius à Bonn.

Platon a été favorablement remarquée. (Si oui, je vous donnerai, après me les être procurées, les précisions qui me manquent.) Je me suis particulièrement attaché à lui, depuis trois ans, et lui ai offert une « décade » à Royaumont l'été dernier[593]. Il a contre lui d'être trop charmant et de paraître encore plus jeune qu'il n'est, ce qui n'est pas peu dire ; mais j'estime que c'est un garçon de réelle et authentique valeur.

Entièrement d'accord avec vous (comme toujours) au sujet de Eliot. Mais Dorothy Bussy, qui connaît mes... réserves, me parle de sa dernière œuvre (un *roman*) qu'elle dit remarquable et croit de nature à m'intéresser particulièrement. Le connaissez-vous ?

Je tâterai Gallimard, pour ses réclamations possibles et autorisations au sujet de votre fort intéressant projet d'anthologie de la critique (où vous ferez figurer nécessairement les admirables pages de Saint-Évremond sur l'*Énéide* [« À propos de quelques traducteurs[594] »]).

Transmettrai à Mme Théo votre lettre.

Dois-je vous redire encore quelle joie m'apporte votre traduction de *Thésée*... ?

Je n'en peux plus – vite, ce qui me reste de forces pour vous serrer la main chaleureusement.

Votre bien vieil ami

André Gide

174. ERNST ROBERT CURTIUS À ANDRÉ GIDE[595]

[*Bonn*] Le [*mardi*]16 nov[*embre* 19]48

En écrivant cette date, il me souvient, cher ami, que ce sera dans quelques jours votre fête. Acceptez mes vœux les plus cordiaux ! L'an prochain, nous allons fêter vos 80 ans. Vous nous devez d'atteindre les 90 ans de Shaw. Et pourquoi pas les cent ans de Fontenelle ? Si vous avez

---

593 Entre 1947 et 1952, les Décades anciennement de Pontigny se déroulèrent à l'abbaye de Royaumont.
594 Voir plus haut, lettre 152.
595 [*En-tête :*] Professor E. R. Curtius / Bonn / Joachimstrasse 18.

reçu et lu mon étude sur Goethe[596], vous verrez qu'il n'avait que mépris pour les gens qui « se laissent mourir » à 75 ou 80 ans. J'entrevois pour vous *a new lease of life and creativeness*[597]. Ici Charlie emploierait le mot *zest* qui était un de ses favoris et il s'ingénierait à en tirer les idées les plus quintessenciées… En lisant votre *Journal* on s'aperçoit que vous êtes un grand nerveux, affligé périodiquement de *breakdowns* pour rebondir ensuite le plus gaillardement du monde. Vous fournirez une belle et robuste vieillesse, dont j'attends les récoltes successives avec une curiosité passionnée. Naguère vous me parliez d'un frère de *Thésée* dont vous alliez accoucher. Il faut lui donner beaucoup de frères, beaux et hardis.

À propos de *Thésée*. La Deutsche Verlags-Anstalt va activer la parution de ma traduction. Elle sera ornée de vingt dessins que j'ai pu voir. Ils sont tout à fait jolis et croustillants[598]. Je suis en pourparlers avec la Verlags-Anstalt pour le contrat d'édition. Vous aviez exprimé le désir, dans le temps, que les honoraires fussent partagés à part égale entre vous et moi. Seriez-vous assez gentil pour me confirmer par écrit cette disposition ? Je pourrais alors conclure avec les éditeurs.

Vôtre de tout cœur

E R Curtius

175. ERNST ROBERT CURTIUS À ANDRÉ GIDE[599]

[*Bonn, vendredi*] 19 nov[*embre 19*]48

Cher ami,

Nous avons ici un lecteur français du nom de Beyer, choisi et imposé par les autorités françaises (Quai d'Orsay, en dernière ligne).

---

596 « Goethe als Kritiker », *Merkur*, n° 2, mars 1948, p. 333-355 (repris dans Curtius, *Kritische Essays, op. cit.*, p. 28-58).
597 Un nouveau bail de vie et de créativité.
598 *Theseus*, trad. d'Ernst Robert Curtius, dessins de Theodor Werner Schröder, Stuttgart, Deutsche Verlags-Anstalt, 1949. – Theodor Werner Schröder (1910-1999) était peintre et illustrateur.
599 [*En-tête :*] Professor E. R. Curtius / Bonn / Joachimstrasse 18.

Malheureusement il est ignorant et paresseux. Les étudiants sont déçus. Avec cela, brave garçon. Mais il ne fait pas mon affaire, ne lit rien, ne s'intéresse à rien. Il sert mal la cause de la France. Je serais trop heureux de le voir partir et de le remplacer par Kempf. Mais il faudrait que celui-ci fût (ou préférez-vous « soit » ?) désigné par les bureaux. Est-il assez débrouillard pour se faire nommer ? Letellier pourrait le conseiller.

Je serais enchanté d'avoir auprès de moi quelqu'un qui est recommandé par vous. D'ailleurs le sujet de sa thèse m'intéresse. Qu'il m'écrive.

Eliot n'a pas que je sache fait paraître de roman. Je ne vois pas ce que Mme Bussy veut dire. Il m'envoie tous ses livres. J'ai reçu le dernier il y a dix jours. Cela s'appelle *Notes towards a Definition of Culture*. Cent pages de sociologie enfantine. Il faut, paraît-il, remplacer les classes par les « élites ». Rêve touchant, mais qui date un peu.

Je crois connaître chaque ligne de Eliot. Ce n'est pas difficile, parce qu'il n'a pas beaucoup écrit. Horace recommandait : *nil sine divite vena*[600]. Or, la veine de Eliot n'est pas riche.

Comment son théâtre a-t-il été reçu à Paris ? Il ne me « heurte » nullement. Eliot est incapable de créer des personnages vivants. Je ne le vois pas romancier.

Il a voulu être un Maurras anglais. De 1933 à 1939, il prodiguait des compliments aux fascismes. Cela m'a laissé une impression pénible. Mais je maintiens que *The Waste Land* est une belle chose, malgré une obscurité voulue dont l'orgueil est à la base. Je m'expliquerai sur tout ceci[601].

Comment vous dire la joie de recevoir une lettre de vous. Vous êtes inchangé. Je suis navré de cette fatigue du cœur dont vous parlez. Mais je vous ai vu si souvent rebondir de plus belle ! La prochaine fois que vous m'écrivez, je vous supplie de dicter.

Votre ami

E R Curtius

---

600 Dans *Ars Poetica*, Horace défend la poésie contre les rimeurs sans talent : « *Natura fieret laudabile carmen an arte / Quaesitum est : ego nec studium sine divite vena / Nec rude quid prosit video ingenium ; alterius sic / Altera poscit opem res et coniut amice.* » (v. 408-411), que nous proposons de traduire comme suit : « Si c'est la nature ou l'art qui rend un poème louable, c'est que l'on s'est demandé : pour ce qui me concerne, je ne vois guère à quoi servirait le travail sans une riche veine ou alors un génie à l'état brut : chacun des deux postule l'aide de l'autre et conspire avec lui, cher ami. »
601 Voir son second article sur Eliot paru dans le *Merkur* (janvier 1949). Voir plus haut, lettre 172, n. 588.

[*en haut de la première page* :]
On m'a volé le *Journal 1939-42*[602]. En auriez-vous un second exemplaire ?

176. ANDRÉ GIDE À ERNST ROBERT CURTIUS

[*Paris, vendredi*] 26 nov[*embre* 19]48

Cher ami
Si fatigué que je sois encore, il me faut vous dire ma joie à la lecture de votre lettre du 19 nov[*embre*] – et du prospectus de votre livre. Combien je me réjouis à la pensée d'en pouvoir bientôt prendre connaissance !
Joxe, tout puissant aux relations culturelles, vient de me parler longuement[603] : je l'ai mis au courant de la question du « lecteur » français à Bonn et espère qu'il va faire le nécessaire (il me l'a promis) pour que l'indésirable actuel soit rappelé et remplacé par le jeune Roger Kempf, actuellement lecteur à Upsal.
Je vous ai envoyé mon *Journal 1939-42* ; expédié le 22 nov[*embre*]. – J'espère que vous l'aurez reçu.
Tout amicalement votre

André Gide

177. ERNST ROBERT CURTIUS À ANDRÉ GIDE[604]

[*Bonn*] Le [*vendredi*] 26 nov[*embre* 1948]

Cher ami – Je suis électrisé par votre *Journal 1939-42* (n'a-t-il pas eu de suite ?). Je l'avais bien lu, mais dans un état de dépression. Ensuite

---

602 *Pages de Journal 1939-1942*, New York, Schiffrin, 1944.
603 Louis Joxe (1901-1991) est directeur des relations culturelles du ministère des Affaires étrangères depuis 1946, et le restera jusqu'en 1952.
604 [*En-tête* :] Professor E. R. Curtius / Bonn / Joachimstrasse 18.

un amateur me l'avait volé. Le vol généralisé est passé dans les mœurs (chandail grenat), et j'ai vu dans les journaux qu'un cambrioleur ami de Cocteau serait un as de la jeune littérature française[605]. Ce *Journal* est un admirable stimulant. Le papier quadrillé – comme je vous comprends[606]. – Le « travail de jointoiement[607] » (p. 172). Th[omas] Mann dit quelque part : « *Ein Schriftsteller ist ein Mann, dem das Schreiben schwer fällt*[608]. » Vous l'avez dit vingt fois dans vos journaux antérieurs. Vous le redites en 1942, vous semblez croire une fois de plus que la veine est tarie – et puis vous nous donnez *Thésée* qui est votre chef-d'œuvre... C'est pourquoi je vous taxais l'autre jour de neurasthénie. C'est la maladie professionnelle des écrivains. Moi-même (*si parva licet...*) en souffre depuis trente ans.

P. 190. Comme vous êtes injuste envers vous-même ! Vous péchez par modestie comme Valéry péchait par orgueil[609]. Il a été un artiste admirable. Mais sa pensée tant vantée n'a abouti à... rien ! C'est un somptueux feu d'artifice. La gerbe jaillit éblouissante pour retomber en cendre. Il était parti pour le vol le plus hardi, et il a fini par tous les

---

605 Le « chandail grenat » fait référence à un passage du *Journal*, où Gide évoque un chandail qu'il s'est fait voler au cinéma : « On sent si bien quand un objet se détache de vous, veut vous quitter comme un enfant qu'on ne tient plus en main, qui s'émancipe. Un instant d'inattention et le tour est joué » (*J*, II, p. 789-790). – Emprisonné à plusieurs reprises pour vol, Jean Genet (1910-1986) a rencontré Jean Cocteau en 1943. Il a déjà publié des recueils de poésie ainsi que *Notre-Dame-des-Fleurs*, *Miracle de la rose*, *Querelle de Brest*, *Pompes funèbres*, et sa pièce *Les Bonnes*. Son texte autobiographique *Journal du voleur* sortira courant 1949.
606 « Et c'est curieux combien nuit à ma pensée, à mon plaisir d'écrire, le papier quadrillé. [...] C'est au point que je doute si, sur des feuilles plus avenantes, je n'aurais pas continué peut-être à tenir mon journal et si son arrêt n'est pas dû bien plutôt à cette cause extérieure, si mesquine. De tout temps je n'ai rien écrit qui vaille sans me plaire à l'aspect matériel de mon écriture. Une mauvaise plume suffit à embarrasser mon style... » (*J*, II, p. 800)
607 Gide écrit à propos de sa préface au *Théâtre* de Goethe : « [...] je reste gêné par la quantité de notes que j'ai prises et que je ne sais où ni comment intercaler. Seul ce travail de jointoiement est difficile ; les pensées, une fois refroidies, sont récalcitrantes et se refusent à la soudure. On ne sait plus par quel bout les saisir » (*ibid.*, p. 798).
608 Dans *Tristan* de Thomas Mann (Berlin, S. Fischer, 1903, p. 70), la phrase complète est la suivante : « Pour quelqu'un dont la profession civile est l'écriture, il n'avançait qu'avec une lenteur pitoyable et quiconque le voyait, devait arriver à la conclusion qu'*un écrivain est un homme pour qui l'écriture se révèle être plus pénible que pour les autres personnes* » [Nous soulignons ce qui correspond à la citation de Curtius].
609 Gide écrit un long paragraphe dans lequel il juge son œuvre inférieure à celle de Paul Valéry, dont il loue une fois encore l'intelligence et l'esprit (voir *J*, II, p. 811).

conformismes (Académie, etc.). Évolution décevante. Vous avez beaucoup plus « aidé au progrès de l'esprit » que lui, et l'avenir ratifiera mon opinion. Valéry voulait plaire : au « monde », à la France. Il n'aurait jamais signé votre diagnostic (p. 68, 88[610]). – Avez-vous reçu ma lettre relative à la publication de *Thésée* ? L'éditeur du *Merkur*, Paeschke, est actuellement à Paris. Il m'a forcé de lui donner un mot pour vous. Mais vous n'avez pas besoin de le recevoir, bien entendu. – Le *Merkur* a passé à la Deutsche Verlags-Anstalt, et c'est avec elle, pas avec Paeschke, qu'il faut traiter pour *Thésée*. P. 189 : « les affres finales[611] »… Chaque médecin vous dira que 95 % des hommes meurent sans s'en apercevoir. Bergson disait : j'attends la mort avec une immense curiosité. – Je crois que la peur de l'agonie remonte à un état dépassé de la science. Pardonnez-moi d'effleurer ce sujet. – *Ich habe Sehnsucht nach Ihnen*[612].

Ihr

E R Curtius

178. ANDRÉ GIDE À ERNST ROBERT CURTIUS

[Paris, jeudi] 17 mars *[19]*49

Cher ami

Je me remets lentement, très lentement, d'une nouvelle crise cardiaque, laquelle me laisse incapable de tout effort, aussi bien intellectuel que

---

610 Voir *J*, II, p. 720 et p. 750.
611 « Roger Martin du Gard s'étonne que la mort, que l'idée de la mort, me cause si peu d'inquiétude. N'était l'appréhension des affres finales (peut-être, après tout, moins atroces qu'il ne paraît de loin), je crois en effet que j'en ai pris assez sagement mon parti. J'ai eu mon suffisant sur cette terre. Un certain équilibre heureux s'établit, et l'on vient au bout du festin sans plus beaucoup souhaiter qu'il se prolonge encore davantage. D'autres attendent la place ; c'est leur tour… » (*ibid.*, p. 810-811). – On retrouve les propos du philosophe dans *Entretiens avec Bergson* : « J'attends la mort avec un vif sentiment de curiosité. Lorsque je pense à la mort, c'est ce sentiment-là, chez moi, qui l'emporte. Il est vrai que, s'il n'y avait plus rien après la mort, ma curiosité ne serait pas satisfaite : mais je considère comme une très haute probabilité qu'il y ait quelque chose » (Jacques Chevalier, *Entretiens avec Bergson*, Paris, Plon, 1959, 24 mars 1931, p. 140).
612 Je me languis de vous.

physique[613]. Du moins aucune douleur, aucune angoisse, de sorte que tout cela n'a rien d'insupportable et que, somme toute, le « moral » est très bon.

J'espérais pouvoir vous annoncer la venue prochaine du jeune et charmant Roger Kempf, qui se languit à Upsal ; mais rien à espérer avant l'automne, me dit-on aux « Relations culturelles ».

Je n'ai toujours pas reçu votre livre, très attendu[614]. L'envoi se heurte-t-il à des difficultés ? (Il semble qu'on prenne à tâche de contrarier et empêcher les échanges et rapports intellectuels !)

Vous m'aviez parlé, dans votre avant-dernière lettre, d'un livre sur (ou à propos) d'Oscar Wilde, taxant de mensonge mon témoignage. Vous serait-il possible de me procurer (ou prêter) ce livre ; ou tout au moins de m'indiquer le titre, de manière que je puisse le faire venir de Londres ? Je viens de lire en manuscrit (dactylographié) une longue relation des rapports de Wilde et de Lord Alfred Douglas, par un petit neveu de ce dernier, contenant quantité de documents inédits du plus grand intérêt ; en particulier les lettres de Lord A[lfred] D[ouglas] à Bernard Shaw parlant de sa conversion au catholicisme, où se parachève la carrière de ce cynique imposteur. Ça va paraître en volume[615].

Mille affectueux souvenirs pour vous deux, de nous tous.

Madame Théo va glorieusement bien. Mon dernier travail : une préface pour le livre de mon beau-frère Marcel Drouin : *La Sagesse de Goethe*, resté jusqu'à présent épars dans des revues et que la NRF a la bonne idée de réunir et publier[616].

Je pense à vous tendrement.

Fidèlement votre

André Gide

---

613 Voir *CPD*, IV, p. 125-126, et Jean Delay, « Dernières années », *La NRF,* nᵒ spécial *Hommage à André Gide, op. cit.*, p. 365-367.
614 Il s'agit bien sûr de *Europäische Literatur und lateinisches Mittelalter.*
615 En décembre 1949, paraîtra *Oscar Wilde and the Black Douglas*, écrit par le marquis de Queensberry, neveu de Douglas, en collaboration avec Percy Colson, publié par Hutchinson & Co. L'ouvrage est immédiatement traduit en français et publié sous le titre *Oscar Wilde et le clan Douglas* (Paris, Arts et Métiers graphiques, 1950) – Gide est évoqué dans le chapitre IV. Il comporte en outre en annexe l'article « Oscar Wilde et le problème de l'inversion sexuelle » (p. 186-193). Voir lettre suivante.
616 *La Sagesse de Goethe*, préfacé par Gide, a été publié par Gallimard en 1949. Il s'agit d'un projet de thèse matérialisé sous forme de plusieurs articles réunis pour partie par Raymond Queneau. Dans sa préface, Gide se montre étonnamment sévère à l'égard de Drouin, qui fut longtemps un lecteur avisé très écouté.

179. ANDRÉ GIDE À ERNST ROBERT CURTIUS

[*Paris*] Lundi de Pâques [*18 avril 19*]49

Cher ami

Je quitte Paris, excédé, exténué, exaspéré. Je pars en auto, avec Pierre Herbart sans doute, pour Nice d'abord, puis Saint-Paul ou Vence, où travailler au scénario des *Caves* et parachever celui d'*Isabelle*[617]. Si affairé que je sois par les derniers préparatifs, je n'ai pu résister à l'appel du gros volume et j'ai déjà grignoté de-ci, de-là, maintes bribes très savoureuses et instructives. De vous seul on était en droit d'attendre un tel livre : il y fallait votre prodigieuse érudition ; jamais abstraite et sèche, elle réchauffe le cœur et « porte à la tête » comme un vin généreux.

Ah ! comme vous parlez bien de Virgile ! Quels rapprochements inattendus (qui m'enchantent) avec Montesquieu. – Quelle belle phrase de Dedieu vous citez[618] (p. 555) !

Comment a-t-on pu se passer jusqu'à présent d'un *thesaurus* pareil ?...

Ma main tremble et j'ai peine à tracer convenablement mes lettres. J'abrège.

Merci pour le livre sur Wilde communiqué – médiocre, très médiocre. Un ignoble pamphlet, payé par Lord Alfred, avait paru sur les « *wicked lies* » de A[*ndré*] G[*ide*] et tendait à établir que je n'avais rencontré O[*scar*]

---

617 Gide va s'installer chez les Bussy, à Nice. Le 25 avril, il subira une nouvelle attaque, suffisamment grave pour le retenir un mois à l'hôpital. Il partira en convalescence fin mai à Saint-Paul-de-Vence, puis à Juan-les-Pins, chez Florence Gould. Si *Les Caves du Vatican* sont déjà devenues une pièce de théâtre, Gide tente d'en faire aussi un scénario pour le cinéma. Mais comme celui d'*Isabelle*, commencé l'année précédente, rien n'en sortira.

618 Comme Montaigne en son temps, Montesquieu baigne dans la latinité et est capable de citer de mémoire les poètes latins parmi lesquels il apprécie tout particulièrement Virgile, dont il analyse finement certains passages de l'*Énéide* et des *Géorgiques*. Curtius a toujours admiré le naturel avec lequel les auteurs français ont de tous temps abordé la latinité, et c'est cette continuité qui jouera un grand rôle dans *La Littérature européenne et le Moyen Âge latin*. Il était conscient que s'occuper du latin renvoie nécessairement à la littérature française. – La citation de Joseph Dedieu, extraite de son ouvrage *Montesquieu, l'homme et l'œuvre* (Paris, Boivin, 1943), est la suivante : « La phrase musicale atteint ici sa perfection, non seulement parce que les thèmes mélodiques s'y poursuivent à la même cadence, mais parce que chacun d'eux, après avoir suscité une grande image, s'achève dans l'apaisement du rythme et la simplicité des mots. »

W[ilde] qu'une seule fois, lors d'un banquet, et qu'il ne fallait croire à rien de ce que je racontais de mes relations avec lui[619]. Rencontre à Alger, propos rapportés par moi, visite à Berneval après la prison, tout et tout et tout = invention grossière dont il n'y avait pas lieu de tenir compte. De là sans doute la petite phrase du livre communiqué par vous, qui prouve une fois de plus que « la mauvaise monnaie chasse la bonne[620] ». Trop fatigué pour vous en écrire davantage aujourd'hui.
Fidèlement et chaleureusement votre

André Gide

180. ERNST ROBERT CURTIUS À ANDRÉ GIDE[621]

[Bonn] Ce [mercredi] 18 janvier 1950

Mon cher ami,
Je vous remercie de m'avoir fait envoyer votre *Correspondance* avec Claudel que j'ai lue d'un seul trait[622]. C'est un document d'un intérêt palpitant et qui sera vivement discuté d'ici longtemps. L'argumentation théologico-morale de Claudel et de Jammes est pauvre, mais c'est que l'Église (catholique et protestante) n'a jamais, à ma connaissance, abordé de front le problème de l'homosexualité – ni même celui de la sexualité. Pourtant il y aurait bien des choses à dire sur l'amour de David pour Jonathan – ainsi que sur le *Cantique des cantiques*. Ce qui est attristant dans votre cas, ce n'est pas *Corydon*; c'est la perte de la foi qui s'est produite bien après *Corydon*, comme *Numquid et tu?* en fait foi. Mais je persiste à croire que l'expérience chrétienne telle que vous l'avez vécue marque une âme d'une empreinte indélébile et que vous retrouverez un jour le besoin d'adorer Dieu.

---

619 Robert Harborough Sherard, *André Gide's Wicked Lies about the late Mr. Oscar Wilde in Algiers in January, 1895*, Calvi, The Vindex Publishing Company, [1933]. Publié à la suite : *A letter from Lord Alfred Douglas on André Gide's lies about Himself and Oscar Wilde*, Calvi, The Vindex Publishing Co., 1933.
620 Loi de Gresham.
621 [*En-tête :*] Professor E. R. Curtius / Bonn / Joachimstrasse 18.
622 Paul Claudel, André Gide, *Correspondance 1899-1926*, éd. Robert Mallet, Paris, Gallimard, 1949.

Je viens de rentrer d'Amérique où j'ai passé avec ma femme six mois délicieux[623]. J'y ai écrit une petite note pour saluer votre 80ᵉ anniversaire[624]. Le jeune Kempf doit vous l'avoir envoyée. Je suis très heureux de l'avoir ici. Il est plein de gentillesse et d'une grande intelligence. J'aurai plaisir à le connaître mieux[625].

Depuis mon retour, j'ai été « sur-occupé », comme vous dites. Je n'ai pas eu une minute à moi. C'est aussi la raison pour laquelle je n'ai pas encore pu remercier Mme Théo de sa délicieuse lettre. Veuillez le faire en mon nom, en attendant que j'écrive.

Ma traduction de *Thésée* semble trouver du succès.

Croyez, très cher ami, à ma fidèle affection.

E R Curtius

181. ANDRÉ GIDE À ERNST ROBERT CURTIUS

[Paris, jeudi] 19 janv[*ier 19*]50

Bien cher ami

Vous voici donc enfin de retour sur notre vieux monde ! Ah ! que j'aurais donc de plaisir à vous entendre parler du nouveau ! Madame Théo vous a presque aussitôt écrit (vous aurez reçu sa lettre, n'est-ce

---

623 Curtius a été invité avec son épouse à passer le *Fall Term* (septembre à Noël) à l'Institute for Advanced Study de Princeton (New Jersey, États-Unis), dirigé par le physicien Robert Oppenheimer, « où l'on me demande simplement ma présence, mais aucune conférence, ce que je trouve infiniment gentil » (lettre à Jean de Menasce, 1ᵉʳ juin 1949, transcription de Wolf-Dieter Lange). Auparavant, il était le 3 juillet l'un des goethéens réunis à Aspen, Colorado, par le chancelier de l'université de Chicago, pour faire une conférence dans le cadre du Goethe bicentennial Convocation and Music Festival (27 juin-6 juillet). Gide y était également invité, sur la suggestion de Saint-John Perse (exilé à Washington depuis la guerre), mais son état de santé l'avait amené à décliner la proposition.
624 « Der achtzigjährige Gide », *Die Neue Rundschau*, 1949, p. 592-593. Voir lettre suivante.
625 Grâce à l'intervention de Gide, Kempf a fini par obtenir le poste de lecteur à Bonn, où il restera six ans. Voir ses souvenirs à ce sujet : « Feuilles de route », art. cité, p. 42 ; et son article d'hommage à Curtius : « "Savez-vous l'adresse de Curtius à qui je voudrais envoyer mon livre ? faut-il *Herr* ? faut-il *Professor* ?" (Marcel Proust à André Gide, juillet 1922) », *Allemagne d'aujourd'hui, op. cit.*, p. 25-26.

pas). Quant à moi je me suis contenté de Roger Kempf pour vous transmettre nos messages – nombreux, divers et chaleureux à souhait. Il me transmet de votre part un article de la *Neue Rundschau* qui me va droit au cœur. Mme Théo déclare que cet article est excellent ; il est trop louangeur pour que j'ose penser de même… Mais combien je nous sens proches voisins en pensée !

Je vous ai fait envoyer l'épais volume de la correspondance Claudel-Gide dont la partie la plus scabreuse a paru, sur la demande instante du *Figaro*, dans son *Littéraire*, sans exciter trop de scandale[626]. « Il y a encore peu de mois, me disait le brave Brisson, directeur, il n'aurait pu en être question. » Quelques désabonnements ont marqué le coup ; compensés par de véhémentes approbations. Et l'admirable c'est l'acquiescement de Claudel : « Du moment qu'on publie intégralement. Allons-y ! »

Et prochainement j'espère pouvoir vous envoyer le volume dernier de mon *Journal*[627]. Je crois bien que je ne rouvrirai pas celui-ci : sujet épuisé. Mais, avant de le fermer pour toujours, j'ai cru bon d'y établir, plus nettement que je n'avais fait jusqu'alors, ma *position*, dans une sorte de profession de foi (ou le contraire) qui ne permît plus l'incertitude sur mon « *Credo* ».

Zézette vous a-t-elle envoyé le tome III du *Journal* de Charlie[628] ? Sur un mot de vous, dans le cas où vous ne l'auriez pas déjà reçu, je vous le ferais aussitôt expédier. C'est, pour moi, une sorte de révélation, très pénible, de l'hostilité irrépressible qui animait Charlie contre moi, alors que, dans ses lettres privées et dans ses gestes il témoignait une sympathie toujours vive, répétant : « *Gefühl ist alles*[629]. » Il n'est plus question que de ma faillite, de mes ratages, de mes échecs.

Sur la demande (indirecte) de Zézette j'ai recherché le dossier complet de notre correspondance, qu'elle veut publier (chez Corrêa). Elle a dû

626 Robert Mallet, « Un document exceptionnel : la correspondance entre Claudel et Gide (fragments) », *Le Figaro littéraire*, n° 183, 22 octobre 1949, p. 1 et 5-6 (avec des extraits du *Journal* de Gide). On peut lire en introduction : « Cette longue correspondance – deux cents lettres en vingt-sept ans – porte en grande partie sur le problème religieux : c'est un effort parfois dramatique de Claudel pour convertir Gide. » La suite est publiée dans le n° 184 (29 octobre 1949, p. 5-6), puis dans le n° 185 (5 novembre 1949, p. 5-7).
627 *Journal 1942-1949*, Paris, Gallimard, 1950.
628 Charles Du Bos, *Journal 1926-1927 [tome III]*, Paris, Corrêa, 1949.
629 « Le sentiment est tout. » La suite dit : « Le nom n'est que bruit et fumée. Il nous voile l'éclat des cieux » (Goethe, *Faust*, v. 3456). Voir Gide, Van Rysselberghe, *Correspondance*, *op. cit.*, p. 672.

retrouver le double de toutes les lettres de Charlie (moins deux très importantes que je fais dactylographier pour elle) car toutes, moins ces deux, étaient dictées. Elle offre, d'autre part, de me communiquer copie des miennes ; j'attends celle-ci ; ne sais encore si j'autoriserai leur publication *avec* celles de Ch[*arlie*]... Dans cette importante liasse, j'ai retrouvé une admirable lettre de vous, datée du 2 juillet 1929 (Heidelberg), dont vous m'aviez envoyé le double (prêt à vous en envoyer le texte si vous ne l'avez pas). Lettre si importante et qui remet si bien toutes choses au point, que je souhaite vivement votre autorisation de la verser au dossier, dans le cas où Zézette me forcerait à étaler au grand jour cette triste querelle[630]. Déjà certaines pages de mon *Journal* y ont trait (ci-jointes).

Vous avez reçu (ou recevrez prochainement) *La Sagesse de Goethe* de Marcel Drouin, avec une préface de moi, où je tâche d'éclairer un peu l'attachante et désolante figure de mon beau-frère ami.

Je suis extrêmement heureux de savoir le jeune Roger Kempf près de vous. Extraordinaire exemple de « *puer senex*[631] », dont vous parlez si bien. Je crois qu'il mérite l'attachement que je lui porte et ne connais rien de lui qui ne soit à sa louange. Il me parle, dans son très court billet, de votre grande gentillesse et m'apprend que vous venez de recevoir le « prix Lessing[632] » ; dont je vous félicite ! Ah ! cher ami, que de choses j'aurais encore à vous dire... mais je me fatigue très vite. Il me reste juste assez de souffle pour d'affectueux souvenirs à Madame Curtius. Votre bien vieux mais bien fidèle et sensible

André Gide

---

630 Non reproduite dans le volume en question, elle figure dans la correspondance Du Bos-Curtius (*DFG*, p. 258-260). Nous la restituons en annexe XVIII.

631 Littéralement « le garçon vieillard » : le garçon qui a la sagesse du vieillard ; le vieillard qui est resté jeune. Ce *topos* important est développé dans *La Littérature européenne et le Moyen Âge latin* (chap. v). Si toutes les cultures font l'éloge du jeune âge et honorent la vieillesse, seules les cultures tardives tendent selon Curtius à équilibrer cette polarité.

632 *Lessing-Preis der Freien und Hansestadt Hamburg* : prix créé en 1929 visant à honorer les poètes, écrivains et universitaires/savants allemands éminents.

182. ERNST ROBERT CURTIUS
À ANDRÉ GIDE[633]

[*Bonn, mardi*] 24 janvier [*1950*]

Très cher ami,

Retour de Hamburg où m'appelait une conférence, je trouve votre lettre du 19. Merci ! Très content que Mme Théo et vous approuviez mon petit article.

Je n'ai pas reçu le troisième vol[*ume*] du *Journal* de Charlie et vous serais très reconnaissant de me l'envoyer. J'aimerais aussi pouvoir relire ma lettre du 2 juillet 1929. Est-ce très indiscret de vous demander aussi votre *Anthologie de la poésie française*[634] ? Je suis en train d'expliquer à mes étudiants Lamartine, Vigny, Hugo, etc., et m'étonne de trouver à peu près illisibles la plupart de leurs poésies.

Le *puer senex* Kempf m'a apporté un volume de Sade qu'il vante comme un génie. Je trouve cela affreusement morne et triste.

Vous ai-je dit que j'ai vu à N[*ew*] York Emo Bardeleben qui se dit votre ami et admirateur[635] ?

Vôtre affectueusement et fidèlement

E R Curtius

---

633 [*En-tête :*] Professor E. R. Curtius / Bonn / Joachimstrasse 18.

634 *Anthologie de la poésie française*, Paris, Gallimard, « Bibliothèque de la Pléiade », 1949.

635 Emo Bardeleben (1901-1966) : ami balte, de mère suisse, du peintre Balthus, que Gide connaît. Il quitta la Suisse, où il vivait, pour les États-Unis après 1932 et s'installa à New York. Gide l'avait croisé en 1927 à Lausanne.

183. ERNST ROBERT CURTIUS
À ANDRÉ GIDE[636]

[*Bonn ?, samedi*] 4 février [*19*]50

Bien cher ami,
Je viens de recevoir :
votre *Anthologie*,
Drouin,
Du Bos III.
Je me suis jeté d'abord sur le *Journal* de Charlie que j'ai terminé à
4 h du matin moins six minutes, en sautant bien des « introspections ».
C'est bien gênant de suivre toutes les étapes du procès qu'il vous fait et
qui aboutit à l'invraisemblable accusation de « rouerie ». Quel manque
de franchise ! Quelle duplicité ! Il n'avait qu'à vous dire : « Je désapprouve votre œuvre pour des raisons d'ordre moral ; mais je voudrais
conserver votre amitié. Vous comprendrez que je dois m'interdire de
rien publier sur vous. » Je vais maintenant reprendre le *Journal II* pour
découvrir les origines de son hostilité à votre égard. Qu'il s'est donné
de mal ! Quelle torture de soi-même pour obtenir ce jugement, cette
condamnation entortillée ! Et comme il se fait illusion sur la valeur de
cette formule saugrenue : « le labyrinthe à claire-voie ». Je trouve tout
cela bien affligeant.
Je vous quitte pour me plonger dans votre *Anthologie*. Elle m'intéresse
d'autant plus vivement que je suis en train d'expliquer à mes élèves
Lamartine, Vigny, etc. Ils ont singulièrement pâli pour moi. Je vois
avec joie que vous avez inclus quelques pièces de Catherine Pozzi *whose
friendship has meant so much to me*[637].
Vôtre fidèlement

E R Curtius

---

636 [*En-tête :*] Professor E. R. Curtius / Bonn / Joachimstrasse 18.
637 Dont l'amitié a eu tant d'importance pour moi.

184. ERNST ROBERT CURTIUS À ANDRÉ GIDE[638]

[*Bonn, dimanche*] 21 mai 1950

Bien cher ami,
Je lis dans Les *Nouvelles littéraires* que la publication de votre correspondance avec Charlie est annoncée. Désirez-vous toujours y inclure ma lettre à Charlie dont je vous avais envoyé copie ? Dans ce cas-là j'aimerais bien la relire avant d'en autoriser l'impression. Seriez-vous assez bon pour me l'envoyer ? – Je lis, avec le plus vif intérêt, votre dernier *Journal* (que vous ne m'avez pas envoyé) et veux croire qu'il ne sera que l'avant-dernier. Vous avez permis à vos lecteurs de suivre votre vie entière. Vous leur devez vos *novissima verba*. Je vous copie à ce sujet un mot de Goethe.
Vôtre fidèlement

E R Curtius

Prière de me rappeler au bon souvenir de Mme Théo !

185. ANDRÉ GIDE À ERNST ROBERT CURTIUS

Taormina
Mais devant regagner l'Italie (?) dans quelques jours.

[*Mardi*] 30 mai 1950

Bien cher ami
Comment ! vous n'avez pas reçu mon *Journal* dernier ? C'est proprement monstrueux et j'avise aussitôt la NRF : je n'étais pas à Paris au moment des envois ; j'ai laissé faire, mais convaincu que votre nom était, entre tous

---

638 [*En-tête :*] Professor E. R. Curtius / Bonn / Joachimstrasse 18.

et des premiers, porté sur la liste des services. Et ceci me laisse craindre que, de même, vous n'ayez pas reçu la correspondance Claudel-Gide. Je ne pourrai mettre de dédicace, non plus qu'à mes *Feuillets d'Automne* * (mais ceci, c'est du *Mercure de France*[639]), à ce tome de *Littérature engagée*[640], qui vient de « sortir », m'apprennent les journaux, et qui forme d'autre part le tome XVI de mes *Œuvres complètes*. Par les journaux également reçus hier, j'apprends la publication de la correspondance de Ch[*arles*] Du Bos « avec les réponses d'A[*ndré*] G[*ide*] ». Comme cette publication est le fait, non de moi mais de Zézette, j'ai exigé que le nom de notre ami soit donné avant le mien et de manière à bien marquer que je ne prenais pas l'initiative de cette publication[641]. Dans l'échange de lettres à ce sujet, je tiens à dire que Zézette s'est montrée parfaite ; ses lettres sont même émouvantes de tact, de gentillesse, de discrétion et d'équité. Il n'en va pas de même avec Gabriel Marcel (ci-joint un double de sa lettre du 24 mars – d'un ton tel que je n'ai pas cru devoir ni pouvoir y donner réponse directe ; j'ai simplement passé outre et fait comme si de rien n'était[642]).

Il est trop tard à présent pour intervenir à neuf, puisque le livre a paru, au sujet de votre lettre à Charlie ; mais ce qui me rassure c'est cette longue phrase de la lettre de Zézette du 5 février 1950 : « De même pour la lettre de Curtius, je ne vois aucun obstacle à la publier, si vous publiez aussi la réponse de Charlie (*mais pour les deux il faudrait l'agrément de Curtius*). » Je ne puis donc croire qu'elle ait passé outre. Si j'avais une secrétaire sous la main, je ferais prendre copie de tout le dossier, si bizarre et étrangement révélateur. Mais j'ai dû rompre avec Yvonne Davet dont le zèle passionné me devenait intolérable et qui... Mais ce serait trop long à raconter[643].

Je crois que je vais un peu mieux, mais suis toujours tenu de compter avec mon peu de forces et ma fatigue presque constante. Que de choses

---

639 *Feuillets d'automne*, Paris, Mercure de France, 1949.
640 *Littérature engagée*, Paris, Gallimard, 1950, textes réunis et présentés par Yvonne Davet.
641 *Lettres de Charles Du Bos et réponses d'André Gide*, Paris, Corrêa, 1950.
642 Voir *Charles Du Bos*, éd. Dominique Bourel et Hubert Juin, Paris, Fac Éditions, 1985, p. 163-164, qui reproduit un court extrait de cette lettre.
643 Yvonne Davet (1906-2007) fut la secrétaire de Gide du printemps 1946 jusqu'en avril 1950. Dès 1932, elle avait ouvertement déclaré son dévouement à Gide, faisant d'innombrables tentatives pour se rapprocher de lui. On lui doit la publication, en 1950, *d'Autour des Nourritures* et de *Littérature engagée*. Elle est en outre l'autrice d'articles et de traductions du domaine anglophone.

pourtant j'aurais à vous dire! Et quel immense plaisir j'aurais à vous revoir! Ne doutez pas de ma constante et profonde affection.

André Gide

* J'espère que du moins ce dernier livre t'est [*sic*] bien parvenu?!

186. ERNST ROBERT CURTIUS À ANDRÉ GIDE[644]

[*Bonn*] Le [*lundi*] 12 juin 1950

Bien cher ami,
Quelle joie que cette longue lettre de vous. J'ai bien reçu la *Correspondance Claudel-Gide* et vous en ai remercié dans le temps. Zézette ne m'a pas écrit depuis des années. Je pense donc qu'elle se sera abstenue de reproduire ma lettre à vous. J'ai commandé chez mon libraire la *Correspondance Du Bos-Gide*. La lettre de G[abriel] Marcel est surprenante. Mais il est intéressant de savoir qu'il a collaboré au *Dialogue*.
J'ai lu avec ravissement *Gwenny*[645], dont R[ichard] Heyd m'a fait cadeau. Œuvre mystérieuse.
Nous attendons la visite d'Andrée Viénot.
Veuillez me rappeler au bon souvenir de Mme Théo.
À vous fidèlement

E R Curtius

644 [*Double en-tête (imprimé et tampon)* :] Professor E. R. Curtius / Bonn / Hans-Schemm-Strasse 18 Prof. Ernst Robert Curtius / Bonn, Joachimstr. 18.
645 En 1949, les Éditions Ides et Calendes ont tiré à 150 exemplaires un fac-similé du manuscrit autographe de *Gwenny-toute-seule* de Valery Larbaud, que celui-ci avait renoncé à publier, du fait de son caractère trop autobiographique et de ses défauts de composition, et avait offert à Gide en mai 1912. Les deux écrivains étaient alors très proches; ils s'étaient retrouvés à Florence en avril, Larbaud venant d'achever la rédaction de sa nouvelle qui se passe dans un lieu appelé Florence Villa. Cette nouvelle faisait partie de la série *Enfantines*. Voir Christophe Bataillé, « *Gwenny-toute-seule* de V. Larbaud : "la chose est trop intime" », *Cahiers des amis de Valery Larbaud*, n° spécial Anne Chevalier et Françoise Lioure (éds), *Du journal intime au monologue intérieur dans la littérature du xxe siècle*, n° 43, 2008, p. 53-63. Nous renvoyons également à la correspondance entre Curtius et Larbaud (*DFG*, p. 339-376).

187. ERNST ROBERT CURTIUS À ANDRÉ GIDE[646]

[Bonn] Le *[vendredi]* 30 juin 1950

Bien cher ami,

Merci de m'avoir fait envoyer *Littérature engagée*[647]. C'est un dossier passionnant. Il comporte un enseignement dont le monde actuel a le plus grand besoin. Votre témoignage est si important parce que vous êtes le seul écrivain de premier ordre qui ait combattu jusqu'au bout le mirage russe. Des convertis comme Spender et Koestler n'ont pas votre autorité[648]. Thomas Mann, faible et vaniteux, cherche à ménager la chèvre et le chou[649]. C'est que l'intelligence n'est pas son fort. Qu'est-ce que les moscoutaires français vont opposer à votre livre ? Des injures, probablement, ou le silence. Mais votre livre restera comme un formidable « J'accuse ».

Croyez à ma vive et admirative affection.

E R Curtius

---

646 *[Double en-tête (imprimé et tampon) :]* Professor E. R. Curtius / Bonn / ~~Hans-Schemm-Strasse 18~~ Prof. Ernst Robert Curtius / Bonn, Joachimstr. 18.

647 Il s'agit d'un recueil d'articles à orientation avant tout politique, préparé par Yvonne Davet chez Gallimard, en 1950. C'est à la demande de celle-ci que son nom ne figurait pas sur cette édition.

648 L'Allemand Arthur Koestler (1905-1983) fut un communiste convaincu, encarté, avant de suivre les grands procès et les purges soviétiques des années 1930 puis d'écrire entre 1938 et 1940 *Le Zéro et l'Infini*, qui dénonce violemment le totalitarisme stalinien. Membre du PC britannique à partir de 1936, Stephen Spender (1909-1995) perdit ses illusions pendant la Seconde Guerre mondiale, notamment à cause du pacte de non-agression. En 1949, avait paru un ouvrage regroupant les contributions de six intellectuels revenus du communisme : Arthur Koestler, Ignazio Silone, Richard Wright, André Gide, Louis Fischer et Stephen Spender, intitulé *The God that Failed* (éd. Richard Crossman, New York, Harper & Brothers). L'année suivante, il est traduit en français et publié par Calmann-Lévy sous le titre *Le Dieu des ténèbres*.

649 Voir plus haut, lettres 153 et 155.

188. ANDRÉ GIDE À ERNST ROBERT CURTIUS

[*Paris, lundi*] 23 octobre 1950

Cher ami

Ça va un peu mieux depuis quelques jours, mais je reviens de loin !
Déjà cet été, à deux reprises, j'ai cru que je pliais bagages : à présent
je remonte la pente fatale, mais n'en « mène encore pas bien large » et,
certains soirs, il me semble que j'ai plus de cent ans. Pourtant ni douleurs, ni angoisses : une simple diminution d'être et de recul devant
le moindre effort. Il faut que j'aie vraiment désir de vous écrire, pour
passer outre la peine que me coûte ce simple billet. Quant au moral et
aux facultés intellectuelles, elles se maintiennent en excellente forme
et l'arrivée de votre nouveau livre m'emplit de joie[650]. Ceux avec qui je
trouve un réel plaisir à causer se font de plus en plus rares ; mais vous
êtes, ou vous seriez, de ceux-là – encore que votre érudition me consterne,
me prosterne, me terrifie. Mais si j'ai le courage (je le prends) de passer
outre et de m'approcher de vos écrits, une si cordiale clarté s'en dégage,
que j'en suis aussitôt tout réconforté.

Votre épais volume : *Europäische Literatur und l*[*ateinisches*] M[*ittelalter*]
est toujours sur ma table ; auprès de quoi vos *Kritische Essays* sont d'une
dimension rassurante. Je me suis tout aussitôt précipité sur votre
« Virgile » avec un immédiat plaisir ; puis sur votre « Emerson », puis
sur votre « Goethe » pour y goûter de vives satisfactions. – Mais le temps
et les forces me manquent ; aussi je ne veux pas attendre d'avoir poussé
plus avant ma lecture pour vous dire combien je me sens, de cœur et
de pensée, près de vous. Veuillez présenter mes souriants hommages à
Madame Curtius et ne pas douter de mon amitié bien fidèle.

André Gide

---

650 *Kritische Essays zur europäischen Literatur*, Berne, Francke Verlag, 1950. L'ouvrage
    regroupe des études sur Virgile, Goethe, Friedrich Schlegel, Emerson, Stefan George,
    Hofmannsthal, Hermann Hesse, Balzac, Charles Du Bos, Unamuno, Ortega y Gasset,
    Ramón Pérez De Ayala, James Joyce, T.S. Eliot, Jorge Guillén, Jean Cocteau, William
    Goyen et Toynbee.

Combien je serais heureux si le jeune Roger Kempf trouve auprès de vous la sympathie qu'il souhaite et que je crois qu'il mérite! Tous nos amis communs vous saluent bien cordialement.

A. G.

189. ERNST ROBERT CURTIUS À ANDRÉ GIDE[651]

[*Bonn*] Ce [*vendredi*] 27 octobre [*1950*]

Bien cher ami,

Le gentil Roger Kempf me fait espérer que vous accepteriez peut-être une invitation officielle de notre université pour une conférence. Est-ce que vraiment vous y consentiriez? Je n'ai pas besoin de vous dire combien je serais ravi ni quel accueil chaleureux vous trouveriez. Si vous pensiez pouvoir nous accorder cette faveur, auriez-vous la bonté de m'en informer? Je ferais alors immédiatement les démarches nécessaires.

Vôtre fidèlement

E R Curtius

190. ANDRÉ GIDE À ERNST ROBERT CURTIUS

[*Paris, dimanche*] 29 octobre 1950

Cher ami

Une lettre pour vous a été jetée à la poste hier. Vous l'aurez reçue entre temps[652]. (Certains mandarins prétendent qu'il faut écrire: «entre tant»; laissons-les dire.) L'aimable invitation que vous me transmettez

---

651 [*En-tête :*] Professor E. R. Curtius / Bonn / Joachimstrasse 18.
652 Lettre non retrouvée.

est on ne peut plus tentante ; mais *je ne suis plus de force* et dois me retirer du jeu. Veuillez transmettre à vos collègues mes regrets : ne doutez pas qu'ils soient sincères. La crainte de ne pouvoir compter sur moi m'oblige à me dérober à toutes nouvelles obligations, si agréables qu'elles puissent être. Hélas !

Je vivais avec vous, depuis trois jours : votre *Kapitel* xv (« *Rhetorik und Manierismus* ») est d'un intérêt prodigieux ; et vous seul, avec l'abondance des exemples admirablement choisis et des références, pouviez l'écrire[653].

De tout cœur avec vous[654],

André Gide

---

653 Schlumberger a publié un article critique élogieux sur l'ouvrage de Curtius : « Une brèche ouverte à travers le Moyen Âge », *Le Figaro littéraire*, 1er juillet 1950, p. 1. Voir Gide, Schlumberger, *Correspondance*, *op. cit.*, p. 1022-1023.

654 Gide et Curtius se reverront pour la dernière fois trois semaines plus tard, Curtius se rendant à Paris pour assister à la semaine Balzac, du 13 au 19 novembre. Voir Jacquemard-De Gemeaux, *Ernst Robert Curtius...*, *op. cit.*, p. 91, n. 128.

ANNEXE I

André Gide, « Réflexions sur l'Allemagne »

La NRF, n° 69, 1ᵉʳ juin 1919, p. 35-46[1].

Après avoir lu le livre de Jacques Rivière sur l'Allemand, j'eus la curiosité de rechercher dans mes cahiers du temps de guerre les quelques rares pages ayant trait à nos ennemis. Je les donne sans rien y changer, bien que certaines des pensées que j'y exprime aient perdu cet air de nouveauté qu'elles avaient au temps où je les écrivais ; bien que certaines autres ne soient pas encore assez admises pour avoir cessé de paraître choquantes. Les considérations d'opportunité qui me retinrent de les publier plus tôt sont celles même qui me poussent à les publier aujourd'hui.

Il y a ce que l'on espère ; et il y a ce que l'on craint. Il y a ce que l'on voudrait qu'il arrive, et il y a ce que l'on croit qui sera. Mais depuis la guerre une confusion s'établit de l'un à l'autre. Il est certain que la valeur d'une armée dépend de sa confiance en la victoire ; il est certain que l'exigence de cette guerre a tout enrôlé dans l'armée. Dès lors on n'admet plus d'autre vérité qu'opportune ; car il n'est pas de pire erreur qu'une vérité susceptible d'affaiblir le bras qui combat.

À la faveur de cet aphorisme, nous en a-t-on fait voir ! Comme si *notre* cause, pour paraître bonne, avait besoin d'être fardée ! Comme si la vérité n'était pas plus encourageante, plus probante, plus bienfaisante que tous les mensonges ! Mais pour peu qu'elle paraisse gênante, on la contourne ; et ce faisant on se l'aliène, tandis qu'elle venait à nous comme une amie qu'il eût suffi de mieux comprendre.

---

1   Il s'agit du premier numéro paru après la Première Guerre mondiale, comportant un article-clé de Jacques Rivière, « *La Nouvelle Revue française* » (p. 1-12). Celui-ci plaidait alors pour une ouverture de la revue au débat politique dans le sens d'un maintien de la méfiance vis-à-vis des Allemands, vision à comprendre au travers de son expérience de ses années de prisonnier de guerre. Gide n'approuvait pas cette ligne.

Et comment ne comprenez-vous pas, vous qui voulez rejeter tout de l'Allemagne, qu'en rejetant tout de l'Allemagne vous travaillez à son unité ?

Quoi ! nous avions un Goethe en otage, et vous le leur rendez !

Quoi ! Nietzsche s'engage dans notre légion étrangère, et c'est sur lui que vous tirez !

Quoi ! vous escamotez les textes où Wagner marque son admiration pour la France ; vous trouvez plus avantageux de prouver qu'il nous insultait !

Nous n'avons nul besoin, dites-vous, des applaudissements d'outre-Rhin.

Comment ne comprenez-vous pas qu'il ne s'agit pas de ce que ceux-ci nous apportent, mais bien de ce que ceux-ci leur enlèvent. Et cela n'est pas peu de chose, c'est l'élite du pays.

Cela n'est pas peu de chose – tandis que le meilleur de la pensée de la France, que toute la pensée de la France travaille et lutte avec la France –, que le meilleur de la pensée allemande s'élève contre la Prusse qui mène l'Allemagne au combat.

***

Nous avons dans notre jeu les atouts les plus admirables, mais nous ne savons pas nous en servir.

Rien ne peut être plus démoralisant pour la jeunesse allemande pensante (et tout de même il y en a) que de ne pas sentir Goethe avec soi – (ou Leibniz, ou Nietzsche). On se rend mal compte en France, où nos grands écrivains sont si nombreux et où nous les honorons si mal, de ce que peut être Goethe pour l'Allemagne. Rien ne peut lui faire plus de plaisir, à l'Allemagne, qu'une thèse comme celle de M[aurice] B[arrès] qui déjà découvre dans le *Faust* l'invitation à la guerre actuelle. Ce qu'il y a de rassurant pour nous dans cette thèse, c'est qu'elle est absurde. Ce qui peut, au contraire, désoler la jeune Allemagne pensante, c'est de sentir que cette guerre monstrueuse où on l'entraîne, Goethe ne l'aurait pas approuvée, non plus qu'aucun des écrivains d'hier qu'elle admire. Il est sans doute flatteur, capiteux même, de se dire et de s'entendre sans cesse répéter que le peuple dont il fait partie est désigné pour gouverner la terre ; mais si ce sophisme est par avance dénoncé par les plus sages de ce peuple même, est-il adroit de notre part de traiter ces sages de brigands, d'imposteurs ou de fous ?

L'écrasement de l'Allemagne ! J'admire si quelque esprit sérieux peut le souhaiter, fût-ce sans y croire. Mais diviser l'Allemagne, mais morceler sa masse énorme, c'est, je crois, le projet que rallient les plus raisonnables, c'est-à-dire les plus Français d'entre nous. Il n'importe pas de l'empêcher d'exister (au contraire : il importe et même pour nous, qu'elle existe), il importe de l'empêcher de nuire, c'est-à-dire de nous manger... Diviser l'Allemagne ; et pour la diviser, la première chose à faire, c'est de ne pas mettre tous les Allemands dans le même sac (et si vous affirmez qu'au fond tous se valent, faites attention qu'alors c'est que vous croyez le départ entre eux impossible, et qu'ils n'accepteront pas, eux, si vraiment ils sont si semblables, cette division que vous voudriez leur imposer). Combien ne sont-ils pas plus habiles ceux qui, dès aujourd'hui, démêlant parmi l'Allemagne moderne l'idée prussienne comme un virus empoisonneur, excitent contre cet élément prussien l'Allemagne même et, au lieu de chercher dans Goethe des armes contre nous, lisent ceci par exemple (l'a-t-on déjà cité ? je ne sais) dans ses Mémoires :

> Au milieu de ces objets, si propres à développer le sentiment de l'art [il visite Dresde], je fus attristé plus d'une fois par les traces récentes du bombardement. Une des rues principales n'était qu'un amas de décombres et dans chaque autre rue on voyait des maisons écroulées. La tour massive de l'église de la Croix était crevassée ; et quand, du haut de la coupole de l'église de Notre-Dame, je contemplais ces ruines, le sacristain me disait avec une fureur concentrée : « C'est le Prussien qui a fait cela. »

Goethe et Nietzsche (et à de moindres degrés plusieurs autres) sont nos otages. Je tiens que la dépréciation des otages est une des plus grandes maladresses à quoi excelle notre pays.

***

Oui, vous l'avez bien dit : les Germains sont de piètres psychologues ; et leurs plus remarquables erreurs dans cette guerre révélatrice sont des erreurs de psychologie. Mais il ne suffit pas de constater ceci ; il faudrait expliquer pourquoi.

Leur puissance au contraire, et ce qu'on pourrait appeler leur vertu, vient d'une extraordinaire difficulté pour l'individu de leur race à se détacher du commun, de la masse, disons le mot : à s'individualiser. Il ne s'oppose à rien, n'a pour ainsi dire pas de forme propre, ou si l'on préfère, il attend du cadre sa forme ; de là sa soumission à la méthode, aux règles, à toutes les vénérations ; il ne trouve pas d'intérêt à désobéir et n'en éprouve pas le besoin. Il croit que c'est parce que *sa* règle est parfaite ; mais c'est aussi bien parce que lui, sans règle, est imparfait.

En littérature, leur impuissance à créer des figures est remarquable. Ils n'ont ni dramaturges, ni romanciers. Le peuple d'alentour ne leur présente pas de figures ; en présenterait-il, eux ne sauraient point les dessiner ; ils ne savent pas se dessiner eux-mêmes ; et plus absolument ils ne savent pas dessiner.

C'est là que fait faillite leur culture. Le grand instrument de culture, c'est le dessin, non la musique. Celle-ci déséprend chacun de soi-même, elle l'épanouit vaguement. Le dessin, au contraire, exalte le particulier, il précise ; par lui triomphe la critique. La critique est à la base de tout art.

***

Vous allez criant que les Allemands nous détestent, et faites votre possible pour le mériter, sans comprendre que tout au contraire leur secrète faiblesse c'est de ne pas pouvoir nous détester.

Comment ne comprenez-vous pas que toutes les armes que vous enlevez à l'Allemagne c'est à la France que vous les donnez et que contre l'Allemagne nous ne serons jamais trop armés.

Il ne s'agit pas seulement de se battre, il s'agit d'être victorieux. Tâchez tout de même de ne pas préférer à la victoire le combat.

***

« Nous aurions été moins éprouvés si nous avions été plus nombreux. » C'est ce que je lis au début d'un article sur la diminution de la natalité.

Cette diminution de la natalité française est la preuve et non la cause de la décadence de notre pays. Que cette dépopulation progressive soit déplorable, il va sans dire, et qu'il faille tenter le possible et l'impossible pour l'enrayer… Mais l'erreur est de penser que le nombre eût suffi là où la qualité manque ; ou que la qualité suffise sans l'ordre et la raisonnable disposition. Une semblable erreur nous a d'abord fait crier victoire, à l'entrée en scène de la Roumanie. Avec un allié de plus, le triomphe était assuré ! Il fallut bien se convaincre tout de même que le nombre ne fait pas la force ; du moins pas sans ordination. Les éléments désordonnés, plus nombreux ils sont, plus confuse et vulnérable est la masse. Nous nous sommes blousés avec l'informité de l'Allemagne. Parce qu'en France tout ce qui vit prend aussitôt contour, l'absence de profil des masses d'outre-Rhin nous a fait croire à de l'incohésion. L'absence de forme propre permettait à cette matière allemande élastique d'être versée dans tous les trous. En temps de paix déjà nous avions vu comme elle pénétrait les spongieux pays d'alentour. Précisément elle doit, l'Allemagne, à son défaut de contours, sa force d'expansion prodigieuse. Elle est de la famille des ficus et comparable au banian sans tronc principal, sans définition, sans axe mais dont la moindre ramille (et même détachée du tronc) pousse au plus vite, où que ce soit, en haut des bras, en bas des racines, et vit, croît, prospère, s'élargit et devient à son tour forêt. L'Allemagne se passe des théories de Barrès ; elle s'en rit. J'ai toujours dit qu'il était bien fâcheux que Barrès ait contre lui la botanique.

***

Jacques Rivière, lorsque je vais le voir en Suisse, où il achève son temps de captivité, me parle, à propos du livre qu'il se propose d'écrire, de l'extraordinaire volonté allemande... Il me semble que c'est déprécier quelque peu ce mot : volonté, et que *ténacité* suffirait. Je sais bien que les exemples qu'il me donne tendent à prouver surtout que l'Allemand se donne « à volonté » les sentiments qu'il estime opportun d'avoir. Mais pour le reste, je veux dire : cette obstination de bœuf qui lui permet de venir à bout de formidables besognes et d'écrire des livres si épais – je me souviens du mot de S[2]... que j'allais voir à Zurich deux ans avant la guerre (nous ne parlâmes que de la guerre, qu'il prévoyait fatale ; oh ! qu'il connaissait bien les Allemands !). Ils sont, me disait-il, « incomparablement plus bêtes, plus informes, plus inexistants que le Français ne peut les croire. Mais, et à cause de cela même, ils ne sont jamais distraits. Songez à tout ce qui se passe dans la tête d'un Français, en travers de son travail, quel que soit ce travail. L'Allemand, lui, ne songe à rien ; il n'a pas d'existence personnelle ; il est tout à sa tâche. Il

---

2   Charles Simon (1862-1942), président de la compagnie de réassurance Rückversicherungs-gesellschaft. Gide relate une partie de leur conversation, à Zurich, fin janvier 1912, dans son *Journal* (J, I, p. 705-706).

est capable certains soirs de faire une noce à tout casser, de se saouler comme une brute ; mais le lendemain matin il se retrouvera devant son comptoir, ou dans son bureau comme si de rien n'était ».

Ils ne sont jamais distraits. Que de fois je me suis souvenu de ce mot. Il me paraît qu'on n'a jamais dit sur l'Allemand rien de plus juste. Et quelle explication, pour nous Français, qui sans cesse nous laissons distraire par délicatesse, par sensibilité, curiosité du cœur, de la chair et de l'esprit, et par cette générosité native, irrésistible qui prend le pas sur nos intérêts.

***

Dans un fauteuil, auprès de moi, ma vieille chatte allaite les deux petits bâtards qu'on lui a laissés.

Quand tout serait remis en question (et tout est remis en question) mon esprit se reposerait encore dans la contemplation des plantes et des animaux. Je ne veux plus connaître rien que de naturel. Une voiture de maraîcher charrie plus de vérité que les plus belles périodes de Cicéron. La France est perdue par la rhétorique ; peuple oratoire habile à se payer de mots, habile à prendre les mots pour des choses et prompt à mettre des formules au-devant de la réalité. Pour averti que je sois, je n'échappe pas à cela et reste, encore que le dénonçant, oratoire…

La question se posait avant la guerre : une civilisation, une culture peut-elle prétendre à se prolonger indéfiniment et selon une trajectoire directe ininterrompue ? Et comme la réponse est nécessairement négative, cette seconde question vient aussitôt en corollaire de la première : *notre* civilisation, notre culture est-elle encore prolongeable ?

Ce monde neuf où nous entrons fait-il suite au précédent ? Est-ce que nous continuons le passé ? Mais si nous entrons dans une ère nouvelle, qui donc saura prétendre que ce chapitre premier du nouveau livre n'est pas un chapitre français et d'un nouveau livre français ?

Tout ce qui représente la tradition est appelé à être bousculé et ce n'est que longtemps après que l'on pourra reconnaître, à travers les bouleversements, la continuité malgré tout de notre tempérament, de notre histoire. C'est à ce qui n'a pas eu de voix jusqu'alors à parler. C'est une lâche erreur de croire que nous ne pouvons lutter contre l'Allemagne qu'en retranchant dans notre passé : Rimbaud, Debussy, Cézanne même, peuvent ne ressembler en rien au passé de notre tradition sans cesser pour cela d'être Français ; ils peuvent différer de tout ce qui a représenté la France jusqu'aujourd'hui et exprimer encore la France. Si la France n'est plus capable de nouveauté, pour quoi serait-ce qu'elle lutte ?

L'artiste, qui, lorsqu'il crée, se préoccupe d'être Français et de faire une œuvre « bien française », se condamne à la non-valeur. Il ne s'agit plus de ce que nous étions, il s'agit de ce que nous sommes.

À dire vrai, cette culture nouvelle promettait d'être non tant spécialement française qu'européenne, il semblait qu'elle ne put pas se passer plus longtemps de la collaboration de l'Allemagne. Et pour certains côtés, cette guerre tend à le prouver. Nos plus beaux dons, peut-être avions-nous besoin de l'Allemagne pour les mettre en œuvre, comme elle avait besoin de notre levain pour faire lever sa pâte épaisse.

***

C'est une absurdité que de rejeter quoi que ce soit du concert européen. C'est une absurdité que de se figurer qu'on peut supprimer quoi que ce soit de ce concert. Je parle sans aucun mysticisme : l'Allemagne a suffisamment prouvé en quoi elle pouvait être utile et nous avons suffisamment démontré ce qui nous manquait. L'important c'est d'empêcher qu'elle domine ; on ne peut laisser cet instrument de cuivre dominer. Mais il est mystique de prétendre que, supprimée, sa voix ne ferait pas défaut dans l'orchestre ; mystique de croire que l'on ferait mieux de s'en passer – et, par mystique, j'entends : pas pratique du tout (c'est vous, je crois, Barrès qui, parlant de Michelet, donniez à ce mot-là ce sens). Mais : doit être asservi tout ce qui prétendait asservir.

Vous vous êtes gaussé de ce que nous appelions notre culture européenne, et faute d'entendre ce que nous entendions par là, vous avez laissé croire et fait croire, et cru vous-même ou feint de croire, que nous prétendions dénationaliser les littératures, lorsque, au contraire, nous ne reconnaissions de valeur qu'aux œuvres les plus profondément révélatrices du sol et de la race qui les portait.

L'étrange, c'est que cette accusation venait de vous qui nous reprochiez d'autre part nos tendances individualistes et prétendiez dégonfler l'individu pour le plus grand profit de l'État. Nous avons soutenu, tout au contraire, que l'œuvre d'art la plus accomplie sera tout aussi bien la plus personnelle, et qu'il n'est d'aucun profit pour l'artiste de chercher à se résorber dans le flot ; nous avons toujours soutenu que ce n'est pas en se banalisant, mais en s'individualisant, si l'on peut dire, que l'individu sert à l'État ; et de même c'est en se nationalisant qu'une littérature prend place dans l'humanité et signification dans le concert. La méprise vient de ceci que – convaincu de la profonde vérité contenue dans l'enseignement du Christ : quiconque veut sauver sa vie la perdra, mais quiconque donnera sa vie la rendra vraiment vivante – nous avons cru que le sommet de l'individualisme est dans le sacrifice (mais volontaire) de l'individu ; que l'œuvre la plus personnelle est celle qui comporte le plus d'abnégation, et de même la plus profondément nationale, la plus particulière, ethniquement parlant, est aussi bien la plus humaine et celle qui peut toucher le plus les peuples les plus étrangers. Quoi de plus espagnol que Cervantès, de plus anglais que Shakespeare, de plus italien que Dante, de plus français que Voltaire ou Montaigne, que Descartes ou que Pascal, quoi de plus russe que Dostoïevski ; et quoi de plus universellement humain que ceux-là ? Je n'ose dire, il est vrai, quoi de plus allemand que Goethe ? Car à l'endroit de l'Allemagne, la Prusse est responsable d'un terrible malentendu. La Prusse a si bien asservi l'Allemagne qu'elle nous a forcés de penser : Goethe était le moins allemand des Allemands.

***

S'il me fallait indiquer, de toute la littérature française, le livre dont le génie allemand se montrait le plus incapable, je crois bien que je choisirais *Les Caractères* de La Bruyère *. Il me paraît que rien n'est plus français, moins allemand, que ce que j'appellerai : l'esprit de discrimination. N'étant jamais particulier lui-même, l'Allemand ne sent la particularité d'aucun être ni d'aucune chose ; il n'a jamais su dessiner. La France est la grande école de dessin de l'Europe et du monde entier.

André GIDE

* Comme aussi, de toute notre littérature, il me semble que le livre que l'on s'imaginerait le plus facilement écrit en Allemagne c'est *Jean-Christophe* et de là sans doute son succès outre-Rhin.

C'est une profonde erreur de croire que l'on travaille à la culture européenne avec des œuvres dénationalisées ; tout au contraire, plus *particulière* est l'œuvre, plus utile elle devient dans le concert. Il importe de le répéter sans cesse, car une confusion tend à s'établir entre *culture européenne* et *dénationalisation*. De même que l'écrivain le plus individualisé est aussi celui qui représente le plus humainement général, l'œuvre la plus digne d'occuper la culture européenne est d'abord celle qui représente le plus spécialement son pays d'origine.

ANNEXE II

Lettre d'Ernst Robert Curtius
à Aline Mayrisch, 12 juillet 1921

Publiée dans *DFG*, p. 31-32[1].
Trad. de l'allemand par Peter Schnyder.

Marburg, [*mardi*] 12 juillet 1921

Madame[2],
À mon retour de Berlin, j'ai trouvé votre lettre bienveillante du 3 juillet qui m'a fait grand plaisir. Je vous aurais répondu sans tarder si je n'avais pas dû repartir aussitôt pour Heidelberg. Veuillez accepter mes plus vifs remerciements. Soyez assurée que cela me réjouirait fort si, à la rencontre de Colpach, d'autres pouvaient s'ajouter.

Que Gide ait été content de mon article m'a rempli de joie (je vous adresse avec le même courrier le numéro du *Neue Merkur* qui a paru entre temps). Il va de soi qu'il serait très flatteur et réjouissant pour moi si *La Nouvelle Revue française* en donnait un extrait et que Gide y répondît. Je vais vous envoyer demain un essai d'Ernst Bertram (de l'auteur du livre sur Nietzsche) sur le dernier livre de Barrès, *Le Génie du Rhin*[3]. C'est un document d'une grande importance. Je vous recommande surtout la fin de l'essai (p. 568). On y pose également une question à laquelle Gide pourrait répondre, si cela lui paraît juste. Bertram est l'ami le plus proche de Thomas Mann. Je sais que tous deux souhaiteraient collaborer, du côté allemand, au programme que Gide représente si noblement et dignement : rapprochement dans un

---

1 Sa localisation n'étant pas indiquée, nous n'avons pas pu consulter l'original afin d'en vérifier la transcription.
2 L'adresse est impossible à rendre en français (aujourd'hui démodée), litt. : « Madame vénérée et bienveillante ».
3 Voir lettre 17.

esprit cosmopolite (pas international !), en sauvegardant la sensibilité nationale (pas nationaliste[4] !).

Votre question relative à l'œuvre rare de Stefan George s'appelle *Maximin*[5]. Elle a été publiée hors commerce en 1906, pour devenir une rareté très recherchée. Ici et là, elle surgit sur le marché du livre. Cohen pourra vous la procurer, mais elle risque de coûter très cher.

Les améliorations pour *Les Caves* ne sont que des propositions[6]. Mais le texte aurait passablement à y gagner.

Demian est de Hermann Hesse[7].

Veuillez excuser cette rapide lettre d'« affaires ». À cause de mes nombreux voyages, je dois rattraper bien du travail délaissé.

Malheureusement, je n'ai pas pris de notes lors de mes entretiens avec Gide. Les grandes lignes sont bien ancrées dans ma mémoire, mais il ne me sera pas possible de rendre telle ou telle expression.

Avec mes remerciements cordiaux,

Votre tout dévoué
E R Curtius

---

4   Voir lettre 14.
5   Voir lettre 17, n. 63.
6   Voir lettre 13.
7   Voir lettre 95.

ANNEXE III

Ernst Robert Curtius,
« Problèmes intellectuels franco-allemands »

Revue rhénane, 2ᵉ année, nᵒ 1, 1ᵉʳ octobre 1921, p. 845-848 (pas de mention de traducteur). Trad. de « Deutsch-Französische Kulturprobleme », *Der Neue Merkur*, 5ᵉ année, nᵒ III, juin 1921, p. 145-155.

Dans le jeu de marionnettes tragico-ironique « Liluli » (1919) de Rolland se trouve une scène poignante. On pousse au combat le jeune Altair, en qui le poète a personnifié la plus noble jeunesse française. En face de lui, il voit au premier rang des ennemis, Antarès, fleur de la jeunesse allemande. C'est lui qu'il doit tuer. Alors il se répand en plaintes amères : « C'était mon compagnon, mon frère, qui partageait mes jeunes rêves, ma souffrance, mon bonheur, mon cœur. Nous souffrions des mêmes injustices, nous nous enivrions de mêmes espérances... Nous nous aimions purement. Nos esprits s'étaient mariés solennellement. Il est mon tout, il est moi-même. »

Les paroles du poète fixent une situation psychologique qui pendant un court instant d'histoire fut une réalité pleine de possibilités merveilleuses, et qui paraît à présent irréelle et légendaire comme l'histoire la plus lointaine. On n'y croirait plus si quelques cœurs n'en conservaient encore le souvenir. Dans les dernières années, dans les derniers mois qui précédèrent la guerre, les jeunesses intellectuelles d'Allemagne et de France se sont rencontrées sans le vouloir, sans programme arrêté d'avance, spontanément, de la seule manière possible et naturelle : sur le terrain d'une nouvelle base commune d'existence qu'avec une joyeuse surprise on découvrait. Dans les deux pays on avait rompu avec l'esthétique épuisée du symbolisme en faveur d'un nouveau sentiment de la vie affirmant avec allégresse la réalité pleine et entière et non plus seulement la sphère isolée de la jouissance esthétique. Le monde semblait revêtu d'une beauté et d'un attrait nouveaux, rempli de merveilles et d'aventures. Les réseaux de fils de fer rouillés grâce auxquels une pensée stérile et mécanique avait travesti la nature et l'âme, étaient arrachés. Dans la philosophie, la « vie » se révélait comme l'ultime fondement de la conception du monde. On avait le sentiment commun de ce renouveau chez la jeunesse allemande et chez la jeunesse française. Solidairement et toujours sans le savoir, on luttait contre les puissances figées des opinions officielles d'école. L'offensive de Péguy contre la Sorbonne était animée de la même impulsion que les attaques de la jeunesse allemande contre l'esprit de la science universitaire[1].

Il faut remonter jusqu'à cette aurore d'enthousiasme avec lequel les cœurs les plus ardents de l'Allemagne accueillirent, vers 1790, la Révolution française, pour trouver un terme de comparaison pour cette orientation caractéristique de la jeune Allemagne vers la jeune France. La semence qui commençait à germer fut détruite par la catastrophe mondiale. Jamais les possibilités de compréhension réciproque ne furent aussi pleines de promesses qu'au moment où la guerre éclata.

Ce rapprochement, je le répète, était spontané. Il surprit tous ceux qui y prirent part. On n'aurait jamais pu le prédire, ni le préparer. Il était l'expression d'une dynamique vivante du mouvement intellectuel européen. Il était lui-même un fragment de vie, et tombait comme tel sous le coup des lois de la puissance et de la mort.

Il a été détruit avant que la fleur ait pu mûrir et donner son fruit. C'est le destin. On ne peut le ressusciter artificiellement. Nul programme littéraire n'engendrera une communauté intellectuelle là où manquent les énergies vitales qui la font naître. Ici aussi nous voyons, nous paralysant d'une façon effrayante, l'Insupportable et l'Inévitable : nous avons des tâches à remplir qui exigeraient les meilleurs et les plus nobles d'entre nous, et ceux-là ne sont plus. Avec le sang des morts les champs de bataille de l'Europe aveuglée, couverte de honte, ont absorbé la seule force salutaire qui eût pu la rénover.

On ne peut dire combien, par rapport à 1914, se trouve changé aujourd'hui l'aspect du problème intellectuel franco-allemand. Elle est anéantie, la *génération des pionniers* possibles de nouveaux rapports organiques entre les deux civilisations. La nouvelle génération allemande

---

1 Charles Péguy (1873-1914) s'était rapproché à partir des années 1910 du catholicisme et du nationalisme et combattit, comme Paul Claudel, le positivisme de la Sorbonne, reflet de l'esprit moderne.

a des fondements d'expérience tout autres. La jeunesse intellectuelle allemande de 1921 n'apporte plus au problème du démêlé spirituel avec la France le vif intérêt qu'elle lui témoignait avant la guerre. La communauté de l'expérience fondamentale, que l'on rencontrait encore pendant la guerre et qui s'était exprimée dans la rencontre légendaire de Stadler et de Péguy au front, n'existe plus. La Jeune Allemagne se tourne vers l'est et tourne le dos à l'Occident. C'est là un tournant décisif. Ce fut toujours un besoin de l'esprit allemand d'aller puiser ses forces au-delà de lui-même, de se former lui-même par l'élément étranger fécondant. Mais là où cette tendance aujourd'hui se montre vivante (là où elle n'est pas noyée dans un nationalisme intellectuel pédantesque et prématurément sénile), elle se tourne vers la Russie et plus loin encore, vers l'Inde et la Chine. Les sympathies qu'une partie de notre jeunesse accorde au bolchévisme, ne sont qu'un symptôme extérieur de cette tendance. Peu importe l'attitude qu'on prend à l'égard du bolchévisme. Ce qu'il y a d'éminemment remarquable dans son apparition, c'est qu'il est l'expression d'un changement de tendance de l'esprit occidental. Depuis Descartes et Voltaire, depuis les philosophes de France et d'Angleterre et depuis la Révolution française, il semblait que normalement toute émancipation spirituelle et toute réforme sociale dûssent forcément venir de l'ouest. La France se sentait le flambeau de l'Europe. Si aujourd'hui elle prétend encore à ce titre, elle ne trouve plus chez nous d'oreille prête à l'écouter. Une déclaration comme celle de Paquet (dans la *Neue Rundschau*, mars 1921) est symptomatique : « Les colonnes de la civilisation germano-romaine élevées sur des fondements romains chancellent, le travail de construction slavo-germanique progresse. En s'appuyant sur le fondement romain les peuples européens ont développé leur vie nationale et ont abouti à la discorde suprême ; sous l'influence spirituelle de l'Orient qui s'éveille et qui réveille en quelque sorte dans l'Européen les sentiments de l'Inde primitive et fait revivre en Occident la sagesse de l'Extrême-Orient, une morale nouvelle se forme[2]. »

On peut mettre en marge de l'article plein de sens de Paquet plus d'un point d'interrogation ; mais son alternative : « Rome ou Moscou » est l'une des formules dans lesquelles les jeunes Allemands se reconnaissent, même ceux qui ne songent pas en l'occurrence aux questions de réformes

---

2   Le journaliste et écrivain voyageur Alfons Paquet (1881-1944) a signé l'article « Rhein und Donau » dans *Die Neue Rundschau* (32/1, mars 1921, p. 225-236).

politiques et sociales, mais à l'image de l'homme, au royaume de l'âme. Or une telle jeunesse qui tend à délivrer l'esprit allemand des entraves qui le paralysent et à lui communiquer cette conscience asiatique de la synthèse universelle, comment pourrait-elle écouter les voix des États européens limitrophes chez qui l'esprit est étroitement enchaîné par la culture occidentale, encore plus qu'au cœur de l'Europe ? – Même si l'on fait abstraction de la réaction du sentiment national allemand qu'a provoqué la France du traité de Versailles et des sanctions, il est évident que l'esprit allemand est en voie d'évolution. Cette évolution a détruit la plupart des conditions psychologiques qui rendaient possibles des rapports positifs avec l'esprit français. L'esprit allemand ne jette plus des regards pleins d'attente et d'intérêt vers la France – et pour qu'il les dirige de nouveau vers elle, il faudrait qu'une apparition lumineuse prouvât que la France, grâce à ses anciennes traditions et à ses forces vitales inépuisées, est toujours capable de donner au monde quelque chose de nouveau ; qu'elle peut produire plus que des variations attrayantes d'analyse psychologique et des délicatesses artistiques de métier littéraire ; qu'elle peut sortir du démembrement artistique spontané et briser le cadre nationaliste étroit où elle s'enferme de plus en plus, pour jeter dans le décousu du dialogue européen la parole de vie de l'esprit.

Mais on ressent en France aussi, plus péniblement peut-être encore que chez nous, les ravages exercés par la guerre dans le domaine de l'esprit. L'unité spirituelle de la jeune France telle qu'elle nous apparaissait avant la guerre est brisée. Nous participions alors directement à ce nouveau sentiment vital qui rompit la raideur rationaliste des conventions artistiques et intellectuelles surannées. Ce sentiment nous apparaît changé : décomposé, émietté, incertain. La haine s'est répandue largement dans une sphère littéraire dont nous avions cru un jour qu'elle deviendrait un lieu de rencontre. Claudel, que nous comptions parmi les chefs d'une nouvelle France et que plus d'un entre nous continua à considérer comme son poète même lorsqu'il se joignit au concert de haine contre l'Allemagne pendant la guerre, donne dans sa dernière œuvre (« Saint-Martin », *Nouvelle Revue française* de décembre 1920) un chant de haine de plusieurs pages contre l'Allemagne[3]. Plus d'un chef intellectuel de la

---

3   Voir lettre 9.

France est tombé. D'autres ont perdu le contact avec la jeunesse. Romain Rolland fut pendant la guerre comme mis en quarantaine et aujourd'hui encore beaucoup le considèrent comme frappé d'interdit. Avant la guerre déjà, il avait attiré sur lui la haine de la littérature officielle parce qu'il fustigeait sans merci toutes ses cliques. Cette haine se tourna contre lui avec une fureur nouvelle lorsqu'il essaya pendant la guerre de se placer à un point de vue européen « au-dessus de la mêlée ».

La haine contre l'Allemagne, attisée dès avant la guerre par la propagande nationaliste – il suffit de rappeler Barrès –, s'est trouvée comme de juste considérablement renforcée du fait de la guerre, et elle règne, à peu d'exceptions près, sur toute la presse et dans toute la publicité française. La France est malade d'une victoire qu'elle a payée des plus lourds sacrifices. La conscience puissante d'être vainqueur ne veut pas se former. Partout on sent une crise latente, un malaise intime. Le mécontentement suscité par la liquidation de la guerre revêt des formes qui se tournent à nouveau contre l'Allemagne cause de tout.

Un article de Jacques Bainville « La France vis-à-vis de l'Allemagne » paru dans *La Revue de Genève* (octobre 1920) montre sous quel jour on envisage dans les milieux nationalistes les rapports entre la France et l'Allemagne et quelle solution on souhaite[4]. Bainville établit que l'Allemagne et la France se sont trouvées en conflit violent chaque fois que l'Allemagne représenta un puissant facteur politique. Par contre les guerres furent toujours rares et relativement inoffensives lorsque l'Allemagne ne fut qu'une multiplicité d'États indépendants, n'ayant entre eux que des liens très lâches. Et c'est justement alors que les populations allemandes furent accessibles à la civilisation française. Aux XVIIᵉ et XVIIIᵉ siècles la France eut en Allemagne des admirateurs, des alliés et des amis. (La réciproque n'est d'ailleurs pas vraie : jamais l'influence allemande ne joua en France un rôle décisif.) « L'expérience a donc montré que ces deux peuples ne sont pas impénétrablement fermés l'un à l'autre et voués à une éternelle hostilité. Mais jusqu'ici une telle entente entre Allemands et Français n'a pu être obtenue qu'à une condition : c'est que l'Allemagne fut décomposée en ses éléments naturels, et qu'elle ne formât pas un État unique centralisé. » Bainville

---

4   Jacques Bainville (1879-1936) : éminent représentant du royalisme, maurrassien convaincu, membre de l'Action française, auteur de *Histoire de deux peuples* (1915) et de *Les Conséquences politiques de la paix* (1920).

se plaint vivement que le traité de Versailles ait maintenu l'unité allemande et l'ait même renforcée.

« Cette paix est trop douce pour sa dureté, pour sa dureté nécessaire. » Ce ne sont pas tant les souvenirs de la guerre et les sentiments de haine qui empêchent les deux peuples de nouer des relations amicales, ce sont les conditions du traité de Versailles. « Par quel endroit veut-on que la France prenne le bloc allemand ? L'influence morale de l'étranger glisse fatalement sur un peuple nombreux, uni par un lien national solide... Alors que nous reste-t-il à faire ? Ce que nous faisons, prendre nos précautions, nous tenir sur nos gardes, nous souvenir de nous méfier. Je sais qu'on reproche à la France cet état d'esprit. Il est créé et légitimé par les conditions de la paix. »

La paix de Versailles est donc un bousillage politique très peu satisfaisant puisqu'il a négligé de morceler l'Allemagne. Ce qui nous intéresse surtout ici, c'est l'aveu naïf que le problème intellectuel franco-allemand n'existe pour l'observateur français que comme problème de pénétration de l'Allemagne par l'esprit français. De réciprocité il ne doit pas être question. Tout sera parfait dès que l'Allemagne, ou plutôt le groupe des petits États allemands non unifiés, reconnaissant et plein d'admiration, laissera se répandre sur lui les bienfaits de la civilisation française. Ainsi apparaît du point de vue français la synthèse du sentiment national et du cosmopolitisme.

La haine de l'Allemagne fait partie, comme l'impérialisme nationaliste, des réalités qu'une analyse froide et méthodique du problème franco-allemand n'a pas le droit de négliger. Cette haine est un phénomène psychologique qui a ses motifs parfaitement suffisants. Il serait insensé d'en vouloir faire un grief aux Français. Il nous faut la concevoir comme normale, et nous ne pouvons nous attendre à voir prochainement se produire un changement décisif. Si nous rencontrons chez un Claudel une haine dépassant la nature, cela fait partie de ces réalités objectivement tragiques qu'il faut bien une fois regarder en face pour les dépasser ensuite. Que celui qui s'y sent contraint, y réponde s'il en a envie, il n'en sort rien de bon. Celui qui dédaigne de répondre, trouvera dans l'existence de cette haine une raison déterminante pour négliger toute tentative unilatérale de rapprochement. Le sentiment du tact le plus élémentaire doit forcément nous dire que de telles tentatives, de notre part, sont tout à fait déplacées. Elles méconnaissent en outre totalement la psychologie des Français. Elles amènent non pas une entente, mais le contraire – un embarras pénible et une aversion indignée. Elles ne servent qu'à nous discréditer et précisément auprès des meilleurs. Et l'approbation qu'elles ont pu nous valoir pèse bien peu au point de vue moral. Il est compréhensible au point de vue psychologique que, chez nous, plus d'un groupe, repoussé par les manifestations intellectuelles du nationalisme français, cherche à se lier avec un groupe français qui déclare résolument la guerre au nationalisme – je veux dire le groupe Clarté. Henri Barbusse en a exprimé les principes dans son ouvrage *La Lueur dans l'abîme*[5] (1920). Tous ceux qui s'intéressent au problème franco-allemand doivent connaître ce document important. La première partie du livre est analytique et s'appelle : la fin d'un monde. Les discussions qu'elle contient me semblent d'autant plus importantes que c'est là un des très rares documents où se dégage de la situation française cette conscience apocalyptique d'un tournant de l'histoire mondiale. Cette conscience domine notre pensée allemande et si on ne la possède pas, il est impossible d'aborder le fond du problème franco-allemand. On peut, dans le détail, ne pas être du même avis que Barbusse pour l'évolution historique ; mais, sur l'interprétation d'ensemble du sens de l'époque et le sentiment tragique de la catastrophe, on est d'accord avec lui.

Mais cet accord cesse, et il cesse forcément, là où Barbusse passe à la seconde partie, à la partie constructive de son livre : la révolte de la raison. Ici règne le doctrinarisme rationaliste le plus naïf. Barbusse croit à une raison infaillible, inhérente à chacun. Il suffit d'exécuter ses lois pour que l'humanité rentre dans l'ordre. Barbusse est un fanatique de l'idée d'égalité. « Quand on a dit égalité, on a tout dit » – tel est le titre d'un chapitre très caractéristique. La « règle d'égalité », comme dit Barbusse, doit nécessairement constituer la norme essentielle de la société humaine. Il faut que l'égalisation sociale soit réalisée complètement. Il faut remplacer l'idéal patriotique par l'idéal humain, et le nationa- lisme par l'internationalisme, etc., etc. Avec le plus grand sang-froid, Barbusse donne ces exigences comme des évidences absolues. Il ne voit pas qu'elles sont en partie en contradiction avec les règles de la logique élémentaire. Il lui manque tout d'abord d'avoir conscience de l'origine de ses principes ; il ne sait pas à quelle sphère de l'histoire spirituelle ils

---

5 Sous-titré « ce que veut le groupe Clarté », Éditions Clarté. Voir lettre 17, n. 65.

sont empruntés ni ce qu'ils sont au fond : la dernière forme, et la plus misérable, de l'esprit bourgeois moderne, de son schéma de conception du monde et de son système de valeur ; une schématisation, ayant perdu toute force vivante, de l'idéologie philosophique des XVIIIᵉ et XIXᵉ siècles.

Barbusse voudrait faire de ces attractions d'un monde qui touche à sa fin les bases d'un édifice nouveau. C'est le paradoxe du mouvement Clarté. Il faut sans doute tenir compte des forces morales qui agissent en lui, mais son plat rationalisme, son internationalisme abstrait sont l'expression d'une époque sans âme, mourante ; ils sont en contradiction avec le sentiment vivant de valeur que porte l'esprit en soi. Il est certainement beau et méritoire de lancer des ponts au-dessus de l'abîme creusé par la haine des peuples et de préparer les voies à une entente spirituelle en Europe. Mais si ce n'est possible qu'à condition de se soumettre aux dogmes insipides d'une société d'idéologie et de nier toutes les profondeurs et les hauteurs de l'esprit, nous n'en voulons point. Il nous faut alors nous abstenir d'un activisme qui pose comme condition première un « *sacrifizio dell'intelletto*[6] ». Nous n'avons pas le droit d'acheter la victoire sur le nationalisme au prix d'un asservissement de l'esprit. Nous aspirons à cette victoire, mais non par cette voie.

Nous ne voulons et ne pouvons pas nous laisser prendre dans cette alternative : nationalisme ou internationalisme. Tant que cette alternative nuisible et fausse ne sera pas dépassée, tout éclaircissement et toute épuration des rapports intellectuels franco-allemands est impossible. Tant qu'elle ne sera pas dépassée, on restera au point mort et on n'aura le choix qu'entre deux possibilités : ou bien se renfermer étroitement sur soi-même, ou bien se livrer sans aucune dignité. Si nous devons passer ce point mort, ce ne peut être qu'en analysant sans prévention tout le problème dans sa complexité, en nous détournant de l'activisme polémique aussi bien que pacifiste, en nous efforçant de pénétrer objectivement, sans passion, des réalités qui font partie d'un état d'âme national et ressortissent dès lors de l'évolution de la culture. On ne peut atteindre seul un tel but ; il exige la collaboration de nombreux cerveaux (qui n'ont pas besoin d'être organisés en institut spécial). Et il serait concevable que justement dans un tel travail de reconnaissance Allemands et Français puissent se rencontrer. Peut-être y a-t-il là une possibilité ; une possibilité, rien

---

6   « Sacrifice de l'esprit ».

de plus. Car il faudrait être bien peu clairvoyant pour ne pas apprécier
à leur juste valeur les forces qui s'opposent au rapprochement : chez
nous, les esprits ont détourné leur regard de l'Occident, pour les porter
vers l'orient, de plus le nationalisme intellectuel croît sous la pression
ennemie ; de l'autre côté, le premier obstacle est dans le dogme de
l'Allemagne seule coupable, en outre le regard est troublé par la haine,
et le « sens critique », qualité traditionnelle française, est paralysé par
la politique, qui s'est emparée des intelligences. Sept années de guerre
ouverte ou latente ont porté une atteinte profonde au sentiment de la
solidarité spirituelle européenne. Ce sentiment se réveillera-t-il ? Sera-ce
une solidarité spirituelle qui ne combattra pas les civilisations nationales
particulières, mais au contraire les affirmera dans leur diversité, pour
les grouper en une harmonie dominant l'étroitesse du nationalisme
et de l'internationalisme ? C'est ainsi que se conçoit une organisation
de l'Europe spirituelle. C'est la manière allemande, celle de Goethe,
d'Adam Müller, de Ranke. Des Français l'ont également conçue ainsi :
Renan et Taine, parmi les contemporains Rolland (tant qu'il s'est tenu
à l'écart de l'internationale de l'esprit) et André Gide.

Mais en France cette conception est cependant toujours restée isolée,
et aujourd'hui, sauf quelques exceptions, elle est complètement détruite.
Nous ne nous faisons pas encore un tableau exact de l'étendue et des
conséquences profondes de la campagne systématique menée depuis 1914
par les intellectuels français contre l'esprit allemand. Cette hostilité a
pénétré toute l'opinion publique, les universités, la littérature, la presse.
L'Allemagne commence la guerre pour détruire et subjuguer l'Europe
pacifique : c'est une nation criminelle, objet d'horreur pour le genre
humain et la civilisation menacée doit se dresser solidairement contre elle,
la garrotter même gisante à terre ; la race allemande est une race inférieure ; l'esprit allemand n'est capable que d'une imitation servile et d'une
exploitation mécanique des idées étrangères – ce sont là des convictions
qui sont partagées unanimement par tous les Français. On nous excom-
munie, on nie notre existence morale, on nous exclut de la communauté
intellectuelle européenne. Les voix isolées qui font entendre un autre
son, ne prouvent rien. Ce n'est que petit à petit que pourra se produire
un changement. Ce n'est pas à nous de nous en préoccuper. Il faut que
la France intellectuelle fasse spontanément le premier pas. Ce n'est que
lorsqu'elle aura montré par la voix de ses chefs qualifiés, et non de l'un

ou l'autre de ces *outsiders* tenus par un petit groupe littéraire seulement pour de grands hommes, qu'elle cherche à prendre une attitude nouvelle à l'égard de l'esprit allemand ; ce n'est que lorsqu'il sera redevenu normal de venir à nous sur le terrain de l'égalité morale complète ; ce n'est que lorsque l'on désirera de nouveau entendre l'Allemagne et la considérer comme un facteur indispensable et irremplaçable de la communauté de la vie européenne, c'est alors seulement que nous pourrons espérer assister au rétablissement de l'Europe intellectuelle. Tant que nous ne verrons pas ces signes, la réserve est pour nous l'attitude indiquée. Avant 1914, c'était à nous et c'était notre droit de faire des démarches pour créer un terrain de meilleure compréhension. À présent nous sommes les vaincus, et cela change toutes les conditions (on le comprendra bien aussi en France et dans les milieux intéressés). Nous n'opposerons pas un refus opiniâtre, nous ne le voulons pas, car ce serait en contradiction avec notre sens de la justice, avec notre sentiment de l'objectivité, avec nos meilleures traditions allemandes. Nous ne voulons pas commettre les fautes de la France après 1870 et nous n'en avons pas le droit. Nous ne voulons pas nous laisser entraîner dans une attitude de haine et de refus et nous n'en avons pas le droit, car cette attitude nous empoisonnerait moralement. Mais nous ne tendrons pas la main. Le silence est pour nous la loi la plus élémentaire de la dignité, le silence opposé aux voix de la haine et de la calomnie. Nous devrions opposer le silence à tout ce que l'on écrit contre nous en France, même à ce qu'écrivent les plus fins psychologues et les plus savants historiens, tant que ces écrits seront nourris d'un orgueil pharisien, tant qu'ils trahiront le ton avec lequel les explorateurs européens étudient les peuplades exotiques. Nous attendrons et il nous faudra attendre qu'un revirement se soit opéré dans les esprits ; il n'existe jusqu'ici de ce revirement que des signes isolés, timides, mais qu'on salue cependant avec plaisir ; nous attendrons que l'opinion publique de la France intellectuelle ait retrouvé sa liberté intérieure pour reconnaître et apprécier pleinement la signification de l'esprit allemand dans le temps présent et dans le passé pour la communauté intellectuelle européenne. Mais le doute resterait permis même si le sens de cette communauté venait à revivre *. Suffirait-il en effet seul, sans que viennent s'y adjoindre des facteurs religieux plus profonds pour réformer le chaos moral et intellectuel de l'Europe.

La destruction des rapports intellectuels franco-allemands n'est qu'un symptôme de cette décomposition de l'esprit européen qu'annonça

Nietzsche en paroles prophétiques à une génération sourde et que l'histoire depuis a fait défiler concrètement sous nos yeux. Vouloir guérir des symptômes, c'est une pauvre médecine. La crise morale du monde ne se guérira pas par la littérature : elle n'est que le miroir de son époque avec son inconsistance et l'incertitude de ses instincts. Les problèmes vitaux intellectuels européens peuvent être discutés dans la sphère littéraire, mais ce n'est pas dans ce domaine qu'ils seront résolus.

Ernst Robert CURTIUS

* *La Nouvelle Revue française* s'efforce de plus en plus d'apprécier correctement et sans parti pris les choses d'Allemagne.

ANNEXE IV

André Gide, « Les rapports intellectuels entre la France et l'Allemagne »

La NRF, n° 98, 1er novembre 1921, p. 513-521.

Nombre d'esprits, et des meilleurs – je veux dire : des plus français – commencent à envisager d'un autre œil la question des relations intellectuelles avec l'Allemagne. Ils commencent à admettre que ces relations puissent être reprises ; et de là à penser qu'elles doivent être reprises, il n'y a qu'un pas ; que certains ont déjà franchi (et tout ce que je vais dire ici ne paraît déjà plus bien hardi à personne) ; certains ont même pensé qu'il ne pouvait y avoir qu'avantage pour la France à les reprendre, et à les reprendre au plus tôt. Il paraît à ceux-ci que l'ignorance est toujours une cause d'erreurs, et que de toutes les ignorances, celle de l'ennemi est la pire ; que cet isolement où l'on prétend parfois maintenir l'Allemagne, pourrait bien en fin de compte se retourner contre nous ; que ne pas regarder n'a jamais empêché d'être vu et que ce jeu d'autruche était un jeu de dupe, qui conférait à l'Allemagne tout l'avantage dont nous nous départions du même coup. À détourner ses regards du voisin, sous couleur de le tenir en pénitence, à se refuser de considérer ses découvertes et ses progrès, notre seule vanité trouve son compte. Il est pour les peuples, aussi bien que pour les individus, une infatuation, une sorte de suffisance qui ne va pas sans niaiserie et que fatalement un arrêt de développement accompagne, c'est-à-dire la décadence. Les lendemains de victoire sont particulièrement dangereux ; Nietzsche le savait bien, et c'est ce qui lui faisait écrire, après 70 : « La nature humaine supporte plus difficilement la victoire que la défaite », et les quelques pages qui commentent cette phrase, au début de ses *Considérations inactuelles* – pages si éloquentes et si sages, et dont la méditation serait pour nous de si grand profit, que je les souhaiterais affichées sur nos monuments publics, à côté des discours à la Chambre.

Je crois que l'on peut aujourd'hui, sans trop se faire aboyer, dire à voix haute ce qui ne fait secret pour personne et que seuls quelques obstinés se refusent encore à admettre : la France, depuis la fin de la guerre (je n'ose dire : depuis le commencement de la paix), n'a cessé de perdre du terrain – moralement et intellectuellement. (Et j'ajoute aussitôt que je la crois sur le point d'en reprendre.) Des avantages de sa victoire a-t-elle maladroitement usé ? Je n'ai garde d'aventurer ma critique sur le terrain de la politique et de la diplomatie. Je sais bien qu'en travaillant à se faire craindre, parfois on ne parvient qu'à se faire détester, et j'ai grand besoin, pour me rassurer, de relire cette phrase de Bossuet : « Il est arrivé qu'en méprisant *par raison* la haine de ceux dont il nous fallait combattre les prétentions, nous en acquérions l'estime, et souvent même l'amitié et la confiance *. » Je souhaite qu'il en advienne ainsi ; mais, précisément, si j'examine l'action officielle et officieuse de la France dans le domaine qui m'est le plus familier, celui des lettres et des arts, il me paraît que trop souvent ce n'est pas la raison qui guide, cette raison que souhaitait ici Bossuet – ou qu'elle est bien mal éclairée. Que penser de cette « propagande » française, dont parle Thibaudet dans un excellent article de *L'Opinion* (13 août 1921[1]) ? Les exemples qu'il cite d'incompétence, de maladresse, d'imbécile fatuité (auxquels hélas ! on pourrait ajouter bien d'autres) sont si mortifiants pour notre amour-propre national, qu'il m'est pénible de les redire[2]. Je préfère ne retenir de cet article que les réflexions que voici ; elles me paraissent si sages et si bien dites que je ne me retiens pas de les citer tout au long :

> Nous avons une vie nationale et une vie internationale. L'une et l'autre se combinent dans notre atmosphère intellectuelle. La guerre nous ayant désha-bitués nécessairement de la vie internationale, l'ayant constamment affectée d'exposants nationalistes, soumise à un contrôle nationaliste, il est naturel que nous éprouvions aujourd'hui quelque difficulté à nous réadapter à elle. Certains cerveaux s'en montrent incapables. Et il n'est peut-être pas souhaitable qu'il en aille autrement. La division du travail intellectuel et social implique des spécialisations, une nation a besoin de défenseurs matériels et moraux à qui le nationalisme donne l'ossature qui leur permet d'agir et d'être.

---

1   Albert Thibaudet, « Chronique internationale – Petites questions de goût », *L'Opinion*, 14ᵉ année, n° 33, 13 août 1921, p. 183-184.

2   On en citera une, qui donne le ton : « Dans un article de *L'Œuvre*, un très distingué professeur de philosophie d'un lycée de Paris trouvait, à l'occasion de ce manifeste, que l'expression : la pensée française, était un pléonasme » (*ibid.*, p. 183).

Mais le danger du nationalisme exclusif pour la nation elle-même apparaît bien vite. Il est incapable de voir les intérêts généraux de l'humanité, de reconnaître les courants qui traversent les nations. Le sens de la vie internationale s'oblitère alors de la façon la plus dangereuse, et qui ménage de durs réveils. Je le sais bien, on contestera énergiquement que le nationalisme refuse de se préoccuper de la vie internationale, ni surtout de la vie des autres nationalismes avec lesquels il soutient constamment des rapports d'alliance et de lutte. Des intelligences nationalistes, des organes nationalistes, sont attentifs et ouverts à ce qui vient de l'étranger; le nationalisme implique même une préoccupation constante et inquiète de l'étranger, on est toujours nationaliste contre quelqu'un. Mais précisément la préoccupation d'utilité nationale compromet gravement l'information internationale. Il faut savoir s'en libérer momentanément, s'abandonner à l'étude désintéressée. C'est de cette manière seule qu'on peut arriver à la connaissance, et que la connaissance, à son heure, pourra se transformer en utilité. Un esprit que la guerre aura libéré de l'internationalisme de la paix aura chance de rendre des services précieux s'il demande à la paix de le libérer du nationalisme de la guerre.

Puis il parle de ce « danger pour l'esprit français, pour la pensée française, qui perdraient bien vite par les procédés en cours, d'abord leurs qualités de mesure et de goût, puis leur clientèle naturelle »... Car, outre la ruineuse infatuation du pays qui le pratique, ce système de boycottage, de protectionnisme outrancier et de volontaire aveuglement, présente un autre danger : le détournement progressif des regards de l'autre pays. L'attention, la curiosité, les convoitises de l'Allemagne, aujourd'hui se détournent vers l'est; et bien naïf serait celui qui n'y verrait qu'avantage pour la France ! Ici je céderai de nouveau la parole, et laisserai parler l'Allemagne elle-même. L'article que je vais citer copieusement a paru dans le *Neue Merkur* de juin dernier**. L'auteur de cet article, Ernst Curtius, s'était déjà signalé à notre attention par un remarquable livre, suite de conférences sur les nouvelles directions de la pensée française – dont *La Nouvelle Revue française* a dernièrement rendu compte. Écoutons-le :

L'aspect du problème intellectuel franco-allemand, aujourd'hui, n'a plus rien de commun avec ce qu'il était en 1914. La génération est éteinte qui aurait pu fournir les supports d'un nouveau lien organique entre les deux cultures. La génération nouvelle a de tout autres bases d'expérience. La jeunesse intellectuelle de l'Allemagne de 1921 n'apporte plus au problème des relations psychologiques avec la France l'intérêt vivant d'avant la guerre... La jeune Allemagne regarde vers l'est, tournant le dos à l'Occident. Ceci indique un revirement décisif. De tout temps, sortir de soi-même fut une des nécessités de l'esprit allemand, qui ne parvient à sa forme qu'après une fécondation venant d'ailleurs. Mais là où cette tendance reste vivante (c'est-à-dire là où elle n'est pas refoulée par un nationalisme de culture, pédant et vieilli) les esprits se tournent vers la Russie, et au-delà, vers les Indes et la Chine. Les sympathies que le bolchévisme rencontre auprès de notre jeunesse, ne sont que l'indice extérieur de ce revirement. L'attitude qu'on a vis-à-vis du bolchévisme ne compte pour rien. Ce qui importe, c'est qu'il est l'expression d'un changement de direction de l'intelligence occidentale. À la suite de Descartes et de Voltaire, de l'affranchissement de la pensée tant en France qu'en Angleterre, de la Révolution française, toute émancipation intellectuelle, tout renouveau social semblait devoir venir de l'ouest. La France se sentait le porte-flambeau de l'Europe. Quand aujourd'hui elle continue à vouloir jouer ce rôle, elle ne trouve plus chez nous d'auditoire.

Et plus loin :

L'Allemagne a cessé de regarder du côté de la France avec l'intérêt de celui qui attend quelque chose. Pour qu'elle y dirige à nouveau ses yeux, il faudrait qu'une personnalité éclatante y parût, témoignant que les vieilles traditions de la France aussi bien que son intarissable vitalité ont encore de quoi fournir de nouveaux aliments au monde, qu'elle peut donner autre chose que de piquantes variations d'analyse psychologique et des raffinements littéraires ; qu'elle est capable de franchir les frontières de l'auto-dissection artistique et de la contraction nationaliste, pour porter une parole de vie spirituelle dans le concile européen interrompu.

Analysant ensuite les différentes raisons qui rendent la reprise des relations intellectuelles entre les deux pays si difficile, Curtius n'hésite pas (et ceci nous invite à lui faire crédit pour le reste) à dénoncer d'abord l'absence de tact de nombre d'Allemands, qui viennent à nous la main tendue, « sans rancune » et comme si rien ne s'était passé, puis s'étonnent qu'il y ait en France des intellectuels aux idées si étroites que de ne pas serrer avec empressement la main qu'ils nous tendent[3].

Le tact le plus élémentaire doit nous dire que des tentatives de ce genre sont, de notre part, tout ce qu'il y a de moins indiqué. En plus, elles font preuve d'une parfaite méconnaissance de la psychologie française. Elles amèneront non pas un mouvement vers nous, mais le contraire – une pénible surprise et un retrait indigné. – Elles nous discréditeront

---

3   Voir lettres 1 et 2.

précisément auprès des meilleurs. Et ce qu'elles nous rapporteront d'approbation ne pèsera pas lourd, moralement.

Oui, ceci devait être dit. Mais la suite de l'article me paraît plus importante encore, et je la citerai d'autant plus volontiers qu'elle me permettra peut-être de dissiper un malentendu. Il m'est revenu que mon nom avait été plusieurs fois cité, particulièrement dans les pays scandinaves, comme à inscrire parmi ceux du groupe Clarté[4]. L'on me demanda de protester ; je m'en abstins, par crainte de prêter à croire que je me ralliais au contraire au parti du nationalisme – ce à quoi je répugnais également. Dès que les opinions se polarisent, il devient on ne peut plus malaisé de ne pas se ranger de l'un ou l'autre parti, d'inventer une position nouvelle. On risque, en le tentant, de passer pour indécis, pour tiède ; mieux vaut se taire en attendant, pensai-je, et laisser à l'opinion le temps de se reformer sur un nouveau plan. C'est donc avec une extrême satisfaction que j'ai pu lire dans cet article de Curtius les lignes suivantes, que j'ai plaisir à rapprocher de celles de Thibaudet que je citais tout à l'heure. Je traduis :

> Certains d'entre nous, rebutés par les manifestations du nationalisme français, ont cherché à se rapprocher de ce groupement français qui a résolument tourné le dos au nationalisme, je veux dire : le groupe Clarté – et cela est psychologiquement compréhensible. Henri Barbusse a fixé les principes de ce groupe dans son livre : *La Lueur dans l'abîme* (1920), document important dont tous ceux que préoccupe le problème franco-allemand devront tenir compte. La première partie de ce livre est analytique et a pour titre : « *La fin d'un monde* ». Les aperçus de cette partie me paraissent particulièrement importants en ce qu'ils constituent un des très rares documents français où, né de la situation française, soit exprimé le sentiment apocalyptique de se trouver à l'un des grands tournants de l'histoire du monde, sentiment qui domine aujourd'hui la pensée allemande – et en dehors duquel une explication franco-allemande concernant les problèmes centraux de la vie, nous paraît impossible. Quelles que soient les divergences de notre pensée avec celle de Barbusse, nos différences d'appréciation de l'évolution historique, il est impossible de ne pas interpréter comme lui les signes de ce temps, dans leur ensemble, de ne pas partager le sentiment tragique qu'il a de la catastrophe.
> Cependant cet acquiescement cesse, et doit cesser, quand Barbusse passe à la seconde partie de son livre, la partie constructive, qu'il intitule : « *La révolte de la raison* ».

---

4   Voir lettre 17, n. 65.

Ici règne le doctrinarisme rationaliste le plus enfantin. Barbusse croit à une infaillible raison, innée en chacun de nous, et dont il suffirait de suivre les lois pour que tout rentrât aussitôt dans l'ordre. Barbusse est hypnotisé par l'idée d'égalité. « Quand on a dit Égalité, on a tout dit » : tel est le titre significatif d'un de ses chapitres. La « loi d'égalité », dit-il, doit former le concept fondamental de toute société humaine. L'égalisation sociale doit être réalisée sans considération pour quoi que ce soit d'autre. L'idéal patriotique est à remplacer par un idéal humanitaire, et le nationalisme par l'internationalisme, etc., etc. Avec la plus grande naïveté, Barbusse pose ces postulats comme des données absolues, des évidences de la raison. Il ne s'aperçoit pas qu'en partie déjà elles contredisent aux règles élémentaires de la logique. Et à plus forte raison est-il inconscient du fond intellectuel d'où il a tiré ces axiomes ; inconscient de ce qu'ils sont en réalité : une dernière forme chétive du moderne « esprit bourgeois », sa dernière conception du monde, son dernier système de valeurs : une schématisation poussée à l'extrême, et devenue complètement exsangue, des idéologies rationalistes des XVIIIe et XIXe siècles.

Ce sont ces formes surannées d'un monde finissant dont Barbusse voudrait faire les bases d'une construction nouvelle. Voilà le paradoxe du groupement Clarté. Sans vouloir refuser toute estime aux forces morales qu'on y sent actives, son plat rationalisme, son internationalisme abstrait, sont formes d'expression d'une époque finissante et contredisent le vivant sentiment des valeurs que l'esprit porte en lui.

Et si ce dernier passage paraît quelque peu confus, voici qui devient beaucoup plus clair :

Certes il est désirable et beau de jeter des ponts par-dessus les abîmes des haines nationales, et de préparer les voies d'une réconciliation européenne. Mais si cela n'est possible qu'au prix du sacrifice de toutes les profondeurs et de tous les sommets de l'âme, et à la condition d'accepter les doctrines insipides de quelque association de libres-penseurs – alors plutôt y renoncer, et se tenir à l'écart d'une activité qui demande comme condition première un *sacrifizio del'intelletto*. Nous ne devons pas acheter la défaite du nationalisme au prix d'une domestication de l'esprit. Tendons-y ; mais par d'autres chemins.

Nous ne voulons pas, nous ne devons pas nous laisser acculer à l'alternative du nationalisme ou de l'internationalisme. Tant que cette alternative pernicieuse et trompeuse ne sera pas écartée, tout effort d'apporter clarté et assainissement dans les rapports intellectuels franco-allemands fera faillite. Tant qu'elle ne sera pas dépassée, nous resterons à un point mort – tant que nous n'aurons le choix qu'entre un étroit repliement sur nous-mêmes, et d'indignes concessions.

Enfin une voix d'outre-Rhin nous encourage et nous rassure – car nous ne pouvions considérer comme porte-parole de l'Allemagne tel adhérent allemand aux doctrines du groupe Clarté, non plus que les adhérents français de ce groupe ne pouvaient prétendre parler au nom de la France. Et peut-être cette voix n'est-elle ni la seule, ni la première qui parle ainsi : je m'excuse auprès de ceux que je n'ai pas entendus. Curtius souhaite, autant que nous le pouvons souhaiter, une reprise des relations intellectuelles entre les deux pays ; mais ces relations lui paraissent et nous paraissent également, inadmissibles, s'il faut qu'elles soient basées sur une préalable dénationalisation de l'intelligence. J'ai déjà maintes fois exprimé mon opinion sur ce point, et l'on pourra la retrouver éparse au cours du volume de *Pages choisies* que *La Nouvelle Revue française* vient de faire paraître. « Nous voyons de mieux en mieux à quel point nationalisme et internationalisme sont aujourd'hui des termes non point vides, mais lourds et dangereux, et comme on arrive vite au bout de leur sens utile », dit Thibaudet. J'ai plaisir à lui laisser encore la parole, ne trouvant rien à ajouter, rien à redire à ceci, dont je veux faire ma conclusion :

> Il y a une vie internationale, dans laquelle les individus et les nations sont baignés, et avec laquelle les individus ne communiquent pas toujours par l'intermédiaire obligatoire de leur nation. Sachons la considérer non d'un point de vue nationaliste, non d'un point de vue internationaliste, mais d'un point de vue international, c'est-à-dire d'un point de vue humain. On ne saurait dire que les intérêts d'aucune nation, fût-elle la France, se confondent avec ceux de l'humanité, de même que les intérêts de l'individu ne se confondent jamais complètement avec ceux de la collectivité. C'est par un effort continuel d'adaptation, de mise au point, et, dans des moments exceptionnels, de sacrifice, qu'on arrive à les faire à peu près collaborer, sans dépasser jamais beaucoup le domaine de l'à peu près. La génération française qui a passé par la double crise de l'affaire Dreyfus et de la guerre, ceux de cette génération qui se sont efforcés dans ces deux moments de conserver leur équilibre et leur santé intellectuelle, sont peut-être parmi les mieux armés pour cette tâche délicate. Dans les régions dévastées du Nord, le premier travail de réfection, celui sans lequel les autres sont impossibles, doit porter sur les voies de communication, routes, chemins de fer et ponts. Il en est de même du monde après la guerre, et particulièrement du monde intellectuel. Il faut y retrouver les routes qui font communiquer les pensées individuelles et nationales, les retrouver pour elles-mêmes, pour la circulation économique, même pour le voyage d'intelligence et de plaisir, et non en songeant toujours aux besoins stratégiques. N'ayons d'ailleurs pas la naïveté de croire qu'elles aient attendu notre initiative. Difficilement et peu à peu leur restauration a déjà commencé ; nous devons la continuer.

Puisse la *Nouvelle Revue française* y aider ; il n'est peut-être pas aujourd'hui de tâche plus importante.

André GIDE

* Oraison funèbre de Michel Le Tellier.
** La *Revue rhénane* d'octobre l'a reproduit *in extenso* dans une excellente traduction que nous eussions certainement utilisée ici, pour nos citations, si elle nous eût été connue plus tôt.

ANNEXE V

LETTRE INÉDITE D'ANDRÉ GIDE
À PAUL DESJARDINS, 5 AVRIL 1922

Bibliothèque littéraire Jacques-Doucet (α 8024-6).

André Gide
Villa Montmorency
Paris

Paris, le [*mercredi*] 5 avril 1922

Cher ami
Je dicte cette lettre pour exercer une nouvelle secrétaire. Excusez-moi

[*dactylographié :*]
Voici bien ce que Jean Schlumberger nous faisait craindre (très bon psychologue décidément). Je reçois ce matin une lettre de Curtius à qui j'avais écrit le lendemain du soir où j'étais venu vous voir – ajoutant à la brochure sur Pontigny que je lui envoyais tous les commentaires que notre conversation avait suggérés.

« Quant à Pontigny, je n'ose pas songer au plaisir que j'aurais à y aller. Je vous remercie de tout cœur de votre invitation et vous prie de remercier aussi M. Desjardins. Laissez-moi vous dire que le § VIII (p. 19) me préoccupe un peu. Évidemment je ne pourrais pas faire partie d'un aréopage des "peuples libres d'Occident" (p. 17) qui déciderait sur la question : l'Allemagne peut-elle être admise, ou faut-il l'écarter ? Vous voyez que ce serait la plus fausse position qu'on puisse imaginer.

Cependant je pense que cette difficulté gît plutôt dans les formules, dans le "*Wording*" et qu'on pourrait la faire évanouir. Vous me dites que le programme a été conçu à une époque où l'on ne pensait pas encore pouvoir inviter des Allemands. J'en tire la conclusion que le comité des Entretiens apporterait aujourd'hui les modifications qui me semblent nécessaires. Vous savez que pour moi la condition *sine qua non* c'est qu'on se rencontre sur un pied de parfaite égalité intellectuelle et morale; et que ce soit là un point entendu et admis. Il s'agirait donc seulement de savoir si je puis espérer que ce point de vue-là soit universellement accepté et si je puis compter de la part de tous les participants sur un accueil sympathique. Un mot de vous suffira pour me rassurer et pour dissiper les objections qui ont pu se présenter à mon esprit. Et alors, j'accepte de *grand cœur.* J'ai le plus grand désir non seulement de vous revoir, mais aussi de respirer de nouveau l'atmosphère française et de revoir la France réelle. Voir le pays et les hommes de France, c'est pour moi un élément de vie. Voyez la position bizarre où je suis : je dois continuellement parler des choses de France, et voilà dix ans ou plus que je n'ai pu participer à la vie française.

J'espère donc que le très beau projet dont vous m'entretenez va se réaliser. C'est délicieux rien que d'y penser. »

Il serait donc bon de nous revoir et de conférer (avec Jean Schlumberger sans doute) pour décider de ce qu'il convient de faire. Je n'ai pas encore écrit à Rilke, ayant préféré attendre la réaction de Curtius.

Excusez je vous prie, cher ami, les [*mot illisible*].

Bien affectueusement votre

André Gide

LETTRE DE PAUL DESJARDINS
À ANDRÉ GIDE, 20 AVRIL 1922

Publiée dans *DFG*, p. 181, et dans André Gide, *Correspondance avec Paul Desjardins, Jacques Heurgon et Anne Heurgon Desjardins*, éd. Pierre Masson, Paris, Éditions des Cendres, 2011, p. 37-40.

Pontigny (Yonne), [*jeudi*] 20 avril [*1922*]

Cher ami,

Il me revient à l'esprit que je ne vous ai pas répondu – pas répondu à la communication de la lettre de Robert Curtius. Et ce rappel, que je me fais, me pénètre de honte. À vrai dire la réponse allait de soi. Il faut lui aplanir le seuil. Nous allons amender notre rédaction dans cette vue (quoique cela fasse gauchir notre intention première). Rentrant à Paris lundi soir, je m'entendrai avec vous et Jean Schlumb[*erger*].

Mais il faut tout de suite – c'est déjà trop attendu – certifier à Curtius – comme à Rilke – notre intention nette de l'accueillir. Ceci implique qu'on l'accueillera comme il le souhaite « sur un pied de parfaite égalité intellectuelle et morale ». En ce qui concerne ma femme et moi, la décision en est prise. Nous avons été touchés l'un et l'autre de l'espèce de soif de notre air qui paraît dans sa lettre. Il serait impolitique autant qu'inhumain de rebuter un tel sentiment.

Mais pour la décade suivante « Société des Nations », n'auriez-vous pas deux noms suffisamment cordiaux à mettre en avant, du côté allemand ? Causez-en avec vos amis, ou avec Mme Mayrisch. Il faudrait un juriste, un historien, un moraliste, mais toujours un Européen sans morgue et sans haine. On fera trois pas à sa rencontre, il faut qu'il en fasse deux. Les événements de cette semaine, loin de me décourager, me déterminent davantage en ce sens : il faut réagir, volontairement, inébranlablement. À cette décade de la Société des Nations le rendez-vous sera fort corsé d'autre part. C'est celle que Thibaudet a choisie.

J'ai écrit à Wells (pour cette troisième seulement). Faites une tentative auprès de Galsworthy (à qui j'adresse un prospectus), parce que vous avez plus de notoriété et de poids que je n'en ai, auprès de Conrad – que vous connaissez – et de Lytton Strachey.

En somme tout s'annonce inespérément bien.

À vous, en toute confiance et amitié

Paul Desjardins

ANNEXE VI

LETTRE DE MARCEL PROUST
À ERNST ROBERT CURTIUS, 7 OU 8 MARS 1922

Publiée dans Marcel Proust, *Correspondance, Tome XXI : 1922 et index général*, éd. Philip Kolb, Paris, Plon, 1993, p. 81.

[Paris, mardi 7 ou mercredi 8 mars 1922]

Monsieur

Je suis actuellement dans une période si grave de ma maladie qu'il faut que je ressente bien profondément l'honneur que vous m'avez fait[1] pour vous répondre moi-même, les rares lettres que j'ai la force d'envoyer sont dictées à la machine. Aussi vous me permettrez pour aujourd'hui et en raison de mon état de fièvre et de ma souffrance, de vous remercier simplement de tout cœur. En voyant la magnifique connaissance que vous avez des lettres françaises et la façon si ingénieuse dont vous me citez en français, j'aurais voulu vous répondre en allemand. Hélas j'ai craint une trop grande disproportion en[*tre*] votre français et mon allemand. J'ai une grande admiration pour la ~~musique~~ littérature et la philosophie allemandes mais votre langue ne m'est pas si familière (bien que je la mette à côté du grec parmi les langues les plus riches). J'allais ajouter la musique (c'est le mot que j'ai barré – non la chose !) là où l'Allemagne est en effet insurpassable. Et en quittant votre étude je me tourne vers le *XV*e *quatuor* de Beethoven, avec un espoir – bien incertain – de convalescence.

Veuillez agréer mon admirative reconnaissance

Marcel Proust

---

1   Proust écrit à Curtius pour le remercier de l'envoi de son étude sur lui. Voir lettre 26., n. 103.

LETTRE D'ERNST ROBERT CURTIUS
À MARCEL PROUST, 12 AVRIL 1922

Publiée en allemand dans *Briefe*, p. 131-132 ; et traduite en français dans Marcel Proust, *Correspondance, Tome XXI : 1922 et index général*, éd. Philip Kolb, Paris, Plon, 1993, p. 128-129.
Trad. de l'allemand par Peter Schnyder.

Marburg, le [*mercredi*] 12 avril 1922

Cher Monsieur Proust

La grande joie que votre lettre m'a procurée vous a peut-être déjà été communiquée par André Gide. Je vous prie d'excuser le fait que je ne vous réponde qu'aujourd'hui : durant les dernières semaines, j'ai été totalement absorbé par le travail à un nouveau livre. Mais peut-être me permettrez-vous encore aujourd'hui de vous adresser mes remerciements qui viennent du plus profond de mon cœur. Que vous ayez pris la peine de m'écrire personnellement, malgré votre maladie, je le ressens comme une faveur qui me réjouit beaucoup.

La lecture de votre livre fait pour moi partie des plus pures et des plus grandes joies de l'esprit que ces dernières années m'ont apportées. Vous avez donné de nouvelles raisons à mon amour pour la France. J'admire ce lien entre les richesses inépuisables de la vie et la lucidité souveraine de l'esprit. Vous avez réalisé ce que Balzac définit comme caractéristique du génie : « empreindre l'idée dans le fait. » « Les grandes intelligences, dit-il ailleurs, comprennent nécessairement toutes choses, les vices aussi bien que les vertus. » Et il ajoute : « Les gens d'esprit sont variables autant que des baromètres, le génie seul est essentiellement bon. »

Dans vos livres, j'ai pu admirer le pouvoir spirituel des grands auteurs de génie – dans votre lettre, vous m'avez dévoilé le côté moral dont parle la dernière phrase de Balzac.

Recevez, cher Monsieur Proust, mes meilleurs souhaits pour votre rétablissement.

Votre reconnaissant et dévoué

Ernst Robert Curtius

ANNEXE VII

Proposition pour le premier prospectus
de la Société Nietzsche[1]

Bibliothèque littéraire Jacques-Doucet (γ 1509.1).
Trad. de l'allemand par Peter Schnyder.

La Société Nietzsche a été fondée dans l'intention de créer un point de rencontre pour quiconque pour qui l'œuvre de Friedrich Nietzsche constitue une expérience décisive.

Persuadés que cette philosophie peut hautement prétendre ne pas simplement rester un phénomène de la pensée abstraite, un objet de recherche critique, mais qu'elle doit intervenir dans l'existence vivante de chacun de nous, en tant qu'exigence et exemple de l'attitude héroïque de l'esprit, nous trouvons qu'une telle rencontre des esprits pourra se justifier et se faire dans la confiance : leur effet isolé ne promet la création d'une atmosphère plus pure de la vie que dans une réunion plus consciente.

Le spectacle pénible, de voir le nom de Friedrich Nietzsche abusivement mis en avant dans un contexte politique quel qu'il soit, nous oblige à écarter avec force notre Société de tels agissements. La notion du « bon Européen », tel que Nietzsche l'a forgée, contient et en même temps concrétise le meilleur type d'Allemand, qui suscite volontiers des soupçons dans son propre pays et qui dans le monde court le risque de ne pas être pas reconnu comme typiquement allemand.

Pour réaliser cette idée, le fondateur de la Société Nietzsche, le professeur Friedrich Würzbach, était d'avis que le meilleur garant serait une intégration dans le comité directeur de personnalités dont le nom exprimait d'emblée une certaine direction spirituelle.

---

[1] La lettre de Friedrich Würzbach à laquelle ce document est joint date du 29 avril 1922. L'ensemble est conservé à la Bibliothèque littéraire Jacques-Doucet (γ 1509.1). Voir lettre 33 et suiv.

Le comité directeur est composé d'Ernst Bertram, Thomas Mann, Richard Oehler, Heinrich Wölfflin, Friedrich Würzbach. Chacun des autres États européens devrait de même être représenté par un membre du comité directeur. Dans un premier temps ont été prévus, pour l'Autriche germanophone, Hugo von Hofmannsthal, pour l'Italie, Benedetto Croce, pour la France, André Gide. Pour la Suisse, l'Espagne, L'Angleterre et l'Amérique, des représentants sont également prévus.

Dans toutes les villes allemandes d'une certaine importance, ainsi que dans les capitales étrangères, des bureaux seront installés. Le bureau principal de la Société Nietzsche se trouvera à Munich, Königinstrasse 15.

On peut devenir membre en procédant à une inscription écrite auprès du bureau principal ou de l'un des bureaux affiliés. L'inscription oblige à s'acquitter d'une cotisation annuelle de … marks, ou …, en échange de la publication annuelle de la Société Nietzsche, qui sera délivrée dans une édition courante, moyenne ou luxueuse. Les membres auront également le droit d'assister aux autres manifestations de la Société Nietzsche, qui auront lieu, dans un premier temps, sous forme de conférences.

On peut devenir membre fondateur par un virement unique extraordinaire de … marks, ou …, en dehors de la cotisation ordinaire.

Aux membres fondateurs de la Société Nietzsche, dont le nombre doit rester limité à 90, sera remis sans frais l'un des exemplaires reliés en mi-cuir, numérotés de I à XC, de l'édition monumentale des œuvres de Nietzsche en 22 volumes aux Éditions Musarion. (Cette édition se trouve dans le commerce.)

Afin d'assurer l'avenir des Archives Nietzsche et d'avoir ainsi la possibilité d'une recherche ultérieure dans l'ensemble des fonds de Friedrich Nietzsche, il est souhaitable que, parmi les membres de la Société Nietzsche, un cercle plus restreint se constitue sous le nom « Les Amis des Archives Nietzsche ». En recourant à des fondations, il prendra en charge le maintien et la valorisation de cet héritage intellectuel.

ANNEXE VIII

Ernst Robert Curtius, « Pontigny. Une tentative française d'entretiens internationaux »

La Revue rhénane, 3ᵉ année, nᵒ 4, janvier 1923, p. 269-272 (pas de mention de traducteur).
Trad. de « Pontigny », *Der Neue Merkur*, 6ᵉ année, novembre 1922, p. 419-425.

Voici un article du professeur Curtius que nous avions traduit intégralement avant que ne parût, dans La Revue de Genève *(décembre 1922), sa réponse à Pierre Mille, intitulée : « Français et Allemands peuvent-ils se comprendre ? », sorte de justification, d'un ton bien différent et qui peut à bon droit surprendre.*

Puisqu'il en était à faire la psychologie de ses compatriotes, le professeur Curtius aurait bien dû ne pas oublier la contribution qu'y apporta Jacques Rivière avec son livre L'Allemand, *dont il eût été naturel que le titre retînt sa curiosité féconde ; aussi bien, se sert-il de Jacques Rivière, à l'occasion et pour les besoins de la cause, quitte d'ailleurs à jouer un peu sur les mots. (Cf.* La Revue de Genève, *décembre 1922, page 724). N.D.L.R.*

Pontigny est un petit village bourguignon situé au bord du Serein. La petite rivière promène son murmure à travers les buissons d'un paysage dont les prés, les hauts groupes d'arbres et les éléments sylvestres rappellent souvent les décors bucoliques de Poussin. Un vieux pont de pierre qui sert encore à la circulation a donné son nom à l'endroit. Les blés et les vignes s'étalent richement jusqu'à l'horizon limité par la forêt. Le village est l'œuvre de cisterciens dont la vieille et puissante abbaye fut détruite pendant la Révolution. La chapelle de la communauté est seule demeurée intacte, comme un miraculeux monument de cette pure et sévère gothique cistercienne. On voit de loin son vaisseau majestueux s'élever au-dessus des champs : arche de la sainteté et des disciplines divines, ancrée là comme un mystérieux témoin des âges disparus. Des bâtiments du couvent, qui pouvaient suffire à cinq cents moines, il ne reste que quelques caves et celliers d'une massive facture romane. « De ces vastes plaines verdoyantes, traversées par le Serein, écrit l'Américain Maton Fullerton dans *Terre françaises*, on peut reporter son regard vers ces temps lointains où les nations n'étaient séparées par aucun mur... Sur le bord de cette rivière je songe à l'extraordinaire époque où ces champs aujourd'hui si calmes offraient un spectacle éclatant... »

En 1906, à la suite de la loi de séparation, le couvent fut vendu aux enchères et devint la propriété de M. Paul Desjardins, de Paris. Monsieur Desjardins, un érudit, un critique et un professeur distingué, directeur de l'École normale supérieure de Sèvres, fait partie des fondateurs de cette *Union pour la vérité*, qui, dans la France de l'affaire Dreyfus bouleversée par la lutte des partis, s'est consacrée à une œuvre de reconstruction morale et intellectuelle pour faire triompher une éthique du vrai incorruptible, dégagée de tout parti pris. Il voulait utiliser pour une association intellectuelle moderne le cadre créé par les cisterciens du XIIᵉ siècle. La tradition de tant de générations, qui avaient travaillé à Pontigny à faire vivre une maison de l'intelligence, semblait imposer ce projet de créer une renaissance. C'est ainsi que naquit l'idée des *Entretiens d'été de Pontigny*.

Inspirés des *Summermeetings* des universités anglaises et des congrès de vacances américains, ils devaient permettre à l'intellectuel moderne d'exercer un peu de cette influence bienfaisante que les mondains du Grand Siècle faisaient régner du fond des « *retraites* ». À l'instar des congrès scientifiques, les Entretiens d'été veulent créer un centre de contact international offrant aux gens des divers pays l'occasion d'apprendre à se connaître et à communier. Mais leur organisation, leurs méthodes et leur esprit sont toutes différentes et entièrement originales [*sic*]. Ils ne réunissent pas de spécialistes (érudits, hommes politiques ou sociologues) mais des hommes tout court. La vie en commun, les promenades, les entretiens, les veillées, loin de l'agitation des grandes villes, l'influence occulte d'un grand passé historique et d'un beau paysage paisible, voilà l'atmosphère de Pontigny. Ni enseignement organisé, ni cours, ni conférences, ni emploi du temps, ni statuts. On n'exige des adhérents aucune couleur politique, aucune profession de foi spéciale. Un cosmopolitisme de bon aloi, une intelligence libre et critique des choses, caractérisent l'esprit des adhérents. Échange entre hommes libres, société amicale.

Les Entretiens d'été, inaugurés en 1910, furent distribués en trois *décades* annuelles, parfois davantage. Pour chaque période de dix jours, un sujet commun oriente les conversations. Le matin on s'occupe à son gré ; on peut prendre l'air dans le jardin ou travailler dans la riche bibliothèque aux voûtes romanes. L'après-midi réunion, d'ordinaire sous les ombrages d'une allée, discours et contre-discours. Ce fut cet été pour la première fois depuis la guerre que reprirent les Entretiens.

La tentative a réussi, « *flawless*[1] » disait un des Français en manière d'adieu pour exprimer son impression finale. À la décade où je me trouvais avaient pris part entre autres : [*André*] Gide, Jacques Rivière, Jean Schlumberger, Edmond Jaloux. Il se trouvait aussi des Anglais et des Hollandais. L'Italie était représentée par Prezzolini, la Suisse par Robert de Traz qui écrit précisément dans *La Revue de Genève* :

> Ce qui donne tout leur sens à des entretiens qui groupent des hommes si différents, c'est la façon dont leur directeur spirituel, M. Paul Desjardins, les inspire. Caractère digne de la plus respectueuse admiration, esprit d'une culture multiple. Français représentatif des vertus fines et fortes de la race, à la fois souriant et profondément convaincu, M. Desjardins qui aurait tant à dire, s'ingénie à faire parler les autres. Sous la charmille que transperce un rayon de soleil, au milieu d'un cercle attentif, s'élèvent tour à tour la voix soudain haute et scandée de Gide, celle, douce et lente, de Jaloux, celle de Prezzolini si nette dans son zézaiement qu'illustre la danse rapide des gestes… Derrière cette assemblée, au-dessus, se découpe, en plein ciel bourguignon, l'abbaye cistercienne qui donne à ces phrases d'un jour la perspective exemplaire des siècles. Dans un autre cadre, causer ne serait qu'un plaisir d'intelligence. Mais cette architecture, dressée comme un formidable témoin, fait comprendre que l'intelligence ne peut se borner à distraire, et qu'elle doit construire… Autour de l'abbaye, le jardin foisonne de fleurs ; au-delà des grands murs, la campagne est belle dans sa robe de blés ; non loin, c'est Chablis où la vigne est généreuse. Pontigny, terre féconde.

Le sujet de cette décade littéraire était « la fiction et l'honneur ». On devait s'occuper des progrès que la littérature a pu faire, depuis la chanson de geste du XIIe siècle, pour développer le type du héros courtois. L'idéal chevaleresque du Moyen Âge servait donc de point de départ. Les relations entre la morale individuelle et la morale sociale, la puissance des élites à monter des types, les parangons nationaux du

---

1   « Impeccable ».

gentleman, du *cortegiano*, de l'honnête homme, du *caballero*, les rapports entre la conception aristocratique de l'idéal humain et ses conceptions chrétienne, sociale, individuelle, furent le sujet des conversations. L'idée nietzschéenne d'une morale aristocratique fut surtout étudiée à fond. Les nations occidentales ont formé des types nettement caractérisés dont on put parler sans peine, mais il fallut rendre intelligible l'histoire si spéciale de l'esprit allemand qui, bien qu'avec un cachet moins net, la tradition étant toujours interrompue, a cependant marqué quelques exemples d'humanité supérieure : l'ancien Germain si fièrement conscient de son indépendance, le paysan libre, le bourgeois, la figure d'un Ulrich von Hutten, le chevalier chrétien de Dürer, l'Allemand de Luther et de Fichte, un Leibniz, un Schiller, un Nietzsche, aristocrates de l'intelligence, un George à la poésie noblement sévère.

L'idéal humain social de la littérature française trouvait son contrepoids dans le héros du roman allemand qui cherche à atteindre un idéal individuel en accomplissant le circuit qui consiste, partant de la solitude, à s'ouvrir d'abord au monde, pour revenir de la dépendance où vous tient ce monde à l'isolement intérieur, ou bien il trouvera la formule individuelle de raison d'être. Le dernier jour se posa la question de savoir quels représentants de la littérature moderne répondaient plus spécialement aux besoins de l'homme actuel, à son sentiment plus intense et à sa conception plus riche de la vie. Les Français nommaient en première ligne, comme les principaux animateurs : Whitman, Nietzsche et Dostoïevski. Prezzolini n'était pas du même avis ; il choisissait pour l'Italie Carducci, qu'il plaçait bien avant tout autre, puis Croce. Les Anglais ajoutaient pour leur pays Browning et Meredith. Quant à l'Allemand, il pouvait dire que les trois noms choisis par les Français lui semblaient aussi convenables pour caractériser son atmosphère intellectuelle. Et c'est ainsi que se formula d'elle-même cette intéressante constatation, savoir : qu'en Allemagne et en France la situation intellectuelle présente de surprenantes analogies et qu'il existe entre les deux pays un domaine commun dans lequel l'Italie et l'Angleterre n'ont point de part. Gide fit une objection très française. Il lui manquait dans ce mélange de stimulants intellectuels un nom qui exprimât l'équilibre et l'harmonie : « J'ai besoin dans tout cela de Goethe », dit-il. Ce nom allemand et européen symbolise en effet l'harmonie entre la « mesure » française et l'esprit faustique, entre le classicisme et la sensibilité moderne.

L'échange d'opinions gardait toujours le ton de la conversation. Chacun s'efforçait de transporter le débat sur un terrain général au lieu de s'isoler dans son point de vue. L'art français de la conversation se déployait dans toute la sûreté de son instinct. La « *Gesellige Bildung*[2] », pour employer la formule de Goethe, était le terrain solide, sur lequel on se mouvait et qui rendrait tout faux pas impossible. L'antithèse bohême entre Bourgeois et Artiste n'existait pas. Les écrivains ne s'isolaient pas dans un esprit de caste intellectuelle mais vivaient naturellement dans l'atmosphère commune. Entre la vie et l'intelligence il y avait pénétration intime et parfaite unité. L'intérêt pour tout ce qui touche à l'Allemagne était très vif. Pendant les belles heures matinales on pouvait lire du George dans le jardin. Le *Tonio Kröger* de Thomas Mann, paru dans *La Revue de Genève*, avait attaché plus d'un lecteur français. On voulait avoir des détails sur Keyserling, sur les nouveaux romans, les nouveaux drames. De Goethe, de Nietzsche et de Beethoven on parlait comme d'un domaine commun. L'atmosphère était si pure et harmonieuse qu'on pouvait discuter avec une franchise parfaite jusqu'aux douloureux problèmes politiques. Cette terre imprégnée d'histoire sur laquelle on reposait et l'esprit de la maison excluaient toute gêne et toute petitesse. Il semblait qu'un pont fût jeté entre les contrastes nationaux créés par les événements.

Un jour fut consacré à visiter Vézelay. Sur le raide coteau bourguignon couvert de vignes, on s'arrêta à l'ombre de la grandiose église romane, à l'endroit où le Vendredi saint de l'année 1146 devant l'empereur et les rois de France et d'Angleterre, en face des armées chrétiennes campées sur les pentes environnantes, saint Bernard avait prêché la croisade. Lorsque, quelques semaines après, je me trouvai devant l'autel de la vieille abbaye de Brauweiler en Rhénanie, qui perpétue aussi le souvenir de la croisade prêchée par saint Bernard (on montre encore la lourde chasuble brochée d'or dont il a dû se servir pour officier à Brauweiler) et lorsque plus tard à Cologne je vis l'adoration de saint Bernard devant la Mère de Dieu, peinte par le maître qui a fixé la vie de Marie, je sentis, enrichi de mes impressions de France, l'unité historique de notre Occident.

Ici, sur le Rhin, la présence des Français ne contribue naturellement pas à la « pénétration culturelle » qu'en espère leur gouvernement, elle obtient au contraire le résultat opposé : on s'éloigne d'eux avec une fière

---

2   « Éducation à la sociabilité ».

indignation. Ce n'est pas un paradoxe d'affirmer que rien n'élargit plus le fossé qui sépare le Français du Rhénan (et de l'Allemand en général) que l'activité déployée par les Français sur le Rhin. On peut presque dire que le Rhénan apprend à les connaître par leur caricature et en demeure aveugle pour toute la France d'outre-frontière. À Pontigny, on peut parler entre Français et Allemands. Sur le Rhin ce serait impossible.

Rien ne se perd dans le monde moral. Il arrivera forcément un moment où des entretiens européens comme ceux de Pontigny seront devenus indispensables. Beaucoup d'entre nous sont trop enclins à s'écarter du système de culture français, suranné à leur avis, anémique et qui n'aurait plus de valeur que conservatrice. Dans les universités et les écoles, bien des gens parlent de se tourner vers la culture anglo-saxonne ou ibéro-américaine. On étale des bilans commerciaux, des statistiques concernant la linguistique, on appelle l'attention sur les affinités germano-italiennes, germano-espagnoles. Qu'on les cultive avec soin, parfait, mais il faut se rendre bien compte qu'elles ne vaudront jamais que pour des groupes isolés des nations en cause. Dans ces limites seulement elles sont vivantes et efficaces. Mais vouloir étendre artificiellement leur zone d'influence c'est politique d'utopiste. L'Allemagne et la France sont les deux foyers intellectuels de l'Occident. Leurs cultures ne peuvent s'éviter ni s'ignorer. Chacune a besoin de l'autre. La France a toujours eu en Europe, en Amérique et en Orient le prestige d'une puissance intellectuelle qui ouvre les voies et donne des modèles. Elle exerce toujours son attraction. On lui fait la cour, on l'aime, on recherche ses suffrages. Son classicisme (dans le plus large sens), sa riche tradition ont un cours universel. Pour pouvoir se mesurer avec la France et pour manifester son originalité parallèlement à elle, pour se faire accepter partout, on est contraint de ne pas fermer les yeux devant la culture française. La valeur originale d'un peuple n'est complète que lorsqu'il comprend aussi l'étranger. Sans cette compréhension, il lui est même véritablement impossible de réfléchir. Mais sans sympathie, pas d'intelligence. Ce n'est pas seulement parce que nous sommes Européens mais aussi précisément parce que nous sommes Allemands que nous devons – dans tous les sens – comprendre le français de même que les Français doivent comprendre ou apprendre l'allemand si, de leur côté, ils ne veulent pas diminuer en face de l'avenir européen.

La France classique porte toujours de nouvelles fleurs de la plus délicate couleur et du parfum le plus exquis. La prose de Proust, les vers de Valéry ont été à Pontigny traduits en vie. C'était la même perfection que sur les tableaux de Derain et de Vlaminck que je vis à mon retour à Cologne.

Ernst Robert CURTIUS

ANNEXE IX

Lettre inédite d'Ernst Robert Curtius
à Jacques Heurgon, 8 novembre 1922

Bibliothèque littéraire Jacques-Doucet (α 15880).

Marburg, [*mercredi*] 8 nov[*embre*] 1922

Cher Monsieur Heurgon

Vous m'avez fait grand plaisir en m'écrivant et je profite d'un moment de loisir pour vous en remercier. Moi aussi j'ai beaucoup de mal à me réaccoutumer à la vie universitaire. C'est une besogne qui nous reste extérieure, et qui doit même rester telle. Ne vous ai-je pas cité à Pontigny la parole de Stevenson : *It is by no means certain that a man's business is the most important thing in his life*[1] ? C'est un mot qui m'a fait l'effet d'une libération quand je l'ai lu pour la première fois il y a q[*uel*]q[*ue*]s années. Si vous ne lisez pas l'anglais je vous le traduirai. – Vous vous demandez si vous n'êtes pas trop sérieux, « un peu lourd même ». Je vous dis : félicitez-vous de l'être. Ne dites pas : lourdeur. Vous avez le sens de la profondeur de la vie – ce qui est la condition de toute vie intense, de toute grandeur, de toute envolée. Et la beauté véritable n'est accessible que par ce chemin-là. Que vous différiez de vos camarades, rien de mieux. Il y a des étapes dans l'évolution de chaque âme où il est bon et salutaire de se sentir « différent ». Le repliement intérieur n'a pas de dangers tant qu'on possède quelques-uns ou quelqu'un à qui l'on puisse parler le cœur ouvert. Creusez votre fonds intérieur. C'est là qu'on trouve, si l'on cherche bien, les « voix intérieures » qui nous guident vers notre destin, notre vérité, notre beauté. Ce qui importe avant tout, n'est-ce pas, c'est de savoir vivre profondément. Il faut partir à la découverte comme

---

1   Il n'est absolument pas certain que les affaires soient la chose la plus importante dans la vie d'un homme.

le fils prodigue. Sans cela l'on n'achève rien de grand. Après, une fois le voyage accompli, le royaume conquis, on pourra communiquer aux autres ce qu'on a gagné. Qu'est-ce que le poète, le musicien, l'artiste que le voyageur qui a exploré des terres inconnues et qui fait part de ses découvertes à ceux qui sont altérés de beauté nouvelle ? Ainsi se réalise l'harmonie entre l'individualisme et cette communion des âmes qui est un besoin indéracinable de l'homme.

Le XVIIe siècle est devenu pour nous un cadre trop étroit. Nous cherchons dans la littérature des choses que les gens du XVIIe n'y cherchaient pas et n'y mettaient pas. Il faut toujours se rappeler qu'en ce temps-là les aspirations les plus élevées de l'homme trouvaient une satisfaction non dans les lettres mais dans la religion. Rarement le XVIIe s[*iècle*] a réussi une harmonie entre la vie spirituelle et la vie intellectuelle. Mais il y a *Polyeucte* (dont Péguy a parlé d'une façon si émouvante), il y a surtout Fénelon qui pour moi reste une des plus belles figures de la France. L'exemple de Gide vous montre d'ailleurs qu'on peut intégrer les valeurs classiques dans un sentiment de la vie tout moderne et frémissant.

Je suis vraiment heureux de pouvoir reprendre avec vous les conversations de Pontigny. Le souvenir de ces journées d'une beauté si sereine et si pleine m'accompagnera à travers cette saison de brume et de froid qui m'est toujours pénible. J'ai eu une charmante lettre de M. Desjardins qui m'invite dès maintenant à revenir à Pontigny l'année prochaine. Je compte vous y rencontrer. J'espère en attendant que vous continuerez à m'écrire. Soyez sûr que tout ce que vous pourrez me dire m'intéressera. Je suis bien aise de vous voir employer le terme d'« amitié » qui répond entièrement à mes sentiments.

Excusez cette lettre écrite au courant de la plume avec tous les risques qu'implique l'usage d'une langue qui n'est pas la mienne.

Bien votre

Ernst Robert Curtius

ANNEXE X

Texte d'André Gide, sous forme de « lettre ouverte », non publié

En réponse à l'article d'Ernst Robert Curtius « Français et Allemands peuvent-ils se comprendre ? », paru en décembre 1922 dans *La Revue de Genève*[1].

Cuverville, [*samedi*] 23 déc[*embre 1922*]

Mon cher Curtius

Je vous entendrais mieux sans doute, si j'avais lu les livres de Barrès et l'article de Pierre Mille auxquels vous répondez ; mais je ne les ai point lus. Je veux croire qu'ils ont poussé à bout l'expression de votre pensée, et forcé celle-ci à prendre une position qui ne lui est pas naturelle. Ce dilemme que vous dressez devant nous et déclarez inéluctable, ma pensée y échappe, et à ce « *tertium non datur*[2] » ?

Il m'a toujours paru extrêmement maladroit, indécent même, d'exiger d'un Allemand qu'il désapprouvât son pays. Pas de conversation possible avant cela, disaient certains. C'était se condamner à ne causer qu'avec des hypocrites, ou des gens dénationalisés. Désavouer son pays est chose intolérable pour une âme un peu noble – et particulièrement devant son ennemi de la veille. Il m'a paru que le silence, ici, devait être respecté. Un fils peut garder le silence sur tel acte de son père dont il souffre et qu'il désapprouve, sans que nous soyons autorisés à en conclure qu'il se solidarise avec lui (ne croyez tout de même pas que j'approuve tout ce qui se fait en France, et au nom de la France). Mais, de même que nous respections votre silence douloureux, respectez notre discrétion. Vous retombez sinon dans l'erreur précédente (et qu'importe qu'elle

---

1   Voir lettre 42 et suiv.
2   Litt. : « Il n'y a pas de troisième solution » (principe du tiers exclu).

soit retournée ?). – Si vous n'acceptez d'entrer en rapport qu'avec des Français qui d'abord consentent à reconnaître que l'Allemagne n'a pas eu de torts, qui aurez-vous en face de vous ?... Des gens avec qui vous-même, tel que je vous connais et estime, préférerez ne pas parler.

Je ne suis rien moins qu'un historien ; et même, je l'avoue je ne crois pas beaucoup à l'histoire. Je ne veux écouter ici les journaux non plus de mon pays que du vôtre ; mais j'aime écouter la raison. Quand, d'un côté d'une frontière, je vois un peuple clairsemé, sclérosé, mal organisé, gaspilleur ou méconnaisseur de ses biens les plus rares – et de l'autre côté un peuple non alourdi par son passé, d'une force d'expansion et prolification prodigieuse, chez qui tout est mis à sa place et par conséquent en valeur (ou tend à l'être), la raison me dit qu'il se produira fatalement... ce qui s'est produit. Il était naturel et fatal que nombre d'Allemands venant en France, ou même contemplant la France de loin, pensassent : *Ach* ! si seulement c'était nous qui faisions valoir ce beau pays ! Eux ne savent pas ; nous, nous saurions.

Que la conquête de la France ait pu se poser comme une obligation morale pour beaucoup d'Allemands, cela me paraît évident. D'autre part, j'admets volontiers que nombre d'esprits, en Allemagne (même, ou surtout, parmi les dirigeants) aient été dupes de cet aphorisme fallacieux : « *Si vis pacem para bellum*[3] », aient pu, très sincèrement, et même un peu niaisement, vouloir la paix en préparant la guerre. Ceux qui ont chargé le canon ne sont peut-être pas ceux qui y ont mis l'étincelle, je le veux bien croire ; mais un canon si bien chargé, je dis qu'il était nécessaire et fatal qu'il partît.

Et maintenant vous venez nous dire : le coup est parti tout seul ; ou même : vous nous avez poussés ! Laissez donc. Canon si bien chargé devait[4] partir.

Mais de savoir que vous personnellement n'aviez pas aidé à charger le canon, et de penser que vous étiez de ceux qui déploraient que le coup fût parti, me permettait de causer avec vous, et sans méfiance, ainsi que vous l'avez senti.

Quant à ce que vous dites si bien et si justement, au début de votre article, à propos de cette *indéfinition* de l'Allemagne et du caractère allemand, ne croyez pas que, tout Français que je sois, je ne la puisse

---

3   « Si tu veux la paix, prépare la guerre. »
4   [*écrit juste avant :*] ~~ne pouvait pas ne pas~~.

comprendre. Vous avouerai-je même que c'est par là que le génie de l'Allemagne me séduit le plus : par tout ce que j'y sens en effet « de richesse intérieure, de force tranquille, et de plénitude organique » – et parce que j'ai toujours cru qu'il nous fallait chercher le plus d'instruction près de ce qui différait le plus de nous. Vous me dites ensuite : « Le caractère allemand n'est pas assimilable à l'esprit des peuples occidentaux »... Si nous commençons, en Europe, à ne plus vouloir comprendre et admettre que nos semblables, je dis que c'en est fait de la culture.

André Gide

ANNEXE XI

Robert de Traz, « Y a-t-il une Europe ? »

Texte introductif à l'enquête sur « L'avenir de l'Europe[1] »
La Revue de Genève, t. V, octobre 1922, p. 417-422.

La Revue de Genève, soucieuse de remplir son programme, voudrait fournir l'occasion de certaines conversations générales auxquelles prendraient part des interlocuteurs de divers pays. Deux méthodes se présentent : publier successivement des articles contradictoires consacrés à un seul sujet, poursuivre ainsi, en plusieurs numéros, une sorte de dialogue. Ou bien publier à la fois, sans idée de critique réciproque, l'opinion d'esprits différents à propos d'un problème commun à tous.

Suivant la première méthode, nous avons, depuis quelques mois, institué un débat sur la Rhénanie, amorcé par M. René Laurel, et

---

1 Sur cette enquête, nous renvoyons à l'article de Landry Charrier, « *La Revue de Genève*. Hantise de la décadence et avenir de l'Europe (1920-1925) », *Études germaniques*, 2009/2, n° 254, p. 363-374 (lisible en ligne : https://www.cairn.info/revue-etudes-germaniques-2009-2-page-363.htm) : « Avec le débat sur *Le Génie du Rhin*, l'enquête sur "L'avenir de l'Europe" est la plus originale et la plus riche de toutes les confrontations qu'il mit en place dans le périodique. De Traz avait nourri très tôt l'ambition de rassembler une élite composite autour d'une question qu'il pensait hautement fédératrice : "Comment donc reconstituer l'unité d'une aire géographique ainsi morcelée et livrée aux passions ?" [...] Lancée en octobre 1922, l'enquête sur "L'avenir de l'Europe" impressionna par la force du constat qui s'en dégageait. Malgré leur grande hétérogénéité, les intellectuels sondés [...] furent unanimes, démontrant ainsi que la crise de la Ruhr n'avait pas seulement réveillé les passions nationalistes mais qu'elle avait fait apparaître encore un peu plus la nécessité d'une coopération européenne. Résumées dans cet avertissement de Gide – "l'Europe entière court à la ruine si chaque pays d'Europe ne consent à considérer que son salut particulier" –, les réflexions de ces quelques "moralistes inquiets" apparaissaient comme une opération de sauvetage d'urgence à une époque marquée par un net regain des tensions politiques. Robert de Traz pouvait à juste titre être satisfait de son enquête. Elle interpella ses contemporains, suscita l'intérêt et provoqua la critique des grandes revues cosmopolites de l'époque. N'était-ce pas là le plus bel hommage que de Traz pouvait rendre à Paul Desjardins et à sa formule "D'abord : savoir ; puis peu à peu, comprendre ; enfin : se résoudre" ? » Voir lettre 44.

repris par MM. Maurice Barrès, V[*ictor*] Klemperer et Pierre Mille². Cette conversation continuera. Mais, aujourd'hui, nous inaugurons une confrontation de la seconde espèce.

Nous avons posé à plusieurs personnes la question que voici : Que pensez-vous que sera l'avenir de l'Europe ? Et nous donnons plus loin les réflexions, ainsi provoquées par nous, de MM. Hermann de Keyserling (Allemagne), J[*ohn*] Middleton-Murry (Angleterre) et Vilfredo Pareto (Italie). Est-il nécessaire de souligner l'importance capitale de telles réponses ? Philosophe, critique et romancier, sociologue, s'exprimant à tour de rôle selon la seule préséance alphabétique, ils sont tous trois soucieux des années que nous allons vivre et également attachés à notre civilisation. Ensuite, dans un ou deux numéros, nous ferons entendre, sur le même sujet, les voix d'André Gide (France), de Dmitri Merejkowski (Russie) et de Miguel de Unamuno (Espagne). Peut-être aussi élargirons-nous le cercle de l'entretien et demanderons-nous à des non-Européens – Américains, Hindous, Chinois – de nous dire librement leur pensée.

Mais avant de solliciter l'avenir qui nous préoccupe, ne conviendrait-il pas de définir cette Europe, et de voir s'il subsiste vraiment aujourd'hui, au-dessus des frontières nationales et sans d'ailleurs les contester, une communauté européenne ?

Assurément elle a existé jadis. Le Moyen Âge a connu la société chrétienne, en apparence homogène. L'unité de l'Europe tenait à l'unité de l'Église. Plus tard, au XVIIᵉ et au XVIIIᵉ siècle, l'influence française, pénétrant des peuples encore mal dégrossis, a établi dans toute l'Europe une similitude de culture et de mœurs. Toutefois ces réussites – communion dans une même foi, subordination à un prestige indiscutable – n'ont pu survivre aux conditions qui leur avaient permis de naître. Elles se sont abîmées dans des ruptures d'équilibre – Renaissance et Réforme, Révolution et romantisme – qui étaient aussi des crises de croissance. La guerre de 1914-1918, à son tour, marque-t-elle l'écroulement de la collectivité occidentale, est-elle l'occasion d'un nouveau rajeunissement ?

Si grandiose qu'ait été la civilisation européenne de caractère chrétien, nous croyons impossible qu'elle renaisse. Le mysticisme, concentré au Moyen Âge sur des objectifs religieux, s'est dispersé depuis deux siècles

---

2   Voir lettre 42, n. 166.

en des formes si nombreuses et si variées – formes philosophiques, mora-
lisantes, scientifiques, sociales, nationalistes – qu'il n'est pas question de
le ramener à sa fonction primitive. Quant à la civilisation européenne
de caractère classique et français, elle ne renaîtra pas davantage. Des
nationalités qui, sous l'Ancien Régime, étaient encore balbutiantes, ont
pris conscience d'elles-mêmes, elles veulent s'exprimer, et n'accepteraient
plus l'hégémonie intellectuelle d'une seule nation, fût-ce celle de Racine
et de Voltaire. Et puis, et surtout, la notion que l'homme forme de lui-
même a complètement changé. L'homme classique vivait sous le signe
de la raison, l'homme moderne vit sous le signe du sentiment. Celui-là
se maîtrisait, celui-ci s'écoute. Aujourd'hui il n'y a plus de hiérarchie
dans l'être. L'imagination, quand ce n'est pas l'instinct, dispute à
l'intelligence sa primauté. Au principe conducteur des devoirs envers
Dieu a succédé celui des droits de l'individu. La mode rend Rousseau
responsable d'une révolution dont il est moins l'initiateur que l'interprète.
Ne conviendrait-il pas de lui ajouter Shakespeare, dont l'œuvre ne fut
connue sur le continent qu'à l'aurore du romantisme, et qui, avec un
plus vaste génie que tous les poètes romantiques, nous a puissamment
montré dans la créature humaine non le raisonnable, mais l'imaginaire
et le sensuel. À ces deux noms, joignons celui de Dostoïevski, dont
la signification est analogue. Et, pour nous faire mieux comprendre,
opposons à cette chaîne d'un Anglais, d'un Suisse et d'un Russe, celle
que composeraient Descartes, La Bruyère et Montesquieu. L'admirable
civilisation de Versailles ne peut se reproduire parce que l'Européen ne
se conçoit plus sur le modèle psychologique du XVIIᵉ et du XVIIIᵉ siècle.
    Aujourd'hui, ce sont les foules qui parlent en maîtres : or elles ne
prennent conscience que dans la passion. Mais si la foi, étroitement surveil-
lée, ou la raison pouvaient fournir, tant bien que mal, un étalon universel,
le sentiment, lui, varie selon les climats. À son exemple, l'Europe actuelle
est multiforme ; démocratique et nationaliste, c'est-à-dire sentimentale,
elle se complaît dans ses variétés. Rebelle à toute influence éducatrice et
autoritaire, il faut la comparer à une famille où il y avait naguère quelques
aînés et beaucoup de cadets, et où tous les enfants sont devenus majeurs
et ne veulent plus écouter personne. Comment donc reconstituer l'unité
d'une aire géographique ainsi morcelée et livrée aux passions ? Peut-on,
à défaut des principes qui n'intéressent que peu de gens, utiliser des
sentiments qui intéresseraient tout le monde ? Alors, lesquels ?

On nous excusera de citer ici, à titre de renseignement pratique, le cas de la Suisse qui rassemble en une même harmonie vingt-deux peuples divers. Cette cohabitation est rendue possible grâce à un consentement général à l'hétérogène. Il n'y a pas de vérité d'État qui s'impose à tout le monde. Chaque citoyen est persuadé d'avoir raison, mais il ne prétend pas que sa conviction soit une orthodoxie ; ce n'est pas l'esprit de tolérance qui l'anime à l'égard du prochain, mais l'assurance, garantie par la constitution, que le prochain respectera à son tour son autonomie. Libéralisme utilitaire et devenu instinctif… J'admets que les Bâlois boivent de la bière, pourvu que moi, je puisse boire du vin ; afin qu'ils ne m'obligent pas à leur parler allemand, je consens à ce qu'ils ne parlent pas français… Voilà donc un premier point : souffrir comme une chose naturelle que mon voisin ne concorde pas exactement avec moi-même. Et en voici un second : mon voisin et moi, quoique différents, nous voulons vivre ensemble. Aux fatalités centrifuges qui nous sépareraient, nous opposons notre résolution humaine de demeurer unis. Cela ne nous empêche pas de nous plaindre l'un de l'autre, de nous disputer : mais toujours, sous nos récriminations, se maintient la croyance latente qu'il est bon, qu'il est nécessaire que la Suisse demeure. Et l'on voit cette croyance éclater tout à coup, lors des grandes fêtes populaires par exemple, en véritables actes de foi collectifs qui balayent toutes les rancunes et exaltent religieusement le patriotisme. L'étranger ne comprendra rien à la Suisse – pays difficile à comprendre – tant qu'il ne discernera pas son postulat mystique.

Ces deux conditions sentimentales de la paix helvétique peuvent-elles se réaliser sur un beaucoup plus large théâtre ? Pourquoi pas ? Puisque l'Europe est multiple – et plus encore depuis le traité de Versailles – soyons curieux de ses particularismes et déclarons qu'ils sont légitimes. Enrichissons-nous par le moyen d'une telle diversité. Certes, les ressortissants d'un grand État ont de la peine à concevoir qu'ils ne soient pas les titulaires uniques de la vérité : les idées, les goûts, les mœurs de leurs voisins leur paraissent tantôt ridicules et tantôt absurdes ; et volontiers ils s'estiment, à cause de ces différences, les premiers d'entre les hommes. Mais ils se guériront de ce vaniteux travers s'ils consentent à remarquer que ces voisins pensent exactement de même pour leur propre compte. Et c'est la prétention de l'un et de l'autre à l'absolu qui leur paraîtra ridicule. Pour créer des Européens, il est nécessaire que des Français, des Anglais, des Allemands, des Italiens, sans cesser d'être Français ou Anglais, Allemands ou Italiens, s'expliquent qu'on puisse ne pas l'être. Voyageons, lisons des livres de tous pays, interrogeons l'inconnu dont la pensée nous étonne. À défaut de sympathie préalable, que l'étranger suscite en nous une intense curiosité. Car la communauté occidentale se rétablira grâce à son fédéralisme, et pourvu que nous cherchions à le connaître et à le respecter.

Quant au second point – volonté de vivre en commun – on nous répondra peut-être que c'est là tout le problème ; on nous montrera les nationalismes en chaque lieu surexcités, et que la brouille n'oppose pas seulement d'anciens ennemis mais de soi-disant alliés. Certes. Mais n'oublions pas en discutant de l'Europe politique et intellectuelle, encore flottante, qu'il existe une Europe économique, antérieure à nos raisonnements. Les peuples ont besoin les uns des autres pour manger, se nourrir, se chauffer. Il faut acheter et il faut vendre. La dette unit étroitement le créancier et le débiteur... Ajoutons que l'Europe, épuisée par la guerre, voit se lever des rivaux exotiques qui lui disputeront l'empire. Les deux Amériques, le Japon, demain le monde musulman, la Chine, l'Australie lui feront sentir combien elle est petite, et l'obligeront à rassembler toutes ses forces, à oublier ses dissensions, pour ne pas périr.

D'ailleurs en contestant la possibilité de refaire l'Europe aujourd'hui, nous discréditerions celle d'autrefois dont nous sommes les héritiers. Dire que les nationalités sont irréductibles et hostiles, c'est dire que Saint Louis n'est que Français, Dante n'est qu'Italien, Goethe n'est qu'Allemand ; c'est dépouiller notre esprit, c'est détruire notre patrimoine. Les siècles dont nous sommes nés ont élaboré certaines notions morales où nous nous reconnaissons tous : l'honneur du gentilhomme ou du gentleman, la liberté individuelle, l'idée du droit, bien d'autres encore ; allons-nous, par méfiance réciproque, renoncer à ce langage commun ? Tandis qu'être Européen, c'est perfectionner une entreprise que nous ont léguée nos prédécesseurs, et dont les bienfaits nous nourrissent encore. L'Europe existera si nous la voulons. Si nous ne la voulons pas, alors préparons-nous à la plus honteuse barbarie.

Robert DE TRAZ

ANNEXE XII

Deux lettres inédites d'Ernst Robert Curtius
à René Lalou, 10 et et 17 décembre 1923

Bibliothèque nationale de France (NAF 14689, f. 416 et 417).

Marburg (Essen), le [*lundi*] 10 décembre 1923

Cher monsieur Lalou

Pardonnez-moi le grand retard que je mets à vous remercier du gracieux envoi que vous m'avez fait. Votre livre m'est arrivé au moment où je partais en voyage, et ce n'est qu'en rentrant que j'ai pu le lire (et le relire) à tête reposée[1]. J'ai été extrêmement intéressé à faire la connaissance du romancier qui est en vous et que je ne soupçonnais pas. Le grand danger du critique qui se fait romancier me semble être le ton livresque. Il risque d'être entravé dans la création par ses souvenirs littéraires, par la connaissance de tout ce qui a été fait et peut être fait. Eh bien! il me semble que vous avez évité cet écueil. Vous avez su être personnel et original. La lucidité du critique n'a pas paralysé l'élan vigoureux de la création. Dans votre roman on chercherait en vain la trace d'influences littéraires contemporaines. Vous avez su maintenir une cloison entre le critique et l'artiste. Vous n'écrivez pas « en marge » des livres des autres. Et c'est ce qui me semble la base de toute réussite dans une double activité intellectuelle comme la vôtre. Le rare talent d'analyse dont vous avez fait preuve en critique, vous l'avez transporté dans un autre domaine, et vous l'avez mis au service d'une construction claire et puissante. Vous vous êtes attaqué à l'un des problèmes vitaux qui agitent notre civilisation. Le critique, c'est le spectateur. Vous vous êtes transporté dans l'âme de l'homme d'action par excellence, dans l'âme du Chef. L'évolution intérieure que vous nous faites suivre avec

---

1   Voir lettre 51. Il s'agit de *Le Chef* (Paris, G. Crès, 1923).

une logique merveilleuse et précise, me paraît intéressante au plus haut point. Seulement j'imagine difficilement un Chef qui se confesserait et s'analyserait dans son journal. Est-il vraisemblable qu'un grand général ressente le besoin et possède l'aptitude d'analyser toutes les phases de sa pensée ? Voilà un problème psychologique et artistique qui peut, ce me semble, prêter à la discussion. Mais peut-être ne s'agit-il là que d'une question de forme. Le « monologue intérieur » aurait-il été préférable à la forme du journal ? Mais en définitive vous avez le droit d'adopter la forme qui paraît la plus apte à traduire le drame de conscience qui fait le sujet de votre livre. Toute forme comporte de l'artificiel. Et si je vous soumets ces observations, ce n'est que parce que vous m'aviez demandé la franchise. Il y aurait aussi à discuter sur le principe de foi morale qui amène le revirement intérieur du Chef : à savoir l'idée que la vraie Force est du côté de la justice. La justice est-elle chose si tranchée ? Mais nous voilà en pleine métaphysique. L'impression qui domine est celle d'une analyse psychologique fortement et nettement conduite. Permettez-moi donc de vous féliciter d'un si beau succès qui met le lecteur en goût de nouvelles œuvres.

Veuillez croire, cher monsieur Lalou, à mes sentiments bien sympathiquement dévoués.

E R Curtius

Marburg, le [*lundi*] 17 déc[*embre*] 1923

Cher monsieur Lalou

Merci de votre longue lettre qui éclaire d'une façon très intéressante votre production. Évidemment on ne saurait vous juger avec justesse tant que vos autres romans n'auront pas paru. En attendant, ne devrait-on pas dire que *Le Chef* est un roman *d'idées* et ne serait-on pas en droit de supposer que votre point de départ est le souci de faire évoluer une idée ou des idées, en les revêtant de chair et d'os ? Le roman ainsi conçu me semble un genre tout à fait voisin de la critique qui, elle aussi, montre dans un même mouvement des personnalités et des idées et dont la marque distinctive est seulement ceci qu'elle « reçoit » des personnages de l'histoire ou de l'actualité littéraires. Il me semble que vos titres mêmes « Le Chef », « Le maître d'anarchie », « La Vérité » soulignent ce côté « idée-force » de votre œuvre. Quant à la question si vous êtes un « vivapare », je crois que *Le Chef* ne suffit pas pour en décider. Car en situant votre récit dans un avenir imaginaire, dans un temps neutre, vous avez renoncé à peindre une époque et une vie réelles, vous avez renoncé à tous les accessoires quelconques qui « font vrai » et qui servent en même temps à tirer toutes leur réalité des personnages. Vous avez institué une expérience. Vous avez artificiellement isolé votre héros en le plongeant dans un bol de verre rempli d'un « bouillon nutritif » qui lui permît de vivre et vous permît d'observer ses mouvements avec le maximum d'exactitude. C'est ce qui permettrait à Gosseline de vous dire « Vous êtes un type dans le genre de Racine » – car cet isolement artificiel en vue d'une observation plus nette, n'est-ce pas le fonds de la conception classique de la littérature psychologique ?

[…]

ANNEXE XIII

Texte de Klaus Mann sur André Gide et Ernst Robert Curtius

Extrait de *André Gide et la crise de la pensée moderne*, Paris, Grasset, 1999, trad. de l'allemand par Michel-François Demet, p. 25-27.

Lors de mon premier séjour à Paris, en 1925, l'œuvre de Gide était encore à peine connue en Allemagne. Une seule de ses œuvres, magistralement traduite par Rainer Maria Rilke, *Le Retour de l'enfant prodigue*, avait trouvé quelque écho dans un public assez large. Ce qui existait par ailleurs en édition allemande passait un peu inaperçu. Même l'avant-garde intellectuelle, à l'exception de quelques connaisseurs, n'était pas consciente de l'importance d'André Gide.

L'un de ces rares connaisseurs et initiés était Ernst Robert Curtius, à l'époque l'un des principaux romanistes de l'université de Heidelberg. Hors de France, il y avait peu de gens aussi au fait des trésors de la littérature française que ce savant allemand, ouvert au monde et cosmopolite. Ses livres, en particulier *Les Pionniers littéraires de la France nouvelle* (1919) et *L'Esprit français dans la nouvelle Europe* (1925), firent plus qu'une douzaine de prétentieuses associations pour promouvoir et approfondir le *rapprochement* entre les deux pays.

Spirituel autant que profond, Curtius ajoutait aux vertus d'un solide chercheur un charme personnel que l'on cherche la plupart du temps en vain chez les professeurs allemands. Ce n'était pas seulement un bon maître, mais aussi un homme de bonne compagnie qui appréciait sincèrement les plaisirs d'une table soignée et des conversations cultivées. C'est sur ce mélange d'urbanité sereine et de sérieux intellectuel que reposait sa puissance de séduction, qui fit son effet même sur un être aussi timide et exigeant que l'était André Gide. Curtius put se prévaloir de faire partie du cercle amical le plus étroit de l'écrivain français.

Quant à moi – j'avais juste dix-huit ans –, j'étais fier de mon amitié avec le célèbre professeur. Tandis qu'il commentait pour ses lecteurs et ses étudiants les nuances et les aspects formels de l'œuvre de Gide, il me racontait des anecdotes empruntées à la vie privée de l'écrivain. L'image d'André Gide, telle que je me la représentais d'après ces récits amicaux, était charmante, même si elle n'était pas dépourvue de traits embrouillés et contradictoires.

« Il faut le fréquenter longtemps et de manière approfondie pour le comprendre et l'apprécier », me dit un jour Curtius, rayonnant comme toujours quand il en venait à parler de Gide, son sujet favori. « Il faut aussi avoir quelque idée de son travail, de son monde intellectuel, sinon, on le trouve capricieux, contradictoire, déconcertant. En réalité, ce n'est ni un esprit paradoxal, ni démonique[1], au sens courant du mot. Gide a plus d'équilibre, d'*harmonie* que la plupart de ses contemporains. Certes, il s'agit d'une harmonie d'une nature difficile, composite, quelque chose comme ce qu'il y a pu avoir chez Goethe dans sa vieillesse, vous savez bien : serein et résigné avec malgré tout deux âmes dans la poitrine qui se combattent sans cesse. Je crains même que chez Gide, il n'y en ait pas que *deux*… Mais pourquoi un homme courageux et intelligent ne viendrait-il pas à bout d'une demi-douzaine d'âmes, s'il le faut ? Tout est affaire de patience et de confiance en soi. »

---

1 NdT : L'allemand distingue entre le diabolique (*teuflisch*) au sens chrétien et le « démonique » au sens du *daïmon* de Socrate.

ANNEXE XIV

Ernst Robert Curtius, « André Gide[1] »

La Vie des peuples, mars 1925, n° 59, p. 402-444.
Trad. de l'allemand par Christian Sénéchal.

Il existe dans la conscience européenne une image nette et distincte du génie français, tel qu'il s'est manifesté dans ses grandes créations depuis la dernière phase de la Renaissance jusqu'à nos jours. Il semble que de Ronsard un caractère de forme, nettement défini et spécifiquement français, se soit transmis à Racine et à A[*natole*] France, caractère que l'on est habitué à concevoir comme la combinaison d'une limpide intellectualité et d'une parfaite maîtrise de la forme, d'une culture humaniste du goût et d'un type d'humanité trouvant son achèvement dans ses relations avec le milieu social.

Or, une voie mène directement de cette ancienne France, telle qu'elle se trouve fixée historiquement, à la France nouvelle, en passant par André Gide. Nous plaçons donc celui-ci au début de notre étude, parce que c'est dans son art, né au plein jour de la conscience et ennemi de tout excès, que peut tout d'abord se discerner le plus aisément la transformation de l'esprit français au cours du dernier quart de siècle, chez lui plutôt que dans l'art des Rolland, des Claudel, des Suarès et des Péguy, d'un élan plus hardi, d'une tension interne plus violente, plus « initiateur ». Si différents que soient en effet ces derniers, un élément leur est commun : le geste du fougueux novateur. Ce sont des révolutionnaires, lors même qu'ils renouent avec la tradition, car en s'y rattachant, c'est en réalité à eux qu'ils arrachent les blocs de pierre de l'histoire, pour les mettre en œuvre dans l'édification du dôme nouveau de l'avenir. En face d'eux, Gide joue le rôle du médiateur avide d'harmonie. Il se sait l'héritier et l'administrateur de

---

1   Cette longue étude est une traduction de son chapitre sur André Gide des *Wegbereiter* (1919), complété de l'article « André Gide nach dem Kriege », paru dans la nouvelle édition de 1923 du même livre.

tout un patrimoine assez vivant et souple encore pour pouvoir s'assimiler les nouveaux éléments nutritifs de l'époque. Contempler et faire sien l'univers, recueillir et concilier les éléments les plus divers : voilà son office.

***

L'importance historique de Gide repose sur les deux piliers de son œuvre critique et de son œuvre créatrice. Mais c'est par l'étude de son travail critique – rassemblé dans les *Prétextes* (1903) et dans les *Nouveaux prétextes* (1911) – que l'on peut tout d'abord découvrir le plus facilement sa place dans le mouvement littéraire contemporain. Au milieu de l'anarchie artistique du temps présent, Gide a gardé vivantes les traditions de l'ancienne France. Tous les instincts du classicisme vivent en lui. Il partage avec Boileau cette croyance que l'œuvre d'art est œuvre volontaire et œuvre de raison. Il se rattache encore à l'esthétique classique en ce qu'il professe que la perfection de la forme constitue la valeur unique du chef-d'œuvre. En art, où l'expression seule importe, les idées ne paraissent jeunes qu'un jour. La concordance va plus loin encore. La contrainte des règles du classicisme était salutaire, car un grand art ne peut naître que grâce aux résistances qu'on s'impose soi-même et à la soumission du réalisme à la beauté telle que se la représente l'esprit. Gide déteste le romantisme, parce qu'il déteste l'anarchie, et parce que la liberté absolue équivaut à la ruine de l'art. Et dans le classicisme français, il loue justement ce qui semble si étranger et si étroit au sentiment superficiel moderne, à savoir la clarté. Mais pourquoi aime-t-il la clarté, la très grande clarté des créations françaises les plus pures, la clarté de Rameau, de Molière, de Poussin ? Il l'aime, parce que c'est elle qui protège le plus sûrement contre l'intrus le secret de l'œuvre d'art, parce que cette clarté est un procédé suprême pour égarer le profane et rendre fécond le duel de l'artiste avec la matière. Quand donc Gide fait sa profession de foi classique, il appert déjà dans la manière dont il la justifie, que pour lui, reconnaître la tradition n'est pas nonchalante imitation, mais bien investigation nouvelle de sa substance.

Elle s'est accomplie dans une lutte avec les éléments humains et artistiques de l'époque actuelle. Au nationalisme littéraire et au néo-classicisme chauvin des groupes de Barrès et de Maurras, Gide n'a jamais fait la moindre concession. Nul Français moderne n'a été plus accueillant aux apports artistiques du monde germanique et slave.

Goethe, Novalis et Nietzsche, Dickens, Meredith et Wilde, Dostoïevski et Tolstoï – Gide a vécu et appris auprès d'eux. Quand il a combattu des artistes français, ce furent toujours ceux qui voulaient rétrécir le génie français au nom d'une latinité artificielle. Il proteste contre un Remy de Gourmont prétendant ramener l'esprit français aux préjugés les plus vieillots du voltairianisme. Et quand Barrès prêche le culte de la tradition nationale comme l'unique devoir, Gide lui crie : « Que ne comprenez-vous que ce dont nous avons besoin, ce n'est pas de confort (et j'entends : du confort de l'esprit), c'est d'héroïsme. » Et Anatole France, le plus pur héritier de l'humanisme français ! n'est-il pas trop achevé, trop clair, trop simple, pour donner en se développant le grand écrivain de l'avenir ? Ne lui manque-t-il pas le tremblement de Goethe, se demande Gide, ne lui manque-t-il pas d'être toujours prêt à ressentir de nouvelles émotions en présence de la vie ?

Gide a toujours été en état de veille, et il y est toujours resté. Lui, l'homme de goût classique et rationaliste, il a le premier entrevu et développé les germes du nouvel esprit français. Il a ressenti la secousse de Claudel, alors que cent personnes à peine connaissaient ce nom. Il annonce la *Jeanne d'Arc* de Péguy, encore sous le coup de la révélation qui l'a bouleversé : « L'étonnant livre ! Le beau livre ! J'écris mal ressaisi, tout ivre, s'il y paraît un peu, n'importe. » Il déclare devant les poèmes de Jules Romains : « Je tiens ce livre de débutant pour un des plus remarquables et significatifs que nous ait donnés la génération qui s'élève. »

La faculté de revivre toute la tradition française et en même temps de saisir les forces nouvelles, artistiques et humaines de son époque : voilà ce qui a fait de Gide le médiateur entre le passé et le présent, ce qui lui a conféré sa position de pionnier de la nouvelle génération. « Un des premiers, écrivait J[acques] Rivière en 1911, il nous indique la voie. Il est un de nos guides vers une nouvelle époque de la littérature. »

∗∗∗

La critique, à elle seule, ne lui aurait pas donné cette autorité spirituelle, mais elle était soutenue par un travail de création artistique qui, par son mouvement continu d'ascension, sa discipline contenue, sa richesse de vie intérieure, s'assurait l'estime des esprits vivants et l'audience des jeunes, malgré le silence obstiné des tenanciers officiels de la littérature, qui ne savaient quoi penser des livres tout personnels de Gide. Car ces livres étaient difficiles, ils étaient déconcertants et ne pouvaient se ramener à des formules et se ranger sous des rubriques toutes faites.

L'art d'André Gide, en effet, oppose à ceux qui tentent de l'examiner d'un point de vue historique et psychologique des résistances qui ne peuvent jamais être complètement surmontées. Il est aussi compliqué que l'âme de son créateur. Ma valeur est dans ma complication, fait dire Gide à l'un de ses personnages. Et dans un dialogue, on entend cette parole : Ne me comprenez pas si vite, je vous en prie ! Essayons donc de comprendre Gide, mais ne le comprenons pas trop vite ! Et ne croyons pas l'avoir compris quand nous l'avons compris ; d'ailleurs… comprendre ! Par instants l'on n'y comprend plus rien du tout – ces instants sont les bons. Gide a raison. La compréhension est morte, qui ne se remet elle-même jamais en question. Gide échappe toujours à toute prise et ne se laisse pas fixer. C'est justement cette impossibilité de le saisir qui donne tant d'attrait à son art… et qui confirme sa vérité. Car l'humanité n'est pas simple, il faut en prendre son parti.

C'est un chemin fort embrouillé qui mène des débuts de Gide aux œuvres de sa maturité, où la jeune génération de la France actuelle retrouve son sentiment de la vie. Avant de trouver l'accès de la vie immédiate, il a, durant de longues années, lutté avec les abstractions de la pensée. Et l'histoire de son art est l'histoire de cette lutte.

Gide est né en 1869 [1]. Quand il commença d'écrire – ses premières œuvres datent de 1891 [2] –, l'art et la poésie avaient fui le contact profanatoire de la vie dans les horizons les plus reculés de l'esprit, dans les labyrinthes les plus cachés du sentiment. Depuis 1883 environ, le roman naturaliste, conçu pour la grande masse du public, avait été évincé par l'analyse minutieuse de l'âme et par le lyrisme ésotérique des symbolistes. L'art consistait dans la contemplation et la jouissance de l'âme, il était devenu « introversion ». L'art d'André Gide, dans sa première phase, est lui aussi, non pas tourné vers le dehors, mais vers le dedans. Il est le reflet de sa vie morale, de la réaction de sa sensibilité en face de la vie. « L'émotion que nous donna la vie, c'est celle-là que je veux dire » : c'est ainsi que Gide définit la base même de son art. C'est un art de réflexion, pour lequel la matière à mettre en œuvre est, non pas la vie, mais la pensée au sujet de la vie, l'attitude en face de l'existence.

Gide se compte parmi ceux « qui tiennent la vie de l'esprit pour la plus réelle et qui lui donnent le pas sur toute autre ». Vides de substance, purement cérébrales, telles sont les premières œuvres de celui qui, par la suite, a poursuivi la vie la plus riche comme le chasseur de gibier. Elles portent le sceau de ce début de la dernière décade du siècle, alors qu'un gris estompé était la teinte à la mode de l'âme.

C'est un art d'analyse du moi, l'art qui toujours fleurit et s'épanouit spontanément dans la patrie des La Rochefoucauld, des Vauvenargues, des Constant et des Stendhal.

Cet art qui tend à refléter la propre vie intérieure de l'écrivain, empruntait sa forme d'expression au symbolisme contemporain. C'est là que du point de vue historique, se trouvent les origines de Gide. Celui-ci a transposé le symbolisme lyrique dans une prose poétique et philosophique à la fois, qu'il appela : *Traité*. Sa première forme d'art est le traité symbolique.

Or les symboles non seulement permettent, mais encore réclament une interprétation multiple. C'est pourquoi ils tentent l'artiste-penseur qui veut recréer la substance complexe de la vie. L'art symboliste de Gide trouve son expression dans ces traités où des aventures intellectuelles s'entrecroisant à maintes reprises sont toutes ramenées à la même forme sensible. Le lecteur doit s'engager tantôt dans telle voie de la pensée, tantôt dans telle autre, tantôt s'abandonner tout entier aux séductions du son et du rythme, pour se rendre compte ensuite combien les vocables précieux qui évoquent les événements dans un recul fantastique, soudain s'animent et apportent un message qui touche au mystère de la vie.

Le premier objet de l'art symbolique de Gide est... sa propre image. *Le Traité du Narcisse* (1891) veut être une théorie du symbole. La figure intellectuelle de Gide a, dans ce traité, des contours déjà fort nets. Dans l'interprétation du mythe antique du beau Narcisse qui, dans son amour stérile de lui-même, contemple son image dans le miroir des eaux et meurt de sa nostalgie inextinguible, se trouve déjà en germe tout ce que développeront les livres ultérieurs de Gide. Narcisse est l'artiste qui, dans le miroir de l'art, tient les formes éternelles des choses, telles qu'elles étaient au paradis. Et Narcisse est l'homme moderne, qui se penche sur le miroir de l'art pour se reconnaître en lui, et dont la tragédie consiste à savoir qu'il ne possède que le reflet des choses, qu'il ne peut les saisir, qu'il reste et restera toujours spectateur.

Dans *Le Traité du Narcisse*, nous entendons pour la première fois l'accord des trois sons : le moi, l'univers et Dieu, accord qui est à l'origine de tous les développements des livres ultérieurs. Les variations sur ces trois idées forment la trame de toute la dialectique artistique d'André Gide. Le mouvement du « moi » de l'analyste vers les images des choses : Narcisse se penche sur le miroir. Le mouvement des images vers les choses elles-mêmes : l'analyste brise le miroir. Et enfin le mouvement des choses vers la réalité de leur source. L'existence individuelle des choses n'est pas leur réalité. Celle-ci gît dans les profondeurs de l'être.

Et ce fond, c'est l'essence, ou les formes, ou les idées, ou Dieu. Ainsi l'analyste, pour arriver aux choses, se mue en esthète : pour parvenir par elles à l'essence, il se fait platonicien.

La doctrine selon laquelle les choses ne sont point le but ultime, « parce » qu'elles ne sont pas le réel, est la matière du traité : *La Tentative amoureuse* (1893). L'ascétisme du Parisien fin-de-siècle, las de la civilisation, pouvait y trouver sa confession sous une forme précieuse :

> Aucunes *choses* ne méritent de détourner notre route ; embrassons-les toutes en passant ; mais notre but est plus loin qu'elles – ne nous y méprenons donc pas ; – ces choses marchent et s'en vont ; que notre but soit immobile – et nous marcherons pour l'atteindre. Ah ! malheur à ces âmes stupides qui prennent pour des buts les obstacles. Il n'y a pas *des buts* ; les choses ne sont pas des buts ou des obstacles – non, pas même des obstacles ; il les faut seulement dépasser. Notre but unique c'est Dieu ; nous ne le perdrons pas de vue, car on le voit à travers chaque chose.

Ces premiers traités, qui forment le point de départ de Gide, ont donc pour but de faire voir dans l'état de celui qui s'analyse un état de divorce avec la réalité et de rendre concrète l'irréalité de la pensée qui se reflète elle-même. Ce n'est que la représentation sensible de cet état qui permet d'en triompher progressivement. Les divers stades de ce triomphe sur l'éloignement de la vie, les diverses étapes de ce rapprochement de la réalité – d'un rapprochement qui, pour Gide, reste un procès infini : voilà la raison d'être même de tous les livres qui vont suivre. Chacun de ces ouvrages marque un nouveau trajet parcouru et une halte sur la voie qui mène de la réflexion sur la vie à la vie elle-même. Et l'unité de direction de ce chemin fait la communauté de sens de ces livres.

***

Celui qui cherche l'essence derrière les formes, et Dieu derrière les choses, ne saurait se fixer nulle part. Son destin est de voyager. Il est poussé d'une chose à l'autre, et il ne lui est pas donné de s'oublier dans la contemplation de la beauté. Il est le navigateur qui fait escale à toutes les îles, sans jamais pouvoir y séjourner. Ni le chant des sirènes, ni l'amour des reines, ne saurait le retenir. *Le Voyage d'Urien* (1893) est le récit de ce voyage à travers les mers. Cette fuite hors de la sécurité du port et cette poursuite d'aventures en pays lointains symbolisent à la fois la destinée errante du pèlerin mystique qui ne peut s'arrêter aux choses et le mouvement qui porte l'âme de la vie pensée à la vie réelle. Entreprise ardue, pénible voyage, pour l'intellectuel moderne muré dans le cachot de ses pensées ! On pourrait trouver dans *Le Voyage d'Urien* une pathologie de l'âme moderne. Le vivisecteur de sa propre conscience, qui enregistrait tous les phénomènes moraux au fur et à mesure de leur apparition, finit par perdre la faculté de participer à la vie comme les autres. L'analyse du moi aboutit à la désorganisation de la personna-lité avec son symptôme le plus frappant : l'incapacité d'agir. Or, cette incapacité elle-même ayant été immédiatement perçue, la conscience du mal devint justement un obstacle à la guérison. L'analyste ne pouvait s'affranchir de la pensée, qu'en la retournant contre elle-même, qu'en se persuadant théoriquement de la nécessité d'agir. Il est vrai d'ailleurs que le passage de l'idée de l'action à l'exécution, n'était déjà plus du ressort de la conscience. Et c'est ainsi que du problème de l'analyse du moi naît pour Gide cette question : Comment l'action est-elle possible ? l'action pure ? l'action sans motif ?

Déjà dans *Le Voyage d'Urien* s'entremêlait au motif de la percée sur la vie, celui de l'action gratuite :

> Cette nuit, nous avons parlé du passé ; nul de nous ne savait comment il avait pu venir jusqu'au navire, mais nul ne regrettait l'amère nuit de pensées.
> – De quel obscur sommeil me suis-je éveillé, dit Alain, de quelle tombe ? Je ne cessais de penser, et je suis encore malade. Ô nuit orientale et calmée, enfin reposeras-tu ma tête lasse de penser Dieu ?
> – J'étais tourmenté d'un désir de conquête, dit Paride ; je marchais dans ma chambre plein de vaillance, mais triste et, de rêver toujours des héroïsmes, plus fatigué que de les faire. Qu'allons-nous conquérir maintenant ? Quelles seront nos prouesses ? Où allons-nous ? Dites : savez-vous où va nous mener ce navire ?
> Aucun de nous ne le savait, mais tous nous frémissions au sentiment de nos courages.
> – Que faisons-nous ici, reprit-il, et qu'est-ce donc que cette vie, si celle d'avant était notre sommeil ?

– Peut-être alors que nous vivons notre rêve, dit Nathanaël, pendant que dans la chambre nous dormons.

– Ou si nous cherchons des pays pour raconter nos belles âmes ? dit Mélian.

Mais Tradelineau s'écria :

– Sans doute, l'habitude des vaines logiques et cette manie de croire que vous ne ferez bien que ce dont vous connaîtrez bien les causes, vous tient encore et motive cette discussion oiseuse. Qu'importe de savoir comment nous sommes venus ici, et pourquoi chercher à notre présence sur l'*Orion* de très mystérieux motifs ? Nous avons quitté nos livres parce qu'ils nous ennuyaient, parce qu'un souvenir inavoué de la mer et du ciel réel faisait que nous n'avions plus foi dans l'étude ; quelque chose d'autre existait ; et quand les brises balsamiques et tièdes sont venues soulever les rideaux de nos fenêtres, nous sommes descendus malgré nous vers la plaine et nous nous sommes acheminés. Nous étions las de la pensée, nous avions envie d'action ; avez-vous vu comme nos âmes se sont révélées joyeuses lorsque, prenant aux rameurs les lourds avirons, nous avons senti l'azur liquide résister !

La tentative de parvenir aux choses elles-mêmes, n'a pas encore réussi dans *Le Voyage d'Urien*. La volonté de vivre intensément et pleinement est là, mais la vie elle-même n'y est pas encore. Et c'est ainsi que Gide finit par avouer : « Ce voyage n'est que mon rêve. Nous ne sommes jamais sortis de la chambre de nos pensées, – et nous avons passé la vie sans la voir. » Ce passage à côté de la réalité, mais c'est le mal de ceux qui vers leur dix-septième année ont confondu la littérature avec la vie... À la prose symboliste du jeune Parisien répondait alors de Vienne cette plainte poétique :

> *Stets schleppte ich den rätselhaften Fluch*
> *Nie ganz bewußt, nie völlig unbewußt*
> *Mit kleinem Leid und schaler Lust*
> *Mein Leben zu erleben wie ein Buch* [3]...

***

Le livre exquis de *Paludes* (1895) amène un changement décisif. La souffrance née de la conscience du moi, du néant de la propre image et de l'impuissance d'agir, est devenue un objet de satire. Gide s'en est débarrassé grâce à l'ironie : c'était là, en effet, pour l'héritier des grands railleurs gaulois, une thérapeutique plus naturelle que pour les patients de toute autre patrie littéraire. *Paludes* raconte une semaine de la vie d'un symboliste parisien, qui entreprend lui-même de décrire dans un livre ses

états d'âme compliqués. Le héros de ce livre, Tityre, se trouve dans une
tour et pêche à la ligne par la fenêtre, mais il ne prend rien, tout de même
que la vie de l'écrivain emprisonné dans une existence vide d'événements
intérieurs, ne s'enrichit pas du fait que l'écrivain établit chaque soir le
programme de ce qu'il veut le lendemain sentir et penser. Comme l'un
des points du programme est de « *varier ses émotions* », Tityre décide de
faire une excursion avec son amie. Mais son entreprise n'est pas moins
compliquée, ni moins difficile que le voyage sur mer d'Urien. La veille
du départ, la nervosité atteint son paroxysme : « Il faut, ce dernier soir,
s'ingénier, songer au départ de demain, ne rien faire qui ne le prépare ;
il faut le motiver, l'amener, le rendre en tous points désirable. Hubert
devra nous allécher, par le récit de quelque ancienne aventure. » Quelle
tournure ce voyage prend par la suite, nous n'avons pas à le retracer ici, si
tenté que nous soyons de le faire. Nous ne retiendrons que ce que dit la
postface : « *Paludes* est l'histoire de qui ne comprit pas la vie », par quoi
Gide nous annonce qu'il a, dans l'intervalle, appris à la comprendre. Il
a trouvé l'issue du labyrinthe des pensées, le chemin du large qu'il avait
longtemps cherché en vain. Il avait réussi à « bannir pour un long temps
les livres, à soulever les rideaux, ouvrir, briser les vitres dépolies, tout
ce qui s'épaissit entre nous et l'Autre, tout ce qui ternit la nature… »
    Narcisse a brisé le miroir : tel est le sens de *Paludes* dans l'évolution
morale d'André Gide.

***

Avec *Les Nourritures terrestres* (1897), Gide a réussi à se frayer un passage
jusqu'à la vie. À qui pense que ce soit pour l'analyste une rechute dans
la vie intellectuelle irréelle que d'intellectualiser de nouveau cette expérience sous la forme d'un livre, à celui-là Gide répondra que le livre n'a
d'autre but que d'aider les autres à gagner le large. La dédicace à l'ami
imaginaire – *toi, mon Nathanaël, que je n'ai pas encore rencontré* – dit en
effet : « Et quand tu m'auras lu, jette ce livre – et sors. Je voudrais qu'il
t'eût donné le désir de sortir – sortir de n'importe où, de ta ville, de ta
famille, de ta chambre, de ta pensée. […] Que mon livre t'enseigne à
t'intéresser plus à toi qu'à lui-même, – puis à tout le reste plus qu'à toi. »
    Ce livre a perdu tout caractère abstrait. Tous les canons, jusqu'à ceux
de la forme, sont brisés, car la place et l'assemblage des mots n'y sont
plus soumis à une loi de l'esprit, mais ne font plus que servir l'unique

instinct qui pousse à s'accrocher à la vie et à y adhérer étroitement. Il faut que la langue ondule et se cabre, balbutie et se brise, pour entraîner dans de violents frissons ou de doux alanguissements le rythme où un désir inextinguible se mêle intimement à toutes les joies de la terre. Sans doute, des connaissances se dégagent-elles bien encore de cette joie exultante, et les articles de foi d'un nouvel hédonisme se gravent-ils dans l'âme de Nathanaël : « Le plus petit instant de vie est plus fort que la mort, et la nie... Nathanaël, chaque désir peut te devenir une ivresse... Chaque action parfaite s'accompagne de volupté. À cela tu connais que tu devais la faire... Volupté ! ce mot je voudrais le redire sans cesse ; je le voudrais synonyme de *bien-être* et même qu'il suffit de dire *ÊTRE*, simplement... » Mais ce n'est que rarement et pour un instant seulement que de telles pensées laissent leur sillage dans les flots de l'hymne qu'est ce livre. Le poète s'est efforcé d'oublier tout ce qu'il avait appris dans les livres. « Il ne me suffit pas de *lire* que les sables des plages sont doux ; je veux que mes pieds nus le sentent... Toute connaissance, que n'a pas précédé une sensation m'est inutile. » La valeur de l'existence ne réside plus dans la pensée, mais dans l'acuité et la puissance du désir. Il n'y a qu'une vertu : *la ferveur*. Il n'y a qu'un sens à l'existence, *assumer le plus possible d'humanité*. Connaître et sentir toutes les formes de la vie : telle est la nostalgie de ce convalescent qui guérit de la fièvre de l'idée. Et c'est pourquoi la louange est dans cet impressionnisme rhapsodique, la forme fondamentale du discours. Tout veut être loué, tous les désirs et toutes les satisfactions : « La sensation de la terre humide du matin sous les pieds nus... les inconnues lèvres que mes lèvres baisèrent dans l'ombre... les fruits que nous mangerons sur les terrasses devant la mer et devant le soleil couchant ; et ceux dont le souvenir vaut une soif..., les livres qui, lorsqu'on les lit semblent luire, chargés d'extase, délicieux d'humilité, et ceux que l'on chérit comme des frères plus purs et qui ont vécu mieux que nous. » Elles méritent d'être célébrées, les routes de la terre : « Oh ! S'il est encore des routes vers la plaine [...] S'il est des routes vers l'Orient ; des sillages sur les mers aimées ; des jardins à Mossoul ; des danses à Touggourt ; des chants de pâtre en Helvétie ; s'il est des routes vers le Nord, des foires à Nijni ; des traîneaux soulevant la neige ; des lacs gelés ; Certes, Nathanaël, ne s'ennuieront pas nos désirs. » Le domaine entier de la terre s'offre comme une immense promesse aux désirs de l'homme : *Il y a des attentes nocturnes / d'on ne sait encor quel amour.*

On peut rechercher l'importance des *Nourritures terrestres* dans le fait que l'art, dans ce livre, renonçait pour la première fois à l'isolement aristocratique. Il y avait repris contact avec la vie, non pas certes avec la totalité de la vie, mais uniquement avec l'une des formes de la réalité. Du moins le charme était-il rompu, du moins la réserve parnassienne et symboliste était-elle abandonnée. Et si la conquête de la vie peut être considérée comme un trait essentiel et caractéristique du mouvement intellectuel de nos jours, si la volte-face de la philosophie, qui, partie du psychologisme et du logicisme, se tourna vers une métaphysique de la vie, n'est que la manifestation partielle d'un changement plus vaste dans l'évolution des esprits, *Les Nourritures terrestres* peuvent revendiquer pour elles le droit d'être regardées comme une étape dans l'acheminement vers le vitalisme moderne.

***

L'auteur des *Nourritures terrestres* a réussi, comme il l'affirme, à s'intéresser à la vie. Mais ce n'est encore que de sa propre vie qu'il s'empare, et non pas de la vie en général. S'il vit avec intensité, son âme ne vibre pas à l'unisson de tout ce qui vit dans l'univers, elle ne fait que savourer toute la joie de cette terre. Ce qu'il regarde comme le passage des livres à la vie, n'est qu'un pas de l'analyse à la sensation. Il cherche la nourriture de la terre, et la vie lui est un fruit dont il veut jouir. Son livre est une initiation au désir, une technique de la jouissance, une méthode pour tirer une ivresse de toute excitation sensible et morale. C'est le manifeste d'un hédonisme esthétique, qui s'exalte de toute la tristesse inhérente à la fatalité de la mort. Mais de ce contact avec l'univers dans l'expérience de la vie, des problèmes ont surgi, qui n'existaient pas dans le plan de la pensée pure, mais qui se posent naturellement dans celui de l'action : les problèmes de la morale.

Et c'est ainsi que l'esthète se transforme en philosophe de la morale. Si la tournure éthique que la pensée de Gide prenait à la fin du XIXᵉ siècle était dans la logique interne de son évolution, elle ne pouvait qu'être accentuée par les tensions extérieures de son propre milieu. La première œuvre de philosophie morale d'André Gide, le drame de *Philoctète* (1899), discute le problème suivant : la loi morale peut-elle être violée lorsque le salut de la patrie est en jeu ? Et ce problème n'est rien d'autre que l'expression algébrique de la lutte intellectuelle qui détermina en France la crise de l'affaire Dreyfus. Sa discussion s'élargit alors jusqu'à cette question plus large : la vertu est-elle possible ? La dialectique intellectuelle de l'œuvre aboutit à la décomposition de l'idée de vertu.

Si dans *Philoctète* la condition de toute action morale est examinée du point de vue de sa solidité, c'est le problème moral fondamental pour l'artiste, celui de la pudeur, qui est discuté dans le drame *Le Roi Candaule* (joué en 1901 au théâtre de l'Œuvre). Déjà dans l'avant-propos des *Nourritures terrestres*, on pouvait lire : « Je m'y suis mis sans apprêts, sans pudeur. » L'abandon à toutes les formes de la vie devait-il nécessairement conduire à l'impudeur, à une impudeur, issue il est vrai d'un instinct généreux qui portait à l'affirmation et à l'expansion du bonheur, mais que ne pouvait approuver avec la sûreté d'instinct du paganisme, l'homme du Nord tourmenté de scrupules ?

Le roi Candaule est l'homme heureux qui, pour sentir pleinement son bonheur, doit le communiquer aux autres. Ce besoin de répandre le bonheur autour de soi lui fait oublier la pudeur délicate des âmes nobles. Il contraint la reine, qui ne s'est encore montrée à personne, d'assister au festin de ses amis. Il attire le pauvre pêcheur Gygès dans son palais, il va même, pour que Gygès voie la reine, jusqu'à lui donner l'anneau qui rend son possesseur invisible. C'est elle qui ensuite force Gygès à tuer Candaule. Et le roi meurt avec ce reproche aux lèvres : « Quoi ! C'est toi, mon Gygès ! ? Pourquoi m'as-tu frappé ? Je ne sentais en moi rien que de la bonté. »

Candaule est l'artiste qui se sent poussé à faire connaître aux hommes la beauté qu'il a contemplée, qui sait qu'il se prostitue lui-même en livrant ses secrètes exaltations et que cet acte, douteux au point de vue moral, est pourtant une exigence de l'amour, « de cet amour apostolique, qui fait que l'on dévoile et qu'on profane, en les montrant, les plus secrets trésors du temple, parce qu'on souffre d'admirer seul et qu'on voudrait que d'autres adorent ». C'est dans *Le Traité du Narcisse* que se trouvait ce passage. L'indiscipline intérieure qui déchire l'artiste sous le culte rigoureux de la forme, est l'un des motifs qui se retrouve tout au long de l'œuvre de Gide, tout comme dans celle de Thomas Mann [4].

L'opposition entre le sentiment de délicatesse morale qui interdit au riche de montrer ce qu'il possède, et la joie de l'épanchement ; cette idée paralysante que le don de soi est une profanation : voilà le problème de *Candaule.* Il faut reconnaître qu'il est peu de natures pour souffrir de ces tendances divergentes. Mais ce qui n'est pas commun en est-il pour cela moins naturel ? « Pour le public, dit la préface du *Roi Candaule*, il y a des sentiments naturels, et d'autres qui ne le sont pas. Tous les sentiments sont dans l'homme, mais il en est certains pourtant que l'on appelle exclusivement *naturels*, au lieu de les appeler simplement *plus fréquents*. Comme si le fréquent était plus naturel que le rare ! l'or moins naturel que le plomb ! »

La philosophie de la jouissance que proclament *Les Nourritures terrestres* a ses derniers échos dans le drame de *Candaule*, mais elle y trouve en même temps sa réfutation. Candaule veut tirer de l'existence toute l'émotion et toute l'ivresse possibles. La beauté d'une journée d'été est pour lui un hymne de joie qui s'envole toujours plus haut « jusqu'à quelque vibration aiguë, que les sens ne perçoivent qu'à peine ». Il rend grâce à ses amis de l'aider à exprimer de cette fin de jour tout le bonheur, comme on exprime le jus d'une grappe de raisin. Mais à ces états d'âme s'adjoint en Gygès la vérité contraire. Gygès est le pauvre. Il possède quatre choses : sa cabane, son filet, sa femme, sa misère. Mais il est fier de sa pauvreté qui est sa liberté et sa force. « On croit que l'on possède et l'on est possédé » : cette parole qui se trouve dans l'un des ouvrages ultérieurs, Gygès pourrait l'avoir prononcée. Sous la forme de Gygès, l'hédonisme des *Nourritures terrestres* a trouvé sa critique. Le désir ardent de jouir de toute la joie possible ne serait-il donc pas le dernier mot de la sagesse ? Celui-là ne pénètre-t-il pas plus avant dans la vie, qui évite l'ivresse et qui, par le renoncement, acquiert la puissance sur les choses ?

***

Les œuvres que Gide a données dans les dix premières années de son activité littéraire, nous semblent aujourd'hui peut-être pâles et effacées. Mais il est indispensable de les connaître pour saisir comment la croissance lente et continue dont elles marquent les phases a rendu possibles les œuvres pleines et nourries de la maturité ; pour comprendre comment cette longue période de préparation à l'écart du marché littéraire a procuré à André Gide la place qu'il occupe parmi les guides spirituels de la jeune France. Il lui fallut passer par les étapes de l'analyse, de l'hédonisme et de la critique de la morale, il dut porter en lui et mûrir tous les conflits intellectuels et humains de son époque, pour pouvoir créer ces œuvres, où la jeunesse française trouva un éclaircissement de ses questions vitales. Les réponses à ces questions pouvaient bien rester problématiques ou réservées, – cet artiste n'était pas seulement un artisan de belles choses, il luttait avec les choses humaines.

Gide écrivit *L'Immoraliste*. Dans ce roman (1902) se trouve repris le problème de l'intellectuel moderne qui parvient à s'ouvrir une baie sur la vie. Mais il n'y est pas discuté dans l'abstrait ni stylisé symboliquement : c'est dans le récit de la destinée concrète d'un homme qu'il est exposé. «Je n'ai cherché de rien prouver, mais de bien peindre et d'éclairer bien ma peinture», affirme la préface. Mais il ne s'agit pourtant pas de peindre uniquement pour peindre, et Gide doit avouer qu'il veut exprimer quelques idées qui l'ont tourmenté.

Michel n'a, jusqu'à sa vingt-cinquième année, vécu que dans les livres. Les études scientifiques, qui ont rempli ses années d'adolescence, et l'éducation calviniste l'ont tenu à l'écart de la vie. Il se marie, pour satisfaire au vœu de son père mourant. En Afrique du Nord où il fait son voyage de noces, une maladie mortelle le terrasse. Une fois rétabli, il est devenu tout autre. Ce n'est qu'après avoir été frôlé par les ailes de la mort, qu'il commence à comprendre la vie : l'ivresse bienheureuse des sens sous le soleil[5].

Avec cette sensibilité accrue du convalescent, il aspire la vie. Une furieuse fringale de vie s'empare de lui, que la crainte de la maladie, à peine vaincue encore, exalte au paroxysme. Il rassemble toutes ses forces pour lutter contre l'ennemi logé en lui. Il met toute son énergie morale à sauver son existence physique. Comment pouvait-il dès lors la gaspiller en livres, s'égarer en pensées mortes ? Dans ses rapports avec les petits Arabes, un sentiment nouveau naît en Michel : la joie que procure la vue de beaux corps souples et bien proportionnés. La vie de ses sens remplit Michel d'une violence presque douloureuse :

Je me souviens de la dernière nuit. La lune était à peu près pleine ; par ma fenêtre grande ouverte elle entrait en plein dans ma chambre. Marceline dormait, je pense. J'étais couché, mais ne pouvais dormir. Je me sentais brûler d'une sorte de fièvre heureuse, qui n'était autre que la vie... Je me levai, trempai dans l'eau mes mains et mon visage, puis, poussant la porte vitrée, je sortis.

Il était tard déjà ; pas un bruit ; pas un souffle ; l'air même paraissait endormi. À peine, au loin, entendait-on les chiens arabes, qui, comme des chacals, glapissent tout le long de la nuit. Devant moi, la petite cour ; la muraille, en face de moi, y portait un pan d'ombre oblique ; les palmiers réguliers, sans plus de couleur ni de vie, semblaient immobilisés pour toujours... Mais on retrouve dans le sommeil encore une palpitation de vie, – ici rien ne semblait dormir ; tout semblait mort. Je m'épouvantai de ce calme ; et brusquement m'envahit de nouveau, comme pour protester, s'affirmer, se désoler dans le silence, le sentiment tragique de ma vie, si violent, douloureux presque, et si impétueux que j'en aurais crié, si j'avais pu crier comme les bêtes. Je pris ma main, je me souviens, ma main gauche dans ma main droite ; je voulus la porter à ma tête et le fis. Pourquoi ? pour m'affirmer que je vivais et trouver cela admirable. Je touchai mon front, mes paupières. Un frisson me saisit. Un jour viendra – pensai-je, – un jour viendra où même pour porter à mes lèvres, même l'eau dont j'aurai le plus soif, je n'aurai plus assez de forces... Je rentrai, mais ne me recouchai pas encore ; je voulais fixer cette nuit, en imposer le souvenir à ma pensée, la retenir ; indécis de ce que je ferais, je pris un livre sur ma table, – la Bible, – la laissai s'ouvrir au hasard ; penché dans la clarté de la lune, je pouvais lire ; je lus ces mots du Christ à Pierre, ces mots, hélas ! que je ne devais plus oublier : « Maintenant tu te ceins toi-même et tu vas où tu veux aller ; mais quand tu seras vieux, tu étendras les mains... tu étendras les mains... »

Après de longs mois de convalescence sous les palmeraies de Biskra, c'est en Sicile que Michel foule de nouveau le sol historique d'Europe. Alors seulement il se rend compte de sa métamorphose. Le mode de pensée historique l'a quitté. S'intéresser à un passé ? Seul le présent qu'il vit a un sens et une réalité. Sur le riche réseau de motifs que comporte le roman, se détache ici le conflit moral, rarement peint, de l'intellectuel moderne qui, élevé dans la foi scientifique, a voué les années les plus précieuses de sa vie à cette croyance, et qui maintenant en proie à l'ivresse de l'amour sensuel de la vie, soudain éveillé en lui, doit condamner toute son existence antérieure. L'oubli de soi dans l'étreinte passionnée des choses de la terre déprécie toute prise de conscience de soi dans le simple concept. Michel fuit donc les ruines et les archéologies : il frémit d'effroi devant les dévastations de la mort. S'il prend désormais un livre en mains, c'est dans une tout autre disposition d'esprit qu'il le lit : « À Syracuse, je relus Théocrite, et songeai que ses bergers au beau nom étaient ceux mêmes que j'avais aimés à Biskra. »

La parure artificielle du savoir scolaire se détache de lui et tombe, et dans le savant spécialiste surgit l'homme primitif qui y était caché. Celui qui a éprouvé l'horreur de la mort et la démonie de la vie, voit s'évanouir le culte complaisant des idoles de la science. Michel rejette bien loin la personnalité artificielle que l'éducation, les livres et l'enseignement moral ont édifiée en lui. Il brise le tabou des « refoulements ».

Tous les courants obscurs et ardents de la vie des sens et de l'âme, il les fait converger en un nouvel idéal d'humanité. Il laisse son cerveau

CORRESPONDANCE (1920-1950)

en friche. Il s'abandonne aux choses, qui sont pour lui divines. Il ne se penche plus avec le désir stérile de Narcisse sur le miroir de la source, il plonge dans le torrent baigné d'ombre des montagnes de Campanie et ensuite, à l'heure du Pan, il se livre aux vents et au soleil.

De retour en France, Michel choisit comme résidence une vieille maison solitaire en Normandie. Son âme puise un nouveau rythme dans ces campagnes regorgeant de blé et de fruits, qu'un ciel pâle et moite couvre de sa bénédiction. Mûrir et fructifier à la manière des plantes ! Et de même que la sollicitude humaine augmente le rapport du sol, de même Michel imagine une nouvelle éthique, « une éthique qui devenait une science de la parfaite utilisation de soi par une intelligente contrainte ». Durant tout l'été et l'automne, Michel a partagé la vie de la terre féconde. Un hiver à Paris lui découvre combien il est devenu étranger à l'homme civilisé et estampillé de la société moderne. Il ne peut plus s'entendre avec ces hommes. Les savants ne donnent rien de plus que ce qu'on trouverait dans un bon ouvrage de vulgarisation. On s'attend à trouver chez les poètes un commerce plus direct avec la vie. Mais il apparaît que pour eux la vie n'est qu'une occupation importune qui les empêche d'écrire. Mais ce sont encore les penseurs qui se tiennent le mieux à distance de la gênante réalité qui se modèle si peu d'après leurs délicats systèmes philosophiques. Ces gens ne « vivent » pas. Mais qu'est-ce que « vivre » ? Michel ne le sait pas. Il sait seulement qu'il est différent et qu'il en est fier. Et pourtant il se fait une place dans ce monde artificiel de Paris. Sa famille, ses amis, ses relations sociales lui sont autant de liens. Mais il est tourmenté par le sentiment obscur que toute cette existence bourgeoise, que toutes ces belles choses dont il s'impose le fardeau, sont des chaînes qu'il se met lui-même. Ne pas se laisser subjuguer par les choses, tel est le thème de *La Tentative amoureuse*, savoir renoncer par amour de la liberté : c'est celui de *Gygès*. Au milieu de ces fluctuations intérieures, voilà que Michel rencontre un ami depuis longtemps perdu de vue. Ménalque, dont la figure était déjà tracée dans *Les Nourritures*, est l'aventurier errant, l'éternel voyageur, dont le sentiment vital ne fait que s'exalter à courir les périls et à briser les conventions morales. Et il est le sage qui ne vit que dans le moment présent, celui qui a banni le souvenir de ses expériences passées pour qu'elles ne s'opposent pas aux nouvelles révélations de la vie. Devons-nous restreindre les possibilités inépuisables de la vie, en revivant le passé ?

> Ah! Michel! toute joie est pareille à cette manne du désert qui se corrompt
> d'un jour à l'autre; elle est pareille à l'eau de la source Amélès qui, raconte
> Platon, ne se pouvait garder dans aucun vase... Que chaque instant emporte
> tout ce qu'il avait apporté.

Grâce à Ménalque, Michel se sent arraché pour la seconde fois à
l'étreinte menaçante du bien-être de l'habitude. La vieille soif se réveille
en lui. Définitivement il rompt avec l'histoire. Non point ce qui a été,
mais ce qui jamais ne fut encore, voilà ce qui excite sa pensée :

> Qu'est-ce que l'homme peut encore? Voilà ce qu'il m'importait de savoir.
> Ce que l'homme a dit jusqu'ici, est-ce tout ce qu'il pouvait dire? N'a-t-il
> rien ignoré de lui? Ne lui reste-t-il qu'à redire?... Et chaque jour croissait
> en moi le confus sentiment de richesses intactes, que couvraient, cachaient,
> étouffaient les cultures, les décences, les morales.

Michel est devenu immoraliste, parce qu'il voit dans la morale l'instrument
d'un nivellement général, parce qu'elle étouffe la sensibilité et la vie
spontanées; parce qu'elle affadit et fausse la personnalité. Mais ce n'est
pas seulement la morale que nie Michel. Le besoin d'une vie primitive,
toute gonflée d'énergies animales, l'avait déjà poussé à faire la critique
de la science et de la société, c'est maintenant la civilisation dans sa
totalité, dont Michel met en doute la valeur. L'amoralisme de Michel
est un « rousseauisme » vitaliste. La critique de la morale s'est élargie
jusqu'à devenir une critique de la civilisation.

Retourné à la campagne, Michel s'abîme de plus en plus dans le
travail instinctif de la nature et de ses créatures primitives. Il se fait
le compagnon des jeunes paysans, il passe ses journées d'été avec les
moissonneurs et les nuits avec les braconniers. Il retrouve là l'obscure
animalité des vierges instincts de la vie. Il perd toutes les entraves à
l'action, que la coutume, la loi et la convention créent chez l'homme
civilisé normal. Il perd le sentiment de la propriété, de la dignité,
de la discipline. Fatalement, son amoralisme le met en conflit avec
les forces de la vie extérieure et intérieure. Non seulement il lui faut
renoncer à son domaine, parce que les métayers refusent de servir
un maître qui ignore les devoirs envers sa propriété, mais il anéantit
jusqu'à la vie de sa femme, en la traînant malgré sa maladie, par-
delà les monts et les mers, possédé qu'il est d'une inquiète humeur
vagabonde. Rien ne peut contenter sa soif de vivre. Toujours plus

loin ! Plus loin !... Seul le désert l'arrête. Sous l'azur cruel du ciel africain, il médite sur sa vie.

***

L'Immoraliste a la valeur d'une fin. L'amoralisme conséquent aboutit à un point mort. Michel échoue aux limites des zones habitées par les hommes. Le chemin sur lequel il a poursuivi la vie, l'a mené au bord de l'abîme ; et l'alternative s'offre à lui : y tomber ou rebrousser chemin. Michel a mandé ses amis et il leur raconte son existence. Qu'ils l'aident à la recommencer. Il se sait encore jeune, et parfois il lui semble que sa vie véritable n'a pas encore commencé...

L'amoralisme s'est lui-même réfuté. Il constituait une fausse simplification. L'artiste, après avoir achevé cette expérience intellectuelle, voit tous les résultats de sa règle de conduite remis en question. Il lui faudra changer sa pensée d'orientation, il lui faudra chercher un autre chemin qui mène à la porte de la vie. Mais dans quelle direction s'engager ? Comment le saurait-il ? L'unique certitude qui lui reste encore sous les pieds en ce moment, est celle-ci : toutes les simplifications sont fausses. Il ne lui reste que ce point d'appui : donner son adhésion à l'inextricable complexité de sa propre vie intérieure. Et c'est pourquoi Gide est contraint, avant même de se remettre en quête de la vérité, de faire une nouvelle halte et de tisser au moyen de tous les fils de son histoire morale un tapis allégorique.

Tel est le sens du traité : *Le Retour de l'enfant prodigue* (1907). L'histoire du fils prodigue. S'étant senti à l'étroit dans la maison paternelle, il est parti. Il a changé son « or en plaisir, ses préceptes en fantaisie, sa chasteté en poésie, et son austérité en désirs » ; il a « connu l'amour qui consume ». Mais la lassitude et la désillusion le ramènent au pays natal. La bonté du père s'étend sur lui, les bras maternels l'enlacent ; son frère aîné lui explique le sens de la tradition, de la propriété et de l'ordre. Et il retombe dans les liens de la communauté qu'il avait dû rompre pour en saisir plus profondément le sens. Mais la loi qui l'entraîna au loin, continuera d'agir. Le même désir pousse son frère plus jeune vers les lointaines séductions du monde. Dans un colloque nocturne, celui qui vient de revenir au foyer lutte avec son frère... et il ne peut que le laisser partir. Ce qui l'a ramené à la maison, mais ce n'est qu'épuisement et que découragement, donc : faiblesse. Le plus jeune fera ce dont il n'a pas été capable. « Sois fort : oublie-nous ; oublie-moi. Puisses-tu ne pas revenir. »

Départ pour l'inconnu, retour au logis ; révolte contre les exigences surannées, acceptation du patrimoine ; rejet de la civilisation, soumission à la tradition : toutes les antithèses qui se pressent ici, jaillissent du même dualisme dans l'orientation de la vie, qu'André Gide sait être la forme fondamentale de son être. C'est cette polarité qu'il a présentée dans le traité de l'enfant prodigue :

> J'ai peint ici, pour ma secrète joie, comme on faisait dans les anciens trip-tyques, la parabole que Notre Seigneur Jésus-Christ nous conta. Laissant éparse et confondue la double inspiration qui m'anime, je ne cherche à prouver la victoire sur moi d'aucun dieu – ni la mienne. Peut-être cependant, si le lecteur exige de moi quelque piété, ne la chercherait-il pas en vain dans ma peinture, où, comme un donateur dans le coin du tableau, je me suis mis à genoux, faisant pendant au fils prodigue, à la fois comme lui souriant et le visage trempé de larmes.

Ces quelques phrases contiennent l'explication la plus profonde que Gide ait jamais donnée de lui-même : en elles est enclos le mystère de son action éducatrice. Car cette acceptation volontaire de la complexité du moi n'est plus la complaisance de Narcisse à regarder sa propre image. C'est l'attitude de l'homme vraiment sincère. Nous louons la simplicité. Mais si la simplicité de l'âme grande est digne de respect, elle est rare comme la grandeur. Quant à cette autre simplicité, qui résulte de l'amour des aises et de l'indigence intérieure, elle a toujours paru méprisable aux nobles esprits. Ayant à mettre en œuvre une plus grande abondance de forces, l'homme vivant qu'est Gide a besoin d'un temps plus long pour parvenir à sa maturité. « Celui qui a beaucoup à développer en lui, dit Goethe, parvient plus tard que les autres à voir clair en lui et dans le monde. Peu d'hommes sont aptes à la fois à la pensée et à l'action. La pensée élargit l'horizon, mais paralyse, l'action vivifie, mais restreint [6]. »

Toute simplification prématurée serait pour Gide un mensonge vis-à-vis de soi et d'autrui. Aussi est-ce peut-être un devoir pour lui que de ne pas chercher à débrouiller et à trancher ce qui s'entremêle en lui. Il n'a pas le droit de supprimer l'une des réalités de son âme, il ne doit pas vouloir la victoire d'un dieu, ni la sienne propre. Seul le lourd intellect mettrait ici en garde contre le scepticisme. L'indécision du sceptique peut être faiblesse et l'indice d'une intelligence qui se dérobe. L'indécision dont parle Gide est la force de l'homme sincère, elle est la foi dans les voix de l'âme, c'est-à-dire « piété » :

> Le mot *sincérité* est un de ceux qu'il me devient le plus malaisé de comprendre. J'ai connu tant de jeunes gens qui se targuaient de sincérité !... Certains étaient prétentieux et insupportables ; d'autres, brutaux ; le son même de leur voix sonnait faux... En général se croit sincère tout jeune homme à convictions et incapable de critique. [...] Et quelle confusion entre sincérité et « sans-gêne » ! [...] Seules les âmes très banales atteignent aisément à l'expression sincère de leur personnalité[2].

***

André Gide a rassemblé ses notes de voyage en Algérie, en Tunisie et en Italie, sous le titre : *Le Renoncement au voyage*, donc comme conclusion à une époque de son existence, celle des années de voyage. Le renoncement aux voyages, le retour de l'enfant prodigue, c'est-à-dire la réfutation d'Urien, de *Paludes*, de Michel. Mais au moment même du renoncement, voici que s'éveille encore l'ancienne nostalgie : « Que souhaiter encore, cœur exigeant, cœur inlassable ? Par ces chaudes journées, je songe à l'essor des nomades. Ah ! pouvoir à la fois demeurer ici, fuir ailleurs ! »

Il est dans la nature profonde de Gide de toujours vouloir deux choses à la fois. « Toujours m'attirèrent les opinions écartées, les extrêmes de la pensée, les divergences. » Pour Gide, les contrastes ne se succèdent pas au cours d'une évolution, ils existent simultanément. Il n'a pas besoin de rien abandonner de ses expériences antérieures, lorsqu'il découvre des vérités nouvelles. En perpétuelle métamorphose, il ne sacrifie aucune des connaissances qu'il a une fois trouvées. Mais derrière toutes ces transformations déconcertantes, persiste vivace le besoin impérieux de conquérir la vie en sa plénitude. L'esprit fini peut chercher à s'emparer de la richesse inépuisable de la vie, en suivant les deux dimensions : celle de la surface où il se déploie, celle de la profondeur où il plonge. Qui veut s'aventurer dans la première voie, doit renverser toutes les barrières, il manquera son but s'il ne parcourt point toutes les routes de la terre. Le second chemin mène par une porte étroite. Et c'est ainsi

---

2   Citation extraite du *Journal*, 3 décembre 1909, paru dans *La NRF*, 1ᵉʳ janvier 1910, n° 12, « Journal sans dates », p. 527, repris dans *J*, I, p. 614.

qu'à *L'Immoraliste* s'oppose le second grand roman de Gide : *La Porte étroite* (1909).

Le thème du renoncement volontaire pour l'amour de la perfection, avait déjà retenti dans les livres précédents. Dans *La Porte étroite* il est élevé au rang de la dominante. Le problème du livre est l'ascétisme. Mais l'ascétisme est ici au service non seulement de l'amour divin, mais également de l'amour terrestre, qui fait le sacrifice de sa volonté de possession pour garder pure sa beauté. Gide montre comment un être humain, tout d'abord empêché par des obstacles extérieurs de confesser naïvement sa foi dans la vie par la possession, finit par apprécier le renoncement pour lui-même, comme la voie royale menant à l'amour parfait. Alissa est une de ces âmes, qui repousse en frissonnant tout bonheur terrestre, parce que son désir ne peut trouver de contentement que dans le divin. Elle renonce à Jérôme, dès qu'elle se rend compte que sa sœur l'aime aussi. Mais l'amour de Juliette n'est point payé de retour par Jérôme. Elle suit un autre homme, Alissa se voit ainsi rendue la liberté, mais ayant antérieurement déjà accompli son sacrifice, elle ne peut plus retrouver son chemin et elle se refuse au bien-aimé, auquel elle appartient encore de tout son amour. Forcée de choisir entre le calme de la possession et celui de la passion héroïque, elle se décide contre ce que les hommes appellent « bonheur », et pour la possibilité d'une perfection supérieure. Et avec la dureté de l'idéal de perfection, elle repousse Jérôme :

« Alissa ! qui donc épouserais-je ? Tu sais pourtant que je ne puis aimer que toi… » et tout à coup, la serrant éperdument, presque brutalement dans mes bras, j'écrasai de baisers ses lèvres. Un instant comme abandonnée je la tins à demi renversée contre moi ; je vis son regard se voiler ; puis ses paupières se fermèrent, et d'une voix dont rien n'égalera pour moi la justesse et la mélodie :

« Aie pitié de nous, mon ami ! Ah ! n'abîme pas notre amour. »

Peut-être dit-elle encore : N'agis pas lâchement ! ou peut-être me le dis-je moi-même, je ne sais plus, mais soudain, me jetant à genoux devant elle et l'enveloppant pieusement de mes bras :

« Si tu m'aimais ainsi, pourquoi m'as-tu toujours repoussé ? […]

– Oh ! ne regrettons pas le passé, murmura-t-elle. À présent j'ai tourné la page.

– Il est temps encore, Alissa.

– Non, mon ami, il n'est plus temps. Il n'a plus été temps du jour où, par amour, nous avons entrevu l'un pour l'autre mieux que l'amour. Grâce à toi, mon ami, mon rêve était monté si haut que tout contentement humain l'eût

fait déchoir. J'ai souvent réfléchi à ce qu'eût été notre vie l'un avec l'autre ; dès qu'il n'eût plus été parfait, je n'aurais plus pu supporter... notre amour.
– Avais-tu réfléchi à ce que serait notre vie l'un sans l'autre ?
– Non ! jamais.
– À présent, tu le vois ! Depuis trois ans sans toi, j'erre péniblement. »
Le soir tombait.
« J'ai froid, dit-elle en se levant et s'enveloppant de son châle trop étroitement pour je pusse reprendre son bras. Tu te souviens de ce verset de l'Écriture, qui nous inquiétait et que nous craignions de ne pas bien comprendre : "Ils n'ont pas obtenu ce qui leur avait été promis, Dieu nous ayant réservés pour quelque chose de meilleur..."
– Crois-tu toujours à ces paroles ?
– Il le faut bien. »
Nous marchâmes quelques instants l'un près de l'autre, sans plus rien dire. Elle reprit :
« Imagines-tu cela, Jérôme : le meilleur ! » Et brusquement les larmes jaillirent de ses yeux, tandis qu'elle répétait encore : le meilleur !
Nous étions de nouveau parvenus à la petite porte du potager par où, tout à l'heure, je l'avais vue sortir. Elle se retourna vers moi :
« Adieu, fit-elle. Non, ne viens pas plus loin. Adieu, mon bien-aimé. C'est maintenant que va commencer... le meilleur. »
Un instant elle me regarda, tout à la fois me retenant et m'écartant d'elle, les bras tendus et les mains sur mes épaules, les yeux emplis d'un indicible amour...

La Porte étroite est le livre d'André Gide le plus humainement poignant, enveloppé qu'il est d'une douce tristesse recueillie, en laquelle l'âme repose satisfaite comme à la vue de campagnes bleuissantes par une limpide après-midi d'automne. Une pureté argentine flotte sur ce livre et le pénètre si intimement qu'on ne saurait discerner si elle rayonne plus fort de la spiritualité des âmes ou du classicisme de la langue. La manière dont ces deux éléments se pénètrent mutuellement et dont les moyens artistiques sont mis au service d'une volonté héroïquement tendue vers la perfection, est tout à fait dans la tradition française de suprême héroïsme, que caractérisent les noms de Pascal et de Corneille – le Corneille de *Polyeucte*.

La Porte étroite valut à Gide le succès, le succès avec tous ses malentendus. Critiques et public constatèrent avec soulagement qu'on avait enfin là un véritable roman dans un cadre provincial et avec une action réelle. L'auteur fut classé. On voulut voir dans cette œuvre un retour à la foi, une conversion au classicisme, une rupture avec les tentatives tâtonnantes de toute une jeunesse. Qui portait un tel jugement, n'avait jamais compris Gide et n'avait pas davantage compris *La Porte étroite*. Celle-ci ne révèle son vrai sens que si on l'envisage en même temps que toute l'œuvre antérieure de Gide, à laquelle elle reste liée comme la baie abritée est unie à la haute mer éternellement houleuse.

Gide n'est pas homme à jeter l'ancre dans un port sûr. Devant l'héroïsme spiritualisé d'Alissa, il s'est incliné en écrivant son histoire, une histoire qui avait été conçue comme une satire du sacrifice de soi, et qui, en voie d'exécution, s'était transformée en un hymne ému. Mais si fort qu'il contraigne à l'admiration, l'héroïsme d'Alissa reste pour Gide un orgueil qui se cabre, mais auquel la fierté intérieure fait défaut : *héroïsme gratuit...*, héroïsme absolument inutile ; c'est ce même pli, c'est ce même penchant de l'âme, très essentiellement français, contre lequel déjà Bossuet mettait en garde le Grand Dauphin [7].

***

L'atmosphère de montagne raréfiée de ces héroïques aventures de l'âme ne pouvait être un lieu de séjour pour Gide. Depuis *La Porte étroite*, son évolution semble prendre encore une fois une orientation toute nouvelle. Jusque là, tous ses livres n'avaient été somme toute que des idéologies, abstraction faite des proportions de pensée et de réalité qui dans chaque livre se déplaçaient dans le sens de la vie. Dans *La Porte étroite* elle-même, l'importance résidait dans la substance intellectuelle. C'est ainsi que chez Gide l'art et la pensée s'étaient toujours soutenus mutuellement. Mais une nuance de sentiment de responsabilité morale, un besoin d'ordre spirituel peuvent s'imaginer, auxquels ce mélange devient insupportable. On peut penser que l'art ne doit pas usurper les fonctions de la connaissance. Il doit être la contrepartie de la pensée, comme la nature chez Hegel est la contrepartie de l'esprit. Il doit être jeu, luxe, floraison sans raison ni but. L'art est le pouvoir de représenter un fragment de vie qui n'existait pas encore et qui se trouve désormais inséré dans la ronde des choses existantes selon sa loi intrinsèque, détaché de l'esprit qui l'enfanta.

Les produits de cet art nouveau, affranchi de toute dialectique intellectuelle et doué d'une existence propre, sont les deux dernières œuvres qu'André Gide a données avant la guerre : le récit d'*Isabelle* (1911) et le roman des *Caves du Vatican* (1914).

Isabelle est une œuvre de transition. Dans la volonté d'affranchissement de la jeune Isabelle, nous reconnaissons une fois de plus l'ancien thème de départ, et dans ses hésitations devant l'action, l'autre thème de la difficulté d'agir. Quand Gérard dit : « À vingt-cinq ans, je ne connaissais à peu près rien de la vie, que par les livres », quand Isabelle écrit : « J'étouffe ici ; je songe à tout l'ailleurs qui s'entrouvre... J'ai soif ; quand il est question de l'effort désespéré qui pourrait percer la muraille qui isole l'âme et pourrait nous pousser à tous les crimes, au meurtre ou au suicide, à la démence », nous connaissons ces motifs pour les avoir trouvés dans les *Traités* de morale, dans *Les Nourritures terrestres* et dans *L'Immoraliste*. Seulement, ces thèmes sont ici, non plus les ressorts abstraits du livre, mais uniquement des thèmes épiques. Un nouveau style épique prend naissance. Gide ne cherche plus des formules abstraites, mais les particularités concrètes d'une réalité sensible quotidienne. Sa virtuosité artistique se complaît avec délices dans la peinture des faibles naïves de la nature humaine et des bizarreries réjouissantes de la petite société qui s'est trouvée réunie dans la maison de campagne délabrée. Il se fait portraitiste, peintre de genre, humoriste. Il trouve plaisir à décrire dans ses moindres détails un événement dénué de toute importance.

***

La forme d'art sous laquelle la France classique avait parlé à l'Europe avait été la tragédie. Pour la France moderne, le roman est devenu la forme d'art synthétique : depuis Balzac et Stendhal, le grand art du roman décrit sa courbe à travers le XIXᵉ siècle, en passant par Flaubert, pour aboutir à É[mile] Zola, et A[natole] France. S'il est exact de prétendre que les dernières vingt années sont pour la France une de ces crises séculaires où la nation intellectuelle s'imprime un nouveau rythme vital, l'observation doit trouver sa confirmation dans l'histoire récente du roman français. La pénétration du nouveau sentiment cosmique dans la littérature devait amener une crise du roman. Aucune de ses formes classiques parvenues à leur plein développement, n'était assez souple pour enfermer la nouvelle substance. Quelle forme de roman engendrerait donc la nouvelle vie spirituelle française qui trouva son expression abstraite dans le bergsonisme ?

En 1913, Jacques Rivière, l'un des plus délicats critiques de la France nouvelle, entreprit de répondre à cette question [8]. [L'écrivain qu'il imagine serait orienté dans le sens de la vie, serait aux aguets du *divin imprévu* de Stendhal. Le roman attendu serait un roman d'aventures.]

Ce que le critique édifiait en s'inspirant des exigences morales de l'époque, un avenir prochain allait le réaliser. L'étude de Rivière semble l'anticipation théorique de l'œuvre de Gide : *Les Caves du Vatican*. « Rien n'est plus éloigné de mes romans antérieurs que celui que je projette aujourd'hui » fait dire Gide à son romancier parisien à la mode et bien pensant. Rien n'est plus éloigné de *L'Immoraliste* et de *La Porte étroite* que ce roman d'aventures qui, dans sa luxuriance de végétation, ne prétend rien prouver, a perdu le saint respect de la psychologie et abat dans un bel accès de témérité les idoles branlantes de *l'art pour l'art*. Envisagé de ce point de vue, *Isabelle* se présente à nous comme une étude où l'artiste pour la première fois essaya sa nouvelle palette. « *Sotie, par l'auteur de* Paludes », tel est le sous-titre des *Caves du Vatican*. Si André Gide rattache ainsi son livre aux farces satiriques du XVe siècle, c'est qu'il veut faire entendre que par-delà l'art courtois de la Renaissance et du classicisme, il renoue avec la vieille tradition autochtone et populaire de sa race. Mais c'est surtout de l'étranger qu'il a reçu les impulsions les plus fortes. L'influence du roman picaresque espagnol et du grand roman anglais transparaît : celle de Meredith, mais surtout celle des vieux maîtres Sterne, Smollet, Fielding. Des deux côtés, la même joie complaisante à conter, l'abondance épique, les remarques où l'auteur commente, s'excuse, converse avec le lecteur, ou dit son opinion à ses créatures ; enfin le flot inépuisable d'humour, de satire, d'ironie, qui jaillit non pas du mépris ou de l'humeur belliqueuse, mais d'une contemplation sereine et bienveillante du spectacle de la vie. La complaisance dans l'humour du trivial, la peinture amusée des petites scènes de genre, comme celle de la chasse aux moustiques par Amédée Fleurissoire ou la description de l'enflure de tête d'Anthime Armand Dubois, voilà quelque chose de tout nouveau dans la littérature française. Tout un monde de figures curieuses, ridicules, gracieuses et aventureuses : des hommes du monde, des savants, des chevaliers d'industrie, des filles ; une satire de la conception scientifique de l'univers et de la dévotion mondaine, les raffinements de la vie de luxe et la Camorra de Naples, les élections académiques et les scènes populaires burlesques ; tout cela et mille autres choses encore d'une profusion déconcertante, développées avec une verve intarissable et dans la langue la plus finement nuancée : telle est la trame de ce roman qui reflète toute une époque et qui échappe à toute analyse par sa structure complexe et par les thèmes qui s'y rappellent, s'y entrecroisent et s'y prolongent parallèlement parmi des surprises toujours nouvelles. Quelques-uns des thèmes des œuvres antérieures sont mêlés à cette trame : le problème de l'action irresponsable, dénuée de tout motif et exécutée par l'attrait de la joie purement sportive que donne le libre jeu des forces ; le renoncement par amour de l'exaltation de la personnalité ; enfin la figure du jeune homme affranchi de toute morale, fort, beau, sensuel et rusé. Le héros du roman, ce Lafcadio stupéfiant et ensorcelant, qui pour s'amuser jette un vieux monsieur inoffensif par la portière du compartiment, et qui termine son existence d'aventurier en s'abandonnant à un amour frais et délicat, est un frère du jeune Arabe Moktir qui, à Biskra, offre un si charmant spectacle au désir de vivre qui se réveille en Michel.

L'évolution qui mène de l'art intellectuel et symboliste du premier Gide jusqu'à la végétation épaisse et jaillissante de cette nouvelle épopée, est parallèle à celle qu'accomplit le génie français qui, parti de cette pâle analyse qui se meut sans cesse autour de sa propre conscience, en arrive à s'abandonner à la multiplicité innombrable d'une réalité infiniment riche, qui abandonne l'intellectualisme contemplatif pour un irrationalisme avide d'expérience et de vie. Mais ce développement s'effectue chez Gide à l'intérieur de la sphère de l'orientation esthétique de la conscience. Gide est resté artiste dilettante et irresponsable et sa religion est l'égotisme. Ce sont d'autres esprits qui allaient se tourner dans un mouvement d'humanité fraternelle vers les sources éternelles de l'amour transfiguré par la douleur, de l'action héroïque et de la foi féconde [9].

**

Pendant la guerre, André Gide s'est tu. La première œuvre qu'il ait publiée depuis la fin de la guerre : *La Symphonie pastorale* (1919) semble avoir été écrite comme *Émaux et camées* de Gautier, à l'écart des événements.

> *Sans prendre garde à l'ouragan*
> *Qui fouettait mes vitres fermées.*

La Symphonie pastorale est la magistrale analyse d'un problème moral sur un cas de psychologie complexe. Un pasteur protestant recueille une petite fille aveugle restée au niveau de la bête. Il néglige femme et enfants pour se consacrer entièrement à sa pupille. Grâce à sa patience et à l'amour du prochain qui l'anime, il réussit à éveiller l'âme en cette créature faible d'esprit. Gertrude devient capable de comprendre la beauté du monde, de la nature et de l'esprit, qui se manifeste à elle dans la musique de Beethoven, dans les paraboles de Jésus et les lettres de saint Jean. L'aveugle se forme sous la direction d'un maître qui choisit avec soin ce qui lui convient, une image de l'univers où règne la pure harmonie de l'amour. L'existence du mal et du laid, il cherche à la lui dissimuler. Lui-même est ainsi conduit à un illusionnisme esthétique dissolvant, qui détourne sa foi vers des voies hétérodoxes. Il ne s'en croit pas moins déterminé par des impulsions purement religieuses, jusqu'au jour où il se rend compte que son zèle en vue de gagner une âme à la lumière n'est plus la charité évangélique du pasteur qui néglige tout le troupeau pour retrouver une brebis égarée, mais qu'à la charité s'est substitué l'amour terrestre. Mais il est désormais impuissant à séparer les deux amours. Il poursuit donc sa marche sur ce chemin périlleux. Il établit une distinction entre les paroles divines du Christ, où il n'est jamais question de commandement ni de défense, et le rigorisme moral de saint Paul qui aurait, selon lui, faussé l'esprit de l'Évangile et fondé la tradition orthodoxe. Son interprétation fait de l'Évangile une doctrine de vie bienheureuse et de joie, qui serait l'état obligatoire du chrétien. Le progrès de la foi consiste selon lui dans l'idée qu'il n'y a rien d'impur, sinon pour celui qui croit à l'impureté. Il enseigne à Gertrude que les lois de Dieu sont des lois d'amour, et il confond à dessein pour lui et pour elle la limite entre Éros et Caritas. Alors Gertrude recouvre la vue, grâce à une intervention médicale. La Lumière de la connaissance fait ainsi soudain irruption dans son monde moral. L'illusion esthétique se déchire. Elle voit la réalité et y découvre la laideur et le péché. L'horreur de cette révélation la pousse au suicide. Son maître reste seul, ayant ainsi précipité sa bien-aimée dans l'erreur et la mort. L'exemple de ses errements pousse son fils à se réfugier dans un couvent. Il demeure seul, le cœur plus sec que le sable du désert.

En tant qu'étude pathologique du sens moral, l'œuvre nouvelle de Gide prend place à côté de *L'Immoraliste*. Et comme *La Porte étroite*, elle forme une contribution à la connaissance des errements sentimentaux qui naissent de l'union de l'individualisme religieux et de l'érotisme qui s'exalte et se perd dans les sphères de l'esthétisme. Comme dans tous ses livres, Gide s'abstient cette fois encore de prendre personnellement position.

***

André Gide n'a jamais brigué le succès [10]. Il a de tout temps dédaigné les méthodes parisiennes d'arrivisme. Il n'a point flatté la critique, ni sollicité l'attention de la presse. Il a fallu des années pour que les premières éditions de ses livres, qui atteignent aujourd'hui des prix élevés, fussent épuisées. Et si – au grand étonnement de l'éditeur – les éditions de *La Porte étroite* (1910) se succédèrent si rapidement, la cause en réside uniquement dans une critique favorable du *Times* qui valut au livre de nombreux admirateurs en Angleterre. L'art de Gide trouva d'ailleurs dès le début un public étranger intelligent et sympathique, surtout en Allemagne où Franz Blei, Rainer Maria Rilke et Felix Paul Greve [11] lui gagnèrent par leurs traductions des amis nouveaux. Mais pour le grand public, Gide est longtemps resté un inconnu. La critique officielle l'ignorait ou l'exécutait au moyen de formules toutes faites.

Et cependant il laissait mûrir son œuvre en silence. Il travaillait et se taisait. Il se tut – *incredibile dictu !* – pendant toute la guerre. Du mois d'août 1914 au mois de juin 1919, Gide n'a rien fait paraître, sauf une préface aux *Fleurs du Mal*. On devine que ce silence, qui s'oppose si nettement à la cacophonie de la littérature de guerre européenne, a sa source dans un sentiment de tact moral. Gide se sentait solidaire de sa nation qui luttait de toute son énergie pour l'existence. Le vivant instinct social du génie français lui défendait de détruire l'unité de front intellectuelle par l'individualisme d'une pensée très personnelle qui se raille de toute réglementation. Mais, d'autre part, il ne pouvait mêler sa voix au chœur de phrases toutes faites de la littérature guerrière. Il garda donc le silence. Et cette attitude explique qu'il nous soit justement si facile, à nous autres Allemands, de reprendre contact avec son œuvre...

Il est permis de dire que Gide jouit actuellement dans l'élite intellectuelle de l'Europe d'une estime que bien peu connaissent. Si le succès bruyant et éclatant sur le marché lui a été jusqu'ici refusé, la cause en est non seulement dans la réserve qu'il s'est imposée vis-à-vis de l'agitation littéraire, mais peut-être plus encore dans la nature même de son art. Gide n'est pas un auteur facile. Il ne se laisse pas ranger sous une rubrique. Sa pensée se développe en multiples méandres et en courbes surprenantes. Il bouleverse les classifications et les étalons établis. Il est malaisé et sa pensée ne se laisse que difficilement embrasser d'un coup d'œil. Aucun de ses livres ne l'exprime totalement. Chacun d'eux ne donne qu'une des faces de sa nature. Ce n'est que par une vue d'ensemble de son cœur que peuvent ressortir les traits déterminants de sa personnalité. Et cette œuvre gît éparse dans de nombreux volumes, en partie épuisés et inaccessibles.

Aussi faut-il se réjouir d'autant plus que Gide se soit décidé à donner des *Morceaux choisis*, où il réunit ce qui lui paraît le plus caractéristique de son œuvre. Les pages rassemblées dans les *Morceaux choisis* surprendront jusqu'aux connaisseurs de son art. À côté de choses connues, elles en offrent d'autres qui, jusqu'à présent, ne se trouvaient que dans des revues souvent difficiles à découvrir, et des fragments inédits d'un éclat de style extraordinaire. Elles offrent ce que l'artiste a lui-même trié et ordonné dans une production qui englobe déjà trente années de développement organique.

Les *Morceaux choisis* portent en épigraphe : *Les extrêmes me touchent*, ce qui est caractéristique pour le style d'un artiste qui aime à entrecroiser des allusions multiples. Toujours l'ont séduit les extrêmes dans les oscillations du sentiment. Mais c'est précisément pourquoi il s'est attiré la réprobation de tous les partis, de toutes les écoles et tous les clans. Comme il ne se laissait pas fixer, on lui reprochait son indiscipline. Comme il ne s'enfermait dans aucun dogme, on le disait inconsistant et dissolvant. Comme il n'a jamais agi au gré d'un parti, les fanatiques de tous les partis l'attaquent. Nationalistes, socialistes, catholiques le prennent comme point de mire. Et c'est ainsi que doublement l'on peut dire que les extrêmes le touchent.

Gide a dans l'un de ses premiers livres traduit l'instinct le plus profond de sa nature dans la formule : *Assumer le plus possible d'humanité* [12]. Ce que l'on aimait en effet dans ses œuvres, c'était l'émotion en présence d'une âme qui, en état de perpétuelle ferveur, erre à l'infini, va sans cesse de l'avant, toute frémissante, et connaît pourtant l'inassouvissement du désir. Ces livres ont le même thème : ils donnent forme au désir véhément de s'arracher à l'étreinte de la coutume, de la sécurité, de la possession, de la loi, de la morale. Ce sont les documents de l'éternelle humeur vagabonde d'une âme qu'attirent des horizons toujours nouveaux. Ils sondent et scrutent des pays nouveaux et des temps nouveaux. Dans leur rythme le plus intime se fait sentir la palpitation orageuse d'un cœur révolutionnaire.

Il est vrai que ce rythme n'est guère perceptible qu'à une oreille délicate. Car l'art de Gide réclame et s'impose la discipline la plus rigoureuse. Rien n'échappe à sa maîtrise. Toute émotion est domptée et a pris corps, tout cri est devenu son [13]. Nulle part de laisser-aller nonchalant, nulle part de tumultueuse projection de la matière morale à l'état brut. Cet art est le triomphe d'une « volonté de forme » consciente d'elle-même. Il ne se laisse pas entraîner par le sentiment, il le prend comme matière première et il lui impose la loi de l'esprit. Toute l'agitation du cœur est devenue pure eurythmie. Rarement l'esprit trouve un tel régal. En général, les mouvements violents de l'âme s'expriment en balbutiements furieux, ou bien la forme maîtresse d'elle-même cache l'indigence morale. Mais il n'y a maîtrise que là où la matière rebelle est soumise à la loi de l'art et où, au travers de la forme domptée, nous sentons encore l'émotion frémissante de l'âme. Ou comme le dit Gide : « L'œuvre classique ne sera forte et belle qu'en raison de son romantisme dompté [14]. »

L'idée du classique, Gide ne cesse de la tourner et de la retourner sous toutes ses faces. Pour lui, comme pour Nietzsche, le classicisme n'est point une question esthétique, mais une question morale. Il est la forme d'expression des âmes nobles. « C'est l'art d'exprimer le plus en disant le moins. C'est un art de pudeur et de modestie. Chacun de nos classiques est plus ému qu'il ne le laisse paraître d'abord. » Le classicisme, tel que le conçoit Gide, est ascétisme, c'est-à-dire renoncement à toute vanité personnelle, purification de l'individualité, incarnation de l'âme. La réceptivité de Gide pour toutes les manifestations de l'esprit est trop grande pour qu'il n'admette que l'art classique. Ne vénère-t-il pas en Dostoïevski l'une des plus profondes révélations de l'art ? Mais il se subordonne à la loi vivante de l'esprit classique et, comme Nietzsche, il sait que l'idée du classicisme n'a de sens véritable qu'en France. S'il est quelqu'un capable de rendre la vie au classicisme français pour l'esprit européen, ce sera Gide. Il est aux prises avec des problèmes humains qui nous touchent tous de près, il les résout pour une méthode d'éducation de soi, à la foi morale et artistique, en laquelle il croit voir celle du classicisme. Et c'est ainsi que pénétrant la façon dont il pose le problème, nous renouvelons notre intelligence des forces agissantes de la France du XVIIe siècle. Vu à travers Gide, Racine nous apparaît sous un jour nouveau et surprenant. Racine a composé de claires harmonies avec les forces orageuses d'une sombre passion. Et Gide soumet ses désirs vagabonds et son génie rebelle aux sept feux d'une alchimie artistique, jusqu'à ce que, métamorphosés et purifiés, ces éléments rayonnent de l'éclat d'argent des œuvres classiques.

Le classicisme de Gide est la synthèse personnelle des éléments multiples de sa nature profonde. Et ce ne sont pas seulement les contrastes dynamiques de son âme, mais aussi ceux des forces historiques qui le déterminent ataviquement. Il y a en lui une combinaison d'éléments du Nord et du Midi. Sa famille paternelle est originaire du Languedoc, sa famille maternelle de Normandie. Dans un fragment autobiographique des *Morceaux choisis*, Gide indique comment il sent se conjuguer en lui les influences contradictoires de ces deux provinces et de ces deux cultures si nettement différentes. Ce qui l'a poussé à la création artistique, ce fut la nécessité de mettre en harmonie ces voix opposées. « Sans doute ceux-là seuls sont capables d'affirmations puissantes, que pousse en un seul sens l'élan de leur hérédité. Au contraire, les produits de croisement, en qui coexistent et grandissent, en se neutralisant, des exigences opposées, c'est parmi eux, je crois, que se recrutent les arbitres et les artistes. » Aplanissement de conflits moraux, conciliation de forces divergentes, souveraineté de l'universel sur le particulier : ce sont là les fonctions qui résultent pour l'art de telles conditions morales. Ce sont les traits essentiels de l'esprit classique.

Le contraste héréditaire entre les éléments du Nord et du Midi se complique chez Gide d'un contraste plus radical encore entre les deux formes du christianisme occidental. Le père de Gide était protestant, sa mère catholique. Le calvinisme puritain de la tradition paternelle formait l'atmosphère de la maison et détermina l'esprit de l'éducation. Ce protestantisme héréditaire a laissé une empreinte profonde dans la personnalité littéraire de Gide. C'est de lui que l'écrivain tient le goût des méditations sur la Bible, la révolte contre le principe d'autorité, la lutte intérieure avec les décisions de la conscience. La gravité protestante de la poursuite d'une conviction morale personnelle se rencontre chez lui avec la tendance psychologique de l'esprit classique français et confère à ses analyses morales la densité intérieure et à sa critique de la morale, la vraie profondeur. L'éducation religieuse a éveillé et rendu délicat en lui le sens moral, mais en même temps, il devait se contenter d'une éthique de la loi. Or, un sentiment moral aiguisé finit justement par trouver intolérable une morale jugeant d'après des règles générales. C'est précisément en vertu d'un jugement éthique vivant que Gide se voit contraint de rejeter la morale traditionnelle : non pas pour se livrer à l'arbitraire, mais pour découvrir la « loi individuelle » cachée du monde moral, la loi qui est donnée à chacun sous une forme valable pour lui seul, mais sous une forme qui le lie. Il lui faut rejeter les conventions pétrifiées de la morale officielle pour trouver la règle nouvelle de vie qui lui permettra de réaliser la valeur éthique qui est prescrite – « son » bien. Cette règle est *d'agir selon la plus grande sincérité*. Il apparaît que la vie, selon cette maxime, réclame la tension la plus contenue de volonté et le coup d'œil le plus clair. « Jamais je ne m'apparus plus moral qu'en ce temps où j'avais décidé de ne plus l'être, je veux dire : de ne l'être plus qu'à ma façon. » Le devoir consiste maintenant à se débarrasser de tout ce qui ne jaillit pas du plus intime de la personnalité, c'est-à-dire de toutes les pensées, de toutes les conceptions, de toutes les façons de sentir, familières et héréditaires. Ce dépouillement du patrimoine moral des aïeux apparaît comme la condition préalable de la mise au plein jour de la substance propre qui, débarrassée de toutes ses enveloppes, finit par ne plus s'offrir que comme « une volonté aimante ». C'est une voie périlleuse que celle que Gide trace ici. Nous songeons aux paroles de Thomas Mann : « Ce qui serait le moral à proprement parler – pureté et préservation du moi ou abandon, c'est-à-dire l'abandon au péché, à ce qui nuit et consume, voilà un problème qui me préoccupa de bonne heure. Les grands moralistes furent généralement aussi de grands pécheurs... Le domaine moral est vaste, il englobe aussi l'immoral. » « Et je sais bien, dit l'un des personnages de Gide, que cet excès de renoncement, ce reniement de la vertu par amour de la vertu même, ne paraîtra qu'un sophisme abominable à l'âme pieuse qui me lira. Paradoxe ou sophisme qui dès lors inclina ma vie, si le Diable me le dicta, c'est ce que j'examinerai par la suite[3]. » L'individualisme moral débouche ici par des sentiers abrupts dans une solitude où béent des abîmes.

Mais cet individualisme est contrebalancé par l'humanisme harmonieux que Gide possède aussi en patrimoine. Et à l'autonomisme moral poussé

---

3   *J*, I, *Feuillets (pages retrouvées)*, p. 1242.

jusqu'au paradoxe, s'ajoute un idéal conciliant de sérénité antique. « Les Grecs qui nous ont laissé de l'humanité, non par le peuple de leurs statues seulement, mais par eux-mêmes, une image si belle, reconnaissaient autant de dieux que d'instincts, et le problème pour eux étaient de maintenir l'Olympe intime en équilibre, non d'asservir et de réduire aucun des dieux[4]. » Tiraillée entre le puritanisme et le paganisme, la pensée morale de Gide englobe tous les contrastes qui, depuis la Renaissance, mettent l'esprit européen en désaccord avec lui-même. En face de cette hostilité pour les sens qui, transmise par l'Antiquité décadente, a pris dans l'histoire du christianisme une force si déterminante, en face de la proscription du bonheur et de la joie considérés comme des hérésies, dont le rigorisme philosophique a assombri l'existence, retentit dans la vie artistique de Gide un hymne éclatant à la vie. Il célèbre l'existence, incarnation de la joie. Il lave la nature des calomnies d'envieux et d'ignorants aux regards louches. Il se fait l'annonciateur d'un eudémonisme où l'allégresse de vivre se marie à l'émotion religieuse. « Que l'homme est né pour le bonheur, certes toute la nature l'enseigne. C'est l'effort vers la volupté qui fait germer la plante, emplit de miel la ruche, et le cœur de l'homme de bonté. » Il y a, dans de telles pages, quelque chose de l'ardeur sacrée des hymnes antiques, quelque chose de Lucrèce et du *Pervigilium Veneris*.

Le bonheur d'exister et l'amour créateur sont considérés comme des forces de bonté et de moralisation. Les hommes ont dans leur sot aveuglement rendu la vie pauvre et mesquine. Elle pourrait être tellement plus belle qu'ils ne veulent l'avouer. Ce n'est pas dans la raison, mais dans l'amour que réside la sagesse. Dans l'épanouissement d'un cœur aimant Gide se penche sur la richesse de l'existence, par des soins délicats il voudrait guérir le corps de l'humanité, mutilé et tout couvert de blessures. Il voudrait lui enlever les pansements qui le serrent et l'exposer tout nu au soleil. Voici le point où l'individualisme de Gide, qui fut si critiqué, est amené dans son développement naturel aux questions de la vie en communauté. On pressent dans l'immoraliste l'émancipateur, dans l'analyste du moi le révolutionnaire social. Ce classicisme est gonflé d'énergie créatrice d'avenir. *Il faut être sans loi pour écouter la loi nouvelle.*

Est-ce là de l'anarchisme moral ? Qui pénètre plus avant dans les nouveaux fragments que nous font connaître les *Morceaux choisis*, se sentira

---

4   *Ibid.*, p. 1240.

entraîné dans un mouvement passionné, dans une lutte émouvante. Des forces explosives sont contenues dans ces phrases chatoyantes. Le dialogue taillé dans le marbre frémit de tensions intérieures. Mainte page glorifie la beauté libre d'une sensualité pénétrée d'âme, dans la nudité et avec la pieuse adoration de l'Antiquité. L'exaltation païenne de la vie fête ses orgies. La critique que Gide fit de la morale n'était-elle qu'un chemin à mille détours pour reconquérir cet amour enivré de la beauté et de la terre que nous attribuons à la Renaissance ? Pour redresser les autels olympiques ? Il n'est point dans l'histoire de véritable retour en arrière. Et les puissances morales chrétiennes sont chez Gide trop actives pour le laisser s'enliser dans un néo-hellénisme. Les expériences des siècles mystiques, il ne saurait s'en affranchir ; ce païen a entendu la question du salut de l'Évangile : s'il voulait ne pas entendre, il ne pourrait du moins imposer le silence. Sans doute cherche-t-il à débarrasser l'Évangile de toutes les interprétations d'Églises et d'écoles. Il découvre que l'esprit sombre de la négation de l'univers lui est étranger ; que sa morale ne consiste pas en interdictions ; bien plus, que l'Évangile commande la joie et promet la réalisation de toute joie. Et pourtant... Et pourtant il éveille dans l'âme un mouvement intime qui n'est plus dirigé vers le bonheur, et qui rend impossible de s'abandonner dans l'amour et la concupiscence aux choses de la terre. Après avoir rejeté tout le faix de la tradition, après s'être délivré de toutes les falsifications de son sentiment des valeurs venues de l'extérieur, Gide rencontre sur cette route de nouveau une expérience de l'âme qui est également tournée vers l'esprit de l'Évangile. « ... il s'agit de contempler Dieu du regard le plus clair possible et j'éprouve que chaque objet de cette terre que je convoite se fait opaque, par cela même que je le convoite et que, dans cet instant que je le convoite, le monde entier perd sa transparence, ou que mon regard perd sa clarté, de sorte que Dieu cesse d'être sensible à mon âme et que, abandonnant le Créateur pour la créature, mon âme cesse de vivre dans l'éternité et perd possession du royaume de Dieu. »

Peut-être les contradictions qu'offre la pensée de Gide se résolvent-elles en présence de ces paroles. L'unité de sa voie réside dans la recherche de la lumière. Il se détourne des grisailles monotones du puritanisme pour contempler les mille couleurs de la vie éclatante. Mais cette lumière elle-même n'est que jour terne et ombreux, auprès de la lumière plus pure du divin. Le rayon blanc de l'amour de Dieu peut seul être le but ultime du chercheur de lumière. Et c'est ainsi que nous entendons maintenant la

formule : *contempler Dieu du plus clair regard possible*, comme réplique correspondant à celle de l'époque précédente : *assumer le plus possible d'humanité.*
La direction du regard a changé, l'intensité a persisté : *le plus possible.*
Mais il serait faux de simplifier artificiellement le développement de la
pensée de Gide. La ligne que j'ai tenté de déterminer, est nettement visible.
Mais elle n'est qu'une ligne parmi beaucoup d'autres. La clarification est
obtenue, non point la clarté. La clarté en fin d'analyse ne résulte jamais
d'une synthèse spirituelle, mais d'une décision morale. Le « troisième
empire » est un mirage de l'esprit. Celui qui le poursuit, périt de faim
dans le désir. Et Gide se trouve exposé à un autre danger. Plus il tend
d'une part à atteindre la lumière de la vérité surnaturelle, et plus il est
menacé des puissances extranaturelles des ténèbres. Plus le dialogue de
son propre moi quitte le domaine psychologique pour s'enfoncer dans
la sphère de l'être substantiel, plus il devient une lutte métaphysique
de forces primitives. Un frisson d'angoisse faustien émane de certaines
de ses confessions. Et l'ombre d'une aile noire géante frôle parfois de sa
silhouette satanique ce paysage de l'âme qui se dresse vers la lumière.
Or ce sont là, il est vrai, des choses situées au-delà de la sphère
littéraire. Mais l'importance de Gide consiste justement en ce que
son œuvre est de la littérature au degré suprême et à la fois plus que
de la littérature, de même qu'elle est authentiquement française et en
même temps supra-française. On a l'impression que, grâce à Gide, le
classicisme français est devenu une fois encore une forme d'expression
cosmopolite de l'esprit européen. S'il en est capable, la raison en est que
Gide a accueilli les éléments spirituels de toutes les civilisations et les
a combinés et fondus au creuset de son style. Il est un auteur européen
de nationalité française. C'est l'impression dominante avec laquelle nous
quittons les *Morceaux choisis.* Ils montrent l'être essentiel de Gide sous
une nouvelle forme. L'image que nous avons jusqu'ici de lui était celle
d'un ironiste, d'un poète lyrique intellectuel, d'un artiste. Après sept
années de silence, il surgit avec la moisson d'une vie de labeur et avec
les prémisses d'une nouvelle période créatrice : comme un maître de
l'art et comme le porte-parole de l'esprit européen.

Ernst Robert CURTIUS

Toutes les notes suivantes sont du traducteur, Christian Sénéchal.

1. Rolland, en 1864 ; Claudel, en 1868 ; Péguy, en 1873 ; C[harles]-L[ouis] Philippe, en 1874.

2. La première œuvre de Claudel également : *Tête d'or* ; celle de Gide : *Les Cahiers d'André Walter.*

3. « Toujours j'ai traîné la mystérieuse malédiction / jamais en pleine conscience ni en pleine inconscience, / avec de petites souffrances et de fades joies / de vivre ma vie comme un livre » (Hugo von Hofmannsthal, dans *Der Tor und der Tod* [*Le Fol et la Mort*], publié en 1893). Claudio, l'esthète, le fol, aux salles pleines d'œuvres d'art, envie le sort des hommes simples qui peuvent souffrir, mais aussi se consoler. Lui, au contraire, ne connaît ni l'amour, ni la vraie douleur, car la pensée lui a rongé le cœur, car l'art lui masque la vie. Ses yeux et ses oreilles sont morts. C'est en vain que – tout comme André Gide – il attend une existence plus pleine. Comme à lui aussi, l'apparition de la mort va lui apprendre à sentir, à aimer, à haïr, à jouir des choses de la terre.

4. *Cf.* ses recueils de nouvelles : *Der kleine Herr Friedemann* et *Tristan* où est examiné le problème de l'art et de la vie.

5. À quel point Michel est l'auteur lui-même, c'est ce dont témoigne un passage de journal de voyage en Algérie (dans *Amyntas* : « Tout y contribuait : la nouveauté des lieux et de moi-même, où je découvrais tout avec ravissement ; et nulle retorse méthode, autant que mon éducation puritaine, n'eût su me ménager, pour en jouir, de si multiples virginités. Et puis, précisément, là-bas, j'eus la chance de tomber malade, très grièvement, il est vrai, mais d'une maladie qui ne me tua pas, au contraire... ne m'affaiblit que pour un temps, et dont le plus clair résultat fut de m'apprendre le goût de la rareté de la vie. Il semble qu'un organisme débile soit, pour l'accueil de sensations, plus poreux, plus transparent, plus tendre, d'une réceptivité plus parfaite. Malgré la maladie, sinon à cause d'elle, je n'étais qu'accueil et que joie. ») (Note de l'auteur.)

6. *Cf. Années d'apprentissage de Wilhelm Meister*, livre VIII, ch. v (passage de la lettre que Jarno lit et commente à Wilhelm).

7. *Nouveaux prétextes* (1911).

8. *La Nouvelle Revue française*, 1913, mai et juin. Nous n'avons pas pu obtenir communication des numéros.

9. Les deux passages suivants tirés des études sur Rolland et Claudel préciseront la situation de Gide dans le mouvement littéraire français. « André Gide a toujours été le poète de quelques hommes. Son art est une quête de choses exquises. Sa disposition extrêmement développée à accueillir tout ce qui est rare et séduisant, le rend incapable d'avoir de l'univers une vision forte et simple comme le peut la foi. Or, ce que Gide n'a pas : l'univers inébranlable, vu en grandes masses contrastantes de lumière et d'ombre ; la mobilité passionnée de la volonté morale ; la force de la foi – c'est ce qui vit en Romain Rolland. » « Si différents que soient Rolland et Gide par le tempérament, leur art a pourtant ce trait commun d'avoir pris naissance dans un débat avec le corps d'idées de l'époque et d'être pénétrés du sens historique du XIXᵉ siècle. Ils expriment des aspirations de leur temps sous la forme de leur âme, et réagissent ainsi sur leur époque. Ce sont des artistes du type représentatif. »

10. Cette dernière partie de l'étude a été écrite en 1920.

11. F. Blei a traduit : *Le Prométhée mal enchaîné* (1909, Munich) ; et *Bethsabé* (poème dramatique en 3 monologues) ; R.-M. Rilke : *Le Retour de l'enfant prodigue* (Leipzig, s.d.) ; F. P. Greve : *La Tentative amoureuse* et *Narcisse* (Berlin, 1907) ; *La Porte étroite* (Berlin, 1909) ; *Saül* (Berlin, 1909) ; *L'Immoraliste* (Minden, s.d.) ; *Paludes* (Minden, s.d.). En outre : *Les Caves du Vatican*, par D. Bassermann (Leipzig, 1922) ; et *Philoctète*, par R. Kassner (Leipzig, 1904).

12. *Les Nourritures terrestres*, p. 23.

13. Tout ce passage – dont on pourrait rapprocher l'étude de Klaudius Bojunga sur *Gärung und Klassik* (Fermentation et classicisme), dans l'Annuaire de l'École de Sagesse, 1923 – oppose à l'esthétique expressionniste, à la poésie du *cri* (*cf.* l'étude de Gundolf sur *Stefan George*, p. 20, et celle de Pinthus dans *Menscheitsdämmerung*) le classicisme de Goethe et de Racine.

14. *Morceaux choisis* : Classicisme, p. 93 (inédit).

ANNEXE XV

Ernst Robert Curtius, « *Les Faux-Monnayeurs* »

Die Neue Rundschau, décembre 1926, n° 26, p. 22-32[1].
Trad. de l'allemand par Peter Schnyder.

Quand un artiste du rang d'André Gide, possesseur d'une maîtrise qui a mûri durant trente-cinq ans, nous offre une œuvre, quand lui, l'auteur de *L'Immoraliste*, de *La Porte étroite*, des *Caves du Vatican*, de *La Symphonie pastorale*, caractérise (dans la dédicace à Roger Martin du Gard) ses *Faux-Monnayeurs* comme son « premier roman », la plus importante de ses productions épiques (déjà par sa forme et son volume), ce geste est synonyme d'événement. Celui-ci l'éloigne d'emblée des affaires quotidiennes et de l'actualité des modes littéraires. Depuis longtemps déjà, André Gide a sa place dans la douzaine (ou devrions-nous aller jusqu'à deux douzaines ?) d'écrivains européens, qui ont donné son visage spirituel au premier quart du XXe siècle ; qui lui ont donné son ancrage historique dont les contours ressortent d'autant plus clairement que l'« esprit du temps » anonyme est retourné dans le néant de l'oubli. C'est pourquoi, la parution des *Faux-Monnayeurs* (Paris, Gallimard) représente plus qu'un sujet d'actualité, mais aussi plus qu'un sujet littéraire. Dans un tel livre, le chemin de vie spirituel d'un artiste croise son époque ainsi que les générations qui cohabitent en lui, côte à côte ou l'une contre l'autre.

La semi-vérité banale, selon laquelle une évaluation critique correcte n'est possible que par la distance temporelle ; selon laquelle la « postérité » seule est un juge objectif, est vraie (s'il en est) pour un tel livre. Car, inconsciemment et inévitablement, circule dans notre jugement le fluide impondérable de ceux qui vécurent avant nous, qui vécurent avec l'écrivain et qui agit encore durablement sur notre présent empreint

---

1 Texte en ligne : http://www.gidiana.net/articles/GideDetail6.1.5.1.pdf. – Reproduit dans le *BAAG*, n° 26, avril 1975, p. 22-32.

du passé. Comment était-il, comment étions-nous, quand il s'est pour la première fois saisi de nous ? Qu'espérions-nous, qu'attendions-nous de lui ? Comment le percevait-on, lorsque nous avions vingt, trente, quarante ans ? Toutes ces situations et étapes de l'esprit redeviennent un présent ressenti, se fondent en un éther irisé. Et c'est uniquement à travers lui que nous sommes en mesure de voir l'œuvre. C'est la position dans laquelle je me trouve face aux *Faux-Monnayeurs*. La même position que face à *La Montagne magique*. Elle n'entraîne pas de parti pris en faveur de l'écrivain, peut-être plutôt le contraire. Elle peut rendre l'observateur injuste, lorsque l'œuvre ne correspond pas à ses attentes, à sa vision, à son ressenti. De toute façon, il n'est pas impartial. Son impression, son jugement restent ambivalents. Ce dilemme ne devrait pas être dissimulé ; il faut le reconnaître et l'exprimer. Car il appartient aux processus naturels de l'esprit. Toute critique vivante suit une série d'étapes organiques. La critique de la jeunesse est enthousiaste ou dogmatique. Les dangers liés au vieillissement de la critique sont la tolérance sceptique, l'indifférence de la bienveillance ou bien la perte de souplesse et l'émoussement de la sensibilité. Où se trouve la ligne étroite du sens critique mature, sinon à égale distance entre l'enthousiasme débordant du jeune attaquant et les simples enregistrements de celui qui n'est plus impliqué intérieurement ? Bien entendu, il est facile de contourner ces questions et ces doutes sur soi-même. Il suffit de céder à la pesanteur de la routine. Il ne devrait pas uniquement y avoir des critiques, mais aussi des écrivains, qui le font. Mais c'est là une abdication.

Les Faux-Monnayeurs a été associé, à l'occasion, à Dostoïevski : une de ces associations absurdes, tout au plus admissibles dans la conversation. Si l'on cherche un point commun, une familiarité souterraine en quelque sorte, par laquelle se clarifie ce qui fait la particularité de l'œuvre, alors c'est – je l'ai évoqué – *La Montagne magique*. André Gide et Thomas Mann sont des artistes de la réflexion. Le travail créateur des deux auteurs montre le rythme alterné entre examen critique et production épique. Tous deux donnent, au tournant de leur cinquantième année, le livre tant attendu et important qui aboutit à la somme d'une existence artistique. Chez l'un et l'autre, le grand roman de la maturité s'accomplit par la combinaison de quelques motifs intellectuels et d'un fonds de visions et de motifs contemporains, minutieusement empilés et consciemment collectés. Tous deux sont des maîtres dans leur métier et résolvent leur tâche avec un savoir-faire supérieur, qui ne s'acquiert que par une longue discipline. Chez tous les deux, plus de finesse que de force, plus de pouvoir que de devoir, plus d'intelligence constructive que de naïveté spontanée. L'Allemand est plus candide, plus métaphysique, plus poétique. Le Français est plus subtil, plus curieux, plus psychologique. L'Allemand a plus de sentimentalité et de sérieux. Le Français plus de plaisir à jouer et d'ironie. Tous deux sont des porte-parole, et non pas des dominateurs de leur époque.

Dans *Les Faux-Monnayeurs*, chaque sujet des livres précédents de Gide surgit à nouveau dans un entrelacs fait avec le plus grand art. Suivre le tissu artificiel de cette thématique est l'un des plus grands attraits de la lecture. Comme dans *Paludes* (1895) où apparaît un écrivain qui écrit *Paludes*, le personnage principal des *Faux-Monnayeurs* est le romancier Édouard, qui travaille sur son roman *Les Faux-Monnayeurs*. De même, dans *Les Caves du Vatican* (1914), l'auteur à la mode Baraglioul invente une idée de roman – la psychologie d'un crime « gratuit », uniquement déterminé par l'esprit du jeu – qui lui est présentée dans la réalité (par l'action de Lafcadio), mais qu'il refuse de reconnaître dans cette transposition, comme c'est le cas dans *Les Faux-Monnayeurs*. Les trois livres proposent une variation sur le motif ironique du romancier dans le roman, privilégiée par le romantisme allemand. Ils sont, chacun à leur manière, le roman du roman. Mais une deuxième réflexion s'ajoute à cela. L'auteur simulé par Gide feint une intrigue, qui sera aussitôt réalisée de manière indiscrète dans la vie. Édouard veut représenter la contrefaçon dans le domaine spirituel – il pense en particulier à ses collègues, au comte de Passavant par exemple ; le motif s'étend à la thématique de l'inflation spirituelle et à la baisse des devises. Là, le hasard le conduit sur la trace d'une bande très réelle de faux-monnayeurs – une intrusion embarrassante, qu'il essaie de garder à distance. La réalité brutale d'un fait divers lui gâche le plaisir de son motif subtilement imaginé. La vie produit des situations très indélicates, qui devancent l'idée et la rabaissent à l'atmosphère triviale d'une affaire criminelle. Elle contrarie, de la manière la plus fâcheuse, la conception artistique et l'existence littéraire.

À ses débuts, Gide avait présenté le mythe de Narcisse (1892), qui occupait alors beaucoup les symbolistes de la fin du siècle ; Valéry l'avait exprimé à son tour poétiquement. Ce mythe est le symbole du reflet et de l'auto-contemplation ; symbole en même temps de cette spiritualité qui ne peut jamais entrer en contact avec la réalité. De ce destin de Narcisse dont le jeune Gide s'est servi de manière pathétique et sentimentale, l'artiste, dans sa maturité, a acquis les réflexes spéculaires ironiques, qu'il réutilise dans des variations toujours plus riches dans ses romans, en dernier lieu *Les Faux-Monnayeurs*. La source psychologique de ces motifs doit sans doute être cherchée dans une relation singulièrement lâche avec ce qui est considéré généralement comme « réalité » dans la sphère de l'être, dans une instabilité de la « fonction du réel » (Janet). Dans *Caractères*, un petit volume publié en 1925 dans une édition limitée, comportant des idées, motifs et aperçus critiques, Gide écrit : « Certains jours, à de certains instants, je perds complètement la notion de la réalité. Il me semble qu'au premier faux pas, je vais passer de l'autre côté du décor *. » Cette déclaration personnelle explique beaucoup de choses. Elle correspond à cette relativisation de la conscience de la réalité, autour de laquelle se concentre l'expérience du « surréalisme », et ce qui reste comme état de conscience irréductible, quand on dépouille ce mouvement littéraire tout récent de tout ce qui est bluff ou théâtre.

Que l'immanence et l'au-delà, la réalité et la surréalité sont aujourd'hui vécus dans une nouvelle relation ; qu'ils se sont rapprochés comme le côté pile et le côté face d'une pièce de monnaie, comme deux faces d'un dé ; qu'une rotation suffit pour entrer dans « l'autre », c'est un fait qui ne peut plus être ignoré comme une anomalie individuelle. Il est une expression partielle de la nouvelle prise de conscience qui s'accomplit aujourd'hui. La physique moderne a dissous la notion de matière. La psychologie moderne dilue la solide notion de réalité des derniers siècles.

Ainsi, s'ouvre dans l'art un nouvel accès au surnaturel. Or, le surnaturel ne doit pas être compris ici comme empire transcendant de l'expérience mystique, ni comme lieu divin des idées platoniciennes ou comme vérité religieuse, mais bien plutôt comme une nouvelle dimension de l'existence, qui s'ouvre au jeu, au rêve, à la littérature, au sentiment de vivre, et qui n'appelle aucun acte de foi. Dans les vers des poètes modernes, nous rencontrons encore des anges – mais des anges d'un genre tout nouveau. Ils sont, pour ainsi dire, irresponsables ; ils sont simplement là, comme des plantes et des animaux. Rimbaud les a vus le premier. Beaucoup d'autres après lui.

Dans *Les Caves du Vatican*, Gide avait déjà intégré un miracle à l'intrigue. Dans *Les Faux-Monnayeurs*, le surnaturel est utilisé comme une donnée évidente de l'expérience. Le Diable est un acteur du roman fréquemment cité. À certains endroits décisifs (par exemple dans la première partie du chapitre 16), la motivation psychologique est écartée, afin de laisser le champ libre à la démonologie. Pour lors, nous ne nous étonnons plus qu'un ange s'adresse à Bernard dans le jardin du Luxembourg. « Bernard n'avait jamais vu d'anges, mais il n'hésita pas un instant, et lorsque l'ange lui dit : "Viens", il se leva docilement et le suivit. Il n'était pas plus étonné qu'il ne l'eût été dans un rêve. Il chercha plus tard à se souvenir si l'ange l'avait pris par la main ; mais en réalité ils ne se touchèrent point et même gardaient entre eux un peu de distance. » (p. 438) À propos d'un autre personnage du roman, il est écrit : « La culture positive de Vincent le retenait de croire au surnaturel ; ce qui donnait au démon de grands avantages » (p. 183).

Dans l'évolution spirituelle de Gide, le protestantisme rigoureusement biblique de France a eu un pouvoir déterminant. *La Porte étroite* (1910) en témoigne de manière suffisamment claire. Dans *Les Faux-Monnayeurs*, se désagrège l'élément religieux, qui était toujours présent chez le jeune Gide, sinon comme appropriation, du moins comme problème et question de salut. La famille du pasteur Védel-Azaïs est décrite avec une hostilité non dissimulée. Hypocrite, imposteur de soi ! L'auteur ne supporte pas l'atmosphère de cette maison – jusqu'à la révolte de l'odorat. Dans le personnage du vieux professeur de piano La Pérouse, Gide esquisse la figure affligeante du vieillard, qui, après une vie entière de piété chrétienne, échoue spirituellement et se perd dans un blasphème mélancolique. Dieu l'a dupé ! Dieu joue avec les hommes comme le chat avec la souris. Nous mettons tout ce qui est mauvais dans la vie sur le compte du Diable : parce qu'autrement, nous n'aurions pas la force de le pardonner à Dieu. Mais en réalité, Dieu et le Diable sont une seule entité.

Le supranaturalisme des *Faux-Monnayeurs* n'est donc pas de type religieux. Il est non-chrétien, anti-chrétien. Il fonctionne comme un substitut d'une croyance évanouie – un substitut, dont on peut mettre en doute la valeur. On n'a pas à en débattre ici. Mais le processus fait partie de la personnalité spirituelle de Gide. Nous l'inscrivons dans le même sentiment que celui-ci a eu lorsqu'il a dit dans son « Hommage à Marcel Proust » à propos de la première œuvre du grand défunt : « Je m'étonne de trouver, dans ces pages-ci, un ordre de préoccupations que

Proust, hélas, abandonnera complètement par la suite – et qui indique suffisamment cette phrase de *L'Imitation de Jésus-Christ* qu'il épingle en épigraphe : "Les désirs des sens nous entraînent çà et là, mais l'heure passée que rapportez-vous ? des remords de conscience et de la dissipation d'esprit". »

L'auteur de *La Porte étroite* est aussi celui de *L'Immoraliste*. Ce qui nous avait saisis chez lui, c'était le drame de l'âme combattante ; le pathétique de l'homme qui cherchait Dieu, même après avoir rompu avec le puritanisme d'une tradition à laquelle un esprit libre et émancipé ne peut pas se soumettre. Il était religieux encore dans son immoralisme, car même ses extases les plus sensuelles étaient une forme d'expression d'un grand désir. Son besoin d'amour pour tout bonheur terrestre restait inspiré et pieux. Dans l'ardeur de sa soif, la quête de la joie et la quête du salut étaient encore unies. L'auteur des *Faux-Monnayeurs* est devenu un autre. Ici, ce n'est plus l'« âme » qui parle. L'émail s'est craquelé. La lutte est abandonnée. Le désir faustien s'est éteint. Que reste-t-il ? La curiosité. Le psychologue, l'expérimentateur, l'immoraliste a triomphé.

« Deviens qui tu es » – tel était l'impératif éthique de Gide. Sa critique morale voulait ouvrir la voie à une nouvelle éthique porteuse de vérité. Sa première revendication était la sincérité, la réalisation de l'essence individuelle, innée à chacun de nous, et trop souvent étouffée par des conventions et de fausses adaptations. Mais cette émancipation de la personnalité n'a de sens que lorsqu'elle s'accomplit dans une loi individuelle, dans une vérité créatrice et subjective.

Les Faux-Monnayeurs nous donne l'impression que l'objectif d'un épanouissement personnel de l'auteur a disparu. La légitime défense contre une détermination prématurée semble s'être transposée en un renoncement définitif à l'expression de son être-là. Évitant toute décision, se dérobant à tout lien, dédaignant toute expression formelle – cette agitation ahasvérique[2] et cette absence de bonheur peuvent-elles encore contenir une direction morale et psychique à suivre ? Il ne s'agit plus d'une fuite vers n'importe quelle liberté, il s'agit d'une fuite pour la fuite.

C'est comme si Gide avait pressenti de telles objections, lorsqu'il laisse Laura Douvier prendre le parti d'Édouard. « Il n'est jamais longtemps le même. Il ne s'attache à rien ; mais rien n'est plus attachant que sa

---

2   En français, ce néologisme renvoie à la culpabilité éternelle d'Ahasver, le Juif errant.

fuite. Vous le connaissez depuis trop peu de temps pour le juger. Son
être se défait et se refait sans cesse. On croit le saisir... c'est Protée. Il
prend la forme de ce qu'il aime. Et lui-même, pour le comprendre, il
faut l'aimer. » Mais cette apologie est-elle convaincante ?

Les *Faux-Monnayeurs* est une œuvre d'art, pas une confession. Une
critique, qui rechercherait des analogies entre le personnage d'Édouard
et la personne d'André Gide, serait non seulement injustifiée, elle serait
impardonnable. Mais nous pouvons analyser le caractère d'Édouard du
point de vue artistique et psychologique. Il prédomine dans le roman et
doit aussi à l'occasion servir de victime de l'ironie de Gide. De nombreux
traits de ce personnage rappellent les caricatures littéraires qu'on trouve
dans *Paludes*. Nous pouvons certainement observer l'intention ironique de
l'auteur dans certaines remarques, qu'il met dans la bouche d'Édouard.
Ainsi, dans la définition suivante par exemple : « Je crois que j'appelle
lyrisme l'état de l'homme qui consent à se laisser vaincre par Dieu. »
Mais alors, la perspective change à nouveau, et nous trouvons dans le
journal d'Édouard des théories qui nous rappellent trop les premières
réflexions de Gide, alors que nous ne pouvons pas non plus les considérer
comme le propre développement d'Édouard. Régulièrement, le problème
de la sincérité se manifeste. « Que cette question de la sincérité est
irritante ! » Pour Édouard, le mot « sincérité » a perdu son sens, car son
Moi varie constamment. Il peut lui arriver que le soir, il ne reconnaisse
plus l'être qu'il était le matin. S'il n'y a pas de continuité de la personne,
il n'y a pas non plus de sincérité. Pour rester fidèle à soi-même, il faut
devenir infidèle envers soi. Sable éolien de l'âme ! Rien n'est permanent
sauf le changement. C'est uniquement dans la solitude qu'Édouard a
l'expérience parfois de l'identité de sa personne, de la constante de son
être. Mais alors, il a tout de suite le sentiment que le rythme de sa
vie ralentit, qu'il est immobile et cesse d'être. Une évolution linéaire,
« conséquence » dans un sens goethéen, ne lui semble accessible qu'au
prix de son naturel et de la spontanéité. Quand il était jeune, il prenait
des résolutions qu'il tenait pour vertueuses. Il lui importait moins d'être
celui qu'il était que de devenir celui qu'il voulait être. Maintenant, il
voit les choses différemment et l'indécision semble lui donner le secret
du non-vieillissement.

Le roman de Gide veut être un « roman d'idées », ce qu'il ne faut
pas confondre avec un « roman à thèse ». N'importe ! Le roman d'idées

provoque une critique d'idées. L'erreur de Gide – s'il est permis de dire cela – me semble s'expliquer par le fait qu'il établit l'attitude spirituelle de la puberté comme la norme du cycle complet de la vie. La magie du *bios*, l'extase de l'élan vital, le rend aveugle à l'ordre de la marée, à la hiérarchie des époques de la vie, aux lois de l'esprit. Elle se croise avec celles de l'organique, mais reste autonome et ne doit pas être subordonnée aux périodes de la vitalité. *Rabbi Ben Ezra* de Browning est plus proche de la vérité :

> *Grow old along with me!*
> *The best is yet to be,*
> *The last of life, which the first was made[3].*

Jeunesse et vieillesse, chaleur et lumière, confusion et savoir, s'interpellent mutuellement et s'assemblent. Celui qui veut rester jeune éternellement n'a plus rien à dire à la jeunesse. Le jeune Bernard demande des conseils et de l'aide à Édouard. Et la réponse est : « Je n'ai pas à vous en donner. Vous ne pouvez trouver ce conseil qu'en vous-même, ni apprendre comment vous devez vivre, qu'en vivant. » Est-ce que cela peut être le résultat de l'effort de toute une vie pour parvenir à une révision des valeurs morales ?

Édouard note dans son journal : « Mon cœur ne bat que par sympathie ; je ne vis que par autrui... » Mais qu'en est-il de cette sympathie ? Certes, Édouard est capable d'aider les malheureux. Il s'occupe du vieux La Pérouse, il lui promet de réaliser son vœu le plus cher : une rencontre avec son petit-fils de treize ans, Boris, que La Pérouse n'a jamais vu, puisque sa femme, avec qui il vit en désaccord, est toujours parvenue à l'éviter. Édouard entreprend le voyage à Saas-Fee, où Boris fait une cure sous la tutelle d'une doctoresse polonaise. Le pauvre garçon est atteint d'une sévère neuropathie. Gide a ici représenté un cas de pathologie psychologique de la puberté de façon bouleversante et magistrale. Édouard emmène le petit Boris à Paris. Il le conduit chez son grand-père. Mais que doit-on dire du fait qu'il l'héberge dans la pension Védel-Azaïs, qu'il l'y laisse, alors qu'il doit savoir combien ce milieu est dangereux pour Boris, où la bigoterie hypocrite des parents se mélange à la perversité d'une jeunesse dépravée ? Bien sûr, Édouard

---

3   Litt : « Vieillis avec moi ! / Le meilleur est encore à venir, / Le bout de la vie, qui fut fait le premier. »

s'avoue à lui-même que la désintégration de sa personne a anéanti en lui
la conscience de la responsabilité. Mais de tels résultats d'auto-analyse ne
doivent pas entrer en jeu, lorsqu'il s'agit du sauvetage et de la guérison
d'un enfant sévèrement menacé. Naturellement, Boris meurt dans ce
milieu. Quelques camarades plus âgés, qui l'ont choisi comme victime,
l'incitent à entrer dans un club de suicidaires. Il devient la victime de
sa conception enfantine de l'honneur et se suicide en se tirant une balle
dans la salle de classe. Et comment Édouard réagit-il à cet événement
tragique ? En homme de lettres. Dans son journal, il réfléchit : « Je ne
me servirai pas pour mes *Faux-Monnayeurs* du suicide du petit Boris ;
j'ai déjà trop de mal à le comprendre. Et puis, je n'aime pas les faits
divers. Ils ont quelque chose de péremptoire, d'indéniable, de brutal,
d'outrageusement réel… Je consens que la réalité vienne à l'appui de
ma pensée, comme une preuve ; mais non point qu'elle la précède. Il
me déplaît déjà d'être surpris. Le suicide de Boris m'apparaît comme
une indécence, car je ne m'y attendais pas. » La vanité de l'homme de
lettres devient ici une inhumanité monstrueuse. Et encore une fois :
qu'en est-il de la sympathie dont Édouard se vante ?

Nous nous réjouissons que Gide (dans le chapitre « L'auteur juge ses
personnages ») s'exprime sur Édouard avec beaucoup d'acuité. Il le trouve
indigne – à juste titre. Mais il n'en reste pas moins qu'il lui confère à
nouveau des qualités, qui doivent le rendre sympathique. Il nous sug-
gère que, pour le jeune Olivier, le salut et l'intensification de la vie qui
le comble arrivent lorsqu'il se libère de Passavant et fuit dans les bras
d'Édouard. Ainsi, cela crée chez le lecteur une incertitude par rapport
à l'intention de l'auteur, qu'il est difficile de justifier artistiquement.

Mais pouvons-nous évaluer *Les Faux-Monnayeurs* avec les critères du
roman classique ? Nous ne devons pas, nous ne pouvons pas le faire,
si nous suivons l'intention de l'auteur. Toutefois, Gide souligne que sa
dernière œuvre est un « roman ». Mais ce roman est justement quelque
chose de tout autre que ce que l'on appelait auparavant roman. Déjà,
Julius de Baraglioul disait : « Rien n'est plus éloigné de mes anciens
romans que celui que je projette aujourd'hui. » Et on peut lire au sujet
d'Édouard : « Il songe au roman qu'il prépare, qui ne doit ressembler
à rien de ce qu'il a écrit jusqu'alors. »

Édouard privilégie la forme du roman, car elle est la plus anarchique
de tous les genres littéraires – il l'appelle « *lawless* » [« sans loi »]. Une

expression appréciée de Gide, qu'il avait déjà employée avec un accent
psychique particulier dans Les Caves du Vatican. La théorie du roman
d'Édouard aboutit à une négation, mieux : à un dépassement du roman.
Beaucoup de fonctions, jusqu'ici gérées par le roman, ont été prises en
charge par le cinéma : l'action extérieure, « les événements extérieurs,
les accidents, les traumatismes ». Le roman ne doit plus s'occuper de tout
cela. Peut-être doit-il aussi jeter la description et le dialogue par-dessus
bord. Libéré de ce lest, il pourra atteindre un nouveau sens, plus profond.
« Le roman s'est occupé des traverses du sort, de la fortune bonne ou
mauvaise, des rapports sociaux, du conflit des passions, des caractères,
mais point de l'essence même de l'être. » Il doit renoncer au réalisme
et à la description de la vie. Ni le roman français, ni le roman anglais
ni même le roman russe ne l'ont fait jusqu'à présent. Le roman se déta-
chera de ce qui fléchit sous la réalité, pour ne devenir qu'une expression
de la réflexion spirituelle sur la vie. Édouard prévoit d'incorporer dans
son roman tout ce que sa pensée et son expérience lui offrent tous les
jours. (Et ainsi, Gide a inséré dans Les Faux-Monnayeurs des discussions
de biologie, des considérations sur la psychanalyse et ainsi de suite.) Le
roman acquiert de la sorte une infinité potentielle. À la fin, il devrait
y avoir l'annotation : « pourrait être continué ». Si le nouveau roman
doit encore rester un roman, il devra cependant conserver un minimum
de ce qui appartenait aux caractéristiques de l'ancien roman. Ainsi, un
roman sera nécessairement inclus dans le roman. Mais ce roman primitif,
qui se veut être une représentation de la vie ou qui se prétend l'être,
ce roman d'action, comme nous voulons l'appeler, sera en marge du
nouveau, du véritable roman, du « roman d'idées » comme dit Gide, du
« sur-roman », comme il pourrait aussi s'appeler, au mieux *une quantité
négligeable*[4], une armature pour les évolutions libres de l'intelligence. Il
va, pour ainsi dire, le dépouiller de son sens de la réalité. Il passe à la
deuxième place. Il n'est plus là dans son propre intérêt, mais comme
indication pour la réflexion du « sur-roman ». L'intérêt que ce roman
d'action peut encore revendiquer, ne repose plus sur lui-même, mais
dans le développement imprévisible, qu'il obtient en tant que noyau
de cristallisation du « sur-roman ». Aussi en ce sens, la nouvelle forme
du roman, qu'Édouard esquisse programmatiquement, est le roman

---

4   En français dans le texte.

du roman. Il en résulte que dans l'œuvre de Gide le journal d'Édouard forme un élément essentiel.

Néanmoins, sur ce point également – la théorie du roman –, nous ne pouvons pas interpréter grossièrement les affirmations d'Édouard comme étant celles de Gide. Mais ce qui est certain, c'est que *Les Faux-Monnayeurs* est l'un des très nombreux symptômes – indéniables dans leur signification et qui ne doivent pas être sous-estimés – de la crise que le roman traverse aujourd'hui. Je ne veux pas dire par là que le roman de style traditionnel est condamné à l'extinction. Il va perdurer comme le théâtre, comme le tramway – comme cette multitude d'institutions dont on se sert encore, car elles sont là une fois pour toutes. Mais les prochaines formes de l'esprit et de l'art, que nous pouvons pressentir car déjà présentes, vont, je le crois, fondamentalement remanier le roman ou l'éliminer. Déjà, le tout dernier grand romancier européen – je veux dire Proust – en a fait quelque chose de totalement nouveau : une sorte d'auto-sanctification intellectuelle et d'auto-rédemption. Peut-être que le sacré et les jeux seront les pôles entre lesquels la conscience de l'élite spirituelle à venir oscillera. Les deux attitudes ont en commun le fait qu'elles nient le sérieux terrestre, l'éthique du travail et les valeurs bourgeoises. *Les Faux-Monnayeurs* est un jeu intellectuel sublime et passionnant. Vu ainsi, il est un sommet de l'art actuel. Ce point de vue s'impose obligatoirement. Mais il n'est pas juste pour tous les aspects de ce livre énigmatique. Car ce dernier contient des éléments d'un genre tout à fait différent : le tragique de l'humanité (dans le sort du vieux La Pérouse ou de Dame Molinier) ; le danger, la soif d'aventure et la nostalgie de la jeunesse (dans Bernard et Olivier) ; les larmes de la créature à côté du sourire de l'ironie. Et ainsi, la critique d'un tel livre ne peut dire que la même chose que ce que l'auteur dit de son roman : « pourrait être continué ».

Ernst Robert CURTIUS

* Dans *Les Caves du Vatican*, le ridicule Fleurissoire est doté de cette labilité du sens des réalités.

ANNEXE XVI

Lettre d'Ernst Robert Curtius à Max Rychner, 15 mai 1927

Publiée dans Ernst Robert Curtius, Max Rychner, *Freundesbriefe 1922–1955*, éd. Frank-Rutger Hausmann, Francfort-sur-le-Main, Klostermann, 2015, p. 80-81.
Trad. de l'allemand par Peter Schnyder.

Heidelberg, 15 mai [1927]

Cher Max,
J'ai échangé ma retraite calme d'ermite au Birkle[1] contre l'agitation à Heidelberg où j'essaie d'acclimater notre grand ami[2]. Cet objectif a été atteint de manière très satisfaisante. Il a vu bien du monde et prétend que tout ici est charmant et trouve la conversation avec moi « exaltante[3] ». Demain déjà il devra partir pour Paris. C'est évidemment très dommage, mais je le regrette moins que je ne le voudrais, car je suis abruti dans ma sensibilité d'une part par le travail, de l'autre par le tourbillon des événements, et ne cherche qu'à fuir les hommes. C'est ce que je ferai dans une semaine au plus tard.

Nous avons eu des discussions dans toutes les gammes et toutes les tessitures. Le côté ahasvérique[4] de cet homme me bouleverse : le désemparement et l'agitation constante devant soi-même.

Bertha (ma cuisinière) est aux anges : il serait un vrai monsieur français, comme il se doit de l'être. Il lui adresse des paroles attentives et déclare d'ailleurs que c'est seulement ici qu'il mange de nouveau avec

---

1 Il s'agit de la maison où habite sa sœur, Greda Picht, le Birklehof à Hinterzarten.
2 C'est-à-dire Gide. Voir lettre 74.
3 Voir à ce sujet *J*, II, 12 mai 1927, p. 36, retranscrit en n. 270.
4 Voir plus haut, annexe XV, n. 2.

plaisir. À Zurich, tout cela se passe moins bien. Du reste, son séjour là semble l'avoir entièrement satisfait.

J'apprends en lisant le *Lit[erarische] Welt* que tu es conservateur en matière de culture. Comme cela tombe merveilleusement bien que je le sois également.

Puis-je te rappeler ma prière de m'envoyer un numéro ou deux d'avril ?

Gide dit : Chaque fois que je lis l'Évangile, une voix me dit : « Tu as tort. » Quand je lis Montaigne, une autre voix me dit : « Tu as raison. » – Il a parlé de manière très intéressante de la déformation due à l'amitié : celle de Montaigne par La Boétie[5]. Je pense qu'entre nous, rien de tel n'est à craindre.

Toujours de tout cœur.

Ton E R

Quel est ton plan de livre comique ?

---

5   Allusion au mystère de l'amitié, inexplicable : « parce que c'estoit luy ».

ANNEXE XVII

Lettre de Charles Du Bos à André Gide, 25 juin 1929

Publiée dans *Lettres de Charles Du Bos et réponses d'André Gide*, éd. Juliette Du Bos, Paris, Corrêa, 1950, p. 192-193.

[*Versailles*] Mardi 25 juin 1929

Cher ami,

Il y a trois semaines, dès la réception de votre lettre, j'avais commencé à vous écrire pour vous remercier de votre promptitude à répondre à mon envoi – promptitude qui me toucha plus que je ne saurais dire ; mais l'après-midi même je rencontrai Madame Théo qui voulut bien se charger pour vous de l'essentiel de mon message, et depuis lors je suis la proie de douleurs d'adhérences si atroces (qu'aggravèrent encore les indispensables allées et venues à Paris pour mon service de presse) que lorsque je suis à Versailles je passe tout mon temps au lit, demandant à la belladone un allègement qui cette fois ne vient guère. Toutefois, je ne veux pas tarder davantage à vous remercier directement. Madame Théo vous aura fait part et des circonstances qui m'amenèrent à recourir aux lignes de Nietzsche et de la portée, strictement limitée, que je leur assignais. Si vous avez la curiosité de vous reporter au texte de *La Gaya Scienza*, vous verrez que j'ai exclu à dessein les phrases qui accusent le plus nettement un élément d'irrémédiable, retenant celles qui, à mon sens du moins, signalent plutôt, et sur un mode où l'analyse le cède au lyrisme, l'altitude de la zone où le débat se situe : à cette altitude, en effet, il me semble que le sentiment des distances qui peuvent séparer est en quelque mesure contrebalancé par les appels d'air qui partout se produisent. C'est seulement pour dissiper jusqu'au moindre malentendu qui pourrait planer sur l'avenir de notre amitié[1] que je tenais à bien

---

1 Voir lettre 82.

délimiter la portée qu'eut dans mon esprit la transcription fragmentaire du texte de Nietzsche : vous m'excuserez donc, j'en suis sûr.

Que je vous sais gré d'évoquer ainsi la tendresse de l'attachement qui unit nos cœurs ! Zézette vous envoie ses tout affectueux souvenirs.

Votre

Charlie

ANNEXE XVIII

Lettre d'Ernst Robert Curtius à Charles Du Bos,
2 juillet 1929

Publiée dans *DFG*, p. 258-260.

Heidelberg, [*mardi*] 2 juillet 1929

Mon bien cher Charlie,

Voici longtemps que je médite de vous écrire au sujet du *Dialogue avec André Gide* où vous avez bien voulu mettre une dédicace qui m'a beaucoup touché[1]. Hélas! cher Charlie, comment vous marquer mon sentiment sans vous peiner? Et comment ne pas hésiter avant de prendre parti dans un débat où les plus chères amitiés sont en jeu? Je lis dans votre *Journal* (p. 31) : « Toutes les fois, non seulement que l'on fait ou que l'on voit faire un acte, mais que l'on dit ou que l'on entend dire une parole mal à propos, il semble que l'on perçoive le vol oblique et languissant d'une feuille qui se détache, et s'abat sur le sol... » J'éprouve ce sentiment au moment de vous écrire. Ne l'avez-vous pas éprouvé au moment de publier votre livre? N'avez-vous pas senti que vous faisiez quelque chose d'irrémédiable et d'irréparable? Vous l'avez si bien senti que vous avouez : « Rien ni personne ne pourra jamais m'apporter tranquillité définitive : quant au point de savoir si, cette conduite, c'est à moi qu'il appartenait de la tenir. »

Quand on est tourmenté à tel point par le doute sur la valeur morale d'une action qu'on va entreprendre – la seule solution juste ne consiste-t-elle pas à s'abstenir?

Et vous, chrétien, vous, catholique, vous pensez pouvoir vous fonder sur l'impératif kantien qui est bien la morale la plus éloignée du christianisme qui se puisse concevoir. C'est une morale de philosophes,

---

1   Voir lettre 82 et suiv.

conciliable tout au plus avec ce Dieu des philosophes que répudiait Pascal. La véritable morale se moque de l'impératif catégorique. Je vois là, permettez-moi de le dire, une grave confusion entre la vie morale impliquée dans la foi et le formulaire aride d'un déiste. Est-ce que le moraliste qui est en vous aurait aveuglé le chrétien?

Vous invoquez des valeurs éthiques « lesquelles sont toujours supérieures aux personnes en jeu ». « Sophisme de bonne foi ! » serais-je tenté de vous répondre. Était-ce à vous de sauvegarder ces valeurs ? De qui en aviez-vous reçu le mandat ?

Vous ne pouviez pas approuver Gide. Mais vous pouviez ne pas publier ce livre. Ce sacrifice vous eût grandi. Mais vous avez préféré établir contre votre ami un réquisitoire âpre et blessant.

Je me rappelle un jour où n'étant pas encore croyant vous disiez : « Toute ma vie est action de grâces. » Faut-il que le premier effet de votre retour à la foi soit un acte de justicier ?

Je suis profondément attristé par le fait que votre foi vous ait inspiré une attitude non pas de charité, mais d'irritation et d'inquisition. J'en suis attristé pour la cause du christianisme (dont vous avez sans doute le droit de m'exclure, mais par une autorité que je n'admets pas).

D'un autre côté je suis gêné en tant que critique par le fait que votre appréciation esthétique est visiblement déterminée par votre « non possumus » en matière de morale.

Comment donc ! Dans les cinq entretiens vous nous faites un éloge continu et admirable du grand artiste ; et dans le « Labyrinthe » vous nous infligez – et vous infligez – un démenti perpétuel ?

« Gide n'est pas un grand romancier... la perversité gidienne... la délibération... l'exercice... la figure... le tremblement filé... Isabelle, l'œuvre la plus faible... idée tout extérieure du développement artistique... absence de contenu... anomalie... morne et vaine rubrique. » Rien que des censures, rien que désapprobation et blâme pour le même écrivain qui naguère provoquait chez vous une adhésion esthétique presque sans réserves ! Comment s'empêcher de penser que votre jugement esthétique a dévié à la suite de motifs extra-littéraires ?

Vous vous deviez de protester ; je le veux. Mais fallait-il user de l'ironie, et pourquoi vous semble-t-elle « légitime ici » ? Pourquoi choisir le trait piquant, voire méchant (p. 222, « L'adage des Nourritures... »)? Pourquoi faire un tort à Gide de la publication des Morceaux choisis ? Pourquoi trouver « regrettable » telle phrase parfaitement innocente sur Tolstoï ? Pourquoi ces insinuations pénibles (« si dans d'autres circonstances... », p. 262) ? Ah ! cher ami, que tout cela est triste !

Je suis à bien des égards plus près de vous que de Gide. Parmi vos amis non-catholiques je suis peut-être celui qui porte à votre foi le respect le plus ému. Je ne suis peut-être pas chrétien – il n'appartient pas à moi d'en décider. Mais jamais, jamais on ne me fera prendre position contre le christianisme. L'amitié que j'ai pour vous se double donc d'un sentiment qui fait que je m'incline devant les mystères de la foi. Ce n'est pas par parti pris rationaliste ou autre que je me sépare de vous en ce qui concerne le débat en question. C'est par une conception différente de l'amitié et de la charité.

Tout ceci ayant été dit, je ne puis que vous offrir mon inaltérable et indéfectible affection.

Votre

Ernst

ANNEXE XIX

André Gide, page liminaire de *Robert*

Texte dactylographié, envoyé à Ernst Robert Curtius avec sa lettre datée du 25 septembre 1929.

Cuverville
~~Paris,~~ 25.9.1929.

Mon cher ami,
Une plaisante conjoncture m'invite à inscrire ici votre nom. En juillet dernier, une lettre de vous au sujet de mon *École des femmes* dont vous veniez d'achever la lecture, exprimait vos regrets de ne connaître le mari de mon « héroïne » qu'à travers le journal de celle-ci. « Combien j'aurais voulu, me disiez-vous, pouvoir lire, en regard de ce journal, quelque déclaration de Robert ! » Comme en réponse à votre souhait, je recevais, peu de temps après votre lettre, les pages que voici.

Je ne me suis permis d'y rien changer. Leurs ressassements mêmes[1] me paraissent révélateurs, et si Robert me semble y répondre assez mal aux accusations d'Éveline et argumenter sur un autre plan (ce qui est une façon de se dérober), j'y reconnais précisément celui dont elle disait, alors qu'elle était encore aveuglée :

« Comme toujours, et c'est ce qu'il y a de si intéressant avec lui, il a élargi la question et l'a envisagée au "point de vue général" qui seul lui importe. »

Ce point de vue général ne me paraît pas s'opposer précisément au point de vue particulier où ne tarda pas à se placer Éveline, qui pourrait à son tour répondre à l'argumentation de Robert : ce n'est pas de cela qu'il s'agit.

Mais n'est-ce pas là précisément le propre des discussions de ce genre, où chacun, à son propre point de vue du moins, a raison ? Où Robert

---

1   [*écrit juste après :*] ~~et leurs redites.~~

ne veut voir qu'une incompatibilité de principes, je vois surtout une
« incompatibilité *d'humeur* ».

Un mot encore avant de céder la parole à Robert. Il se plaint avec
véhémence de la conduite de sa fille, que je n'ai pas à juger ici – mais je
proteste lorsqu'il lui reproche de s'être illégalement emparée des papiers
de sa mère : celle-ci nous laisse connaître qu'elle lègue son journal, non
à son mari, mais à sa fille, qui, donc, avait tout droit d'en disposer. C'est
pourquoi j'estime qu'il me suffisait de son autorisation pour livrer au
public *L'École des femmes*, comme je fais à présent ces pages de *Robert*, en
manière de contrepartie[2].

---

2   La dédicace, critiquée par Schlumberger (voir *CPD*, II, p. 50), prendra la forme finale
     suivante : « Cuverville, 5 septembre 1929. / Mon cher ami, / Une lettre de vous, après
     lecture de mon *École des femmes*, m'exprimait vos regrets de ne connaître le mari de mon
     "héroïne" qu'à travers le journal de celle-ci. / "– Combien l'on souhaiterait, m'écriviez-vous,
     de pouvoir lire, en regard de ce journal d'Éveline, quelques déclarations de Robert." /
     Ce petit livre répond peut-être à votre appel. Il est tout naturel qu'il vous soit dédié. /
     A. G. »

ANNEXE XX

Ernst Robert Curtius, « *Œdipe* de Gide »

Die Literarische Welt, nº 11, 7ᵉ année, 13 mars 1931, p. 3[1].
Trad. de l'allemand par Peter Schnyder.

Dans *Commerce* et dans *La Nouvelle Revue française* paraît en ce moment et de concert une œuvre d'André Gide longtemps attendue, un drame en trois actes, *Œdipe*, œuvre d'une force convaincante et due à un artiste qui a atteint la maturité[2]. Dans cette dernière création, tous les motifs contradictoires de l'œuvre entière de Gide sont entrelacés, réunis et combinés en une synthèse inédite. Que l'on ne s'attende pas à une nouvelle stylisation savoureuse d'un matériau antique, ni à une invocation d'une magie exotique des mythes. Ici, on ne réactive aucun élément ancien, on ne démontre aucune Hellas archaïque. *Œdipe* de Gide n'est pas un drame pour les humanistes ou pour les esthètes. On peut le considérer comme classique, mais pas classicisant.

Cette œuvre est classique dans la mesure où un matériau antique est utilisé en tant que thème intemporel des troubles humains et de leur résolution. Mais on n'y tente aucune archéologie artificielle du milieu et de l'âme. La fable grecque est traitée avec une liberté supérieure, avec une souveraineté souvent ludique – dans la conviction (justifiée par Gide dans ses « Considérations sur la mythologie grecque[3] ») selon laquelle tous les mythes antiques sont revêtus d'une vérité rationnelle

---

1   Texte reproduit dans le *BAAG*, nº 58, avril 1983, p. 252-253 (voir : www.andre-gide.fr/index.php/ressources/repertoire-du-baag?start=100). Voir lettre 108.

2   *Commerce*, cahier **XXV**, automne 1930, p. 7-83 ; *La Nouvelle Revue française*, nº 209, 1ᵉʳ février 1931, et nº 210, 1ᵉʳ mars 1931. L'édition originale date de 1931 (Paris, Éditions de la Pléiade). La traduction de Curtius est parue dans la *Neue Schweizer Rundschau*, 24ᵉ année, t. 40/41, 1931, p. 434-458 et 505-514.

3   *La Nouvelle Revue française*, nº 72, 1ᵉʳ septembre 1919, p. 481-487. Ce texte original, qui va bien au-delà des cercles académiques contemporains, sera repris dans *Incidences* (Paris, Gallimard, 1924, p. 125-130 ; il ne figure pas dans les *Essais critiques*). La traduction de

éternelle. Il s'agit d'une actualisation de données historiques selon l'esprit des Lumières ou, mieux, qui profite de la prise de conscience de notre temps. C'est pourquoi les réfractions dues à l'ironie moderne, les références satiriques au présent peuvent s'intégrer à ce drame grec sans affaiblir l'effet de sa catharsis tragique. Bien au contraire, cette polyphonie de la conscience confère au drame sa beauté orchestrale toute particulière. Celui qui y verrait une critique du classicisme consacré par l'Académie méconnaîtrait, avec un authentique sens de l'ignorance, le véritable amour hellénique de l'auteur, sautant de vie en vie et qui ne vous saisit pas moins pour avoir passé par toutes les étapes analytiques de la conscience française depuis Montaigne.

Ce drame est tout autant éloigné du lourd raffinement d'un archaïsme à la D'Annunzio que des platitudes psychanalytiques sorties de la sagesse insolente du lycéen. L'Œdipe de Gide ne doit pas être confondu avec l'inventeur célèbre d'un complexe obligatoire. C'est un homme qui se bat avec l'énigme de la vie humaine (mythologiquement parlant avec le Sphinx), qui conquiert le bonheur par un sacrilège (inconscient), pour en dernier lieu abandonner à la fin le bonheur au nom du salut. Cet homme, nous le comprenons bien, et le fait qu'il possède tous les traits caractéristiques des problèmes humains chers à André Gide, doit le rapprocher (pour le rendre plus digne encore de le suivre) de tous ceux qui ont reconnu dans la personnalité de ce poète la rare fonction d'un interprète de la vie de notre temps.

Jusqu'à présent, Gide n'a jamais donné de solutions ni voulu en donner. La tâche qu'il s'est imposée était : mettre des points d'interrogation. Parmi les vivants, il ne doit pas exister quelqu'un dont on peut dire qu'il a autant étudié, testé, enduré toutes les recettes de la sagesse, tous les remèdes miracles de l'existence. Peu nombreux sont ceux qui, comme lui, ont autant aimé le bonheur, l'ont loué et aussi questionné avec scepticisme. Les natures païenne et chrétienne se sont toujours combattues chez lui. À la frénésie de vie des immoralistes répondait la négation du monde ascétique et dévote des moralistes. Le problème du bonheur forme le point de départ d'Œdipe, tout comme il formait la substance du Roi Candaule. Or, ce bonheur veut traverser la souffrance

Curtius se trouve dans Europäische Betrachtungen (op. cit., p. 104-115), après une prépublication dans la Neue Schweizer Rundschau (23ᵉ année, t. 38/39, 1930, p. 909-913).

pour atteindre la catharsis. Et vu à partir de là, *Œdipe* marque un grand tournant. Est-ce un hasard si cette nouvelle orientation perce à l'âge de la soixantaine, qui apporte, selon la sagesse antique et peut-être selon une sagesse encore plus ancienne, l'un des changements de vie cycliques de l'humanité[4] ?

Certes, ce n'est pas le moment d'analyser à fond cet *Œdipe* dans son double rapport avec un sujet d'esprit européen qui remonte à plus de deux mille ans (ou trois mille, puisque Homère connaît déjà ce matériau), et avec un grand sujet moderne dont il n'est pas légitime de prévoir l'évolution. Ce n'est pas là le but de ces lignes. Elles ne font qu'attirer l'attention sur une œuvre qui se trouve isolée dans le chaos du temps et qui, par son art du contrepoint – dans le domaine esthétique comme dans le domaine éthique –, s'élève encore au-dessus de la production actuelle.

Ernst Robert CURTIUS

---

4   Le 22 novembre 1931, Gide aura 62 ans.

ANNEXE XXI

Extrait d'une lettre de Jean de Menasce
à Ernst Robert Curtius, 29 décembre 1947

Publiée dans Wolf-Dieter Lange, « L'héritage épistolaire d'Ernst Robert Curtius », *Littérature*, février 1991, n° 81, p. 122-124.

[...]
Je passe à la question sur Charlie.

Et je commence, en bon scolastique, par distinguer : un trait de caractère propre à notre ami, qui était un peu sentencieux et moralisateur de nature, et qui en bon Français, s'intéressait, à travers l'art et la « littérature », non point du tout certes à la métaphysique, mais à « L'homme », avec ce que cette exclusion de la métaphysique donnait de superficiel à cette anthropologie de « moraliste » au sens français (et latin) du terme. D'autre part, en vrai artiste ou amateur, un sens exquis des nuances psychologiques, très supérieur en qualité à son sens « moral », celui-ci restant un peu étriqué et maladroit, un peu « dissertation de baccalauréat ».

Arrive la « conversion » qui a été chez lui très profonde et très sincère, qui a atteint en lui une zone de l'âme qui échappait entièrement à la littérature, et qui a trouvé *aussi* le « moraliste » un peu simplet, et l'a baptisé sans effort. Le baptême de la « littérature » était une autre affaire parce que Charlie s'était fait de la littérature une sorte de succédané de la métaphysique et comme tout cela ne reposait que sur des bases de typologie esthétique, il s'est trouvé très embarrassé pour tout concilier. Si la littérature c'était la vie même, et si la vie doit être chrétienne, il fallait bien que la littérature devînt chrétienne ; dans quel *sens*, cela Charlie n'a jamais réussi à le découvrir précisément parce que c'est un problème de métaphysique celui de la situation de l'art dans la vie, celui de la nature propre de l'art. Et il oscillait entre un platonisme à l'anglaise, où tout beau est divin, et un « moralisme chrétien » très conventionnel qu'il digérait mal... et pour cause.

Dans le cas de Gide, il y a plus : je veux dire que Charlie avait *senti* tout ce que la littérature de Gide exprime (merveilleusement) d'autodestruction de la personne, non pas seulement à cause du perpétuel plaidoyer mais surtout à cause de la « simplicité » même de cette nature magnifiquement douée pour le don de soi à l'Unique Nécessaire, et qui a préféré partout le multiple gratuit, jouant ainsi au Dieu, car c'est Dieu qui est grâce et qui se donne à nous tous comme si nous étions des dieux, mais pour nous Il est le Centre et le Fidèle. Je crois que c'est le seul livre sur lui qui ait atteint Gide[1] et qui ne l'ait pas fait rire de joie, car ce n'est pas pour des raisons extrinsèques, en raison de critères extérieurs (et que Gide rejette) que Charlie le « démolit », c'est de l'intérieur, et d'autant plus cruellement. Je crois que Charlie a été très étonné de la réaction de Gide (« il m'évacue » disait-il), c'est que dans sa naïveté il ne s'est pas aperçu qu'il lui parlait en directeur de conscience. Mais comment faire autrement quand on a affaire à un autre « moraliste », comme l'est aussi Gide ? Et dont toute l'œuvre est lui-même.

Le journal de Charlie est sans doute insupportable[2] parce qu'il s'agit de Charlie, de sa vie et de ses réactions, hypostasiées, alors que parfois très banales ; celui de Gide l'est pour la raison inverse : s'il se prend si peu au sérieux, c'est qu'au fond sa vie est futile, il a parfaitement raison d'être si dégagé, mais *on sent le fond d'or de cette âme si oublieuse de son véritable objet*. Avec Gide on ne peut parler que de Dieu, rien d'autre ne saurait le retenir, mais Dieu ne l'intéresse pas, alors rien ne l'intéresse à fond (et il a raison, posée la prémisse) ; tandis que Charlie s'intéresse énormément à Charlie et à la littérature, et d'autre part, moins grand naturellement, mais plus rectifié il aime Dieu et veut le servir.

J'ai eu l'occasion récemment de relire le *Journal* de Gide et je suis frappé de la limitation de sa culture. Ni philosophie ni histoire. Par contre quelle langue transparente et discrète et *qui ne sert à rien* (c'est ce qui explique sa propreté indéfectible) : pas de bataille balzacienne ou proustienne avec de lourdes réalités à dire ; pas de suffisance non plus ; trop dégagé pour être vaniteux. S'il devait se donner à Dieu il le ferait sans emphase, mais il découvrirait sa pauvreté et pleurerait enfin.

Il reste le problème en soi : art et morale. Le critique d'art n'est pas un moraliste, mais il reste un homme, et dans toute œuvre d'art il y

---

1   C'est-à-dire *Le Dialogue avec André Gide*.
2   Voir lettres 169 et suiv.

a une prétention de vérité, et la transparence de la vérité telle qu'on la conçoit, donc une métaphysique et une morale, *de soi* supérieures à l'art. Il faut bien insister que c'est *en soi*, si l'on veut en parler pour juger à ce point de vue l'œuvre de l'artiste, dont ce n'était pas l'objet de faire œuvre de vérité spéculative. La vérité de son art est d'une tout autre espèce, peut-être très supérieure à ce qu'il croit être le vrai, à sa métaphysique personnelle. C'est le droit du critique de le faire valoir, comme ce sera son droit de faire remarquer que les bons sentiments ne suffisent pas à faire de la bonne littérature.

[...]

ANNEXE XXII

Lettre d'Ernst Robert Curtius
à Maria Van Rysselberghe, 25 février 1951

Fondation Catherine Gide (cote 25-03).

[*Bonn*] Dimanche 25 février 1951[1]

Bien chère amie,
C'est mardi matin que j'ai appris la mort de notre ami. Depuis ce moment, je ne pense guère qu'à lui. Je crois sentir sa présence – lumineuse et aimante. C'est elle qui m'a empêché de vous écrire plus tôt. J'ai pu causer de lui avec le petit Kempf qui est complètement abattu et désaxé. «J'ai tout perdu», m'a-t-il dit[2].
Plusieurs journaux m'ont demandé des articles. J'ai décliné. Il ne m'aurait pas été possible de parler de lui sans trahir mon deuil. Et de celui-ci je ne voulais pas avoir en témoin le public, c'est-à-dire les indifférents et les simples curieux. Et c'est ce deuil personnel qui prime en moi en ces jours-ci toute autre préoccupation. C'est l'âme de Gide que j'aimais avec une ferveur qui n'a jamais varié. Cette grandeur, cette générosité, cette tendresse, ce ravissement devant la vie. Cet homme aurait conquis et retenu mon affection, même s'il n'avait pas écrit une ligne. Vous avez pu partager sa vie pendant si longtemps – vous me comprendrez. J'ai perdu le plus grand, le plus noble de mes amis. Et cette amitié n'a pas été obscurcie un moment par le conflit de nos deux pays. J'ai aimé la France à travers Gide. Il me prouvait qu'elle était différente de l'image qu'en donnaient Barrès ou Claudel ou même Valéry (qui avait fini dans

---

1   [*En-tête :*] Professor E. R. Curtius / Bonn / Joachimstrasse 18.
2   Kempf écrivait : « Avec Gide nous formions, Robert [Lévesque] et moi, sans considération d'âge ni de renommée, et, je le confesse, sans l'ombre d'un désir, une sorte de trio qui nous semblait le pendant réussi des formidables amitiés de Flaubert » (Kempf, *Avec André Gide, op. cit.*, p. 69). Sur Kempf, voir lettres 173 et suiv.

un conformisme parfait – tandis que Gide était le non-conformiste). Je souris du besoin qu'éprouvent les critiques (Lalou dans *Les Nouv*[elles] *littéraires*) de faire rentrer Gide dans une « série française ». Il élargissait au contraire la notion de l'esprit français.

Je vais me replonger dans son œuvre et la relire en entier avec recueillement, en tâchant de la revivre avec lui. Au fond, il faut le féliciter de cette mort sans angoisse, sans douleurs, sans déchéance. Je souffre douloureusement de sa disparition. Mais ce qui surmonte, c'est le bonheur immense de l'avoir connu et de l'avoir aimé.

Le plus petit mot de vous me serait précieux. Je pense que depuis longtemps vous avez recueilli des notes pour un portrait intime. Comme ses amis vous en seraient reconnaissants !

À vous fidèlement
E R Curtius

ANNEXE XXIII

Ernst Robert Curtius, « Amitié de Gide »

Publié dans *La NRF*, n° spécial « Hommage à André Gide 1869-1951 », novembre 1951, p. 13-15.

« … On présente le plus apparent ; le plus important, sans contours, élude la prise. » Je cueille cette réflexion dans *Si le grain ne meurt*. Elle énonce une vérité inéluctable et qui décourage de noter des souvenirs. – Je fis connaissance avec l'œuvre de Gide à Strasbourg, vers 1910. Parmi mes camarades d'études, il y avait des Alsaciens de vieille souche, mais ils prenaient leur mot d'ordre de Barrès et du docteur Bucher[1]. Dans le groupe de *La Nouvelle Revue française*, c'était le seul Jean Schlumberger qui les intéressait. Faire du régionalisme franco-alsacien, voilà le but qu'ils se proposaient. Mais parmi les jeunes intellectuels allemands que le hasard de la naissance ou des études avait acclimatés à Strasbourg, j'avais deux ou trois amis qui lisaient *La NRF* avec ferveur. La suivre, c'était accueillir, en même temps que Gide, Claudel, Charles-Louis Philippe, Suarès. Mais nous découvrions aussi Bergson, Péguy, Romain Rolland. France bien différente de celle que nous présentaient Remy de Gourmont, Paul Bourget, Anatole France ! Quelle importance prenait pour nous cette France nouvelle ! Parmi ses pionniers, Gide était le plus subtil, le plus imprévisible. Nous lui appliquions la phrase de son *Saül* : « Ma valeur est dans ma complication. » Ces lectures aboutirent à un cours que je fis, durant le radieux et tragique été de 1914, aux étudiants de Bonn et dont sortit mon livre *Die Literarischen Wegbereiter des neuen Frankreich*, paru en 1919. Il fut présenté aux lecteurs de *La NRF*, en 1920, par Alain Desportes, pseudonyme de Mme Émile Mayrisch. C'est dans sa belle propriété de Colpach, dans le Grand-Duché du Luxembourg,

---

[1] Cofondateur du Musée alsacien de Strasbourg, le médecin Pierre Bucher (1869-1921) défendit farouchement l'appartenance de l'Alsace à la France.

que je rencontrai Gide en 1921. De ce week-end est née une amitié de trente ans. Elle me conduisit à Pontigny, à Paris, à Cuverville, comme elle conduisit Gide à Heidelberg, à Bade, à Bonn. Quelque part dans son *Journal*, il mentionne les conversations « infinies » que nous eûmes, et dans une lettre de 1932 il me dit : « Je cause avec vous comme je ne fais volontiers aujourd'hui avec aucun autre. » Qu'est-ce à dire ? Ceci, simplement, je crois. Chaque amitié naît d'une sympathie qui préexiste à tout échange de pensées. Mais dans cet échange elle se réalise et prend conscience d'elle-même. La rencontre fait surgir en nous des parties latentes de notre personnalité. Chaque amitié me fait différer de moi-même, surtout quand elle évolue dans un climat neuf. Et c'est ainsi que j'ai pu connaître un Gide différent de celui qu'il était avec ses autres amis. Mais cette différence, si « importante » pourtant, « élude la prise ». Car elle ne réside pas dans le contenu de nos conversations. Celles-ci n'étaient que le point d'appui nécessaire à l'éclosion du doux bien-être de la présence. Elles portaient plus souvent sur la poésie que sur les positions adoptées par Gide en matière de religion, de morale, de politique qui ont tant préoccupé le public et qui cessèrent vite de m'intéresser. – Après 1918, comme après 1945, Gide a été pour l'Allemagne l'interprète le plus écouté de la France. Il était devenu le grand Européen français, pratiquant Goethe comme Shakespeare et Dante. Vers la fin de sa vie, il s'était remis à Virgile. Il avait commencé en 1944, en Algérie, du temps qu'il écrivait *Thésée*, comme un écolier studieux, à raison de quatre ou cinq heures par jour. Il relisait inlassablement l'*Énéide*, d'un bout à l'autre ; et il continuait depuis à la lire quotidiennement à doses moins massives. Quand il vint me voir à Bonn, en juillet 1947, il me demanda un Virgile pour me faire admirer quelques vers du douzième chant. Parmi les victimes de la bataille, le poète mentionne le pêcheur Ménoetès. « C'est en vain, dit Virgile, qu'il avait détesté la guerre, le jeune Arcadien dont le métier s'exerçait aux bords de la rivière Lerna, riche en poissons. Pauvre était sa maison. Il ignorait le seuil des puissants et il labourait un champ que son père avait pris à ferme. » Il se trouvait que ce passage était marqué dans mon exemplaire. Nous avions admiré les mêmes vers, à l'insu l'un de l'autre. Il était émouvant de se rencontrer à travers Virgile et de trouver en lui une résonance aux deuils qui accablaient cette Europe trempée de sang. La belle voix grave de Gide faisait ressortir la majesté des vers latins.

Elle révélait en même temps une sereine grandeur dont le souvenir ne me quittera plus.

Ernst Robert CURTIUS

BIBLIOGRAPHIE

CRITIQUE CONTEMPORAINE
DE GIDE ET DE CURTIUS (AVANT 1960)

Allemagne d'aujourd'hui. Revue française d'information, septembre-octobre 1956, n° 5, Hommage à Ernst Robert Curtius (p. 7-26), réunit les courts témoignages de Jean Cocteau et de Rudolf Alexander Schroeder, et les articles suivants : Henri Jourdan, « Esquisse pour un portrait » (p. 10-11) ; Albert Béguin, « E. R. Curtius en Allemagne et à Paris », p. 11-12 ; Claude David, « Thématique de Curtius » (p. 12-13) ; Armand Bérard, « Souvenirs de trois époques » (p. 14-18) ; Jacques Heurgon, « Curtius et Rome » (p. 18-20) ; Wolf Bergmann, « Begegnungen », (p. 21-22) ; Jean Hyppolite, « Rencontre » (p. 23) ; Jean-Paul Aron, « E. R. Curtius et l'*Essai sur la France* », (p. 24) ; Roger Kempf, « "Savez-vous l'adresse de Curtius à quoi je voudrais envoyer mon livre ? Faut-il *Herr*, faut-il *Professor ?*" (Marcel Proust à André Gide, juillet 1922) » (p. 25-26).

BERTRAM, Ernst, *Rheingenius und « Génie du Rhin »*, Bonn, Friedrich Cohen, 1922.

DU BOS, Charles, « Ernst Robert Curtius » [1930], *Approximations*, t. V, Paris, Corrêa, 1948 ; repris dans Ernst Robert Curtius, *Balzac*, Paris, Éditions des Syrtes, 1999, p. 7-21.

HORST, Karl August, « Zur Methode von Ernst Robert Curtius », *Merkur*, n° 4, avril 1956, p. 303-313.

LANG, Renée, *André Gide et la pensée allemande*, Paris, Librairie universelle de France, 1949.

MANN, Klaus, *André Gide et la crise de la pensée moderne* [1943], trad. Michel-François Demet, Paris, Grasset, 1999.

MANN, Thomas, « Das Problem der deutsch-französischen Beziehungen » [1922], et « Kosmopolitismus » [1925], *Essays*, t. II : *1914-1926*, éd. Hermann Kurzke, Francfort-sur-le-Main, S. Fischer Verlag, 2002.

MANN, Thomas, « Von deutscher Republik » [1922], et « Die Bäume im Garten. Rede für Pan-Europa » [1930], *Von Deutscher Republik. Politische Schriften und Reden in Deutschland*, Franfort-sur-le-Main, S. Fischer Verlag, 1984.

MAYRISCH, Aline, « Premier regard sur l'Allemagne », *La NRF*, n° 69, 1er juin 1919, p. 157-160 (publié sous le ps. d'Alain Desportes).

MAYRISCH, Aline, « La critique d'art allemande », *La NRF*, n° 73, 1er octobre 1919, p. 804-811 (publié sous le ps. d'Alain Desportes).

MAYRISCH, Aline, « *Les Pionniers littéraires de la France nouvelle*, par Ernst Robert Curtius », *La NRF*, n° 85, 1er octobre 1920, p. 625-635 (publié sous le ps. d'Alain Desportes).

POZZI, Catherine, « Nous, vus de l'Est... », *Le Figaro*, 20 juillet 1930, p. 5.

LA REVUE RHÉNANE / RHEINISCHE BLÄTTER : de nombreux articles sur les relations franco-allemandes sont à lire dans cette revue bilingue.

RIVIÈRE, Jacques, *L'Allemand. Souvenirs et réflexions d'un prisonnier de guerre*, Paris, Éditions de la NRF, 1919.

SCHLUMBERGER, Jean, « Ernst Robert Curtius », *Merkur*, n° 4, avril 1956, p. 302.

SÉNÉCHAL, Christian, « Ernst Robert Curtius », *La Vie des peuples*, février 1925, n° 58, p. 255-266.

SÉNÉCHAL, Christian, « Quelques lettres sur Goethe », *Europe*, n° 112, 15 avril 1932, n° spécial consacré à Goethe.

THIBAUDET, Albert, « Sur la démobilisation de l'intelligence », *La NRF*, n° 76, 1er janvier 1920, p. 129-140.

THIBAUDET, Albert, « Les Europes », *La NRF*, n° 242, 1er novembre 1933, p. 726-731.

TRAZ, Robert de, « Y a-t-il une Europe ? », *La Revue de Genève*, n° 5, juillet-décembre 1922, p. 417-422.

VIÉNOT, Pierre, *Incertitudes allemandes. La crise de la civilisation bourgeoise en Allemagne*, Paris, Libraire Valois, 1931.

CRITIQUE RÉCENTE (DEPUIS 1960)

ARENS, Arnold, et LAUSBERG, Heinrich, « Ernst Robert Curtius (1886-1956) », *Zeitschrift für Germanistik*, Neue Folge, vol. 5, n° 1, 1995, p. 176-179.

BARIÉTY Jacques, *Les Relations franco-allemandes après la Première Guerre mondiale*, Paris, Pedone, 1977.

BARIÉTY Jacques et Charles BLOCH, « Une tentative de réconciliation franco-allemande et son échec (1933-1933) », *Revue d'histoire moderne et contemporaine*, t. 15, n° 3, juillet-septembre 1968.

BEM, Jeanne, et André GUYAUX (éds), *Ernst Robert Curtius et l'idée d'Europe*, actes du colloque de Mulhouse et Thann [1992], Paris, Champion, 1995.

BERETTI, Michel, « Préface », dans Ernst Robert Curtius, *Balzac*, Paris, Éditions des Syrtes, 1999, p. 27-40.

BERSCHIN, Walter, et Arnold ROTHE (éds), *Ernst Robert Curtius. Werk, Wirkung, Zukunftsperspektiven zum hundertsten Geburtstag 1986*, Heidelberg, Carl Winter, Universitätsverlag, 1989.

BOCK, Hans Manfred, et Gilbert KREBS (éds), *Échanges culturels et relations diplomatiques : présences françaises à Berlin au temps de la République de Weimar*, Paris, Presses de la Sorbonne Nouvelle, 2004.

BOCK, Hans Manfred, et Gilbert KREBS (éds), *Kulturelle Wegbereiter politischer Konfliktlösung. Mittler zwischen Deutschland und Frankreich in der ersten Hälfte des 20. Jahrhunderts*, Tübingen, Gunter Narr, 2005.

BOCK, Hans Manfred, et Gilbert KREBS (éds), *Versöhnung oder Subversion ? Deutsch-französische Verständigungs-Organisationen und -Netzwerke der Zwischenkriegszeit*, Tübingen, Gunter Narr, « Edition Lendemains », vol. 30, 2014.

BOEHLICH, Walter, « Ein Haus, in dem wir atmen können », *Die Zeit*, 6 décembre 1996 (en ligne : www.zeit.de).

BORNSCHEUER, Lothar, *Topik. Zur Struktur der gesellschaftlichen Einbildungskraft*, Francfort-sur-le-Main, Suhrkamp Verlag, 1976.

CHARRIER, Landry, « *La Revue de Genève*. Hantise de la décadence et avenir de l'Europe (1920-1925) », *Études germaniques*, 2009, n° 254, p. 363-374.

CHARRIER, Landry, « Une amitié à l'épreuve de la crise de la Ruhr : Gide, Curtius et *La Revue de Genève* (décembre 1922-janvier 1923) », *Chroniques allemandes*, vol. 11 (2006-2007), p. 273-291.

CHARRIER, Landry, « Tendre la main à l'adversaire sans renier son point de vue national. La collaboration d'Ernst Robert Curtius à *La Revue de Genève* (1920-1922) », dans Michel Fetih et Pilar Martinez-Vasseur (éds), *Paroles de vainqueurs, paroles de vaincus : réécritures et révisions*, Nantes, CRINI/ université de Nantes, 2011, p. 169-187.

CHRISTMANN, Hans Helmut, *Ernst Robert Curtius und die deutschen Romanisten*, Wiesbaden, Franz Steiner, Abhandlungen der Geistes- und Sozialwissenschaftlichen Klasse, Jahrgang 1987, n° 3.

COMPAGNON, Antoine (dir.), *La République des lettres dans la tourmente (1919-1939)*, actes du colloque de Paris [2009], éd. Dominique Simon, Paris, CNRS/Alain Baudry, 2011.

DAGAN, Yaël, La NRF *entre guerre et paix (1914-1925)*, Paris, Tallandier, 2008.

DE GRÈVE, Claude, et Colette ASTIER (éds), *L'Europe. Reflets littéraires*, Paris, Klincksieck, 1993.

DELLA CASA, Martina (dir.), *André Gide, l'Européen*, Paris, Classiques Garnier, « Bibliothèque gidienne », 2019.

DETHURENS, Pascal, *De l'Europe en littérature. Création littéraire et culture européenne au temps de la crise de l'esprit (1918-1939)*, Genève, Droz, 2002.

DETHURENS, Pascal, *Écriture et culture : écrivains et philosophes face à l'Europe, 1918-1950*, Paris, Champion, 1997.

DETHURENS, Pascal, « Gide et la question européenne », *Bulletin des amis d'André Gide*, n° 85, janvier 1990, p. 109-126.

DRÖGE, Christoph, « Ernst Robert Curtius et René Lalou », dans R. Baum, K. Böckle *et alii* (éds), *Lingua et Traditio. Geschichte der Sprachwissenschaft und der neueren Philologien*, Tübingen, Gunter Narr, 1994, p. 575-591.

FISCHER, Manfred S., « *Europa* » *und* « *das Nationale* » *bei Ernst Robert Curtius*, Aachen, Karin Fischer Verlag, « Edition Serapion », 2000.

FOUCART, Claude, *André Gide et l'Allemagne. À la recherche de la complémentarité (1889-1932)*, Bonn, Romanistischer Verlag, 1997.

FOUCART, Claude, *Le Temps de la « gadouille » ou le dernier rendez-vous d'André Gide avec l'Allemagne (1933-1951)*, Berne, Peter Lang, 1997.

FOUCART, Claude, « Ernst Robert Curtius et André Gide. Les débuts d'une amitié (1920-1923) », *Revue de littérature comparée*, n° 3, juillet-septembre 1984, p. 317-339.

GEMEAUX, Christine de, « Canon, archétypes et mémoire culturelle. E. R. Curtius à la recherche de sens au milieu du XXe siècle », *Études germaniques*, 2007/3, n° 247, p. 529-542.

GRESH, Alain, « Dieu est-il français ? », *Le Monde diplomatique*, n° 450, 38e année, septembre 1991, p. 30.

GROSS, Stefan, *Ernst Robert Curtius und die deutsche Romanistik der zwanziger Jahre. Zum Problem nationaler Images in der Literaturwissenschaft*, Bonn, Bouvier Verlag, 1980.

GRUNEWALD, Michel, Hans Jürgen LÜSEBRINK *et alii*, *France-Allemagne au XXe siècle. La production de savoir sur l'autre*, Berne, Peter Lang, « Convergences », t. I : *Questions méthodologiques et épistémologiques*, 2011 ; t. II : *Les spécialistes universitaires de l'Allemagne et de la France au XXe siècle*, 2012.

GUMBRECHT, Hans Ulrich, *Vom Leben und Sterben der grossen Romanisten*, Munich/Vienne, Carl Hanser Verlag, 2002.

HEBEY, Pierre, *L'Esprit NRF (1908-1940)*, Paris, Gallimard, 1990.

HEWITSON, Mark, et Matthew D'AURIA (éds), *Europe in Crisis: Intellectuals and the European Idea*, New York/Oxford, Berghahn Books, 2012.

HÜBINGER, Gangolf, avec la collaboration d'Anne MITTELHAMMER, *Europäische Wissenschaftskulturen und politische Ordnungen in der Moderne (1890-1970)*, Munich, Oldenbourg Verlag, 2014.

JACQUEMARD-DE GEMEAUX, Christine, *Ernst Robert Curtius (1886-1956). Origines et cheminements d'un esprit européen*, Berne, Peter Lang, 1998.

JACQUEMARD-DE GEMEAUX, Christine, « E. R. Curtius et H. G. Gadamer ou la rencontre de la philologie et de la philosophie », *Germanica*, n° 26, 2000, p. 33-43.

JURT, Joseph, « Die Anregungen der deutschen Geistesgeschichte für die École de Genève im Kontext der romanischen Geistesgeschichte », dans Wolfgang Asholt, Ursula Bähler *et alii*, *Engagement und Diversität. Frank-Rutger Hausmann zum 75. Geburtstag*, Munich, AVM Edition, p. 265-283.

KARIMI, Kian-Harald, « À *un tournant de mon existence*. Ernst Robert Curtius' epistemologische Wende der zwanziger Jahre », *Romanistische Zeitschrift für Literaturgeschichte*, Heft 1-2, 1995, p. 98-120.

KOPP, Robert (éd.), *La Place de* La NRF *dans la vie littéraire du* XX*ᵉ siècle : 1908-1943*, Paris, Gallimard, « Les Cahiers de la NRF », 2009.

KOPP, Robert, et Peter SCHNYDER (éds), *André Gide et la tentation de la modernité*, Paris, Gallimard, « Les Cahiers de La NRF », 2002.

LANGE, Wolf-Dieter (éd.), *Französische Literatur des 20. Jahrhunderts. Gestalten und Tendenzen. Zur Erinnerung an Ernst Robert Curtius (14. April 1886– 19. April 1956)*, Bonn, Bouvier Verlag, 1986.

LANGE, Wolf-Dieter (éd.), *« In Ihnen begegnet sich das Abendland »*. Bonner Vorträge zur Erinnerung an Ernst Robert Curtius, Bonn, Bouvier Verlag, 1990.

LAUSBERG, Heinrich, *Ernst Robert Curtius (1886-1956)*, Stuttgart, Franz Steiner Verlag, 1993.

LEPAPE, Pierre, *André Gide, le messager*, Paris, Seuil, 1997.

LESTRINGANT, Frank, *André Gide, l'inquiéteur*, 2 t., Paris, Flammarion, « Grandes biographies », 2011 et 2012.

LIEBOLD, Sebastian, *Starkes Frankreich – instabiles Deutschland : Kulturstudien von Curtius, Bergsträsser und Vermeil zwischen Frieden und Berliner Notverordnungen*, Berlin, Lit Verlag, 2008.

MASAYUKI, Tsuda, « Aux sources de l'intégration européenne : l'Alsacien Curtius et la Luxembourgeoise Aline Mayrisch », *Folia Litteraria Romanica*, Wydawnictwo Uniwersytetu Lodzkiego, 2015, 1 (9), p. 79-86.

MASSON, Pierre, *Les Sept Vies d'André Gide*, Paris, Classiques Garnier, « Bibliothèque gidienne », 2016.

MASSON, Pierre, et Jean-Michel WITTMANN (éds), *Dictionnaire Gide*, Paris, Classiques Garnier, 2011.

MÜLLER, Stefanie, *Ernst Robert Curtius als journalistischer Autor (1918-1932). Aufassungen über Deutschland und Frankreich im Spiegel seiner publizistischen Tätigkeit*, Berne, Peter Lange, 2008.

NEITZE, Sönke (éd.), *1900 : Zukunftsvisionen der Grossmächte*, Paderborn, Ferdinand Schöningh, 2002.

NEITZE, Sönke (éd.), *Weltmacht oder Untergang. Die Weltreichslehre im Zeitalter des Imperialismus*, Paderborn, Ferdinand Schöningh, 2000.

NONNENMACHER, Kai, « Ernst Robert Curtius : Europäisierung historischer Topik oder französische Zeitgenossenschaft? », dans Michel Grunewald, Hans-Jürgen Lüsebrink, Reiner Marcowitz et Uwe Puschner, *Deutschland und Frankreich im 20. Jahrhundert. T. 2 : Die akademischen Akteure der Deutschland- und Frankreichforschung im 20. Jahrhundert*, Berne, Peter Lang, 2012, p. 273-286.

PACCAGNELLA, Ivano, et Elisa GREGORI (dirs), *Ernst Robert Curtius et l'identità culturale dell'Europa*, actes du colloque de Bressanone et Innsbruck [2009], Padoue, Esedra, 2011.

PISTORIUS, George, *André Gide und Deutschland. Eine internationale Bibliographie*, Heidelberg, Carl Winter, 1990.

RIEDL, Peter Philipp, *Epochenbilder – Künstlertypologien. Beiträge zu Traditionsentwürfen in Literatur und Wissenschaft 1860-1930*, Francfort-sur-le-Main, Vittorio Klostermann, 2005.

RICHARDS, Earl Jeffrey, *Modernism, medievalism and humanism. A research bibliography on the reception of the works of Ernst Robert Curtius*, Tübingen, M. Niemeyer, 1983.

SPENGLER, Oswald, *Le Déclin de l'Occident. Esquisse d'une morphologie de l'histoire universelle* [1923], 2 t., trad. M. Tazerout, Paris, Gallimard, 1976.

STACKELBERG, Jürgen von, « Curtius über Gide », *Grenzüberschreitungen. Studien zu Literatur, Geschichte, Ethnologie und Ethologie*, Göttingen, Universitätsverlag, 2007, p. 174-180.

THEIS, Raimund, *Auf der Suche nach dem besten Frankreich. Zum Briefwechsel von Ernst Robert Curtius mit André Gide und Charles Du Bos*, Francfort-sur-le-Main, Vittorio Klostermann, « Analecta Romanica », 1984.

THÖNNISSEN, Karl, *Ethos und Methode : zur Bestimmung der Metaliteratur nach Ernst Robert Curtius*, Paderborn, Univ.-GH, 2000 (texte en ligne, consulté le 22 août 2018).

TREBITSCH, Michel, « Les revues européennes de l'entre-deux-guerres », *Vingtième siècle*, n° 44, octobre-décembre 1994, p. 135-138.

VAN RYSSELBERGHE, Maria, *Les Cahiers de la Petite Dame. Notes pour une histoire authentique d'André Gide*, 4 t., Paris, Gallimard, « Cahiers André Gide », 1973-1977.

VAN TUYL, Jocelyn, *André Gide et la Seconde Guerre mondiale. L'Occupation d'un homme de lettres*, Paris, PUL, 2017.

WELLEK, René, « Ernst Robert Curtius als Literaturkritiker », dans Wolf-Dieter Lange (éd.), *Französische Literatur des 20. Jahrhunderts. Gestalten und Tendenzen. Zur Erinnerung an Ernst Robert Curtius*, Bonn, Bouvier Verlag, 1986, p. 11-31.

WINOCK, Michel, *Le Siècle des intellectuels*, Paris, Seuil, 1997.

CORRESPONDANCES PUBLIÉES

Nota. Nous n'indiquons pas ici les volumes de correspondance publiée de Gide qui sont très nombreuses et bien connues.

Deutsch-französische Gespräche 1920-1950. La Correspondance d'Ernst Robert Curtius avec André Gide, Charles Du Bos, Valery Larbaud, éd. Herbert et Jane M. Dieckmann, Francfort-sur-le-Main, Vittorio Klostermann, 1980.

CURTIUS, Ernst Robert, *Briefe aus einem halben Jahrhundert. Eine Auswahl*, éd. Frank-Rutger Hausmann, Baden-Baden, Verlag Valentin Koerner, « Saecula Spiritalia », 2015.

CURTIUS, Ernst Robert, et Max RYCHNER, *Freundesbriefe 1922–1955*, en collaboration avec Claudia Mertz-Rychner, éd. Frank-Rutger Hausmann, Francfort-sur-le-Main, Vittorio Klostermann, 2015.

Des extraits des lettres à Jean de Menasce ont été publiés par Wolf-Dieter Lange dans l'ouvrage qu'il a édité, *In Ihnen begegnet sich das Abendland. Bonner Vorträge zur Erinnerung an Ernst Robert Curtius* (Bonn, Bouvier Verlag, 1990), ainsi que, par le même, dans *Littérature* (février 1991, n° 81, p. 111-124). – C'est Lawrence Joseph qui a publié les lettres d'E. R. Curtius à Catherine Pozzi de 1928 à 1934, dans Jeanne Bem, André Guyaux (éds), *Ernst Robert Curtius et l'idée d'Europe, op. cit.*, p. 329-392.

INDEX DES NOMS DE PERSONNES

VAN RYSSELBERGHE, Élisabeth (*ép.* Pierre Herbart) : 29, 105, 136, 137, 146, 185, 192, 198, 257

VAN RYSSELBERGHE, Maria (*née* Monnom, *dite* M. Saint-Clair) : 17, 27, 29, 33, 46, 60, 99, 105, 114, 131, 136, 137, 141, 153, 155, 156, 179, 184, 185, 202, 203, 222, 227, 228, 229, 231, 232, 238, 240, 244, 245, 247, 251, 254, 255, 257, 258, 265, 269, 270, 276, 279, 280, 282, 284, 286, 409, 425-426

VAN RYSSELBERGHE, Théo : 136, 185

VERBRUGHE, Paul : 199

VERHAEREN, Émile : 84, 85

VERLAINE, Paul : 51

VIÉNOT, Andrée : voir *Mayrisch, Andrée*

VIÉNOT, Pierre : 17, 139, 141, 166, 195, 231, 232, 250

VIGNY, Alfred de : 282, 283

VILDRAC, Charles (Charles Messager, *dit*) : 48

VIOLLIS, Andrée (Andrée Françoise Caroline Jacquet, *dite*) : 198

VIRGILE (Publius Vergilius Maro) : 26, 31, 35, 90, 243-247, 258, 267, 277, 288, 428

VLAMINCK, Maurice de : 337

VOLLMOELLER, Karl Gustav : 174

VOLTAIRE (François-Marie Arouet, *dit*) : 10, 13, 232, 298, 305, 318, 347

WAGNER, Wilhelm Richard : 188, 292

WALSER, Robert : 60

WEBER, Carl Maria von : 188

WELLS, H.G. (*i.e.* Herbert George Wells) : 74, 75, 96, 97, 110, 325

WESCOTT, Glenway : 175, 179, 221

WESCOTT, Lloyd : 175

WHITMAN, Walt : 13, 18, 235, 334

WILDE, Oscar (Oscar Fingal O'Flahertie Wills Wilde, *dit*) : 173, 276-277, 278, 359

WILDER, Thornton : 153

WINTHUIS, Josef : 212

WÖLFFLIN, Heinrich : 92, 330

WOLFSKEHL, Karl : 64

WOLTERS, Friedrich : 64

WRIGHT, Richard : 287

WÜRZBACH, Dolly : 91

WÜRZBACH, Friedrich : 18, 19, 91, 92, 101, 102, 329, 330

WYNEKEN, Gustav Adolf : 70-71

ZÉZETTE : voir *Du Bos, Juliette*

ZIMMER, Bernard : 51, 52

ZWEIG, Stefan : 84, 85, 112-113

INDEX DES NOMS DE PERSONNAGES
MYTHOLOGIQUES, DE LA BIBLE
OU D'ŒUVRES ROMANESQUES

TABLE DES MATIÈRES

Achevé d'imprimer par Corlet Numéric,
Z.A. Charles Tellier, Condé-en-Normandie (Calvados), en novembre 2019
N° d'impression : 162421 - dépôt légal : novembre 2019
Imprimé en France